叢書・ウニベルシタス　1023

思想のグローバル・ヒストリー

ホッブズから独立宣言まで

デイヴィッド・アーミテイジ
平田雅博・山田園子・細川道久・岡本慎平 訳

法政大学出版局

David Armitage
FOUNDATIONS OF MODERN INTERNATIONAL THOUGHT

Japanese translation rights arranged with
Cambridge University Press
through Japan UNI Agency, Inc., Tokyo

ユストゥス・リプシウス『剣闘士に関する農神祭の対話篇二書』（アントワープ，1604 年），f.70（BL 1476. c. 26）
〔絵中の NANI は小人のこと。リプシウスは上掲書でローマ時代のさまざまな剣闘士について書いた〕

王や主権者はいつの世でも，彼らの独立心の強さゆえに常に警戒心にかられ，剣闘士の状態や身構えで，互いに武器を突きつけにらみ合う……

トマス・ホッブズ『リヴァイアサン』（1651 年）

強者も弱者もこの点では何の違いもない。小人は巨人と同様に強力である。小さな共和国は最強の王国と同様に一主権国家である。

エメール・ド・ヴァッテル『国際法』（1758 年）

凡例

1　原文でイタリックになっている部分には、傍点を付した。

2　原文の（　）は、原註や文献註を含めて、そのまま（　）で示した。一部長い形容句を（　）で括るなど訳者が使った箇所もある。

3　原注は［　］で示した。訳注は必要に応じて〔　〕で示した。訳注は原注とは別な番号を付して列挙した章がある。

4　用語の原語表記は必要に応じて（　）で示し、あるいはカタカナでルビを振った。

5　文献注で邦訳書のあるものは可能な限り調べてそのデータを〔　〕で示し、原文と照合して邦訳書の頁数を示したものもある。

6　文献注と連携している巻末の「参考文献」は、原著の巻末にあった Bibliography に可能な限り邦訳書のデータを付したものである。

7　索引は原著索引を踏まえつつ作成したが、邦訳書のために新たに付加した項目も若干ある。

はじめに

国際思想史を研究しているこの十数年にわたり、とても多くの方にお世話になっている。なかでもクヌード・ハーコネッセン氏は、寛大にもボストン大学の二〇〇三年度ロバート・P・ベネディクト政治哲学史講座に講師として招へいしてくれた。氏とジム・シュミットはこの刺激的な講座の理想的な主宰者であった。ただ残念なことに、この講義が本として出版されるまでにずいぶん時間がかかったために、クヌードが、というか実は私が、当初期待していた形にならなかった。ベネディクト講座を引きうけたため私は一学期間の休暇を取り、コロンビア大学の職務を免れた。私が留守のせいでしわよせを被ったディヴィド・ジョンストンとジム・ゼッツェルに遅ればせながら心から感謝する。

さらに三つの機会を得たおかげで、自分のテーマを追究できた。第一の機会は、二〇〇〇年から二〇〇一年にかけてハーバード大学チャールズ・ウォーレン・アメリカ史研究センターの特別研究員職になったことであり、その一年、入江昭、ジム・クロッペンバーグ、故アーネスト・メイが、素晴らしいウォーレン研究員集団との議論を主導していたのは、忘れがたい。第二に、二〇〇二年のフォルガー・シェイクスピア図書館ブリテン政治思想史研究センターの援助でセミナーを指導する機会があった。このセミナーに招へいし、精力的に貢献してくれたジョン・ポーコックをはじめ、近世国際思想の基礎の解明に尽力していただいたすべての参加者にも、深く感謝する。そして、第三の機会は、二〇〇四年にオーストラリア国立大学社会科学調査研究所の客員特別研究員として数週間を過ごすよう親切に誘ってくれたバリー・ヒンデスとの出会いであり、そこで、私はバリーとその同僚たちとの多くの記憶に残る交流を楽しんだ。

この数年間、私のもともとのプロジェクトを本の形にしてきたが、[1] それらも全体構想からみるとほんの一部にすぎない。もっと大きな全体にわたる構想を思索し続けてきた。国際思想史の諸局面について議論をした学生たち（その多くはいまや同僚になっている）に深く感謝する。特に、グレッグ・アフィジェノフ、アレックス・ベヴィラクア、ポール・チェニー、テオ・クリストフ、エリザベス・クロス、ジェイムズ・デルブルゴ、フィル・フィレーリ、リサ・フォード、ニック・ハーディング、アリソン・ラクロワ、ジェミー・マーティン、テッド・マコーミック、ミラ・シーゲルベルク、ミランダ・シュピーラー、トリスタン・スタイン、フィル・スターン、ローリ・テーティネン。

編集面での助言と励ましに対し、あらためてケンブリッジ大学出版局のリチャード・フィッシャーに謝意を表したい。リチャードは熱心に私の最初の構想を支持し、この本を完成させる希望がすべて失われたかに思われた時には機転を利かせてその話題を避けて、思いもよらず企画が復活すると熱烈に歓迎してくれた。そのような忍耐と信頼は、著者の期待をはるかに上回っていた。最後に、レースのいよいよ最終バトンを受け取ったリズ・フレンド＝スミス、不可欠な調査を手伝ったフィル・フィレーリ、校正刷に苦労を惜しまず目を通してくれたエリザベス・スパイサー、念入りに原稿整理をしてくれたキャロライン・ハウレットに、深謝する。

序章をのぞくすべての章は既発表ながら、二つの章は英語では初めて活字となる。修正にあたって、重複部分や、あまりにローカルな言及を削り、誤りを正し、必要に応じて書誌情報を更新した。以下の論文の再録、改訂を許可してくれた編集者と出版社に深く感謝する。

各章の初出は以下のとおり。

第1章は Darrin M. McMahon and Samuel Moyn（eds.）, *Rethinking Modern European Intellectual History*（Oxford University Press, 2013）.

第2章は Deborah Cohen and Maura O'Connor（eds.）, *Comparison and History: Europe in Cross-National Perspective*（Copyright © 2004）. テイラー・アンド・フランシス・グループの許可済。

第3章は Ruth Ben-Ghiat（ed.）, *Gli imperi: dall'antichità all'età contemporanea*（Il Mulino, 2009）.

第4章は Annabel Brett and James Tully with Holly Hamilton-Bleakley（eds.）, *Rethinking the Foundations of Modern Political Thought*（Cambridge University Press, 2006）.

第5章は Ian Hall and Lisa Hill（eds.）, *British International Thinkers from Hobbes to Namier*（Palgrave Macmillan, 2009）.

第6章は *Political Theory* 32, 5（October 2004）.

第7章は Sankar Muthu（ed.）, *Empire and Modern Political Thought*（Cambridge University Press, 2012）.

第8章は Julian Hoppit（ed.）, *Parliaments, Nations and Identities in Britain, 1660–1850*（Manchester University Press, 2003）.

第9章は *Journal of the History of Ideas* 61, 4（October 2000）. Copyright © 2000 by the *Journal of the History of*

Ideas.

第10章は *History of Political Thought* 32, 1（Spring 2011）.

第11章は *William and Mary Quarterly* 3rd ser., 59, 1（January 2002）.

第12章は Alfredo Ávila, Jordana Dym, Aurora Gómez Galvarriato and Erika Pani（eds.）, *La era de las declaraciónes. Textos fundamentales de las independencias en América*（El Colegio de México-UNAM, 2012）.

原注

（1） Grotius（2004）; Armitage（2007a）〔アーミテイジ著、平田雅博・岩井淳・菅原秀二・細川道久訳『独立宣言の世界史』ミネルヴァ書房、二〇一二年〕; Armitage and Subrahmanyam（2010）; Armitage（in press）; Locke（in press）.

思想のグローバル・ヒストリー／目次

序章　近代国際思想の基礎を再考する

『思想のグローバル・ヒストリー』は筆者の国際思想史研究のいわば三部作の第三作である。(1)

第一作『帝国の誕生――ブリテン帝国のイデオロギー的起源』が二〇〇〇年に刊行されたとき、この研究分野には、名前もなければどんな片隅にも居場所すらなかった。共有するアジェンダがなく、まとまった学術団体もなく、帰属意識を持つ研究者もいなかった。したがって、現代歴史学の広い地図上のどこにも地盤がなかった。(2)「国際思想史」という言葉自体、学術研究のある分野の定義に使われる場合はともかく、活字になることはなかった。(3) 第二作『独立宣言の世界史』が二〇〇七年に刊行された頃には、国際思想史は、自覚的な研究領域として出現し始めており、国際的な関心を持つ思想史家や思想史や文化史に関心を持つ国際史家が探求するようになっていた。(4) それから五年が過ぎた今では、正典《カノン》となる著作が次々と生まれ、論点が急増し、研究課題も豊かになって、確固たる分野となっている。本書が未来の研究者の着想の源となるだけでなく、近年発展し始めた国際思想史の記録となれば幸いである。

本書に所収した各章は、国際関係と国際法の概念をめぐるこの十数年の思想史研究の成果である。その大半は、両者の相互作用と交渉について、名称、学問領域、権威や先駆的業績がない時代のものである。テーマの選択は、いきおい恣意的にならざるを得ないが、成り行き任せではなかった。その多くは、大西洋英語使用世界の思想史研究である前著『帝国の誕生』の文脈を拡げてはどうかとか、新しいテーマにも取り組んではといったアドバイスによるところが大きい。しかし、それらは、歴史以外の学問分野における国際研究に広まっている神話の歴史的再評価という現在進行中の努力から生まれた。ここでの神話とは大きな物語を意味し、かならずしもうそ偽りではない。こういった努力を重ねて、思想史家としては、トマス・ホッブズ、ジョン・ロック、エドマンド・バーク、ジェレミー・ベンサムの思想に関心を向けた。また、国際史家としては、他の諸章での詳細な分析のための舞台装置としての長期趨勢《ロングデュレ》からみて、諸国家と諸帝国の特徴、海洋の歴史とグローバルな結合に関心を向けた。大西洋史家としては、今日まで近代世界の至る所で繰り返される国家形成の過程の母型としての両アメリカ大陸に興味を持つようになった。このようにおのずと研究は多岐にわたるが「作者の哲学の底流にある統一性は受け入れられよう」。この統一性は、諸章に通底する共通のテーマからも理解されよう。各章をまとめて一冊の論集にした価値が認められればうれしい[5]。

こういったテーマと題材の多様性そのものが、国際思想史の試行的な性質を表している。二十世紀末、思想史の国際的な領域に関する研究は概して断片的で、広大な学問分野である歴史学の周縁にとどまっていた。政治思想史は、大西洋の両岸だけでなくしだいに世界中の思想史家のあいだで確実に優勢――地域によっては圧倒的――となった。しかし国際思想史を探究する人がいても、その多くは、国際関係や国際法の自己批判的な研究者だった。彼らはそもそも思想史研究者との交流も意見交換もなかった。

こういった状況は、いわゆる国際関係論の「イングランド〔英国〕学派」の創始者の一人であるマーティン・ワイトが一九五九年に示した判断を思い出させる。その論文で彼は「国際理論はなぜ存在しないのか」と問い、論議を呼んだ。ワイトは、一括して政治理論として知られる「国家をめぐる一連の著作」に深さと分析的解明において匹敵しうるはずの「諸国家の社会、諸国民の家族、国際共同体についての考察の伝統」がいっさいないと嘆いた。このように断片的な伝統を考察した彼は「国際理論はその欠如もさることながら道徳や思想の貧困さに特徴づけられている」という悪名高い評価で締めくくった。(6)その後五十年近く経って、思想史家たちはワイトの問いに立ち戻り、「国際思想史はなぜ存在しないのか」と問うことができるようになった。この分野にも継続的な調査の伝統ないし共通の研究テーマがなかった。道徳の貧困であれ、思想の貧困であれ、貧困は問題とはならなかったかもしれないが、欠如は確実に問題となった。

ワイトが先陣をきって国際理論を批判するほんの三年前の一九五六年に、ケンブリッジの歴史家ピーター・ラスレットは「さしあたり、政治哲学は死んだも同然だ」とこれまた悪名高い判断を下した。(7)この時期尚早の墓碑銘は、結局、有益な挑発となった。このあと数年で顕著な業績がみられた。アイザイア・バーリンのオックスフォード就任講義「自由の二つの概念」(一九五八年)とジョン・ロールズの『正義論』(一九七一年)が出版されたからである。これらは、今日まで続く規範政治理論の比類なき開花を告げた。同じころ、J・G・A・ポーコックの『古来の国制と封建法』(一九五七年)から、ラスレット自身の画期的なジョン・ロックの『統治二論』の校訂版(一九六〇年)を経て、クエンティン・スキナーの『近代政治思想の基礎』（一九七八年）に至る政治思想史のきわめて豊かな水脈が生じつつあった。

コンテクスト主義をとる政治思想史家――とりわけ、ラスレットその人、ポーコック、スキナー、ジョン・ダン――は当然ながら、国内統治すなわち内政に関する国家論の歴史に関心を集中させた。この事実は、彼らが執筆時、主に何に関心をもっていたのかを反映しており、歴史家と政治理論家の対話を促した。しかしながら、国家の国内統治ばかりが論じられると、諸国家の対外関係はますます無視されるようになった。政治思想史は復興しても、これと類似した国際思想史に対する関心は伴わなかったからである。このような傾向を受けて、スキナーは『近代政治思想の基礎』を「十七世紀の初めには、国家概念――性質、権力、服従を命じる権限――は、ヨーロッパの政治思想における分析の最も重要な対象とみなされるようになった」という言葉で結んだ。この概念の根源には「外部や上位のあらゆる権力」からの国家の独立があった。[8] 諸国民の法（law of nations）の新スコラ学派的な諸概念についての簡潔だが示唆深い説明を除けば、スキナーの著作には、国際的な主体としての国家をその性質、権力、権限――すなわち、本書で私が近代国際思想の基礎と呼んでいるもの――に関する論議がなかった。[9]

こういった基礎に関するさらに踏み込んだ研究は、スキナーの著書が上梓された時期にはなされていなかった。スキナーの本が出版されたのと同じ年、W・B・ギャリーは、「世界の人民の間での戦争の役割と原因と講和の可能性についての……思想」が「ほぼ例外なく、過去の最も有能な精神が無視していたか回避していた企て」の開始となった、と論評した。ギャリーは、近代国際思想の基礎は、十七世紀からかなり後の十八世紀中に「特にモンテスキュー、ヴォルテール、ルソー、ヴァッテルの著述で」

固まった、と論じた。[10]二人の説明をまとめると、近代政治思想の基礎は近代国際思想の基礎とは区別されており、それぞれ異なる過程、系譜、主要な思想家の正典があることがわかる。その後二十年間にわたる研究によっても、この印象はぬぐえなかった。政治思想史家の多くは国際的な次元を無視し、一方、国際関係の研究者もその分野で提起された理論に史実を示そうとはしないままだからである。

しかし、地盤は一九九〇年代半ばまでにすでに動き始めていた。政治思想史家は、そのころ国際的かつグローバルな関心への一段とはっきりしてきた転回からの影響をまったく受けないわけにはいかなくなった。アメリカ合衆国では、少なくとも、その動きはベトナム戦争の陰で始まっていた。ベトナム戦争は、ロールズの『正議論』やマイケル・ウォルツァーの『正しい戦争と不正な戦争』（一九七七年）の国際的な正義をめぐる議論にも影響を及ぼした。[11]市民の不服従をめぐる議論でロールズは、「他の諸国民に対する公の政策を律する政治原理」の指針として諸国民の法（law of nations）に注目した。〔その政治原理には、〕独立国を構成する人民の「本質的に対等な権利」、民族自決とその当然の帰結である内政不干渉の義務、自衛権、条約を遵守する必要性（*pacta sunt servanda*）、戦争遂行の制限（*jus in bello*）が含まれていた。これらは、じじつ、実定法的な近代国際法の基本原則の一覧であり、ロールズはこの分野では随一のテキスト、J・L・ブライアリーの『諸国民の法』からこの一覧を取ってきた。[12]対照的に、ウォルツァーの『正しい戦争と不正な戦争』は、とりわけ「実定法主義が……国際連合の時代では一段と顧みられなくなった」がために、国際法（international law）はもはや「われわれの道徳的な論拠のきわめて説得的ないし首尾一貫した説明を提供」し得ないとの理解から生まれたとも言えた。[13]

「道徳的な論拠」と「実定法主義」の区別とは、実定法的に理解された法（資格において立法者であれ、国際的な合意、協定、慣習の執行者であれ、主権の担い手が運用する法）と規範的に理解された法との間に横たわる深い溝を指す。[14] その溝は、ロールズとウォルツァー──二人とも規範に関心をもっていながら、歴史を重視する理論家──がしかと気づいていたように、国家理性をめぐる歴史的な議論や自然法学の衰退とともに、数世紀にわたって広がり続けた。彼らは基本的なディレンマ──たとえば、「実定」法と「道徳的な議論」を分ける亀裂、個人間の規範を国際的な尺度に適用する困難、国連憲章に規定された国家主義的な原則と人権をめぐる普遍主義的な前提との衝突、地域の正義とグローバルな正義の主張の不一致──を白日の下に明らかにした。そのために、今日に至るまでけっして衰えようとはしない、国際倫理の問題をめぐる理論的な刺激がかき立てられてきた。[15] 政治思想史家が同時代の政治理論家によって切り開かれた新しい道を辿るのは、時間の問題にすぎなかった。[16]

先行きを示す別の予兆は、思想史家に対して、国際的かつグローバルな新しい方向性、特にアメリカ合衆国以外（アメリカも含まれることもあるが）での同時代の国際関係論の理論家、いわゆる「ポスト実証主義」傾向に示されていた。[17] これはさまざまな形で表れた。まずは、国際関係をめぐる大きな歴史理論の形成への回帰、[18]「構成主義」の興隆、すなわち、規則、規範、代表を通じた国際的な主体の相互的な自己規定の研究に表れた。[19] ついで、現在の不満を説明する手段としてであれ、衰えていると言われる知的プロジェクトを更新する材料としてであれ、学問分野としての国際関係論の歴史研究、[20] さらには、国際政治の言語への関心の急増にも表れ、これは他の人文科学と解釈的な社会科学の諸部門を席巻した言語論的転回が国際関係論版にも及んだ例である。[21]

これらの別々ではあるがしばしば相互補完的な動きには、国際法学者と同じような言語と歴史への転回が伴った。[22] それは、ちょうど、権力と利害ばかりか文化と思想にも意識的に注目する「新しい国際史」が、国家とその公式な担い手の活動と文書を中心にした伝統的な外交史から出現してきた時と重なっていた。ナショナルな歴史というよりトランスナショナルな歴史であり、諸国家間の対立よりも諸国民の結合に焦点を合わせ、国際史の伝統的なテーマとなってきた諸国家よりもその上下や左右で活動する主体と組織に注目した。[23] 政治理論、国際関係論、国際法、国際史がこのように発展すると、これらの分野にかかわる人びとが一堂に会し対話する新しい可能性が開かれた。

あのめまぐるしい一連の転回——最も目立つもののみ挙げると、言語論的転回、歴史学論的転回、トランスナショナル論的転回、文化論的転回[24]——と、グローバル化が人口に膾炙し専門家の意識にも行き渡り始めた時が重なったのは、偶然ではなかった。根拠が明確かどうかにかかわらず、国境が消滅しつつあり、国家が衰退しつつあり、人、資本、商品の無制限の流れがいまや地球全体にあふれつつある、と不安を抱けば、こういった過程の起源と展開に関心が高まるのは当然である。グローバルな相互関連性は、世界史の比較的最近の、おそらく一九七〇年代の産物で、それ以前はあまり定着してなかったのか。[25] 一八七〇年代、一七七〇年代、一五七〇年代、それ以前に、グローバル化の前段階（または複合的で不連続な前段階）はあったのか。[26] 空間の縮小という認識は、いつ時間を超えた連結という知識に収斂したのか。すなわち、世界史の概念はいつどこで誕生したのか。[27] そして、現代の歴史家たちは、真にグローバルな時代に向けてグローバル・ヒストリーを書く課題にどう取り組むべきなのか。[28]

これらの焦眉の問題に答えようとするさまざまな努力は、いまや国際思想史の二大研究分野となっている。一つは国際性の思想史、もう一つは国際化された思想史と呼ばれる。前者は、国際思想の歴史、さらに焦点を絞ると、国際政治理論の歴史として知られている分野である。著名なある研究者は最近、その研究課題を「旧世代の思想家が政治的境界の性質や意味、共同体どうしの関係をいかに認識したか」に定めた。[29] さらに進めて私は、国際思想を個人、人民、国民、国家（近世では教会、貿易会社といった機関も含む）など特殊政治的な人の集合を理論的に省察するものと定義する。主体どうしの相互作用と主体を規定し、規定すべき規範の性質を扱う。したがって近代ではおもに国家間関係に注目したかもしれないが、長期的にみると国家以外の多様な関係も扱った。これは、個人が国際法のテーマとして確立され、国際機関やトランスナショナルな組織が世界中に存在する現在でもあてはまる。

国際思想史の第二の研究分野は、扱う領域を拡げ、テキストや理念や思想家が、国境の内外に、大洋を越えて、さらには主体と読者の広範な共同体に流通し、伝達し、受容していった痕跡を追求した。この二つのアプローチは同じとは言えないが、実質的に重なり合い、関心は完全に一致している。国際的でトランスナショナルで、グローバルな連結と競争の相互的な理解の成立は、宗教や外交、法律の文書が異文化間で翻訳されることに左右される。これは、通商のトランスナショナルな構造と国際関係が書籍など思想の動きを促進したり妨害したりするのとまったく同じである。

したがって国際思想史には、国際法の学説史から書籍の歴史といった最少限の物質性まで含まれる。カント（「内容なき思考は空虚であり、概念なき直観は盲目である」『純粋理性批判』）をもじるなら、（他の領域と同様）思想の領域では、物質の歴史のない思想史は空虚となり、思想史に無知な物質の歴史は盲目となろう。[30] それゆえに、以下のすべての章で、濃淡はあるものの、時空を超えた、国際思想の流通と受容の歴史に取り組む。両者の動きには必然的に意識的な流用と流布の行為が伴う。長期にわたるテキストの伝統が生かされず後年に専門的な正典が編まれなければ、国際関係論のような新しい学問分野が持続可能な系譜の構想を立てる必要性がなかったとしたら、また、新しい諸国家や国際組織が世界を目前にして自己正当化する欲求がなかったとしたら、いかに可鍛性があり変化しやすかろうがいかなる国際思想も作り出されなかった。外交官や議会法学者、植民者や反乱者の実践によって、規範理論や〔独立宣言などの〕公認の表現形式が作られたように、これらの過程には「上からの」解釈学と「下からの」解釈学の両方が含まれた。[31]また会議室や委員会室、学者と哲学者の書斎での議論は、世界中の戦場、海域、帝国の辺境のいたる所で徹底的に検討されていた諸概念を定式化しようとした。近代国際思想の形成自体がトランスナショナルな、さらにグローバルな試みであった。これを証明することが国際思想史研究にとって次の大きな課題となろう。[32]

本書『思想のグローバル・ヒストリー *Foundations of Modern International Thought*』は、おおむねトマス・ホッブズとジェレミー・ベンサムの公的な活動期間（一六二九年頃から一八三二年まで）を中心とする。近代国際思想が拠ったのは、この数世紀の間に据えられた基礎であると信じて、以下でこれを明らかにする。本書のタイトルを付ける際参考にした古典的な研究『近代政治思想の基礎 *The Foundations of Modern Political Thought*』の著者クエンティン・スキナーとは対照的に、私は近代国際思想の形成を導いた基礎的な要素のすべてを網羅的・包括的に発掘しようなどとはまったく考えていない。私の目標は、スキナーのタイトルにはあった定冠詞 The をとったことでもわかるように、もっと穏健である。それぞれの論文は、十八世紀の終わりから二十世紀の終わりの間に登場した国際思想の重要な諸要素と初期の発展を追究しようとする、体系的というより兆候的な諸論文となる。二十一世紀初頭にもまだ生き残っている要素もあるが、本書は、近世性の歴史と、「近代」世界（われわれから一段と遠のきつつあり、近代性そのものをポストモダン的にますます疑いをもってみる世界）の歴史との対話に焦点を合わせる。

近代国際思想の基礎を近世性の中に位置づけるという私の決意は、国際法や国際関係論の内部にある、一連の先行する因果関係論的な叙述の多くもそうしているがために、まずは反論も出ないだろう。たとえば、近代外交の起源は十五世紀末または十六世紀と位置づけられることが多い[33]。主権、戦争、外交、条約締結の実践を説明する理論こそ、十六世紀から五十年から百年も遅れて、十七世紀の半ばにはっきり近代的な形でようやく出現したにしても、十六世紀に近代国際関係の萌芽が見られたといってもさしつかえない[34]。この解釈は国際法の歴史が伝えるものとは少し異なっており、その起源は、十六世紀スペインの「サラマンカ学派[35]」、十六世紀後半のイタリアの法学者アルベリコ・ジェンティリ、そのオランダの後継者で、十七世紀初頭の「国際法（law of nations）の父」フーゴ・グロティウスの作品[36]とさまざまに遡れる。グロティウスの『戦争と平和の法』が刊行された一六二五年こそ、国際法の歴史の物語が始まった年なのだが、国際関係論の神話と密接に結びついたもう一つの物語では、「伝統的な」国際法（一六四八〜一九〇〇年）あるいは「フランスの時代」（一六四八〜一八一五年）の国際法秩序の始まりとしての一六四八年とウェストファリア条約の優越性が示された[37]。近世性をめぐるこれらの物語は何れも、その後の近代性の時代になってはじめて、あるいはかなり遅れて現れた。したがって、これらはその主体が自らと自らの業績について語った物語ではなく、イデオロギー的なプロジェクト、誕生して間もない職業のために歴史的な正当化を求める、歴史家、外交官、国際法学者、初期の政治学者からなる後世の共同体が喧伝した創造神話であった[38]。

こうした創造神話は、内側と外側、国内と外国、(より法律的な慣用句では)国内的と国際的などさまざまに呼ばれる二つの区別された領域があることをそもそも基本的前提にしていた。この二分法は、おそらくわれわれの政治生活におけるあらゆる基本的な区分の中でも、最も検証されないままである。フェミニストの法学者や政治学者が繰り返し論証しているように、私と公、女と男、文民と軍人といった基本的な対立と歴史的にも理論的にも共有する部分があったにもかかわらず検証はされていない(39)。国内と国際という二つの領域が分離したまさにその時、この分離を推進したものを忘却の中に隠しきれなくなると、混乱が引き起こされた。国際関係論の理論家の間に最も普及している説明は、「内側の政治的共同体と外側の国際的な無秩序」を生み出した、近世における「政治的、宗教的、形而上学的ヒエラルキーに関する普遍主義的な根拠の崩壊」を要としていた(40)。しかし、これは大まかすぎる説明だろう。「事態はたった一人の考案者が二分法に必要とされ、彼は十七世紀半ばのイングランドで見出された。あるいはホッブズとともに決定的に変わる。「外側」が「創り出され」、政策が「対外政策」となった(41)」。あるいは、この分離はジェレミー・ベンサムが「国内的という言葉は、……最も傑出したイングランド人著者[サー・ウィリアム・ブラックストン]が採用し、国際法や想像上の自然法と区別された、国内法一般を指した(42)」と考えたように、ブリテンではその一世紀後に出現したといえる。それどころか、カール・シュミットは「一九一〇年以後、国内と国外の区分が慣習的になった」と述べ、この区分が熟すにはさらに一世紀半を要したと主張した(43)。これらの説明はかならずしも矛盾していない。いずれも進展しつつも中断する物語の不連続の時期に注目するのが有効とされるからである。要するに、近代国際思想の基本的な礎石をさらに研究する必要性を強く示唆している。

われわれはいまや自覚的なポストモダン社会に暮らしており、ここでは「国内問題と外交問題の区別が崩壊し始め」、ブリテンの首相と外相はそれぞれ「外交はもはや外のことではない」と言わんばかりである。ポストモダンではなくモダン＝近代の国際思想は「国家主権の承認、および、その結果として、内政への外部からの介入の禁止を伴う内政と外政の分離」を前提としていた(44)。国際的な領域では国家が主体であり、個人や企業、あるいは教会、伝道団体、社会改革運動のような国家以外の担い手は主体ではなかった。その領域には国家を越えた規範を強制できる主権がまったくなかった。相互に承認しあった主権国家は、国境内の秩序を維持したが、その外側には国際的な無秩序しかなかった。かくして国際法は、実定法――条約その他の国家間の協定書――であって、一段と不適切・不合理と認識されるようになった自然法ではなかった。諸国家の相互交流は、ヨーロッパを中心として出現しつつあった国家システムの中でなされた。国家システムは、いくつかの社会をおそらく永遠に従属の地位にとどめた文明の基準にしたがって、ヒエラルキーとして秩序づけられ、ヨーロッパ諸国のみが定めた条件に基づいて、その他の国々を国際社会に迎えた。

　近代国際思想のこれらの重要な特徴を一つの体系にまとめあげた思想家や学派も一つもない。国際思想は少なくとも一世紀半にわたってばらばらに発展したが、その規範的な構造や歴史神話学は、フランス学士院が近代国際法の発展についての懸賞論文を募集した一八三六年には、ヨーロッパで確固たる地位を占めていた。フランス学士院は、ヨーロッパ国家システムの実定法論的な概念に規定された言葉で以下の論題を提示した。「ウェストファリア条約以来、ヨーロッパでは諸国民の法がいかなる進歩を遂げたか」。フランス学士院の報告担当者、前外相ジョゼフ＝マリー・ポータリスは、これは国際秩序の構成、諸国民の法の過去と未来、実践と理論、歴史と歴史哲学も含む、とてつもない課題だったと告白した。

ある応募者によれば、一六四八年は「国民の独立、統治の正統性、条約の忠実な遵守……権力の均衡」そして内政不干渉の原則の上に成り立つ国家システムの始まりを示した。この懸賞に応募した不朽の作品、アメリカの外交官で法学者のヘンリー・ホイートンの論文は、諸国民の法の近代史を一六四八年、一七一三年（ユトレヒト条約）、一七六三年（パリ条約）で区分した。[45] ホイートンはこの論文を拡充して『ヨーロッパにおける諸国民法の進歩の歴史』（一八四一年）という著書にした時、「その大きな和解がヨーロッパ文明の進歩における重要な画期となる」として、「近代国際法学の起源」に一六二五年ではなく一六四八年を選んだ。懸賞の優勝者は、この分析を深めるように、それ以前の百年間は自然法よりも国民の自己利益がヨーロッパでの会議をしだいに支配していく諸国民の法衰退の時代だったにしても、「これ以降は、〔ヨーロッパの〕諸国民は、明文化された根拠を持ち、文明の進歩そのものが公に承認されたと自覚した」と論じた。ポータリスは優勝者の結論に全面的に賛成したわけではなかったが、焦眉の課題に「法律、歴史、現代の政治をめぐる最も厄介な問題の普遍性」が含まれると、このようなことがらに完璧さを求めても無理なことは認めていた。[46]

近代国際思想の伝統は、十九世紀から二十世紀にかけて多様な学者や専門家が競いあいながら意識的につくり操作した。以下各章で明らかにするように、近代国際思想の転換期には、遡及的に再構築したり流用することが多い。たとえば、「国際法」や「外交」のような言葉が初めて少なくとも英語になったのは、アメリカ独立戦争とフランス革命戦争の衝撃や結果をうけた、十八世紀末から十九世紀初めにかけてだった。グロティウスが国際法の創設の父とみなされるようになり、国家システムという概念が初めて出現したのも同じ時期であった。[47] 近代の国際思想物語を育む、もう一つの大きな促成栽培温室は、二十世紀の両大戦間期であり、この時、大西洋の両側でさまざまな国際論者が国際法の歴史の「古典」となる正典を編纂し、国際関係論という近代的な学問分野を創設し、国際思想の最初の伝統を築いた。[48] その後に、国際関係論の「英国〔イングランド〕学派」の人びと、とりわけハーバート・バターフィールドとマーティン・ワイトが続いた。彼らは国際法、政治思想、外交文書から思想的な根拠を取捨選択して引き出し、グロティウス、ホッブズ、カントといった思想家と関連する国際思想の作為的だが永続的な影響力を持つ伝統を創り出し、国際理論の正典におけるエドマンド・バークのような人物の地位を高めた。[49] 近年の研究はこれらの創られた伝統を批判的に脱構築しており、本書もこの現在進行中の有益な企画に力を注ぐ。[50]

本書『思想のグローバル・ヒストリー』は、起源をめぐる論点や議論の伝統を従来の物語ととりかえようとする試みではない。以下の各章では、ホッブズ、バーク、ベンサムのように後の学問分野の正典に祭り上げられた人物を、それほどでもなかった人物（とりわけロック）とともに、批判的に検証して、先行研究に疑問を呈示する。さらに、他の歴史物語、たとえば諸帝国の世界から諸国家の世界への長期にわたる移行、近代的な国家性そのものの出現、を思想史の観点から再検討もする。近代政治思想の基礎を扱う歴史家の中心的な課題は、われわれが誰であろうと「いかにしてわれわれは国家という概念を獲得するに至ったのか」であると長らく考えられてきた。これに対して、近代国際思想の基礎を扱う歴史家たちの基本的な関心は「いかにして世界中のわれわれすべては、諸国家の世界に生きていると想像するに至ったのか」とすべきである。このように人間が集団として想像する行為こそ、ここ五百年間の政治意識における唯一最重要な変化かもしれない。それを理解することが、国際思想史という隆盛を極めている分野の大きな研究課題の一つ、いや唯一の課題である。

原注

（1） 他の二作とは以下である。Armitage (2000)〔アーミテイジ著、平田雅博・岩井淳・大西晴樹・井藤早織訳『帝国の誕生——ブリテン帝国のイデオロギー的起源』日本経済評論社、二〇〇五年〕; Armitage (2007a)〔アーミテイジ著、平田雅博・岩井淳・菅原秀二・細川道久訳『独立宣言の世界史』ミネルヴァ書房、二〇一二年〕.

（2） 思想史の現状に関する古典的な概観ではそれは見られない。Darnton (1980); Kelley (1987); Brett (2002); Grafton (2006).

（3） フランチェスコ・デ・サンクティスの『イタリア文学史』（Francesco De Sanctis, *Storia della letteratura italiana*, 1870–1）の十八世紀のところで「国際思想史」に唐突に言及した初期の例に触れたものは以下を参照。Wellek (1955), p. 118.

（4） この分野の展望について早期に評価したものとしては以下を参照。Bell (2002a); Armitage (2004); Rothschild (2006).

（5） Trevor-Roper (1957), p. v にある、論文集に対する古典的な弁明。以下に引用。Elliott (2007), p. xiv.

（6） Wight (1966)〔バターフィールド、ワイト編、佐藤誠ほか訳『国際関係理論の探究』日本経済評論社、二〇一〇年所収〕. 本書で私は「国際関係論」を「国際関係」なる現象を研究する学問分野を示すために用いる。

（7） Laslett (1956), p. vii.

（8） Skinner (1978)〔クエンティン・スキナー著、門間都喜郎訳『近代政治思想の基礎』春風社、二〇〇九年〕, II, pp. 349, 351.

（9） Skinner (1978)〔同上訳書〕, II, pp. 151–4.

（10） Gallie (1978), p. 1. ギャリーはスキナーの前任のケンブリッジ大学政治学教授であった。

（11） Rawls (1999b)〔ジョン・ロールズ著、川本隆史・福間聡・神島裕子訳『正義論』紀伊國屋書店、二〇一〇年、改訂版〕, pp. 319–43; Walzer (2006)〔マイケル・ウォルツァー著、萩原能久監訳『正しい戦争と不正な戦争』風行社、二〇〇八年〕.

（12） Rawls (1999b), p. 332 は Brierly (1963)〔J・L・ブライアリー著、一又正雄訳『國際法——平時國際法入門』有斐閣、一九五五年〕を引用し「この本にはわれわれがいま必要なすべてがある」と記している。

(13) Walzer (2006)〔同前書〕, p. xxvi.
(14) こういった対立を強力に脱構築した初期の例として、一九八九年に初版が刊行された Koskenniemi (2005) を参照。
(15) Beitz (1999) から Bell (2010) を経てその後も。
(16) この傾向を帯びた最初の重要な著作は、一九九一年に第一次湾岸戦争が始まった際オックスフォードで行われたカーライル講義をもとにした以下の序文である。Tuck (1999).
(17) Smith, Booth and Zalewski (1996).
(18) たとえば、Bobbitt (2002).
(19) Kratochwil (1989); N. G. Onuf (1989); Wendt (1999); Zehfuss (2002); Lebow (2008).
(20) Dunne (1998); Schmidt (1998); Vigezzi (2005); Guihot (2011).
(21) Bell (2002a); Bell (2002b).
(22) たとえば、Marks (2000); Koskenniemi (2002); Anghie (2005).
(23) Manela, 'International Society as a Historical Subject' (unpublished). 出版に先立ちこの貴重な論文を読む機会を与えてくれたマネーラ教授に感謝する。
(24) Surkis, Wilder, Cook, Ghosh, Thomas and Perl-Rosenthal (2012).
(25) この時期についての批判的な検証として、以下を参照。Ferguson, Maier, Manela and Sargent (2010); Borstelmann (2012).
(26) O'Rourke and Williamson (1999); Rothschild (2001); Flynn and Giráldez (1995); Gruziniski (2004).
(27) Subrahmanyam (2005) は注目すべき回答を提供し、Tang (2008) はもう一つの回答を提供する。
(28) Geyer and Bright (1995); Grew (2006); Lang (2006); Neem (2011); Sachsenmaier (2011).
(29) Bell (2007b), in Bell (2007c), p. 1.
(30) Robert Darnton と Quentin Skinner の以下の論拠を比較せよ。Darnton (2005); Skinner (2005).
(31) これらの定式化は以下に負っている。Bayly (2012), p. 28.
(32) たとえば、次を参照。Lorca (in press).
(33) Mattingly (1955); Anderson (1993); Bély (2007).
(34) Holzgrefe (1989).
(35) Scott (1928); Anghie (1996); Koskenniemi (2010a).

(36) Holland (1874); Kingsbury and Straumann (2010); Pagden (2010); Bourquin (1948); Grewe (1984); Bull, Kingsbury and Roberts (1990).

(37) Kennedy (1986), pp. 1–5, 95–8; Grewe (1988), Pt. III, 'Droit public de l'Europe: Die Völkerrechtsordnung des Französischen Zeitalters 1648–1815'.

(38) 次と比較せよ。Koskenniemi (2010b).

(39) Charlesworth (1992); Charlesworth (1997); Charlesworth and Chinkin (2000); Simons (2003); Elshtain (2008); Kinsella (2011).

(40) Walker (1993), pp. 16, 33.

(41) Cavallar (2002), p. 173.

(42) Bentham (1996)〔ベンサム『道徳及び立法の原理序説』17章26節『世界の名著』〕, p. 297 n.z.

(43) Schmitt (2003)〔カール・シュミット著、新田邦夫訳『大地のノモス——ヨーロッパ公法という国際法における』慈学社出版、大学図書(発売)、二〇〇七年〕, p. 210.

(44) R. Cooper (2003), pp. 29, 22; Garton Ash (2007), p. 633 に引用されているトニー・ブレアの言葉(「外交はもはや外のことではない」); Jack Straw, 'Foreward', in Foreign and Commonwealth Office (2004), p. 4.

(45) Portalis (1841), pp. 400, 408–9, 410–12, 414, 426, 440, 444.

(46) Wheaton (1845), p. 69; Portalis (1841), p. 453.

(47) Macalister-Smith and Schweitzke (1999); Orakhelashvili (2011); Keene (2002), pp. 14–22.

(48) さまざまな著作——特にDunne (1998); Schmidt (1998); Sylvest (2009); Coates (2010) ——がこれらの運動を叙述し始めている。

(49) Wight (1991)〔マーティン・ワイト著、佐藤誠・安藤次男・龍澤邦彦・大中真・佐藤千鶴子訳『国際理論——三つの伝統』日本経済評論社、二〇〇七年〕.

(50) 類似した力作として以下を参照。Christov (2008).

第 I 部

歴史的基礎

第1章　思想史における国際論的転回

思想は世界で最も流動的なものである。(1)

知的な生活は自ずと国際的になるとしばしば考えられている。これほど間違った考えもない。(2)

世界中の多くの歴史家たちは、歴史という職業に従事する生涯の大半を通じて、方法論的には一国主義《ナショナリズム》にその身を置いている。他の多くの社会科学者と同じように、歴史家も、政治的に組織された国家《ステート》に帰属意識をもつ国民《ネーション》こそ、歴史研究の主要な対象であるとの前提に立つ。(3) したがって、その主たる仕事は、いかに国民国家《ネーションステート》が出現したか、それがいかに展開し、相互に影響を及ぼしたか、を叙述することである。国民史《ナショナルヒストリー》の境界を意識的に越えようとしてきた歴史家でさえも同様な前提を信奉した。外交史家は国家文書《ナショナルアーカイヴズ》を使って、国家間の関係を再構成した。移入民を研究する歴史家は新たな移入民が既存の国家にいつ到着し、いかに同化したかの痕跡を追った。(4) 帝国史家は、おしなべて（多くはヨーロッパの）本国と（多くはヨーロッパ以外の）植民地のそれぞれの歴史を厳格に分離したが、その場合も国民史から外部に拡がった領土として帝国を研究した。つまり歴史は動態性より静態性、混合されたものより固定されたものに関心を抱いた。

最も自己批判的な歴史家しか次のような皮肉に気づかなかった。「進化論的で一国主義的な歴史主義」が「世界の多くに行き渡った歴史理解の支配的な形態」となったのは、国民性《ネーションフッド》という考え方がグローバルに流通し、歴史の直線的な概念がこういった国境を越えて《トランスナショナル》受容されたおかげである、と。(5) ポストコロニアル理論家は一国主義的な叙述に対する、最初にして最も鋭利な批判者の一員であったが、歴史の入れ物としてずっと国民という枠組を重視することに異議を唱えただけではなかった。(6) こういった異議を受け止めて、全分野にわたる歴史家たちが「国際」「トランスナショナル」「比較」「グローバル」とさまざまな形容詞を付した諸研究に急速に移動してきた。彼らの努力は展望、テーマ、動機で一致しているわけではないし、歴史に対する多様な非一国的《ノンナショナル》なアプローチをいかに相互に区別しうるかについても何ら合意もない。国際史家は諸国家から成り立つ一社会の存在をたいてい当然視しているが、国境を越えて、外交、金融から移民、文化的諸関係に至るまで、諸国家間の多様な関係に注目する。トランスナショナルな歴史家は、たとえば、環境、組織犯罪、伝染病、企業、宗教団体、国連といった国際機関などの、国境をまたぐ過程、運動、制度を吟味する。比較史家は、いつもというわけではないが頻繁に一国史の観点から定義された歴史的テーマを出来事の結びつき《コンジョンクチュール》から扱うが、かならずしも具体的な歴史的関連性に基づくわけではない。そしてグローバル史家は、グローバル化の歴史と前史、世界中に行き渡ったモノの歴史、大西洋、インド洋、太平洋といったサブグローバルな領域間の繋がりを研究する。こういった研究プロジェクトの間には家族的類似性がある。それは国民的《ナショナル》な観点から定義された国家と国家に拘束された国民《ネーション》の歴史を越えて、ひいては国際論的転回を遂げたいとする願いである。(7)

歴史叙述におけるこのような国際論的転回は、一九六〇年代の社会史の興隆と一九七〇年代の言語論的転回の後では、おそらく最も構造転換的な歴史学の動きであろう。なぜ歴史研究のかくも多くの領域にわたって同時進行的にこのような動きが起きたのかは思想史にとってよき問いかけとなろう。また、その問いかけは、思想史の国際化について立ち入った研究をしてこなかった思想史家への挑戦状ともなる。こういった取り組みがなかったのは、国際論的転回を主張する多くの歴史家を物質主義が支配しているためでもある。資本、帝国、移民を扱う歴史家は、グローバルな視野へ野心を抱く社会学者、考古学者とともに、国際論的転回をめぐる議論の先頭に立ち、多くの総合的な主要著作を生み出してきた。資本などを扱う歴史家にとって、思想史は、immaterial という言葉の〔非物質的でかつ取るに足らないという〕二つの意味で immaterial だった。すなわち、精神世界の得体の知れない絵空事を扱う首から上の歴史のたぐいであった。思想史家にとって大きな課題の一つは、還元主義に屈服したり、思想史の独自性を解体しないで、こうした不信と戦うことである。この場合、前進するための最善策は、過去を振り返ること、すなわち、歴史学が国民国家の付加物として制度化される以前の思想史自体のコスモポリタン的なルーツまで遡ってみることかもしれない。

思想史はその名称ができる前から国際史であったと言えよう。ドナルド・ケリーが示しているように、十七世紀半ばのイングランド人トマス・スタンリーからポスト・ナポレオン期フランスにおけるヴィクトル・クーザンまでの、初期の思想史の専門家は、その性格と内容からしてきわめてコスモポリタンな著作を生み出した。彼らの歴史は、ディオゲネス・ラエルティオス〔三世紀前半に活躍した哲学史家〕まで遡る哲学の折衷主義の伝統を出自としたが、直接的には近世認識論に由来し、そこでは思想は、国民的であろうとなかろうと、起源には左右されないとみなされた(8)。このような初期の思想史は、構成員資格や学問的な交流という性格において超国家的《スーパーナショナル》だった文芸共和国の特徴的な産物であった。この文芸共和国について、その一員であり、フランスの学者にして文人のボナバンチュール・ダルゴンヌは以下のように記した。「全世界を包含し、あらゆる国籍、あらゆる社会階級、あらゆる年齢、男女両性からなり」「現代語ばかりか古代語、あらゆる言語が話されている」。中国からペルーまで拡大したこのコスモポリタン的な共同体の内部では、「思想は肌の色、年齢、人種、ジェンダーを問わなかった」。それに場所、国家も問わなかったと付け加えてよかろう(9)。

思想史は生まれながらにして国際的だったし、歴史家という職業の内外でナショナリズムが興隆した後も長く国際的なままだった。したがって、領域的国家性の論理は他の分野の歴史研究の特徴になったが、思想史ではそうならなかった。研究対象が国境の制約を免れていることは思想史家の信条となった。たとえば、フレデリック・ジャクソン・ターナーとジェイムズ・ハーヴェイ・ロビンソンによって十九世紀末、アメリカ合衆国で始められた「新しい歴史」は誕生したばかりの国民的《ナショナリスト》歴史学を疑問視し、そのかわりに、国民的歴史学の支配が及ばない歴史的な出来事から着想を得た。一八九一年(アメリカ合衆国の発展をめぐる有名な「フロンティア学説」を提唱する二年前)にターナーが記したように、「思想どころか商品でさえ、国家《ネーション》の境界を拒絶する。……これはとりわけ、複雑な通商と知的関係を結ぶ手段を持つわれわれの現代世界にあてはまる(10)」。それから半世紀後、思想史の始祖であるアーサー・O・ラヴジョイが一九三九年に「思想は国家間《インターステート》で取引される商品である」と述べたが、ターナーの言葉を想起していたのかもしれない。これらの思想はいかにして生み出され、いかに旅をしたのか、誰が売買し、誰が消費したのかは、古典的な思想史家が立てようとした問いではなく、比較文学者の仕事だったのであり、「国際的な知の連関の研究とみなされていた」(11)。このような物質的な関心は、思想の社会史、書籍の歴史の興隆を待ってはじめて、思想史家の仕事に影響を与えることになる。この新たな傾向の思想史は、フロンティアなき書籍の歴史が境界なき思想史の仲間入りをしたときに、国際性を宣言した(12)。ロバート・ダーントンは、ターナーとラヴジョイに倣う以前の一九九四年に、以下のように論じた。「いかなる学問分野であれ、書籍は本性からして、その内部に閉じ込められてはいない」「書籍は国境も尊重しない(13)」。

思想史にはナショナリズムに対する抵抗が内在していた。そのせいで、この分野が国際論的転回を遂行するのをかえって困難にしてしまった可能性もある。思想史家は、国民の枠に縛られた他の方法論の研究者とは異なり、国民の範疇をはねつける必要、それに代わるコスモポリタン的な範疇を採用する必要がなかったために、こういった動きに対して方法論の備えが十分ではなかった。じじつ、最近になって、国際論的転回が、思想史に及んでくると、科学技術の進展にはよくあるしかるべき順序を一段階飛びこえる一足飛びの現象が生じた。すなわち、思想史の分野は、非常に専門的な歴史叙述を伝統的に形作ってきた国民の枠組の中には十分に定着しないまま、非国民《ノンナショナル》の枠組から、超国民《スーパーナショナル》の枠組へと国民の枠組をとばして一足飛びに移行したのである。この動きはいくつかの思想史の欠点に立ち向かうことを意味する。その欠点とは、これまで思想史は、特に文脈という空間的な広がりをもつ次元の考察に抵抗してきたことである。またこの動きは、思想史が国際論的転回に対してより普遍的になし得るはずの独自の貢献を、もっと声高に主張するよう求めている。しかしながら、思想史家たちは、国際性およびグローバル性といった範疇の歴史化、思想の国際的流通の追跡、国際論的転回によって引き起こされた理想主義、現在主義、文脈の再定義といった課題と取り組むにあたって、最も有効な道具をいくつも持っているはずである。思想史はしたがって、国際論的転回が思想史に提供するものと同じくらいに、国際論的転回に提供できるものを持っているかもしれない。

国際論的転回は、諸国家《ネーションズ》よりも大きな領域に対する関心を引きつけて、空間という概念への関心をよみがえらせた。それは、政治的な国境に閉じ込められず、トランスナショナルな繋がりと流通によって結びつくものである。歴史上、世界の人口の多くは、国民国家ではなく帝国で暮らしてきた。帝国は、諸住民の統一性を求めないままその差異を保持しておくために、さまざまな類いの普遍主義をもくろんだ、広大で階層化された政体であった。十六世紀初頭から二十世紀初頭にかけての比較的短い期間、こういった帝国のいくつかは、特にヨーロッパとアジアにおいては、はっきりと国家的《ナショナル》な文化の派生物であったが、構成上はたいてい前国家的《プレナショナル》か超国家的《スーパーナショナル》であった。大洋空間は近代における帝国の諸領域を結びつけたが、地中海、インド洋、大西洋、太平洋といった海域は主権を分割し、帝国どうしが拮抗する戦場ともなった[14]。帝国の長い歴史に照らすと、国際関係の近代的な概念が想定した永遠なる諸国家《ステーツ》の世界は、はかなく、無意味なものにさえ思われる。じっさい、ある見解によると、帝国から離脱した真の国民国家からなる世界は、脱植民地化が頂点に達してはじめて出現し、冷戦後に勃発したトランスナショナリズムの波によってすぐにも消え去ることになる。ならば、国家《ステート》の全盛期は、およそ一九七五年から一九八九年までの一世代間にも満たなかった[15]。これ以前と以後のすべての歴史は、前国家《プレナショナル》の歴史か、ポスト国家の歴史である。

諸帝国は、統合と分離を同時に進行させながら、概念上の競合を促し、通商ルート沿いに、離散した諸人民への思想の流通を支援した。[16] こういった衝突と伝達から、たとえば、帝国、宗教、政治経済学の「競合する普遍主義」が出現した。他にも汎イスラーム主義、汎アフリカ主義、ナショナリズム、反植民地主義などの「有色者のコスモポリタニズム」といった普遍主義に対抗したり包含する、膨張的なイデオロギーも出現した。[17] こういった運動の多くは歴史が国民《ネーション》形成の視座から観察されるかぎり、長いこと目に見えないままだった。こういった運動が視野に入ってきたのは、空間についての過去の経験――より広範、流動的で領域的な境界で閉じられていない――が再び過去に問いかけるようになってからのことである。

空間は思想史の最後のフロンティアかもしれない。思想史の分野は空間的な比喩に満ちている。たとえば、「転移する」思想、国境を拒否する書籍、知性の「地平」や公共「空間」、理論的「領域」における思想の立ち位置を定める「地方主義」と「地域主義」、解釈学的な「封じ込め」と批判的な「運動」といった概念である。しかし、こういった比喩的表現は、空間と場所の諸問題への実質的な取り組みを少しも示していない。そのかわりに、以下のことを示す簡単な指標となっている。思想は物質的な決定要因をもたないこと、思想は物理的ないし空間的な文脈にではなく、もっぱら一時的で言語的と解釈される文脈におかれる必要があること。[18] ミシェル・フーコーがあるインタヴューで「空間とは死んで、固定したもの、非対話的で、動かないもの。一方、時間は豊かで実り多く、生気にあふれて、対話的なもの」と言ったとき、彼は思想史家の意見を代弁していたかもしれない。[19]

空間は内包的にも外延的にも理解可能である。この点で、科学史家には国際史家も思想史家も教えられることが多い。科学史における「空間論的転回」は真理の普遍性に疑問を呈し、そのかわりにローカルな知識を主張した。すなわち、すべての見解はどこからか出現するのであれば、どこからともなく現れる見解などあり得ない。思想は、実験室の作業台ばかりか波打ち際、ロイヤル・アカデミーばかりかパブといった、確実にここと限定できる空間から出現した。このように微視的に観察してみると、継ぎ目のない網の目状になった抽象的な知識はもろもろの偶然の関心からなるもろい寄せ木細工であると判明した。[20] こういった研究の一つの目的が科学的理性の普遍性なるものの化けの皮を剝ぐことにあるとしたら、もう一つの目的は知識の断片がいかに蓄積され蒐集されたか、そしてその信頼性がいかに獲得されたかを明らかにすることにほかならない。「知識が特定の場所でいかに作られるかだけでなく、知識の交換がいかにさまざまな場所の間で起こるか、ということも理解する必要がある」。すなわち、どのように思想は旅をし、誰がそれを運び、その旅ではどんな荷物を持ち運び、そして到着したとたんに、どう飼い慣らされて帰化したか、ということである。[21]

このアプローチは科学的知識を可能とし信頼性のあるものとする情報=蒐集の込み入ったメカニズムを明らかにした。イングランドに閉じこもり、思想家の中で最も物理的に孤立していたアイザック・ニュートンですら、海を一度もみないまま「植民地の情報体系と、十七世紀の最後の数十年間に形成された経験論的な知の仕組みとの間をつなぐ重要な環」となって行動できたのである。[22] イエズス会やイングランドとオランダの東インド会社といった機関は、長距離にわたる広大な地域で知識を生産するという意味での巨大科学を支援した。[23] そして後世の「網の目状の帝国」は中心と周辺の区別を解体してしまう。

その際、それぞれの周辺と目される地域は、帝国の文書を集積し、仮説を検証し、植民地間の交流を通じたイデオロギーを産み出すなかで、中心の地位を獲得していった[24]。このようにして、連結が外延的に作り上げられると、大陸や海洋を越えた思想と情報の伝達を通じて、集約的に開墾されたさまざまな場所が結びつけられ、新たな知識の地図が作られた。

ピエール・ブルデューはこうした研究を「文化に関わる国際関係の学」と呼んだが、これは思想史にとってより普遍的に追体験可能なモデルを提供する[25]。空間の概念が広がると、重要な網の目が拡散し、交換のネットワークが増大して、新たな文脈と文脈間の予期しない連関が創られる。部屋と建物、通りと広場、都市と地域、国と大陸、帝国と大洋などにおける、社会的結合関係と交信、書籍の流通と知識の空間的組織化の変遷によって、思想家は思想の受け取り手の性質、論拠の潜在的な影響力、行動範囲の再考を余儀なくされる。空間概念によくなじんだ思想史家ならば、たとえば「啓蒙とは何か」との問いに答えるためには、いまや「啓蒙とはどこにあるか」と問うにちがいない[26]。

空間概念の変化は思想の文脈を拡げ、それとともに、思考の可能性そのものをも拡げた。ヨーロッパの思想史家にとって最もなじみ深い事例は、大洋を股にかけた探検や植民地化によって近世ヨーロッパの思想家に文脈が格段に拡がったことだろう。相互的な文化遭遇があり、インド洋、大西洋世界、のちには太平洋周辺の諸帝国が増えると、諸問題の中でも特に、自然、文明、政治的共同体、所有、宗教的多様性、寛容の問題が検証されたからである[27]。たとえばジョン・ロックは、熱心な旅行記の読者だったが、五大陸の物語から多様性や信念や慣習の事例を得た[28]。トマス・ホッブズはアメリカ関連の文献をそこそこ楽しみ、自然状態の民族誌的な叙述を参照しては国際関係の理解を深めた[29]。デイヴィッド・ヒュームの政治経済学は大西洋世界との関わりに多くを負っていた。(30) 十八世紀半ば以降に執筆活動をした思想家の世代、とりわけスミス、カント、ヘルダー、バーク、ベンサムには、真にグローバルな思想の可能性が開かれ、文化と差異についての考えばかりか、普遍主義やコスモポリタニズムの構築にも影響を及ぼした。(31) 十九世紀末になって、技術、特に蒸気船、鉄道、電信によって空間が縮小されると、帝国の領域を越え、世界を股にかけた新しい政治共同体の構想が可能となった。フーコーには悪いが、空間は動態的であって、静態的なものではない。思考の文脈は拡大し、地球全体に及んだ。これに応じて、現代思想史家は、大陸、地域間、大洋間、究極的には地球全体と、規模がたえず拡大し続けるなかで、思想を追求していかなければならない。特にハイデッガー、シュミット、そしてアーレントが二十世紀半ばに最初に注目したように、大気圏外の宇宙空間が思想史の真の最後のフロンティアになるかもしれない。(32)

一国的《ナショナル》な動きから離れ、トランスナショナルなものに向かう動きは、国際的な空間、すなわち、政治的に国家と国民に組織された人間生活の空間を経験する。数年前に、私は「歴史家、政治理論家、国際関係論の学者、国際法の研究者の間で新たな対話が生まれる」ような「国際思想史のルネサンス」が始まりつつある、と示唆した。(33) このルネサンスはいまや順調に進行しており、思想史における国際論的転回の最初の成果を生み出している。ナショナリストは自分たちの共同体が生来のものであることを前提にするが、国民《ネーション》にはへそがない。国民の構築は歴史の産物ながら、多くの場合、その歴史とはせいぜい十八世紀末、十九世紀までしか遡らない比較的新しいものである。(34) この二世紀の間、国民《ネーション》が国家《ステート》を生み出したのと同じような頻度で国家は国民を生み出してきた。こういった国家がいかに国際社会を形成するに至ったのか、いかなる規範がその行動を規制したのか、哲学的探求および政治的思考のいかなる伝統がこれらの規範を生み出したのか、いずれも国際思想史への問いとなる。

国際思想史の再興は、思想の歴史と国際的なものの歴史との関係を三段階で表すと、最も近年の段階にあたる。三段階とは、大ざっぱに言って、第一次世界大戦終了から一九五〇年代までの婚約期、一九六〇年代初頭から一九九〇年代半ばまでの不和期、現在の和解期である。婚約期の初めには、思想史家はしばしば見解が、方法論的にはコスモポリタン的、政治的には国際主義となり、歴史的な志向を持つ国際関係論の研究者は、抽象的なモデルや理論よりも、明らかに思想を扱った。他にハンナ・アーレント、レイモン・アロン、ハーバート・バターフィールド、ハンス・モーゲンソー、ラインホルト・ニーバー、カール・シュミット、ケネス・ウォルツ、マーティン・ワイトといったさまざまな思想家も、歴史の正典を共有し、それに依拠したが、国家主権と国際機関の権威との均衡、戦争と平和の倫理の均衡といった問題をめぐっては深い亀裂があった。

これに続く不和の時期には、思想史家と国際史家は距離を置いた。学問分野の境界が堅固になり、いっそう遵守されるようになった。方法論が精緻化され職業の専門化に拍車がかかると、分野間の対話はむずかしくなった。国内的なものと国際的なものの分離も進んだ。政治理論であれ国際理論であれ「理論」なるものは、特に合衆国においては、政治学や国際関係論の分野から思想と倫理を排除した実証主義モデルに押されて地歩を失った。ロックフェラー財団が首都ワシントンで開催した一九五四年五月の国際政治学会議にはモーゲンソー、ニーバー、その他も参加したが、今にして思えば、合衆国において行動主義社会科学が勝利する前の、国際問題に対する倫理的アプローチの絶頂期だった。[35] この後四半世紀以上にわたり、思想史家は国際関係史家とさらに距離をおいた。社会史が興隆してきたために、この二つの分野は歴史研究の辺境に追いやられた。〔国際関係史に出てくる〕ある書記官がもう一人の書記官に語ったことは、ある哲学者がもう一人の哲学者について書いたことと同様、まったく流行らなくなった。ロバート・ダーントンがアメリカ歴史学協会のために出版した一九八〇年の論集で陰気に述べたように「ある病が思想史家に広がっている。……ここ二十年間の研究の再編を経て、〔思想史は〕いまや末席を汚すのみとなっている」。同じ論集ではチャールズ・マイヤーが国際史に関して「国際関係史は……集団としての進取の気性も、歴史研究の最先端にいるとの意識もいささかもない」と同様に悲観的な評価を下している。[36]

よくあることだが、このような衰微の兆候が見られると革新が促された。一九九〇年代に始まる和解の時期には、思想史と国際史の両者が復興し、二つの分野の相互交流も増えた。少なくとも国際関係論の研究者には「ポスト実証主義」の時代であることを自覚し、理論、国際問題の歴史、国際関係史への関心を新たにした者がいた。国際史家はさらに文化、イデオロギー、制度への関心を深め、「思想史と文化史を精力的に支持するとともに、国際論的転回の推進者」になった。また、国内の領域を越えた世界の人びと、国家、他の団体の規範や交流を国際思想の歴史という題目のもとに、研究し始めた。[37]

「国際思想」とはもともと、両大戦間期に国際連盟や初期の国際機関に共鳴したブリテンの時事評論家や知識人たちが発明した言葉であった。トマス・ハーディは、この文脈で、一九二三年に、仲間の小説家ジョン・ゴールズワーシーにあてて「国際思想の交換こそ世界を救済する唯一のものです」と書いている。このように元来の目的は批判的な歴史を書くというより役に立つ過去を示すことだった。[38] これについては、アメリカの国際法研究者ジェイムズ・ブラウン・スコットなど、大西洋を股にかける熱心な国際主義者も支持を表明した。スコットは、カーネギー国際平和基金が助成した「国際法の古典」シリーズ（一九一一～五〇年）で、バルサザール・アヤラからリチャード・ズーシュにいたるまで、国際思想に関する初期の基本図書の編纂を開始した。[39] 近年、国際思想史は復興し、国際思想は政治思想史の一部にとどまらず、独立した確固たる分野となり、著者、課題、運動など研究対象はより広範に、かつ特定の目的にとらわれないものとなった。[40] 国際思想はいまや、現時点の目的に利用されるべき一群の権威的学説というよりも、過去形の国際的思考となり、国際問題を理論的に考察する活動となった。この点で国際思想史は、この五十年間に文脈を重視してきた政治思想史に似ている。

国際思想の諸起源への人文主義的な回帰によって、グロティウス、ホッブズ、カントといった思想家がしていた――あるいはそれほどしようとはしなかった――ことと、後世の彼らの研究のされ方に距離があることが明らかとなった。グロティウスには国際法を「創始する」意図などなかった。ホッブズは、少なくとも国際関係の議論で用いる意味では、「ホッブズ主義者」ではなかった。そしてカントは、二十世紀初頭以来、目的論的な国際主義者が決め付けてきたような、「民主的な平和」の理論家を超える存在である。[41] 二十世紀に関しては、ノーマン・エンジェルとハンナ・アーレントからレオナード・ウルフとアルフレッド・ジンメルンにいたるあらゆる種類の国際思想家の歴史的研究があり、これに加えて、特にカール・シュミットの業績を研究する活発な小規模集団がいる。[42] これと同時に、国際関係論と国際法に関する自己批判を旨とする歴史家たちは、両大戦期に生み出された「無政府の言説」が国際関係論の後期現実主義学派にとって、いかにして永遠の真理となったかを暴露し、理想主義的な国際法研究者と、ベルギー領コンゴからピッグズ湾に至る帝国的な事業との共犯性を明らかにしてきた[43]。

自己批判的な国際史家が自分たちの学問の基本要素に疑義を呈した際、思想史家は彼らを援助するのに格好の位置にあった。国際関係論の土台となるべき時間設定として、一六四八年とウェストファリア条約が好例である。相互承認と相互不干渉の主権諸国家から成る世界の起源をここに求めた「一六四八年の神話」の解体は、比較的わかりやすい経過をたどった。それは以下の三点に依拠する。一つは、ミュンスター条約やウェストファリア条約の解釈、次に、諸帝国、諸連盟など国家以外の多層的あるいは分割された主権の方が、「ウェストファリア的」な主権なるものよりも、政治的権威を特徴づけるという認識、最後に、北ヨーロッパを越えた世界への注目である。この注目によって、世界の多くの人びとが有するとされた主権は、帝国体制下ではほとんど考慮の対象にはならなかったことが見えてきた[44]。逆に言えば、ウェストファリアの神話は近代国際思想の一連の前提を支えていた。つまり、個人ではなく国家が国際問題の主たる主体であること、国内と国外の領域、国家の内部と外部が区別、分離されること、実定法が自然法より上位にあること、文明を序列化する規範が世界中に適用されること、国際的な領域は無政府的であり、かつそれゆえに、国家理性という行動原理によって統治されることである。これらの基本的な前提には統一性はなく、異議もないわけでもなかったが、少なくとも百五十年間は争点にならなかった。

国際的なものの思想史はいまだに研究の可能性に満ちている。たとえば、何が国際思想の媒体だったか、書籍の歴史の方法を用いて、その媒体をどのように理解しうるのか[45]。十七世紀末に開始され、現在まで続く、著述と出版の新しい表現形式（とりわけ、条約集、外交便覧、国際関係と諸国民の法の歴史）は、書記官、学者、および人文主義者の文化の中で増大した。この文化は、国境を越える《トランスナショナル》外交的かつ軍事的な共同体と、頻繁に交錯した。こうした表現形式をさらに調べていけば、なぜカントは「永遠平和のために」を条項の形式で書いたか、といった疑問を理解する助けとなるだろう(46)。十八世紀以降には国際機関が増大するが、そこに勤務した弁舌なめらかな外交官、文学に心得のある行政官や知識人が新たに身に着けた哲学的な仮面《ペルソナ》は何だったのか(47)。そして国際思想自体はどうやって国際化されたのか。一つだけ例を挙げると、欧米国際思想の主要な動向を記すヘンリー・ホイートンの『万国公法』（一八三六年）が、アジアで翻訳されて広く読まれたことは、近代国際思想の底流にある諸前提が十九世紀半ばまでには、十全にグローバルとまでは行かずとも、しだいに地域を越えた《トランスリージョナル》ものとなりつつあったことを示唆する(48)。この点で、あまねく世界に影響を及ぼした「主権の伝播」を世界の大部分が受け入れたことは、なおも説明を要する問題となる。その際には、特に主権の受容と定着の決定因に注目しなければならない(49)。そうして初めて、一国的な《ナショナル》ものと国際的な《インターナショナル》ものが、十九世紀と二十世紀に全世界で、精力的に共同生産された事態を、十分理解できるだろう(50)。

　国際的なものの国際化は国際機関の思想史からも探求可能である。新しい国際関係史の提唱者は、国際的な領域における非国家的な《ノンステート》主体を研究して「国際史を国際化」するよう、長年にわたって仲間たちを促してきた。非国家的な主体とは企業、非政府組織、さらには世界保健機構や国際連合といった国家を越えた《トランスナショナル》社会運動や団体である(51)。こうした呼びかけによって、特に有名なものを挙げるだけでも、万国国際法学会、カーネギー国際平和基金、国際連盟、国際連合、ユネスコ、ヨーロッパ連合といった団体の文書を利用する新たな機会が、思想史にもたらされた。こうした研究には、内部を尊重し賛美を旨とするものもあるが、多くは主体、文書、制度の対象範囲を拡げ、思想史家の研究にとり入れられた。[52] 対象を拡げた成果の一つは人権という新たな歴史であり、〔キプリングの〕「なぞなぞ物語」を語るような目的論的な段階から、文脈や不連続性に注意を怠らない、より批判的な文学へと移行する、いまやその第二の波に乗った領域となっている。[53] 思想史家の関心を引きつける他のテーマ――経済思想史、戦争と政府の諸概念、公衆衛生、科学史――はすべて、国際機関、企業、団体の文書による研究が可能である。この点で近代思想史家は、十七世紀や十八世紀のイングランドとオランダの貿易会社の思想史を書くおりに、科学史家を見倣った近世の研究者から学ぶことができる。[54] 国際的でグローバルな次元への関心が政治理論家や倫理研究者の間で高まると、以上のすべての展開は加速した。これらの展開は、人間生活のトランスナショナルな次元が公的に認知されるなかで生じ、「グローバリゼーション」という混成語で表現される。こうした運動によって、国民ないし国家を越えた事項を扱う議論を再構築するという、思想史の内部的傾向が奨励かつ再強化され、私はそのことを思想史家における国際論的転回と呼んできた。

以上、思想史における国際論的転回の説明は圧倒的に楽観的で、その業績は全体として認められ、これから果たされるべき約束もある。だが、いかなる希望の光にもかげりはある。国際論的転回が悪い方に転回する可能性はあるのか。この転回にはあって当然の自己批判の時期にはまだ入っていないし、外部からの持続的な関心も引きつけていない。しかしながら、錯誤的反復、現在主義、「階級主義」、文脈概念の変化といった、いくつかの批判がすでに挙がっている。[55] これらの批判で国際思想史に特有のものは何もない。すべては、少なくともこの半世紀にわたる思想史をめぐる議論では、おなじみのものである。だが、思想史がより広大な空間へと拡大し、思想間での新たな形態の〔論理学でいう〕選言判断、新奇な分析要求が表面化してくると、これらの批判はどれも鋭く迫ってくる。錯誤的反復はおなじみの非難であり、少なくともケンブリッジ学派によるラヴジョイの思想史批判にまで遡る。同じ思想の反復に見えても、原義の解体と語義の確定の必要に迫られて、別個の概念を形成したものであって、時間や空間を超越したより広範囲にわたる叙述に同化したわけではない。[56] たとえば、ブリテンにおける自由主義はインドにおける自由主義とは同じではなかった。それぞれの適所《ニッチ》で展開したが、相互を無視して登場したわけではなく、むしろ、議論の受容、流布、混交に関してローカルな状況が介在する対話から出現した。[57] 少なくとも十八世紀半ば以降、受容のあり方は地域どうし《インターリージョナル》のものから次第にグローバルにもなっていく。ラモハン・ロイといったインド人「リベラル」は、専制政治との闘いを、アジアにおけるブリテンやポルトガルの植民地、大西洋世界のスペイン君主制、ブリテン本国も含む世界規模の運動の一部とみなしていた。文書《テキスト》は思想を運ぶが、しかし常に副文書《パラテキスト》を形成する途上であり、ついには、文書の翻訳や流用という予期しない文脈へと思想を投げ込んだ。こうした状況は類似性から相違を生んだが、完全な分裂や比較不能までには至らなかった。これに注意すれば、錯誤的反復に陥る危険は回避できるかもしれない。たとえば、概念史、書物の歴史、ポストコロニアルといった方法論の助けを必要な場合には借りるなら、かつての洗練されていなかった歴史横断的《トランスヒストリカル》な思想の歴史の危険を回避して、より方法論的に踏み込んだ、思想における時間横断的《トランステンポラル》*1な歴史に置き換えることが可能になるはずである。[58]

現在主義は国際論的転回にとってより深刻な危険をもたらすかもしれない。「二十世紀末から二十一世紀初頭にかけての「グローバリゼーション」をめぐる公の論争が、トランスナショナル論的転回に歴然と影響を及ぼしたという意味では、[国際思想史の]すべての企てはそれ自体、現在主義的である」[59]。しかし、われわれは現在の議論から逃避するつもりはなく、同様に、過去におけるコスモポリタン的、普遍主義的でグローバルな連関や概念をめぐる論争の存在も否定しない。われわれのいつも変わりゆく現在によって、見過ごされたり低評価されたりもした過去の諸側面がたえず明らかにされていくことは自明の理であり、すべての自明の理と同様、その定義上、少なくとも一部は真理である。この場合、トランスナショナルな歴史の他の側面に見られるように、二つのアプローチが可能となる。「第一のアプローチは連関が存在し、それが過去の主体には知られていたが、何かの理由で忘れ去られてしまったか脇に置かれたことを示唆する。そこで歴史家の仕事は、こうした失われた痕跡を再発見することになる。これに代わる第二の視点は、歴史家を電気技師のような者として考える。歴史家は単に復元するのではなく、想像力を用いた再構成という行為によって、回路を接続するのである」[60]。二つのアプローチのうち後者――比較よりも接続、復元よりも再構成――の方が多くの思想史家には好まれるかもしれないが、もう一つの方法も、過去の課題と現在の関心との間にとるべき歴史的距離を保つ上では確実に必要である。曇ったガラスを通してはこういった関心事は見えないと考えると、思い違いをすることになろう。長期的な展望ではじめてよりはっきりと見えるようになるのである。

「上位にある者、偉大な者、高度の教養のある者しか個人の精神、あるいは個人自身の歴史のテーマにならない」との「階級主義」は、国際色豊かな思想史に特有の欠陥というより、思想史に向けられるおなじみの非難である。[61] 一例として、J・S・ミルは、すでに一八三八年にベンサムとコールリッジを擁護して、以下のように反駁した。

表面上は、日常の出来事や人びとの物質的な利益とはかけ離れたもののように思える思弁哲学は、じっさいには人びとに大きな影響を与え、この思弁哲学自体が被る影響力を除けば、結局、ほかのどの影響力にも勝るこの世で唯一のものである。われわれが語る著述家たちは、わずかな作品を除いて大衆にはまず読まれず、そのわずかな作品の読者もごく少数にとどまるが、著述家たちは先生の中の先生である。[62]

思弁的哲学者と大衆の間には、エマ・ロスチャイルドがいう「媒体的」あるいは「中間的思想」の思想家がいる。彼らはまったく目立たないので、思想家として個人的な伝記研究の対象にはならないが、そこら中に思考の痕跡を残したので、いかなる心性《マンタリテ》の歴史にも組み込まれない。さまざまな種類の公的政策に関与した人びとであるが、そうでない場合もある。[63] こうした人びとは、しばしば、世界を股にかけて歩く人びとにして橋渡し役であり、アジア、ヨーロッパ、アフリカを移動する一群の人びとである。彼らは大西洋や太平洋、大草原地帯を横断（かつ再横断）したばかりか、ローカルな知識と「グローバルな知性」の創造の交流に関わった文化を越える《インターカルチュラル》行為者でもあった。[64] 歴史家たちがこういった形態の思考と、彼らの思想の歴史を再構築するにつれて、われわれは、かつてないほど広範囲で、トランスナショナルな思考形態の証拠を発見できるようになる。[65]

トランスナショナルな歴史が要求する文脈の定義がしだいにゆるくなっても、それによって思想史家は意気阻喪してはならない。文脈がいまや大陸間のコミュニケーション、多言語的な共同体、世界システムの拡大すら覆うと定義する、思想は「文脈上」いかに正確に理解され得るのかと問う人が現れるだろう。(66) ここでもまたチャンスの方が危険を上回っている。適切な正典は限定しなければならない。活発な(少なくとも妥当な)伝達のルートを地図に描かなければならない。参照の尺度は国際的なものやグローバルなものについての同時代人の考え方に応じて、設定しなければならない。このような限定を適所に設定して境界を越え、区画された言説(議論、言語)の諸共同体を越えて跡づけるのであれば、その思想にとって意味のある空間的文脈の再構築ができなければならない。

十九世紀と二十世紀の思想史にとって、時間概念の歴史化は大きな課題だった。これと同様に、国家的なもの、国際的なもの、トランスナショナルなもの、グローバルなものといった空間の概念の歴史化も国際論的転回以後の思想史にとっては暗黙の課題の一つになろう。この課題は、否応なく以下の問いを引き起こす。思想史がグローバル的転回を遂げるとはいったいいかなる意味か。グローバルな思想史を構成するのは何か、その研究テーマは何になるのかさえ、いまだ明らかではない。だが、こうした問題をめぐる活発な論争はすでに始まっている。(67) グローバル的転回は、国際論的転回のほんの一つの論理的展開なのか、まるで異なる独自の試みなのか、いまだにわかっていない。こういった地平の拡大、興味をそそる展望を前にすると、国際的なものもグローバルなものも思想史におけるよりよきものへの転回として歓迎することは、けっして時期尚早ではない。いずれもひたすら歴史叙述に裨益してきたのだから。

原注

(1) Lovejoy (1940), p. 4.

(2) Bourdieu (1990), p. 2.

(3) 「国民とはそれ自身の国家に自らを表明する感情の共同体である。したがって、国民は通常それ自身の国家を生み出す傾向のある共同体である」Weber (1991)〔ガース、ミルズ著、山口和男・犬伏宣宏訳『マックス・ウェーバー——その人と業績』ミネルヴァ書房、一九六二年〕, p. 176.

(4) Wimmer and Schiller (2003).

(5) Hill (2008); Bayly (2011b), p. 13（引用箇所）.

(6) たとえば、Duara (1995); Chakrabarty (2008).

(7) Clavin (2005); Bayly, Beckert, Connelly, Hofmeyr, Kozol and Seed (2006).

(8) Kelley (2002), chs. 1–2.

(9) Bonaventure d'Argonne, 以下に引用。Anthony Grafton, 'A Sketch Map of a Lost Continent: The Republic of Letters', in Grafton (2009), p. 9; Kelley (2002), p. 117.

(10) Turner (1938), p. 57; Novick (1988), pp. 89–95.

(11) Lovejoy (1948)〔ラヴジョイ、鈴木信雄ほか訳『観念の歴史』名古屋大学出版会、二〇〇三年〕, pp. 3, 1.

(12) Howsam and Raven (2011), p. 1.

(13) Darnton and Daskalova (1994), p. 2.

(14) Benton (2002); Benton (2010); 以下の本書第二章。

(15) F. Cooper (2005); Cooper and Burbank (2010).

(16) 帝国の思想史に関しては、特に以下を見よ。Pagden (1995); Armitage (1998); Ben-Ghiat (2009); Pitts (2010); Muthu (2012).

(17) Bose (2006); Bose and Manjapra (2010); Aydin (2007); Manela (2007); Slate (2011).

(18) 脈絡に関しては、以下を見よ。Burke (2002); Felski and Tucker (2011); Gordon (2013).

(19) Foucault (1976)〔國分功一郎訳「地理学に関するミシェル・フーコーへの質問」小林康夫・石田英敬・松浦寿輝編『フーコー・コレクション4　権力・監禁』ちくま学芸文庫、二〇〇六年〕, p. 78.

(20) Ophir and Shapin (1991); Finnegan (2008); Withers (2009). より一般的には以下を見よ。Guldi (2011).

(21) Tresch (2013); Shapin (1998), pp. 6–7 (引用箇所).
(22) Schaffer (2009), p. 247.
(23) Harris (1998); Cook (2007); Clossey (2008); Winterbottom (2009).
(24) Ballantyne (2002), pp. 1–17.
(25) Bourdieu (1990), p. 1.
(26) Livingstone and Withers (1999); Withers (2007); Manning and Cogliano (2008).
(27) Pagden (1986); Brett (2011).
(28) Carey (2006); Talbot (2010).
(29) Noel Malcolm, 'Hobbes, Sandys, and the Virginia Company', in Malcolm (2002), pp. 53–79; Aravamudan (2009); Moloney (2011).
(30) Rothschild (2009).
(31) Marshall and Williams (1982)〔P・J・マーシャル、G・ウィリアムズ、大久保桂子訳『野蛮の博物誌――18世紀イギリスが見た世界』平凡社、一九八九年〕; Muthu (2003); Pitts (2005a).
(32) Lang (2003); Bell (2007a), pp. 63–91; Lazier (2011); Bell (2013).
(33) Armitage (2004), pp. 108–9.
(34) Gellner (1996).
(35) Hoffmann (1977); Guilhot (2011).
(36) Darnton (1980), p. 327; Maier (1980), p. 355.
(37) Ashworth (2009); Bell (2009a); Zeiler (2009), p. 1053 (quoted).
(38) Thomas Hardy to John Galsworthy, 20 April 1923, in Hardy (1978–88), vi, p. 192; Galsworthy (1923); Stawell (1929).
(39) Hepp (2008); Coates (2010), pp. 101–5.
(40) Boucher (1998); Jackson (2005); Keene (2005); Jahn (2006); Bell (2007b); Bell (2009b); Covell (2009); Hall and Hill (2009); Behr (2010); Walker (2010); Cavallar (2011).
(41) Tuck (1999); van Ittersum (2006); Noel Malcolm, 'Hobbes's Theory of International Relations', in Malcolm (2002), pp. 432–56; Muthu (2003); Easley (2004); 以下の本書第4章。
(42) Long and Wilson (1995); Owens (2007); Morefield (2005); Odysseos and Petito (2007); Hooker (2009); Legg (2011).

(43) Schmidt (1998); Koskenniemi (2002).

(44) Osiander (2001); Teschke (2003); Beaulac (2004); Straumann (2008); Piirimäe (2010).

(45) これと同様な経済テキストの翻訳と流通の規範的な研究として、以下を見よ。Reinert (2011).

(46) この方向性にある示唆的な研究として、以下を見よ。Lesaffer (2004); Ménager (2001); McClure (2006); Hampton (2009).

(47) 以下と比較せよ。Hunter (2010).

(48) Liu (2004), pp. 108–39; Liu (1999b); Gluck and Tsing (2009).

(49) Armitage (2007a), pp. 107–12〔アーミテイジ、平田雅博・岩井淳・菅原秀二・細川道久訳『独立宣言の世界史』ミネルヴァ書房、二〇一二年、一二七—一三一頁〕; Bayly (2011a).

(50) Bayly and Biagini (2008); Isabella (2009).

(51) Iriye (2002b); Iriye (2002a)〔入江昭著、篠原初枝訳『グローバル・コミュニティ——国際機関・NGOがつくる世界』早稲田大学出版部、二〇〇六年〕.

(52) Koskenniemi (2002); Droit (2005); Sluga and Amrith (2008); Rothschild (2008); Mazower (2009); Jolly, Emmerij and Weiss (2009) および国連思想史プロジェクトの同様な作品。

(53) 第一にたとえば以下を見よ。Borgwardt (2005); L. Hunt (2007); Martinez (2012); 第二に、以下を見よ。Moyn (2010); Hoffmann (2010); Iriye, Goedde and Hitchcock (2011).

(54) Van Ittersum (2006); Stern (2011).

(55) Rothschild (2006); Goto-Jones (2009).

(56) Skinner (1969).

(57) Bayly (2012); 以下も見よ。Kapila (2010); Kapila and Devji (2010).

(58) McMahon (2013); Armitage (2012).

(59) Rothschild (2006), p. 221.

(60) David Armitage and Sanjay Subrahmanyam, 'The Age of Revolutions, c. 1760–1840: Global Causation, Connection, and Comparison', in Armitage and Subrahmanyam (2010), p. xxxi.

(61) Rothschild (2006), p. 222. この批判に対する暗黙の反駁としては以下を見よ。Rose (2010); Hilliard (2006).

(62) Mill (1838), p. 467.

(63) Rothschild (2005), p. 210; Rothschild (2011b), pp. 774–6.

(64) Schaffer, Roberts, Raj and Delbourgo (2009).

(65) たとえば Bose and Manjapra (2010); Colley (2010); Rothschild (2011a).

(66) Goto-Jones (2009), p. 14 (「歴史的脈絡は空間文化的な脈絡と重なり合いそうもない」).

(67) Kelley, Levine, Megill, Schneewind and Schneider (2005); Dunn (2008); Sartori (2008); Black (2009); Moyn and Sartori (2013).

訳注

＊1 著者からの私信によると「トランスヒストリカル」と「トランステンポラル」の違いは以下の通り。「トランスヒストリカル」とは歴史的状況の文脈や制約を持たないことを意味する。すなわち、トランスヒストリカルなものは歴史を持たず、歴史を越えて同じ形態で現れる(とされる)。これとは対象的に、「トランステンポラル」とはその対象ないし思想が歴史を持っていることを意味し、それは異なる時代に異なる形態で現れるが、長期趨勢のなかで再構築され歴史のテーマとして研究され得るものである。

第2章　グローバリゼーションの前史はあるのか

「「われわれは現在、啓蒙された時代（*aufgeklärten Zeitalter*）に生きているのか」と問われるなら、「そうではない。しかしおそらく啓蒙されつつある時代（*Zeitalter der Aufklärung*）に生きているだろう」と答える」[1]。イマニュエル・カントは、自身の評論『啓蒙とは何か』（一七八四年）の中で、当時明らかになった成果、そして実現すべき前途について印象的に語っているが、これはグローバリゼーションと歴史叙述を考える際の金言となるだろう。「啓蒙された時代」と「啓蒙されつつある時代」の違いは、「グローバル化された時代」と「グローバル化されつつある時代」の違い、したがって、状況としてのグローバリゼーションと過程としてのグローバリゼーションの違いを連想させる[2]。過程としてのグローバリゼーションとは、国境を越えた結びつきが徐々に強まって、それが以前には影響を受けなかった地域にも及ぶようになり、世界全体に広がる共同体を特徴づける共通の関心が生まれることを意味するだろう。状況としてのグローバリゼーションとは、グローバルな意識を共有することで世界のすべての人びとが単一の経済・文化ネットワークに包摂され、完全にトランスナショナルな統合が行われた状態を意味するだろう。カントのプロイセンは啓蒙されなかったが、それ以上にまちがいなく、人類はそのような状況に到達することなどない。だからといって、過程としてのグローバリゼーションが現在進行していないわけではない。同じように、過程としてのグローバリゼーションは、状況としてのグローバリゼーションの達成を必ずしも準備するのでもない。

最も楽観的に啓蒙を説く者たちと同じく、最も熱心にグローバリゼーションを主張する人びとは、世界中に広がる可能性をもつ比較的新しい現象であることを前提としてきた。世界規模での統合とトランスナショナルな結合の過程である（その名に値すべき）グローバリゼーションとは、包括的であって、しかも空間的に拡大するものでなければならない。完全に地球を覆うことができないものは、いかに広大な規模にわたっても、国際協力、多国籍活動、あるいは地域分権化さえ含む、そうした活動の、よりゆるやかな形態にすぎないだろう。globalise は、他動詞にも自動詞にもなり、「厳然とした物質的発展でもあり、かつ意識的な人間の過程でも」あるため[3]、不可逆的な目的論と偶然的な意図の寄せ集めという両方の意味合いをもっている。意図の方は、状況としてのグローバリゼーションの達成に向けて意識的に働きうる。だが、カントの『世界市民的見地における普遍史の理念』（一七八四年）によれば、悪意を伴って衝突する意志は、その意志の「非社交的社交性」（*ungesellige Geselligkeit*）ゆえに、秩序ある歴史になりうる。同様に、そうした意図の結果は、予見できないのと同じくらい、意図せざるものとなりうる[4]。カントが言う普遍史の特質に似て、グローバリゼーションが内包する特質は目的論的である。この場所でもなく、今でもないかもしれないが、地域へと拡大し、しかも加速度的に進むという点において。

図 2-1　英語の著作にあらわれた globalisation と globalization の相対頻度（1980–2008 年）

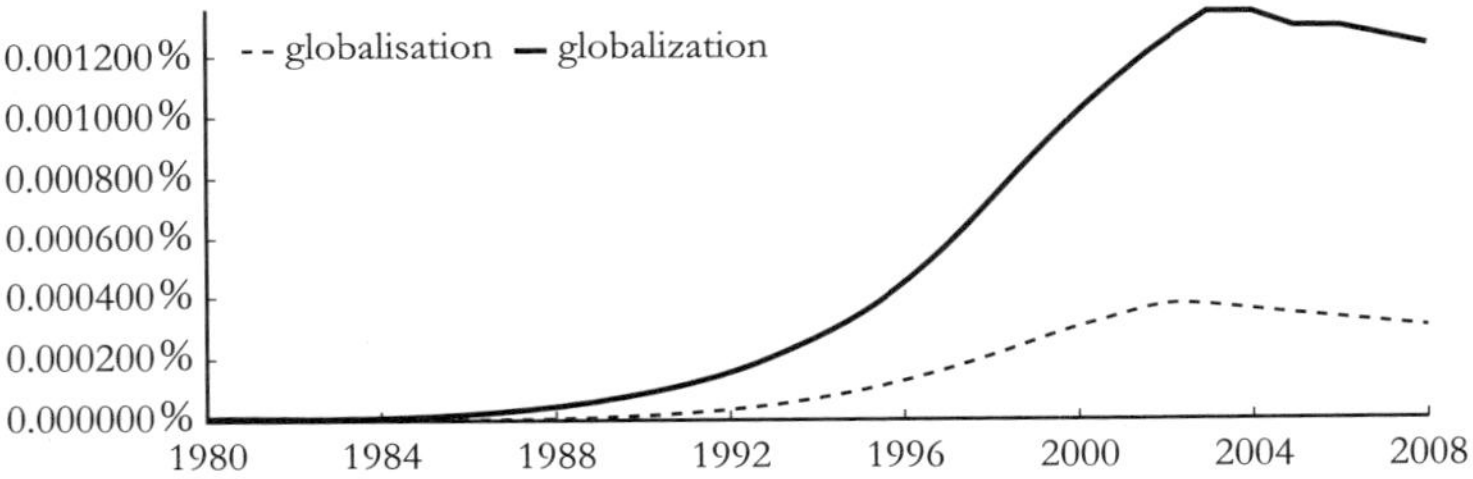

出典：Google Ngram Viewer

グローバリゼーションの特質は、啓蒙と同じように、その過去よりも未来から引き出されるものである。「一見したところ、グローバリゼーションの歴史という考え方は、表現として矛盾している。グローバリゼーションや国際化は、この二十年はほとんど、現在と未来の状況──過去のない現象──と描かれてきた」[5]。「グローバリゼーション」という言葉が比較的新しいために（フランス語の mondialisation など、他の言語もそうだが）、グローバリゼーション自体が、まったく前例がないというわけではないにせよ、きわめて近年の現象にちがいないという見解を助長する（図 2-1 を参照）。

粗雑な唯名論者なら、存在を確証する言葉自体がなければ、グローバリゼーションの過程も状況もありえないと主張するかもしれない。もっと鋭敏な唯名論者であれば、言語は社会変化の指標であり、従来は明示も説明もできなかったことを表現するために語彙が変化して新語が生まれるのだと答えるだろう。いずれにせよ、一九八〇年代以前に「グローバリゼーション」という言葉がなかったのは、市場統合や技術革新の過程としてであれ、あるいはグローバル性の意識の増大としてであれ、グローバリゼーションはせいぜい一世代を経過したにすぎないことを示すであろう。われわれの時代を「グローバリゼーションの時代」と称して前の時代と分かつ区別とするのは、空間的に包括的で拡張指向のものは時間的には限定的かつ集中的なものに違いない、という逆説を犠牲にする場合に限られる。(6)

このように時間的に世界が縮まることを、歴史家や歴史に明るい社会科学者が問題視しなかったわけではない。グローバリゼーションを推進する人びとの考え方の三つの特徴——目的論、斬新性、画一性——は、原因論、歴史的起源、多様性の観点から手きびしく批判されてきた。グローバリゼーションの歴史的起源の探究と並行して進められているのは、文脈を限定し、グローバリゼーションの特徴——および定義——を厳密に問うグローバリゼーションの位置づけの考察である。(7) 考察の結果、グローバリゼーションの系譜は、グローバリゼーション時代を生きる現代のわれわれの世代をはるかに超えて、ずっと過去にまで遡った。グローバリゼーションに関する歴史的考察によって、表面的には同質の（かつ同質化させる）過程を、さまざまに異なった過程に分解したのは、非常に有益であった。それは多様な速度で時空を越えて推移し、断続的な様相を頻繁に呈するようになり、連続性は当たり前のことではなくなったのだ。

フェリペ・フェルナンデス－アルメストは、「今日の歴史学において、グローバリゼーションの年代叙述は最も不毛な論争を呼んでいる」と気むずかしげに論じた。(8) われわれはことごとく、こうした芳しくない評価に当てはまるかもしれないが、グローバリゼーションの歴史研究の隆盛を見れば、その年代叙述をめぐる議論を不毛だと言い張ってもそれが矛盾であることは明らかだ。決着がつかず、堂々めぐりで、しばしばウィッグ的でもあるが、おそらく、決して不毛ではないのだ。それどころか、グローバリゼーションの前史——過去二十年のグローバルな統合の起源、前身、類似物——についての研究は、近年の歴史研究で最も活発な分野の一つである。フェルナンデス−アルメスト自身、グローバリゼーションの前史を先史時代にまで遡らせてはどうかと、茶目っ気たっぷりに提案した。「強固なグローバリゼーション——世界規模の文化的統一——が登場したのは、旧石器時代だった」。人間の歴史はすべて、この最初の統一以降に人類が枝分かれしてきた記録であった。[9] これに疑念を抱いた論集の編者〔A・G・ホプキンズ〕は、代わってグローバリゼーションの四段階説を提唱した。それは工業化・国民化以前から工業化・国民化以後までの一連の事象を包括して、「古代、原初《プロト》、近代《モダン》、ポストコロニアルとして類型化」したものである。[10]

グローバリゼーションがさまざまに定義できるということは、前史——つまり一九八〇年以前——に見られるグローバリゼーション、その起源や経緯の多様性を決定づけるものである。たとえば、グローバリゼーションが、（ケヴィン・オロークやジェフリー・ウィリアムソンの研究のように）物価の収斂で定義される「国際商品市場の統合」を意味するのであれば、「五千年前には、いや五百年前にすら始まっていなかった。それが始まったのは十九世紀初頭であった。この意味で、グローバリゼーションは、まさしく現代の現象である」。[11] グローバリゼーションをもっと広く定義すれば、三百五十年遡って、十六世紀におけるグローバル経済の開始が起源となる。グローバリゼーションの起源は、勃興する世界経済が環になって結びつく時代、特に、銀塊がスペイン領アメリカ帝国から中国に入りこみ、一五七一年にマニラにおいて大西洋世界とアジア貿易との結節点を形成した時期となろう。[12] この意味では、グローバリゼーションは、近世の現象である。

このようなグローバリゼーションのさまざまな系譜には、ひときわ目立つ歴史がある。遡れば、マルクスとエンゲルスが言う「勃興するブルジョア階級に斬新な領域を開いた」ヴァスコ・ダ・ガマとクリストファー・コロンブスの航海に始まり、「アメリカの発見と喜望峰経由での東インド航路の発見」を、それが世界規模の貿易体制の起源となったという理由から、「人類の歴史に記録された最大かつ最重要な二つの出来事」だとみなしたアダム・スミスの判断にいたるまでの歴史である。[13] 近年のグローバリゼーションの歴史はより徹底的に短縮され、スミスやマルクスがたどったほぼ五百年にわたる展開を、一世代たらずの時間に圧縮する。グローバリゼーションの特質をどう定義するか——物価の収斂、大陸間の貿易の連関、あるいは「世界システム」の出現——に対する見解が一致しない限り、グローバリゼーションに前史があるのかどうか、ましてや、その歴史がどのくらい続いたのかについて、合意はとうてい成立しそうにない。

グローバリゼーションをめぐる定義の大半が一致しているように、グローバリゼーション(いずれの定義であれ)の事実にはグローバル性の意識が伴わなければならないとすれば、そうした意識はいつ生まれたのだろうか。[14] 経済的な収斂の結果なのか、それとも原因なのだろうか。しかも、世界規模《グローバリー》で生まれたのか、それとも、特定の場所と人びとに特有の地域的現象だったのだろうか。これらの問いに対する最も説得力のある答えは、先のスミスやカントの引用がすでに示唆するように、グローバル性の意識の起源を十八世紀後半のヨーロッパとするものである。だからといって、それ以前の時代にグローバル性に対する共時的理解の先例がなかったというのではない。地図製作者は、十六世紀初頭以来、世界の(ほぼ)全体を見わたせていた。[15] 十六世紀後半には天文学者は、地球という惑星上での人類の居住可能性について思いをめぐらしていた。[16] 早くも一六五八年には、イングランドの医師サー・トーマス・ブラウンは、イングランドに住む自分とずっと離れた時間帯に住む人びとの就寝時刻をくらべて、時空間が収縮することを示唆していた――「アメリカで猟師が起きるころ、ペルシアではとっくにひと眠りしているのだ」と。[17] しかし、グローバル性を通時的に理解すること、つまり、世界史が空間的な広がりをもち、かつ世界地理が時間的な広がりをもつという認識は、十八世紀後半の所産であった。[18]

「その世紀〔十八世紀〕の中葉以来、新しい世界史を求める声が高まったことは、世界規模での相互依存状況がもたらした経験的変化の深刻さを示す証拠である」。[19] ラインハルト・コゼレックはこのように述べ、世界史は戦後の産物、つまり一七五六～六三年の七年戦争後の産物であって、一九三九～四五年の六年間の産物ではなく、したがって二十世紀後半ではなく十八世紀後半の産物だと考えていた。一七五八年、ブリテンの大臣ニューカースル公爵は、「世界のあらゆる地域にさまざまな影響を受けているこの国では、閣僚は地球全体を考慮すべきだ」と述べていた。[20] 彼には、七年戦争が、フィリピンやベンガル、西アフリカやアブラハム平原のような遠方まで戦場にするとは考えもつかなかっただろう。実際にそうなったことが、エドマンド・バークやアダム・スミスからレーナル師〔フランスの思想家、歴史家。元イエズス会士で専制政治や教会を攻撃し、弾圧された〕やイマニュエル・カントにいたる多くのヨーロッパ人や代表的知識人に、歴史を世界規模で考え、世界について歴史的に考えることを促したのである。一七七七年にスコットランドの歴史家ウィリアム・ロバートソンが『アメリカ史』を出版した際、人類の歴史という偉大なる啓蒙事業がついに日の目を見ると大喜びしたバークが、彼に祝状を送ったことは有名である。「人類の偉大な地図を一望するものだ。どんな野蛮の状態や段階も、どんな高尚な様式も、われわれが同時に一望できないものはない」。[21] 七年戦争後の数十年は「グローバルな帝国主義の最初の時代」であったが、この段階的な歴史観は、ヨーロッパの陸海軍が大陸間で対峙した結果であるのと同じく、先述したように事件が同時発生した結果でもあった。[22] グローバルな共同体としての人類の歴史を、たとえばカントが描くまでは（彼の『世界市民的見地における普遍史の理念』を参照）、「野蛮」と高尚に対するこうした序列的な見方を取り払う必要があっただろう。[23]

グローバリゼーションの歴史は、脱グローバリゼーションへ向かうという、同程度かつ正反対の反作用を繰り返し生みだしたことを明らかにする。これは、グローバリゼーションの歴史における普遍主義の限界を説いた二つのグローバルな言説、権利と国際法（international law）に関する言説が、十八世紀後半に変容したことに表れている。むろん、どちらも先例がなかったわけではない。主観的な自然権を人間特有の属性として認めることは、少なくとも十七世紀初頭、そしてさらに中世末に遡りうる。[24] 同様に、国際法の先例を万民法（ius gentium）か自然法（ius naturale）のいずれかに見出せるとすれば、ローマ法やストア哲学の普遍主義にまで遡るのだ。[25] 十七世紀初頭のフーゴー・グロティウスがつくりだした権利と自然法に関する近代理論は、たとえ神自身は存在しなくとも、一般的に知性をもち義務を必然とする人類全体の道徳の根源に求めることで、自然法と諸国民の法（law of nations）の溝を埋めようと試みた。[26] かくして、諸国民の法は自然法に同化しうるものとなった。というのも、社会の発展段階が未開、野蛮、文明のどれであろうと、またそれぞれの宗教的信念の違いにかかわらず、すべての理性的被造物は自然法を普遍的に遵守すると考えられたからである。モンテスキューは、『法の精神』（一七四八年）のよく引用される冒頭の箇所で、「諸国民はすべて一つの国民法（a right of nations）をもつ。捕虜を食べてしまうイロコイ族ですらそれをもつ。彼らは外交使節を派遣あるいは接受する。彼らは和戦の法（rights）を知っている。問題はこの国民法が真の原理に基づいていないことである」と述べていた[27]。同様に、一七五五年の『百科全書』は、「万民法 Droit des gens」を「一定の事柄について、自然理性がすべての人間の間にきずいた法であり、かつすべての国民が遵守すべきもの」と定義し、それゆえ、キリスト教徒やイスラム教徒、野蛮人や異教徒にも等しく適用された[28]。

　国際法と国際的な権利に関する議論は、グローバリゼーション自体と同様に、不連続、可逆的、変則的な歴史をたどった。そのため、十八世紀後半の普遍主義とともに、諸国民の法の対象を、自然法が暗に対象としている世界よりも何がしか狭めるべきだとする考えが現れたのであった。たとえば、諸国民の法に関する歴史を初めて英語で著したロバート・ウォードは、一七九五年に「諸国民の法と一般に呼ばれているものは、普遍性からはかなり程遠く、したがって、この法はすべての諸国民の法（law of *all* nations）ではなく、一部の人びとの法にすぎない。それゆえ、地上のさまざまな地域には、さまざまな諸国民の法があってもよい」と論じていた[29]。同じように、サー・ジェイムズ・マッキントッシュが一七九八年に自然と諸国民の法（law of nature and nations）に関する論説でもっぱら関心を注いだのは、「国家間の関係や交流の規制を謳ったその法の核心部分であり、特に、国家間の関係・交流をより完全にするため、そして法の運用に際して国家が即座に参照するため、という両方の理由に基づく。つまり、あの国家間の交流規制が問題であり、キリスト教世界の文明諸国による法の慣行的運用がその規制のさじ加減となっている」。自然と諸国民の法は、明らかに以下を正当化する法ではない。「ティエラ・デル・フエゴ〔南米大陸南端部にある諸島〕の残忍かつどうしようもない野蛮性、……タヒチの温和かつ享楽的な未開人、……単調だが悠久不動の中国文明、……インドの従順で奴隷的な原住民、……〔あるいは〕トルコ人の粗野で救いがたい無作法[30]」。

モンテスキューや『百科全書』にみられる諸国民の法についての普遍主義的な概念から、キリスト教文明の法への移行は、「文字通り多元的な法秩序」から世界を覆う「国家が支配する法秩序」へ大転換した時期における植民地主義の結果だと通例説明されてきた[31]。十六、十七、十八世紀には、東インドの諸国家や藩王たちは、ヨーロッパ諸国家から対等な統治主体として扱われたが、十八世紀末から十九世紀のヨーロッパ植民地統治下で対等ならざる臣民となった。アフリカや北アフリカの支配者たちは、十九世紀以前には彼らの所有権や統治権に敬意が払われていたが、十九世紀末には「アフリカ争奪」の犠牲者となった。こうなったのは、「国際法がヨーロッパ中心の体系へと矮小化されたためである。それは、主権国家の大権として戦争や非軍事的圧力を容認するヨーロッパ流の考え方を、ヨーロッパ以外の諸国に強要するものだった[32]」。しかし、ウォードやマッキントッシュの例証が示唆するように、文明水準をキリスト教諸国家の法で測り、その法と国際法とを同一視することは、もともとは、ヨーロッパ内部で発したことであって、ヨーロッパ外との関係から生まれたのではなかった[33]。

国際法に対するこのような認識を生みだしたのは、植民地主義よりも反革命が原因であった。ウォードが諸国民の法についての歴史書の編纂に着手したのは、フランス総裁政府に対抗するピットの戦争熱が絶頂に達していた頃だった。本が刊行された一七九五年には、「この国家［フランス］の行為がいまやいくらか改められた」と記したものの、キリスト教国家の共通合意から撤退する企てを再三非難していた。そんな国家はどこであれ、「自分たちの諸国民の法（*law of nations of its own*）に従って、自分たちの行為を合法的だと実際に思いこんでしまう場合があるのだ。……フランス共和国の行為こそまさにそれだった」と。[34] 同様に、マッキントッシュは、自然と諸国民の法についての論説で、自身がフランス革命に当初熱狂していたことを躍起になって否定した。「当世の哲学も、外壁、外塁、要塞なども、一切が闘わずして崩壊したのだ。……フランス革命という火山は、麦わらを束ねた大かがり火のように、自ら炎を吐きだしていたかにみえた。……驚くべき破壊、完璧な荒廃だった」。[35] 明らかに道徳の世俗化の時代にあって、反革命熱は、国家どうしが義務を果たすような新しい土台を必要としていた。キリスト教文明に訴えること、そして諸国民の法（law of nations）を限定して、「われわれの仲間、つまりヨーロッパ諸国民」の法としたのは、無神論的なフランス共和主義に対峙して正統な権威を擁護しようとし、その結果、統一したキリスト教世界という統合原理へのノスタルジアがかきたてられたことに起因していた。[36]

したがって、近代の国際法概念は、一七九〇年代の反革命と反啓蒙の熱狂から生まれた。今度はこれが、ヨーロッパの「国家体制」についてのよく知られた種々の説明を裏づけたが、それらの「当初のねらいは、ヨーロッパの公的な法と秩序という「伝統的」原則に照らして、フランス革命、とりわけナポレオン帝国体制に非合法という烙印を押すことにあった」。[37] この時期はまた、エドマンド・バークがフランス語からの借用語として「外交的 diplomatic」と「外交 diplomacy」の語を英語に導入したときでもあった。それらは、最初はフランス語からの借用語として（一七八七年）、二度目（一七九七年）は『国王弑逆者との講和についての書簡』の中で国家間の交渉行為を表現するために使われた。[38] フランス革命の普遍主義とナポレオンによるヨーロッパ内での普遍的君主制の要求は、ヨーロッパの国家体制を脅かしたばかりか、国内関係と国際関係との区別をとりさった。反革命の立場からこの国家体制を研究した最も影響力のあったアーノルド・H・L・ヘーレンが述べているように、「国家の対外関係が国内関係から生じるという特異な時代であった」[39]。ヨーロッパの国家体制に関する後世の説明はすべて、ヘーレンやほぼ同時代のアルザスの知識人クリストフ・ヴィルヘルム・コッホの歴史書を引いており、それゆえ近代の国際関係理論には反革命の系譜が隠れているのだ[40]。この系譜は、一九六〇年代の脱植民地化の時代にいたるまで、近代国際法概念の土台をなした。この点で、反近代《アンチモダン》を意識した――さらにはポストモダン的でさえある――国際法概念が登場したことで、隠れていた反革命の遺産の残滓がようやく払拭されたといえよう[41]。

反革命という契機《モーメント》は、生起するグローバル社会の規範としてよりも、キリスト教文明の法として特定される国際法概念の基礎となっていた。十九世紀に国際法は、中国、日本やオスマン帝国といった非キリスト教国家に拡大しえたが[42]、それは明文化された合意（条約、貿易協定、政府間協定、その他の治外法権協定）によってであって、国際法の普遍性とか、自然法や自然理性という淵源に基づいていたわけでなかった。その後、文明水準なるものが十九世紀の国際法の実定的概念に組みこまれ、さらにアメリカ人法律家ヘンリー・ホイートンの『万国公法』（一八三六年）の中国語訳などを介して世界中に広まった[43]。この文明水準なるものは、一九六〇年代の脱植民地化の時代まで、近代国際法概念の中心をなしていた。したがって、人権もまた帝国主義と混同されてきたのは驚くべきことではなく、公的な国際法自体が、あまたの「文明」の中の自己規律的かつ自己配慮的な一つの「文明」の所産として、「ヨーロッパ中心的」だと非難されてきたのも驚くべきことではない。だからといって、国際規範の合法的根拠とみなされるべき唯一のものではない[44]。したがって、法（rights）をめぐる協議に対する抵抗運動は、反西洋や反帝国主義、反米主義の形をしばしばとってきたのである。抵抗運動が浸透し拡大しているのは、

「近年の発展――工業化、都市化、コミュニケーション・情報革命といった――の結果だといえよう。それは、どこでもただちに起きるわけではないにせよ、どこでも起こる可能性はある」[45]。だが、今起きていないからといって、将来の発展の必要性や可能性を約束するものではない。それはグローバリゼーションに対抗するさまざまな歴史が繰り返し示している通りである。

法的言説の事例は特に参考になる。というのも、「インターナショナル international」という用語が生まれたのも、そして今日大流行している「トランスナショナル transnational」の概念が生まれたのも、法的言説からだったからである。「「インターナショナル」は、国家間の関係を意味するのに対して、「トランスナショナル」は、国境を越えたさまざまな形の相互作用を示唆している」[46]。「インターナショナル」と「トランスナショナル」は、この種の他の専門用語と同じく、明晰で有用な分析を行うための、広範にして精緻な理論に依拠した概念である。このような概念は、それを最初に規定した理論から移動はできるが、そこから完全に脱することはありえない。

「インターナショナル」という語は、歴史の形態、つまり政治的関係や人間の結びつき方を描く際には、転用された形容句として機能する。それは、法学から歴史記述、外交、政治へ転用されてきた。「インターナショナル」は、「最大化する maximise」、「最小化する minimise」、「テロリスト terrorist」、「成文化 codification」などと同じく、ジェレミー・ベンサムが、当時使われていた不明瞭な概念用語を明晰にしようとして（しばしば不明瞭にもしたが）導入したあの幾多の造語の一つであった[47]。一七八九年初版にある一七八〇年のベンサムの記述によれば、「国際法 international law」とは、国の「内部の internal」あるいは自治体の法律に従う個々人の活動よりも、「君主相互の取引」を主題とする「あの種の法」を意味していた。[48] したがって、その関心は、お互いや政府に対する個々人の状態よりも、集団的・対外的な資質を備えた国家間の関係にあった。個人は国際法の主体であって、客体ではなかった。それは、今日一般に理解されているような意味での「諸国民 nations」の相互関係、つまり文化・民族・歴史的に規定された人びとの関係を扱ってはいなかった。国際法は「君主相互の取引」でもあるが、「国家間 inter-state」法とすれば、その意味はより明確になりうる。この意味ではかつてのあまりよい出来ばえではなかった企てと概念上つながっている。その企ては、万民の法（*jus gentium, droit des gens* あるいは *Völkerrecht*）を、（スペインのイエズス会士フランシスコ・スアレスが十七世紀初頭に呼んでいたように）諸国民相互間の法（law *between* nations, *jus gentium in ter se*）、さらに（十七世紀中葉のイングランドの法律家リチャード・ズーシュがより体系的に分析していたように）諸国民間の法（*jus inter gentes*）、あるいは（フランス大法官ダゲッソーがベンサムよりも五十年も前に名づけていたように）諸国民の間の法（*droit entre gens*）として再定義しようとした。[49] このような法形態は、理性的被造物であるすべての人間が共有するのではないため、自然法とは一致しないと考えられた。それに代わって、一群の新奇かつ重要性を増した規則、慣習、慣行を組み込み、十八世紀にはその意味を備え、かつ他の法形態や別種の人間関係とは区別する新しい語を必要としたのだった（図2-2を参照）。

規制や相互作用の形態が君主らの活動の枠内だけではおさまらなくなると、法律の語彙をさらに広げようと、「トランスナショナル法 transnational law」という語が現れた。一九五六年にコロンビア大学の法学教授フィリップ・ジェサップはこの語を採用した。それは「国境を越えた行動や事件を規制するすべての法を含めるためである。国際公法も国際私法も含まれるが、同様に、こうした標準的類型にすっき

図 2-2　英語の著作にあらわれた global, international, transnational の相対頻度（1980–2008 年）

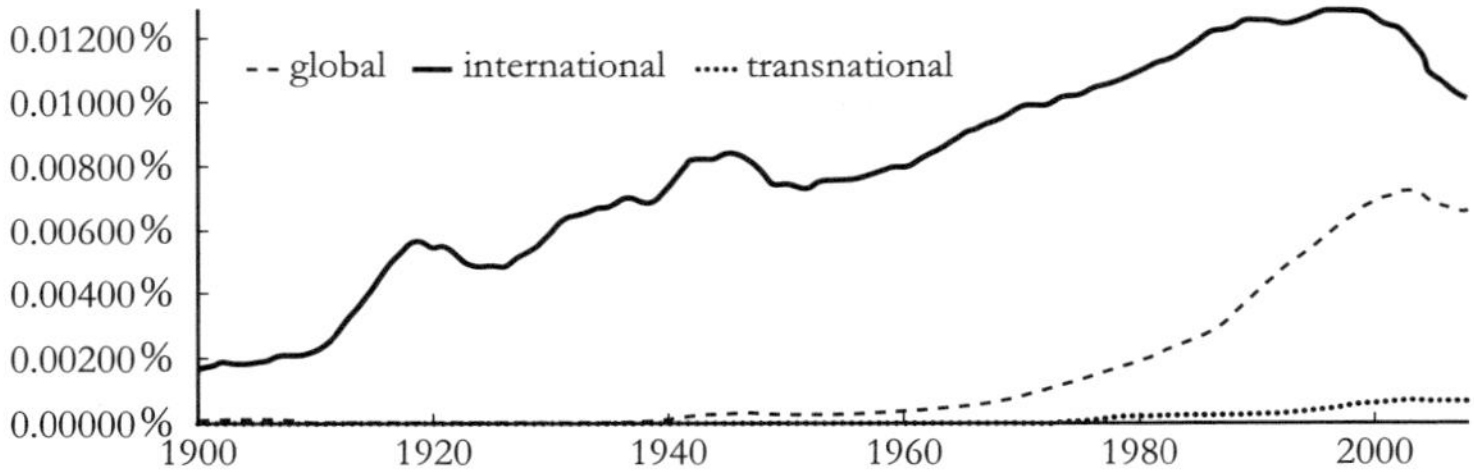

出典：Google Ngram Viewer

りとは当てはまらない他の規則も含まれる」[50]。ジェサップは、造語したのは自分ではないと認めていたが、概念を永らえさせた最初の人物だった。明らかに好機が訪れたのは、第二次世界大戦、国際連合の創設、世界人権宣言の発布後になってからである。はじめてこの用語が使われたのは、言語学の文脈だったと考えられる。一八六二年にライプツィヒの言語学者ゲオルク・クルティウスは、「トランスナショナル」を用いて、国家を越える言語の拡大を表した。アメリカの政治評論家ランドルフ・ボーンは一九一六年に、合衆国の並はずれた多民族性（multinationalism）を不安におののきつつ讃美した際に、「あらゆる民族のトランスナショナル性（trans-nationality）」といういかにもヘーゲル的な表現を用い、他方、ブリテンのジャーナリストのノーマン・エンジェルは一九二一年に「トランスナショナル」という用語をヨーロッパの戦後経済状況にたびたび適用していた。だが、「トランスナショナル」が社会科学全体に拡がり、さらにそこから人文科学の専門用語として定着するようになったのは、二十世紀も後半に入ってからだと思われる[51]。その間、法体系は、国内法、私法や自治体法と並んで、国際法やトランスナショナル法だけでなく、「超国家」、「グローバル」、あるいは（たとえば、環境や外的宇宙を扱う）「世界 world」法を包括するようになった。それに、ヨーロッパ連合のような超国家（supranational）組織の地域法やさまざまな宗教・民族集団の関係を規制する共同体間（inter-communal）法も加わる。[52]

法律のグローバリゼーションは、経済的なグローバリゼーションの過程とは異なる速度で、異なる軌跡を描きながら進んできたのは明白である。グローバリゼーションの歴史が明らかに不連続であることからすれば、これはけっして驚くことではない。グローバリゼーションは、それ以前の国際化もそうでなかったように、一元的な出来事ではないのだ。グローバリゼーションに対する抵抗運動が多様であったように、グローバリゼーションへ向かう軌跡も多様であることが認められる。たとえば、十九世紀初期の物価の収斂は、同世紀の後半になると、自由貿易思想や関税障壁削減、さらには、その後の資本と労働の自由な移動と結びついたのだが、一九三〇年代には、「グローバリゼーションに対する反動」（関税改革、中央銀行、移民規制の形をとって）の道をたどったといえる。「反動は十九世紀の最後の三分の一の時期以降に進展しはじめ……グローバリズムを変異かつ罪と同一視し、モラルの再生には国民文化が必要だと主張していた」[53]。経済面でそうしたグローバルな状況に到達する時間はきわめて短く、グローバリゼーションの契機が現れるごとに、その前提条件を立て直す必要があった。

十五世紀前半以降、あるいは十九世紀前半以降に経済統合が順当に進展していたとしても、それに伴って、法制度や文化規範、宗教的信念などが、世界全体で摩擦を起こさずに統合することはなかっただろう。経済的な収斂度が高いと、たとえば文化接触を伴う関係が相互に維持されたが、種々の規範が収斂することは容易ではなく、むしろ普遍主義どうしが対立しあう状況が生じた。たとえば、一七九三年の北京〔実際には、北京ではなく、乾隆帝が避暑滞在中の熱河〕における清の皇帝〔乾隆帝〕とマカートニー使節団との屈辱的会見のように、ジョージ三世時代のブリテン帝国の商業的、外交的野心と、乾隆帝の中国帝国の堅固な自尊心とが対立したのである。(54) このような共通の尺度のない普遍主義どうしは、結びつくことも折り合うこともできないのであり、今日ですら、多くの選択肢はあるものの、唯一残された——対立がないわけでも、必然的なわけでもけっしてないのだが——選択肢は、経済的なグローバリゼーションしかないのだ。

あらゆる形の人間の相互作用が、一つの不動のグローバル化された状況へ向かって同じ歩調で動いていくような、単一で普遍的なグローバリゼーションの過程は存在しない。グローバリゼーションの歴史は多種多様であり、その前史もさまざまなのである。グローバリゼーションの単一の前史を探ろうとするのは間違っている。というのも、たどってきた道はいくつもあるし、どの道にも障害があるからである。そのため、グローバリゼーションの歴史を書くことはもっとむずかしい。だが、その過程を止めたり逆戻しできるとわれわれが想起できる限り、不可能ではなかろう。グローバル化されつつある時代に生きていることと、グローバル化された時代に生きていることとは、同じではないのだ。結局のところ、過去にも、たとえば十五世紀後半、十八世紀後半、十九世紀中葉にも、過程としてのグローバリゼーションはあった。だが、どのグローバリゼーションも永続的ではなかった。したがって、グローバリゼーション研究に対して歴史家が貢献できるのは、われわれがグローバリゼーションの多様かつ不連続な前史のごく最近の（だが、おそらく最後ではない）時代を生きているらしいと想起させることにあろう。

原注

（1） Immanuel Kant, 'Beantwortung der Frage: Was ist Aufklärung?' (1784), in Kant (1964), I, p. 59; English translation in Kant (1991), p. 58〔「啓蒙とは何か」福田喜一郎訳『カント全集14』岩波書店、二〇〇〇年、三一頁、「啓蒙とは何か」中山元訳『永遠平和のために／啓蒙とは何か　他三編』光文社古典新訳文庫、二〇〇六年、一二頁。訳を一部改めた〕.

（2） 過程と状況としての文明化について、Starobinski (1993) と比較されたい。

（3） Iriye (2002a), p. 8.

（4） Kant, 'Idee zu einer Allgemeinen Geschichte in Weltbürgerliche Absicht' (1784), in Kant (1964), I, p. 37; English trans. in Kant (1991), p. 44〔福田喜一郎訳「世界市民的見地における普遍史の理念」『カント全集14』岩波書店、二〇〇〇年、八頁〕.

（5） Rothschild (1999), p. 107.

（6） Mazlish (1993), p. 1.

（7） Tsing (2000); F. Cooper (2005), pp. 91–112 によるきびしい批判にみられる。

（8） Fernández-Armesto (2002), p. 76.

（9） Fernández-Armesto (2002), p. 76. Chase-Dunn and Hall (2002) と比較されたい。

（10） A. G. Hopkins, 'Introduction: Globalization – An Agenda for Historians', in Hopkins (2002), p. 3.

（11） O'Rourke and Williamson (2002), pp. 25, 47. Rodrik, Obstfeld, Feenstra and Williamson (1998); O'Rourke and Williamson (2004) と比較されたい。

（12） Flynn and Giráldez (1995); Flynn and Giráldez (2002); Flynn, Giráldez and von Glahn (2003); Flynn and Giráldez (2010).

（13） Marx and Engels (2002), p. 220〔大内兵衛・向坂逸郎訳『共産党宣言』岩波文庫、一九七一年、四〇頁。訳を一部改めた〕; Smith (1976), I, p. 448, II, p. 626〔水田洋監訳、杉山忠平訳『国富論　三』岩波文庫、二〇〇一年、二三四頁〕.

（14） Bell (2005) と比較されたい。

（15） Goldstein (1972).

（16） Headley (2007), pp. 9–62.

（17） Sir Thomas Browne, *The Garden of Cyrus* (1658), in Browne (1977), p. 387. 啓蒙時代以前の「時空間」の収縮については、Harvey (1990), pp. 240–52 を参照。

（18） Tang (2008).

(19) Koselleck (2004), p. 244. かなり早くから、フランコ・ヴェントゥーリは、「全ヨーロッパの危機」としての七年戦争が、啓蒙されたコスモポリタニズムの発展にとってきわめて重要だったと指摘していた。Venturi (1972), pp. 18–20.
(20) Duke of Newcastle to Earl of Holdernesse, 25 July 1758, BL Add. MS 32882, ff. 65–6, quoted in Middleton (1985), p. 77.
(21) Edmund Burke to William Robertson, 9 June 1777, in Burke (1958–78), III, pp. 350–1. バークの見解の下地にある「啓蒙された語り」については、O'Brien (1997); Pocock (1999b) を参照。
(22) Bayly (1998).
(23) Muthu (2003).
(24) Tuck (1979); Brett (1997); Tierney (1997).
(25) Pagden (2000).
(26) Tuck (1987); Hochstrasser (2000).
(27) Montesquieu (1989), p. 8〔野田良之・稲本洋之助・上原行雄・田中治男・三辺博之・横田地弘訳『法の精神　上』岩波文庫、一九八九年、四七頁。訳を一部改めた〕.
(28) *Encyclopédie* (1754–72), v, p. 126, *s.v.*, 'Droit des gens'.
(29) R. Ward (1795), I, p. xiv.
(30) J. Mackintosh (1799), p. 25; Pitts (2012).
(31) Benton (2002), p. 28.
(32) Alexandrowicz (1967), p. 235; Alexandrowicz (1973), p. 6.
(33) Gong (1984); Kayaoğlu (2010).
(34) Phipps (1850), I, p. 15; R. Ward (1795), II, pp. 237–8.
(35) Hazlitt (1825), pp. 215, 216; Haakonssen (1996), pp. 278–80.
(36) R. Ward (1795), II, p. 161. より全般的には、Pitts (2007) を参照。
(37) Keene (2002), p. 16.
(38) Roberts (2009), p. 5; *OED, s.vv.*, 'diplomacy', 'diplomatic'.
(39) Heeren (1857), p. 332.
(40) Marino (1998), pp. 260–5; Keene (2002), pp. 21–6.

(41) Koskenniemi (2002), pp. 511–17.
(42) Kayaoğlu (2010).
(43) Janis (2010), pp. 49–69; Liu (1999a), pp. 127–8, 136–42, 155–9.
(44) Onuma (2000); Pagden (2003).
(45) Franck (2001), p. 198.
(46) Iriye (2002b), p. 51.
(47) Mack (1963), pp. 191–5.
(48) Bentham (1996), pp. 6, 296.
(49) Suárez (1612), ii, c. 19, n. 8; Zouche (1650), p. 1; D'Aguesseau (1771), II, p. 337, cited Bentham (1996), p. 296 n. x.
(50) Jessup (1956), pp. 1–2.
(51) Bourne (1916); Angell (1921), pp. 14, 63, 300; Saunier (2009).
(52) Head (1994); Delbrück (1993); Twining (2000), pp. 139–40.
(53) James (2001), pp. 200–1.
(54) Hevia (1995).

訳注

＊1　原文では「一七九七年」とあるが、正しくは「一七九六年」である。なお、注38の Roberts (2009), p. 5 には、イングランドでの diplomatic の初出は、*L'espion chinois* の英訳書 *The Chinese Spy*（一七六五年刊行）とあり、バークへの言及はない。

第3章　象と鯨

——世界史における帝国と海洋

帝国の歴史と海洋の歴史は、近年の歴史学で最も活発で実り豊かな分野のうちの二つである。一見したところ、帝国史と海洋史には共通点が多い。特定の時代に結びついておらず、広大な時間のひろがりをまたぐことができ、いずれも時間横断的である。しかも、国民国家に閉じこめられず、広大な空間領域にわたって検討しなければならないために、トランスナショナルでもある。ともにヨーロッパ研究に限定されないし、ヨーロッパ以外の世界でヨーロッパ人が活動した時代に限られるものでさえない。実際、近年刊行された最も刺激的な海洋史の著作には、先史家や古代史家の手になるものがある。たとえば、前近代の地中海を驚くほど多角的に考察したペレグリン・ホーデンとニコラス・パーセルの『損なわれゆく海——地中海史研究』（二〇〇〇年）や、バリー・カンリフによるきわめて壮大な『大洋に挑む——大西洋とその人びと、紀元前八〇〇〇年〜紀元一五〇〇年』（二〇〇一年）がある。(1) 同様に、帝国の研究は、歴史学ばかりか考古学の領域でもあり、メソポタミアの最初期の人類社会から、同地での強大国による現代の疑似帝国的な企てまでを幅広く含む[2]。

帝国の歴史と海洋の歴史は交わり重なりあうが、両者はけっして同じではない。帝国史は、支配的エリートが領域、住民、資源を中央集権的に管理する、複合的でしばしば多民族的な政治体を扱う[3]。これに対し海洋史が扱うのは、支配や操作の中枢の外部にあって、通例、個々の国家史が設定する境界を越えた連関や交流である[4]。諸帝国の競争は、地中海、大西洋、太平洋、インド洋の歴史を形作ってきたが、通商、航海や気候といった他の影響力も同様な役割を果たした。海洋は、帝国にとって重要な活動舞台であったが、それにとどまらなかった。オランダやイングランドのような海上帝国ですら、海上での活動を展開する以前は、領土でまとまっていた。その領土的な帝国の中枢は、艦隊や入植者が赴く地理的範囲と比べれば、いかにも小さいものだった。帝国には盛衰があったが、海洋という器が変化するのは主として、そこを航行し、その器を推し量る当事者の認識においてである[5]。さらに帝国は、移動する境界や辺境地帯に囲まれた主権中枢を出て、外へ拡がる傾向があった。これに対して、海洋は、一般に多中心であり、拡大する帝国としての境界はないが、住民が衝突し、混じり合う多くの地域を抱えていた。

海洋史と帝国史は、近年の流行だといえようが、長い系譜も有している。両者は、陸の帝国と海の帝国との間の古くからの深い対立に基づいているが、その起源は、ローマとネオ・ローマの伝統のほか、ユダヤとギリシアの伝統にも見出せる。この対立を描くために、ここで象と鯨という聖書のイメージを用いることにし、具体的なテキストとして、ヨブ記の四十章と四十一章を示しておこう。これらの章でイスラエルの神は、非常に恐ろしく威圧的な二つの被造物を想起させることで、生意気なヨブを叱責する。「見よ、べヘモットを。お前を造ったわたしはこの獣をも造った」と神は命ずる。「これは牛のように草を食べる。……尾は杉の枝のようにたわみ……骨は青銅の管、骨組みは鋼鉄の棒を組み合わせたようだ」。ついで、震えるヨブに問いかける。「お前はレビヤタンを鉤にかけて引き上げることができるか。……お前はもりで彼の皮を、やすで頭を傷だらけにすることができるか。……この地上に、彼を支配する者はいない。彼はおののきを知らぬものとして造られている」と(ヨブ記四十章一五、一七―一八節、四十一章一、七、三三節)。[*1]

それぞれが陸と海の最大の獣であるべヘモット[ビヒモス]とレビヤタン[リヴァイアサン]は、聖書の注解では、牛とワニとされることもあるが、象と鯨とする方が多い。かたや陸を、かたや海を支配するこの二つの巨大な動物は、のちに陸全体、海全体の支配権をそれぞれ表すたとえとして用いられるようになった。それゆえ、トマス・ホッブズが陸上国家における主権を表すために、巨大な海獣であるレビヤタンを選んだのは、ある意味で皮肉である。[(6)] もっと月並みだが、ナポレオン・ボナパルトはフランスとブリテンを二頭の巨獣、つまり、ヨーロッパ最大の陸上国家を表すフランスの象と、海上の――やがては世界での――最大国家ブリテンの鯨になぞらえていた。[(7)]

象と鯨のように、帝国史と海洋史は、ともに規模が大きく、考えるだけでも畏敬の念を起こさせるほどである。この点で、両者に共通する最も重要な特徴は、それが展開する規模である。帝国史は、人類が自分たちのために作ったすべての政治共同体のなかで、最も大きく、最も多様で広範囲な帝国を扱う。同じように、海洋史は、人間が活動する最も広く、流動的で最も包括的な海洋を扱っている。ともにその範囲はめまいがするほど広いが、いずれも人類史研究の分野として、現在の趨勢であり、絶対不可欠ですらある。

人類史の大半にわたって、世界の多くの地域で、ほとんどの人びとは政治的な共同体に群れてはいたが、それは、現在われわれが至るところで目にし避けることができないように思える共同体とは異なっている。国家で構成される世界ができたのは、ほぼこの二世紀、特にここ半世紀のことである(8)。それは二つの大規模な過程の結合であって、小規模の政治体や領域が国家に統合し、帝国は諸国家へと解体したのである。これらの過程は、中世末以来、多数の政治体が収縮し、ついで拡大するという注目すべきパターンをたどったことを示す。文化面での統合と政治面での中央集権化という長期にわたるパターンは、世界のさまざまな地域で見られる。たとえば、東南アジアでは、「一三四〇年から一八二〇年にかけて、およそ二十三の独立した……諸王国が崩壊し、三つに収斂していった(9)」。同様のパターンは、ヨーロッパでも顕著だった。十四世紀におよそ千あった種々の政治体が、十六世紀初頭には五百たらずとなり、フランス革命前夜には、神聖ローマ帝国の極小諸侯国を含めても、約三百五十に減少していた(10)。

一九〇〇年のヨーロッパには、大きく見積もっても、わずか二十五の国民国家しかなかった。一九四五年には、世界のあらゆる地域から五十の国家がサンフランシスコ会議に集い、国際連合を創設した。一九五〇年から一九九三年の間に、百以上の新国家が、分離、脱植民地化、解体によって成立した。二〇一二年には、南極大陸を主な例外として、百九十三の国家が（コソボ、台湾、バチカン市国とともに）地上のおのおのの部分を支配している。例外的な状況もわずかにあるが、それは諸国家がつくった例外であった(11)。少なくとも潜在的には、国家は地球上のあらゆる住民に支配権を行使している。無国籍の人間でいるということは、何らかの国家の保護を求めつつ、寄る辺のない世界をさまようことを意味するからだ。

国家がおりなすこの世界よりも前から存在し、かつ長い間併存していたのが、帝国からなる世界であった。帝国とは政治・経済的に干渉する構造体であり、構成地域を序列的に編成する。国家であるということは、他国家との関係では公式に対等であるとともに、内政に対して外からの干渉がないことを意味する。[12] この公式的な意味では、国家は帝国の条件を満たしていないことになる。だが、数多くの帝国的な特徴をもたない国家はほとんどない。この構造ゆえに、国家の多くは帝国と、その先駆として、あるいはその継承として連続性をもっている。しばしばナショナルな歴史では、国家と帝国のこうした連続性を見過ごすか、意識的に隠してきた。トランスナショナルな歴史は、国民や国家に焦点をあてる従来の歴史が課した限界に対応した結果なのである。

帝国の歴史は、ポストコロニアル研究のみならず、二十一世紀初頭のアメリカの外交政策を世界規模の新帝国主義の復活の兆しとみるかどうかという近年の論議からも、多大な刺激を受けてきた。同様に、海洋・海事の歴史研究を活性化したのは、グローバリゼーションの歴史とその前史への関心の高まりであった。[13] こうした動きは、領域国家という古典的な認識と結びついた固定性や境界性よりは、むしろ交換、交流、流動、循環——商品、資本、人間、思想であれ——を強調する一連の過程である。一つだけ例をあげよう。大西洋史は、「大西洋海域を横断し、そのあちこちに見られる、人間、商品、文化慣行や思想の移動による、共同体の創造、破壊、再生」という言辞でいかめしく定義されてきたのである。[14]

帝国の遺産とグローバリゼーションの衝撃に向けられた、こうした現代の関心の様相は、陸上帝国と海上帝国が対立しつづけている状況と相似する。両者の対立は、少なくとも紀元前五世紀のヘロドトスから二十世紀中葉のカール・シュミットにいたる西洋の歴史においても、政治思想においても、最も基本的だが、ほとんど探究されてこなかったテーマの一つである。実際、陸上帝国と海上帝国の関係をいくらか詳細に検討した学者といえるのは、シュミットただ一人である。短編の子供向け近代世界史入門書である『陸と海と』(一九四二年)において、ついで近代史における空間についての権威ある研究書『大地のノモス』(一九五〇年)において、彼は「世界史は陸や大陸の国に対する海の国の戦い、そして海や海洋の国に対する陸の国の戦いの歴史である」と論じていた。[15]

シュミットの議論をさらに進めて、陸上権力と海上権力、ベヘモットとレビヤタン、象と鯨の対立は、年代学としても、存在論としても、西洋の歴史学にとって根幹をなしているとさえいってもよいだろう。実際、ヘロドトス、トゥキディデス、クセノフォン、遅れてポリュビオスの著作では、この対立は、「東洋(アジア)」と「西洋(ヨーロッパ)」の間で生じる基本的対立や、[16](君主制につながる)専制政治と(民主政に体現される)自由の対立軸と結びつけられており、歴史的考察と同時に起きていることが認められる。この対立を象徴するのが、その後の帝国の形態に永続的な影響を与えたペルシアの陸上帝国とアテネの海上帝国との戦いであった。この類型論では、アテネは海上権力の最後列に位置していたが、後世の帝国の変容(translatio imperii)の研究者にとっては、アテネは帝国の最初に位置づけられるようになる。[17]

アテネ海軍の勝利、なかでもサラミスの戦いでペルシアに勝利したことは、特に海上民主政というアテネの神話を育んだ。三段櫂船は、アテネの自由《エレウテリア》(eleutheria)を守ったばかりか、アテネの自由民や、彼らと並んで船を漕ぐと自由が約束された奴隷にとっては「自由の学校」でもありえた。[18]アテネは民主政の価値や制度をエーゲ海まで船で輸出したが、後のヴェネチアのような海上帝国と同様に、陸上では攻撃されやすかった。かつてはクセノフォン著とされていたが、現在では「古き寡頭派」の執筆とされる紀元前五世紀の『アテナイ人の国制』は、以下のように記している。

アテナイは制海権をもっている。だがアッティカは陸続きであるから、敵はアテナイが遠くまで遠征している間にここを荒らす。……しかし、アテナイ人が一つの島に住み、しかも制海権をもっていたならば、彼らが海の主であり続ける間は、他を侵害する力をもつだろうし、また何ものも彼らを侵害することはできないだろう。

ほぼ二千年後、モンテスキューは『法の精神』（一七四八年）の中でこの一節を引用し、古代と近代の海上帝国の連続性について、当時の視点から「クセノフォンはイングランドについて語ろうとしたと言えるかもしれない」と注釈をほどこしていた。モンテスキューはさらに重大な不連続面を指摘し、アテネは特に商業の拡大のために「自分の制海権を享受するよりも拡大することに意を用いていた」と記した。[19]だがアテネは、陸上できわめて攻撃されやすかったため、ローマの攻撃的な陸上帝国に対して、温和な海上貿易帝国として描かれてしまう。モンテスキューの学問的後継者であるレーナル師は、アテネと異なりローマが「諸国間の交流を促進したのは、貿易で諸国を結びつけることによってではなく、従属という軛を諸国に強制することによってであった」と記していた。[20]この類型論に立てば、当初ローマの対極にあったのはアテネであり、後に海上帝国カルタゴが、地中海世界の支配をめぐってローマの直接のライバルとなる[21]。

こうした対立――ペルシア(あるいはスパルタ)とアテネ、アテネとローマ、ローマとカルタゴ――は、近世・近代のヨーロッパの帝国が変容した後も存続した。対立の歴史が描かれはじめると、これらの対立は、道徳的・政治的価値判断の素材を提供した。やがて、歴史的事例や増幅する神話によって、対立を描く歴史記述の傾向が強まった。その後のヨーロッパで帝国に対する認識が深まったのは、これらの対立から肯定的なイメージが引き出されたためであったが、逆に戦時には、否定的なイメージがイデオロギー上の武器として用いられた。たとえば、十七世紀の英蘭戦争、スペイン継承戦争、七年戦争では、英仏双方がそれぞれの支配権を主張するために、ローマとカルタゴのメタファーを存分に活用した[22]。したがって、イングランドの政治経済学者チャールズ・ダヴェナントは一七〇〇年に、ルイ十四世の陸上王国の侵略に対抗して、イングランドの海上支配を支持し、海上帝国アテネについて以下のように書いた。「アテネの海軍は、彼らの偉大さの根源であった」。だが、同胞に対して、海上覇権だけでは他の領域の支配まで確保するには不十分だろうとも警告していた。「陸上で支配権を有する国なら、やがて海上でも支配権を得るだろうし、海上で最強となるものが、貿易を掌握するだろう[23]」。

ここでダヴェナントは、近代国家の存在理由である商業という政治言語で語っていたのである。この言語は、ローマから継承された「帝国」という用語の意味を、根本的に定義しなおした。ユリウス・カエサルやアウグストゥスの頃には、元来は行政職を意味する法律用語インペリウム(imperium)が領土を表すようになり、権威としてのインペリウムという抽象的概念は、緊密に結びついていた執政官や将軍から切り離されて、ローマが権威を及ぼす全領域としてのローマ帝国(Imperium Romanus)に適用された[24]。もちろん、権威あるいは至高の権力としての帝国という抽象的言語は存続したものの、ローマから継承された用法は、他者（およびその権威）を特定の空間から排除する権力と深く結びついていた。かくして帝国は領土に対する統治を意味するようになる。その領土とは「境界に囲まれた政治空間」であり、そこでは威圧・抑圧（terreor）するようなリヴァイアサン的権力が行使され、かつ「人びとの立ち入りが制限される[25]」。

この空間は土地に固定され、排除によって規定されているために、陸上帝国は領域国家の、すなわち今日のわれわれが現代世界の基本的政治単位として認識している、境界で仕切られ、排他的で、空間的に範囲が限定される政治共同体の直系の先祖だった。一四一五年以降、このような領域国家に以下のものが次第に加わっていった。スペイン王国の海洋横断帝国、さらにポルトガル、オランダ、イングランドの諸帝国の艦隊、要塞、工場である。これらの近代——つまり中世以後の——帝国のイデオロギー的な正当化は、陸上帝国（ローマに範をとる）と海上帝国との旧来の区別を際立たせる。海上帝国は海事に基礎を置くと同時に、商業的基盤も強化させた。だが、至高の統治権や土地所有権を正当化する議論は、海という異種の環境にはなかなか転用することはできなかった。

領土をめぐる言説を限定的ながらも適用した近世ヨーロッパの典型例は、グロティウスの『自由海洋論』（一六〇九年）であろう。彼は同書で、海は流動的で陸地のように固定していないから、少なくとも領有権（dominium）と支配権（imperium）を正当化する伝統的な根拠に照らす限り、陸と海は同じ基準では評価できないと判断した。陸は境界が地面に理論上しっかり刻めるのに対して、海は、境界の中でも不確定で無制限であった。海はまた、（魚のような）資源に似て無尽蔵だが、陸はそうではなかった。

つまるところ、海が流動的で可変的であり、塑性を欠くことは、土壌とちがって、人間の労働では変えられないことを意味する。これらの理由で、海に関して排他的な領有権を主張しうる国はなかったのである。それどころか、十七世紀末のジョン・ロックの言によれば、「海洋」は「あの偉大にしてなおも存在する人類の共有物」だった。[26] 領土的境界を越える移動は、人であれ物であれ、ますます制限されていくのだが、これに対してグロティウスは、海の性格や海上の活動を根拠に、この偉大な共有物である海洋の航行や通商は自由のままにしておいて、阻害されてはならないと論じた。人類は生存をまっとうしようとし、また、相互交換と相互取引を通じて交流したいという自然の、神与とさえ言える欲求に駆り立てられる。海はこうした全人類に開かれるべきだった。

海洋からの排除に反対するグロティウスの議論は、オランダとポルトガルという海上帝国どうしの争いから生まれた。[27] 彼の議論はさらに商業の登場によって裏打ちされる。十七世紀ヨーロッパの強大な陸上君主国がヨーロッパ外で活動を拡大していく際に、商業は根本的な国家存在理由となった。国家の存在理由としての商業は、陸上帝国と海上帝国の対立に新たな側面を付け加えた。一つは、自由で制約のない貿易の構想である。それは(レーナルの見事な表現では)「すばらしい航海術によって、東西両半球の間に、船橋を介したコミュニケーションを築いた」[28]。もう一つは、陸上に近代の普遍的君主制を求めるという、強欲な支配者の悪夢である。それは海上支配を確保する手段の一部だった。

この文脈からすれば、海域での拡大を比較的穏やかに追い求めることですら、その意図は不吉になりえた。プロイセンの自然法理論家サミュエル・プーフェンドルフは、ヨーロッパ外への野心をほとんどもたない、大半が陸である一六七〇年代の一君主国をもとに、以下のように記した。

われわれはわが帝国を、「陸上よりも」海上では、はるか彼方へと拡大することができる。いまや申し分ないほど完備された船という手段を用いて。船は、積み荷を運ぶのに役立つばかりではない。それは、陸上で暴れまわる軍神《マルス》に集うよりもはるかに恐るべき戦陣を組んだ海神《ネプチューン》の諸王国によって、軍神を攻め落とすのだ。(29)

だが、イングランドのような海上権力には、プーフェンドルフが記した連想は、威嚇的というより、吉兆と受けとめられただろう。ほぼ同じ頃、アイルランドの政治経済学者サー・ウィリアム・ペティは、船舶技術の役割をより積極的に評価するために、オランダ人造船技師の言葉を借りて、アテネの海上帝国を振り返っていた。「帝国と自由を望むような人は造船技術を向上せしめる、とアリストテレスが言っている」と。(30)

プーフェンドルフとペティがこれらを著したのは、帝国支配をねらう英仏間における歴史画期的な抗争が勃発する直前のことであった。その抗争は、初めはヨーロッパ内部でだったが、ヨーロッパ外にひろがっていった。あの「第二次百年戦争」(一六八八〜一八一五年)は、陸上帝国と海上帝国とを評価区分せねばならぬ、というより大きなイデオロギー上の喫緊性を付与しただろう。長期にわたる戦争中、大海軍主義を自認するブリテンのイデオロギー的文脈では特に、商業は征服と対置され、海軍の価値は陸軍がもたらす危険に対抗すると考えられた。さらに、陸軍軍人は絶対主義の手先とすら疑われたのに、水兵は自由をもたらす者として神話化された。このイデオロギーは、非陸上的な、海上の商業的帝国としてのブリテン帝国という認識には不可欠であった。ブリテン帝国は、陸軍ではなく船舶に守られ、征服ではなく商業への従事を主とし、その頌歌は「ブリタニアよ、統治せよ！《ルール・ブリタニア》」となったのだ[31]。

七年戦争の戦中戦後には、ブリテンのこの自己イメージの限界がまったく明らかになった。英仏海峡の両側の扇動者たちは、英仏の対立を、新カルタゴと新ローマの戦いのように見ていた。戦争当初、フランスの評論家エリ・フレロンは、「ティルス人とカルタゴ人の商業に対するあくなき欲求が彼らの破滅を早めた」と記していた。「イングランド人はそれと同じ運命を恐れるべきだ。全ヨーロッパが彼らを、同じ行動指針、同じ見地、同じ悪癖ゆえに非難するからだ」と[32]。戦争でフランスが敗れたため、この予言は真実にはならなかった。だが、ブリテンが北米と南アジアで領土を征服し、ついで世界各地の帝国境界で武装化を進めると、ブリテンは、海上での不安定な支配を維持するかたわら、陸上帝国のあらゆる責務を負わされた。この期に及んで、「言語と用法が変化しはじめ、自由に立脚する海上支配と結びついていたものが、もはや適切には思われなくなった」のである[33]。

七年戦争終結からナポレオン敗北までの時期は、帝国史にとっても、そして重要性が再び注目された海上権力の歴史にとっても、全盛期であった。当時の最も偉大な二つの帝国史書――レーナルの『両インド史』とエドワード・ギボンの『ローマ帝国衰亡史』――は、当時の関心事を最も明確に表したものである[34]。ギボンの記述は、陸上帝国に関する最も偉大な同時代史であるのに対し、レーナルの（いくたびも版を重ねた）『両インド史』は商業的グローバリゼーションに関する最初の史書である。アテネの海上帝国に始まり、その後継であるフェニキア、カルタゴ、ノルマン、アラブを経た一連の海上帝国を描き、ついには国家の存在理由となる商業の台頭がもたらした大革命の今日的影響にいたる。「この革命以来」とレーナルは言う、「大地を海に服従させてきたのであり、最も重要な出来事は海上で決された」[35]。アダム・スミスも『国富論』でこの見方を共有する。『国富論』は、七年戦争の長期的影響下で構想された、商業史上不朽の名著である[36]。レーナルや彼の協力者と同様、スミスによれば、市場や商品をめぐる国家間の激しい競争は世界規模の単一の経済体制を作り出したが、それは海洋間のコミュニケーションによって結ばれはするものの、近視眼的な商社と土地に飢えた国家の帝国的野心によって脅かされていた。

第二次世界大戦直後に書かれたカール・シュミットの著作によれば、一八一五年にブリテンの「鯨」がフランスの「象」を打ち負かしたことは、「ヨーロッパ中心の世界秩序における、明らかに別個の二つのグローバルな秩序の」登場を決定づけた。この分離、すなわち陸の領土的秩序と海の海洋的秩序との分離は、すでに十六世紀に始まっていたのである[37]。シュミットがこう記していたのは、空軍力を前提とする世界秩序が新たに基本的な秩序となり、陸と海を区別するとりわけヨーロッパ的な世界秩序にとって脅威となった、と彼自身が確信したときである。今ではシュミットの危惧は理解できないかもしれないし、近世の世界秩序を擁護しても説得力を欠くようにみえるかもしれない。かりにそうだとしても、彼が陸と海という競合的で排他的な秩序を類型化し系譜をたどったことは、きわめて示唆に富む。それは、海上帝国と陸上帝国の古代（および近代）の対立にかんする、ともあれ一つの見識であり、しかも理論的構築としても歴史叙述としても、二十世紀の最も徹底した考察だと認めることができる。

このように陸上帝国と海上帝国の根本的な対立が根強く残ったことは、少なくとも紀元前五世紀以降の諸帝国の継続という、長い歴史を裏づけている。私がここで試みた素描は、隆盛をきわめる帝国史のなかで深く埋もれていたために、ほとんど注目されてこなかった比較の枠組に、注意を引くことになろう。だが、それはまた、グローバル・ヒストリーに対する現代の認識にある、おそらく最も深遠な亀裂の根深い原因を指摘することでもある。グローバル・ヒストリーは、インターナショナル（国家間）とトランスナショナル（国家横断的）として描かれることになるだろう。それは、競合するが相互に認知しあう、陸上の国民国家の歴史と、それに対抗し併存するグローバリゼーションの歴史であり、海洋史のように、無境界性《ボーダーレス》、流動性、包括的主権の不在、固定した領土の欠如に基礎を置く。これらの歴史を特徴づける陸上帝国と海上帝国の基本的対立の連続性を注視していけば、われわれは、象と鯨の対立が、かつて近世や近代の世界史認識を育んだのと同様に、いかにポストモダン的な世界史認識をも形成し続けているのか、その筋道を知ることができるかもしれない。

原注

（1）Horden and Purcell (2000); Cunliffe (2001); Harris (2004).

（2）たとえば、Alcock, D'Altroy, Morrison and Sinopoli (2001); Morris and Scheidel (2009).

（3）C. Maier (2006); Cooper and Burbank (2010).

（4）Games, Horden, Purcell, Matsuda and Wigen (2006).

（5）Steinberg (2001); Klein and Mackenthun (2004); Benton (2010).

（6）Hobbes (1651). Hobbes (1679); Schmitt (1996); Malcolm (2007a) と比較されたい。

（7）Tombs and Tombs (2006), pp. 253–65.

（8）Frederick Cooper, 'States, Empires, and Political Imagination' in Cooper (2005), p. 190; Strang (1991); Armitage (2007a), pp. 103–7, 137–8〔平田雅博・岩井淳・菅原秀二・細川道久訳『独立宣言の世界史』ミネルヴァ書房、二〇一二年、一二三—一二六、一五二—一五三頁〕.

（9）V. Lieberman (2003), p. 2.

(10) Greengrass (1991), pp. 1–2.

(11) Agamben (2005).

(12) Keene (2002), pp. 5–6, 97, 143–4.

(13) Hopkins (2002); Hopkins (2006).

(14) Elliott (2009), p. 259; Abulafia (2004), pp. 65, 75–6, 91–2 は、海と同様に、砂漠（たとえば、サハラ砂漠やゴビ砂漠）と湖（たとえば、ヴィクトリア湖）が、循環的歴史の場となりうることを適切に指摘している。

(15) Schmitt (1942), p. 5 (quoted)〔生松敬三・前野光弘訳『陸と海と――世界史的一考察』慈学社出版、大学図書（発売）、二〇〇六年、一七頁。訳を一部改めた〕; Schmitt (2003); Connery (2001); Derman (2011).

(16) 古代世界における東西の区別の重要性については、特に Bowersock (2004) を参照。さらに全般的には、Pagden (2008) を参照。

(17) Horden and Purcell (2000), p. 24. Momigliano (1944); C. G. Starr (1978) と比較されたい。近年、ジョナサン・スコットは、この言説を「海洋《マリタイム》オリエンタリズム」と命名している。Scott (2010); Scott (2011), pp. 44–8, 154–5.

(18) Strauss (1996); P. Hunt (2006), pp. 26, 30, 33.

(19) Old Oligarch (2008), p. 48 (2. 13–14); Montesquieu (1989), pp. 362–3 (21. 7)〔野田良之・稲本洋之助・上原行雄・田中治男・三辺博之・横田地弘訳『法の精神　中』岩波文庫、一九八九年、二三八―二三九頁。訳を一部改めた〕. 十八世紀におけるこの（偽）クセノフォンの思想的系譜の文脈については、Ahn (2008); Liddel (2008); Ahn (2011) を参照。

(20) Raynal (1777), I, p. 7〔大津真作訳『両インド史　東インド篇　上巻』法政大学出版局、二〇〇九年、一二頁。訳を一部改めた〕.

(21) Winterer (2010).

(22) Dziembowski (1998), p. 365.

(23) Davenant (1701), p. 287.

(24) Lintott (1981); Richardson (2008).

(25) C. Maier (2000), p. 808; *OED, s.v.* 'territory'; Baldwin (1992), pp. 209–10.

(26) Grotius (2004); Locke (1988), p. 289 (*2nd Treatise*, § 30)〔加藤節訳『統治二論』岩波文庫、二〇一〇年、三二九頁。訳を一部改めた〕.

(27) Van Ittersum (2006); van Ittersum (2010); Borschberg (2011).

(28) Raynal (1777), v, p. 473.
(29) Pufendorf (1729), p. 380 (IV. V).
(30) BL Add. MS 72854, f. 106v, quoting Witsen (1671), sig. *3r; McCormick (2009), pp. 268–70.
(31) Armitage (2000), pp. 142–5, 170–4〔平田雅博・岩井淳・大西晴樹・井藤早織訳『帝国の誕生――ブリテン帝国のイデオロギー的起源』日本経済評論社、二〇〇五年、一九六―二〇一、二四三―二四八頁〕.
(32) Élie Fréron, cit. David A. Bell (2001), p. 103.
(33) P. J. Marshall (1998), p. 10.
(34) Pocock (2005), part IV.
(35) Raynal (1777), IV, p. 419. レーナルの歴史記述をフランスのより広い文脈からとらえたものとして、Cheney (2010) を参照。
(36) Muthu (2008).
(37) Schmitt (2003), p. 172. 強調箇所は、シュミット自身による。

訳注

＊1 訳出にあたっては、『聖書（新共同訳）』日本聖書協会、一九九九年、ヨブ記四十章十五、十七―十八、二十五、三十一節、四十一章二十五節を用いた。

第II部

17世紀における基礎

ホッブズとロック

第4章　ホッブズと近代国際思想の基礎

「人間は人間にとって神である」とも、「人間は人間にとって狼である」とも言われてきましたが、この二つの言葉はたしかに両方とも真であります。同国民同士を比べた場合は前者が、国と国とを比べた場合は後者が真なのです。

ホッブズ『市民論』(1)

多くの政治理論家と政治思想史家にとって、トマス・ホッブズは「主権国家に関する最初の近代的理論家」だった。(2)ここでの国家は、諸主権国家のうちの一つというよりも、臣民の上に立つ主権者を意味する。ホッブズ自身の著作を比較考量すると、彼が圧倒的に関心を寄せたのは、国家のこの内的次元であることは間違いない。ホッブズは、多くの研究者——特に国際関係論者——が期待したほどには、諸国家間の関係を語ることはなかった。君主の国内権力と権限に関する議論と比較すると、諸国民の法(the law of nations)、国際関係の主体としての国家の権限、さらに相互関係上の国家行動に関しては、彼の見解は散漫かつ簡略である。そのため、ホッブズ政治理論の研究者は一般に、彼の国際理論は国家研究という主要関心事に比べれば取るに足らない事柄であるとみなした。「リヴァイアサンの対外関係は研究者にとってはホッブズの理論の周辺に位置する」[3]。

国際問題に関するホッブズの、そしてあきらめの良いホッブズ研究者の沈黙は、国際思想の一創始者というホッブズの定番的な位置づけと鋭く対立する。「国際関係論の研究者は当該分野に対するホッブズの貢献を無視するわけにはいかないようである」[4]。国際関係論に関するお定まりの類型論において、ホッブズはフーゴー・グロティウスとイマニュエル・カントの間に立ち、主たる三理論の伝統の一つに主導的影響を与えた人物とされる。三理論とは、国際的無政府というホッブズの「現実主義」、国際的連帯というグロティウスの「合理主義」、そして国際的交際というカントの「革命主義」である[5]。ここで、歴史家、政治理論家、国際関係論者に共通する一つの問題が明確となる。国際思想に対するホッブズの貢献がそれほどに重要なものだったならば、どういう経緯でかくも長い間そのことが見逃されてきたのか。この論題に関するホッブズの考察がかくも乏しいものであるならば、なぜ国際思想史上の重要人物として受けとめられてきたのか。

国際理論家としてホッブズに言及した多くの評釈は、ほとんどと言ってよいほど、彼を歴史上の人物として描くことができなかった[6]。そこで本章ではまず初めに、国家間の関係に関するホッブズの考え方を彼の生涯の中に位置づける[7]。この概観によって、ホッブズの著作のどれもが国家に対して、その国際的な力量を視野に入れた広範かつ繊細な考察を提供していることがわかる。それはこの論題にふれた研究の大半から推測できる以上のものであろう。また、ホッブズの考察が彼の死後どのように扱われたかを追跡した先行研究はなかった。その原因としては、十八世紀半ば以降、彼の業績の受容に関する包括的な研究がほとんどなかった、という事情が大きい。(8) 本章後半は、ホッブズの国際思想のその後について、十七世紀から二十世紀にわたって概観し、ホッブズを国際的無政府の——代表的とは言わないまでも——一理論家として受け入れるようになったのは、ほんの最近であることを明らかにする。

国際関係という主題に関してホッブズが書いたと推測しうる最初の叙述は、『余暇』(一六二〇年)に収録された「法に関する論考」である。『余暇』は、ホッブズの教え子であるウィリアム・キャヴェンディッシュ、後の第二代デヴォンシャー伯に献呈された論考集である。そこで著者(文体統計分析はホッブズだろうと言う)(9) が提示するのは、「三つに枝分かれし、順に細密になっていく人間の法」についての、まったくありきたりな定義である。

自然法とは、われわれが他のすべての被造物とともに享有するものである。諸国民の法とは、万人に一般的に通用するものである。各国の国内法とは、あれこれの国に特有かつ固有の法であり、イングランド人であるわれわれにとってのわれわれの法である。
自然の法は、他の法の根拠または基礎となり、人間にとどまらずどの被造物にも共通する、われわれの間でのさまざまな行為に及ぶ。それはたとえば、結婚、出産、教育等々と呼ばれる、性にまつわるさまざまな行為である。こうした行為はわれわれ人間と同様、あらゆる被造物にも見られる。
諸国民の法は、理性が万人に対して一般的に規定した諸規則のことであり、あらゆる国民が互いに正しいとして、認め合い遵守するものである。(10)

この定義がありきたりなのは、それがローマ法『学説彙纂』の冒頭の数ページからほとんど逐語的に引用されているからである。『学説彙纂』は近世政治思想全般にとって根本的に重要な一文書である。[11]『学説彙纂』の最初の項は公法（宗教問題、聖職および公職に関わる）と私法を区別する。私法はさらに自然法、万民法（ius gentium）、市民法（ius civile）に三分割される。「法に関する論考」の著者は、『学説彙纂』の文言を正確になぞりつつ続ける。自然法はすべての動物に共通し、結婚、出産や子育てに関わる。他方、万民法つまり「諸国民の法はすべての人間が遵守するものである」。自然法の源泉は本能であり、万民法のそれは人間の同意である。したがって、この二つの法は人間を別々のやり方で強制する。そこで、万民法については以下のように締めくくられる。「それが自然法と同延ではないということは、容易に理解できる。というのも、後者はあらゆる動物に共通するが、万民法は人間同士の間でのみ共通するからである」。[12]両方とも市民法すなわち個々の共同体の内部法とは区別されるが、万民法を自然法と同一視することはできない。その後、中世と初期近代の自然法理論はこの三分割に依拠することになり、自然法と諸国民の法は明確に区別された。[13]

『余暇』における自然法と諸国民の法の定義は、『法学要綱』（一六四〇年）から『市民論』（一六四二年）を経て『リヴァイアサン』の英語版とラテン語版（一六五一年、一六六八年）に至るまでの、一連の国家研究におけるホッブズの標準的な説明とは著しく対立する。もし右に述べた「法に関する論考」からの引用部分がホッブズの手によるものならば、自然法と諸国民の法について、後年の扱い方と、初期の三分割的な定義との間には、明らかに断絶がある。[14]諸国民の法に関するホッブズの成熟した考えは、「法に関する論考」で示された説明と三つの点で基本的に相違する。第一に自然法を理性のみから引き出す点、第二に自然法と自然権とを明確に区別し（サミュエル・プーフェンドルフのような後世の思想家は、この区別をホッブズほど几帳面には守らない）、第三に諸国民の法を自然法に包摂させる点である。

ホッブズによる後年の叙述は法学者ガイウスの定義に非常に近く、『学説彙纂』の第一章にも見出されるものである。それは市民法を各社会の固有の法とし、「自然の理性が全人類の間に設定し……万人の間で同じ尺度で遵守され、すべての諸国民（all nations）が遵守する法として万民法と呼ばれる法」とは区別する。(15) 自然法は個人とコモンウェルスの両方に妥当し、市民法は主権者の明示的命令として、自然法と区別される。ホッブズによる諸国民の法と市民法との区別は、ホッブズに関する後年の議論において、競合する二つの見地の登場を促すことになった。それはホッブズを、十七・十八世紀における自然法と諸国民の法という思考枠組の、そして十九世紀における実定法主義の、両方の創始者とみなすことである。国際法の存在を認めない、かつ国際的無政府の理論家というホッブズに対する後世の評価は、彼が自然法論者でもあると同時に実定法主義者でもあるという競合する判断から派生し、ホッブズは国際理論家とみなされるのか、それとも政治理論家とみなされるのかという位置づけによっても左右される。

諸国民の法についての最初の成熟した議論は『法学要綱』に見られ、以下のことに注目する。自然法に関する先行研究は、「どの国民が最も賢明かを、誰が判断するかについて一致していない」ので、諸国民の法が「国民すべての合意であるのか、最も賢明にしてかつ最も礼節ある国民の合意なのか」、それとも「全人類の合意」であるのか、意見がまとまらない。ホッブズの結論としては「理性以外に自然法は存在せず、平和の道をわれわれに明言する以外に自然法の命令は存在しない」。『法学要綱』の後半部で「権利（ius）は、法がわれわれに残したあの自由である。そして法（leges）は、われわれがそれによって互いの自由を減じることに相互に同意するあの拘束である」と断言した後、ホッブズは『学説彙纂』や『余暇』に見出されるものとは決定的に異なる区分を、法の三分法として用いる。それは「コモンウェルスに住む者が行うことは何であれ、法（jure）によって、つまり市民法、自然法、神法によって行う」というものである。この区分には諸国民の法がない。それはコモンウェルスの内政問題とは完全に無縁であり、個人としてのコモンウェルス市民には関わりがないからである。そのかわりにホッブズは、市民社会における義務の第三の源泉として、神法を持ち出した。個々人は万民法にしたがう臣民ではない。コモンウェルスが人工的人格としての立場で万民法にしたがうのである。したがって万民法は、『法学要綱』の末尾に、補足として現れるのみである。「自然法（law natural）と政治法（law politic）の原理と一般的根拠については、以上に述べたとおりである。諸国民の法については、それは自然法と同じである。コモンウェルス設立以前に人と人との間で自然法となったものは、以後は君主と君主の間における諸国民の法となる[16]」。

ホッブズはこのややぞんざいな記述を、『市民論』では丁寧に説明した。『市民論』の中心的テーマ、つまり「人間の義務、第一に人間としての、第二に市民としての、第三にキリスト教徒としての義務」は、「自然法と諸国民の法の要素（iuris naturalis gentiumque elementa）、正義の起源と強制力、キリスト教の本質を」構成する[17]。ホッブズは法と権利をもう一度区別した後で、自然法に関する定義を、最初は個人に、次は国家に適用して、以下のように説明した。

自然法はさらに、人間の自然法とコモンウェルスの自然法に区分される。人間の自然法のみが自然法と呼ばれるようになったものであり、コモンウェルスの自然法は諸国民の法（lex Gentium）と言われることもあるが、それは通常、諸国民の権利（ius Gentium）と呼ばれる。両者の定めることは同じである。だが、いったん設立されたコモンウェルスは人びとの個人的な資質に依拠するので、われわれが個々人の義務を語る際に自然法と呼ぶものは、それがコモンウェルス全体、全人民、諸国民に適用される時には、諸国民の権利（rights of Nations）と呼ばれるようになる。われわれがこれまで説明してきた自然法と自然権の要素は、それらがコモンウェルス全体や諸国民を対象とする時には、諸国民の法や権利の要素とみなされてよい[18]。

これは、ホッブズが諸国民の法を自然法と同一視する際に提示した理論的根拠としては、最も明確な記述である。彼は『リヴァイアサン』では以下のように語るのみである。「君主相互間の任務に関しては、それは通常諸国民の法と呼ばれるあの法に含まれるので、私はここでは何も語る必要がない。なぜならば、諸国民の法と自然法は同じものだからであり」、「どの君主も彼の人民の安全を確保するために同一の権利を持つ。その権利は、どんな人も自身の安全を確保するために、持ちうるものである[19]」。これは、ホッブズが『市民論』で明確にしたことの、遠回しな表現である。人工的人格としていったん設立されたコモンウェルスは、それを作り上げた怖がりで自己防衛的な個人の性格や力量に依拠する。だが、「主権国家の性格」を有する者として自然状態の個々人を相互に理解できるかどうかは必ずしもホッブズの含意ではない[20]。社会を形成する以前の個々人とコモンウェルスとの類似は不完全であり、その類似はホッブズにとって、国家が人格として設立されるというほどの意味しか持たない。個々人を国家の性格を有する者として描くならば、国家はどんな性格を実際に有するのかという疑問をそもそも招くことになろう。

ホッブズが『リヴァイアサン』ラテン語版（一六六八年）で、自然法と諸国民の法との関係について最終段階の説明を提供する際、両者は同じものだと繰り返し、英語版『リヴァイアサン』上の定義を補って以下のように力説した。「個人がコモンウェルス設立以前になしえたことは何であれ、コモンウェルスはそれを万民法にしたがって行いうる[21]」。ホッブズが言うには、コモンウェルスにまさしく何ができるかということは、早くから彼の著作に登場した自然法の一覧でわかる。ホッブズは自然状態におけるコモンウェルスの権利に関して、その説明提供を読者に委ねてしまったが、自分の説明が時間の経過につれて変化したことにはまったく気づいていなかった。たとえばホッブズは『法学要綱』において（自然法第十二として）、「人びとは相手を問わず互いに商売や取引を許す」とし、この行動原則をアテナイ人とメガラ人との戦いの例を用いて具体的に示した（グロティウスはホッブズよりも先に、同じ文脈でこの例を使った[22]）。

商売は妨害されてはならないというこの条項を、ホッブズはその後、『市民論』と『リヴァイアサン』の自然法一覧から説明抜きで削除した。それに対して、「平和の使者は、そして人間間の友好を維持するために用いられるような使者は、すべて安全に出入り可能とすること」という自然法第十三は、後の一覧で再出するものの、該当する神法上の規定が『市民論』には登場しない、ごくわずかな自然法の一つだった[23]。ホッブズは、万人を対等に扱う一般法が制定されれば、自由貿易の権利に別個の条項を定める必要はない、と考えるようになったのかもしれない。だが、明らかに、「何ら大地は耕作されず、航海もなく、海外から輸入できる物品の使用もない」自然状態では、そんな行動原理は実行不能だと確信するに至った。[24] そこで、諸国民の法についての説明を自然法の説明に包摂し、自然状態の個人が正当に（または実際に）主張できないものは、コモンウェルスもその相互関係において主張できないとした。

ホッブズが国際的な場を今なお存在する自然状態と考えた根底には、このような諸国民の法と自然法との同一視がある。実際、「アメリカの多くの地における野蛮人」という文言は別としても、彼らが相互に関係してコモンウェルスを形成することは、自然状態の存在に対して、最も印象的かつ継続的な証拠を提供した。[25] ホッブズがこの発見をしたのは、『法学要綱』と『市民論』を書いた、その間と思われる。『法学要綱』における国際関係の基礎に関する彼の説明は、万民法の扱いと同様にぞんざいである。そこでホッブズは戦時法を明確に個人的な問題だととらえた。「人びとが戦時に互いに守らねばならぬ法については、語られるべきことはほとんどない。そこで人の行動の準則となるものは、各人の生存と幸福である」。この記述以外には、国際的な行為者としてのコモンウェルスについては、規範的というよりはむしろ叙述的にとらえ、「兵を徴集し、かつ金、武器、船を集め、さらに防衛用に要塞を建てる手段、時には不要な戦争を回避する手段」のみに関わるとした。[26]

ホッブズは『市民論』で初めて十全に、国際的行為者としてのコモンウェルスの性格を叙述的・規範的に述べ、『リヴァイアサン』ではこれをいくらか修正し、精緻化した。自然状態における人間行動の根本的動機として恐怖を強調しすぎるという批判に答えて、コモンウェルス間の関係について証拠を示した。それは「近隣諸国に対する恐怖から、要塞で彼らの国境を、城壁で彼らの町を守る」ことであり、

「あらゆるコモンウェルスと個人はこのように振舞って、相互の恐怖と不信を認めている」。この恐怖から来る防衛意識は、外部から見た際のコモンウェルスのまさに本性を顕現する。「国とは、互いに対して要塞や軍隊で防衛を固めた、かくも多くの陣地という以外の何だろうか、そしてそれらの状態は……自然状態、すなわち戦争状態として考えられるべきではないか」。ホッブズの結論はこうである。「不信を持つこと、そして以下の事実は、敵意を十分に明らかにしている。戦っていない時ですら、コモンウェルス、王国や領土の境界に、兵隊をローマの剣闘士のような身構えや姿で武装かつ駐留させ、敵のように互いににらみ合う」[27]。

『リヴァイアサン』においては、このイメージは自然状態の存在を支持するための、いっそう決定的な証拠となった。「個々人が互いに戦争状態にある時はかつて存在しなかったが、王や主権者はいつの世でも、彼らの独立心の強さゆえに常に警戒心にかられ、剣闘士の状態や身構えで、互いに武器を突きつけにらみ合う。つまり王国境界線上に要塞、駐留軍、火器を置き、さらに隣国に対して常時スパイを放つ。これは戦闘態勢である」[28]。こうなると、コモンウェルスの間で平和の望みはない。ホッブズの『哲学者と法学徒との対話　イングランドのコモン・ローをめぐる』（一六六六年）に登場する法律家はこう説明する。「二つの国の間で平和を期待すべきではない。なぜならば、両国の不正を罰する共通の権力がこの世界にはないからだ。相互の恐怖が一時的には彼らをおとなしくさせるだろうが、目に見える利得を期待できるなら、互いに侵略するだろう」[29]。しかしながら、ホッブズはこの敵対姿勢における相互の恐怖が国際的なリヴァイアサンを登場させ、主権者の設立が個人を危険から解放するように、コモンウェルスを自然状態の危険から解放する、とは考えなかった。この二つは同じではない。「なぜなら［主権者は］それによって臣民の勤労を支えるからだ。そうなると、あの惨めな状態、つまり特定人物だけが特権を持つ状態は生じない」[30]。国際的な自然状態は個人間の自然状態と同じではなく、したがって、その不都合に同じ策をとっても効果がなかった[31]。

ホッブズは諸国民の法、国家の行動、国家間の関係に関して、あちこちで意見を述べた。それは二つの主要な、だが異なる構想を提供し、ホッブズの名前は、後世の国際思想において、この二つの構想に結びつけられることになる。第一の、最も基本的な構想は、諸国民の法はコモンウェルスに適用された自然法にすぎないというものである。第二の、現在きわめてホッブズ的な特徴を示すとされる構想は、国際的な場は互いに恐れかつ競い合う主体が居住する自然状態である、というものだった。この二つの構想は、一六四一年に『市民論』を執筆する以前は、ホッブズの著作で並んで登場しなかったし、ホッブズは、一六五一年の『リヴァイアサン』で二つの構想を明らかにした後も、一六六八年のラテン語版を除けば、詳細な説明をしなかった。ホッブズは二つの構想の体系的な説明に失敗し、それは彼の評価と政治哲学の受容にとって、現在に至る三つの帰結を引き起こした。第一は主に十七世紀に生じ、国際法における自然法説と実定法主義との対立を鮮明にする。第二は十八、十九世紀に登場し、ホッブズの諸国民の法の概念を、国際的な自然状態という彼の概念とは区別する。第三は右の二つの所説をもとに二十世紀に生じ、ホッブズを国際的無政府の古典的な理論家とする。この最後の説は最も近年の、かつ最も不確かな見解だが、国際関係の理論家としてホッブズを評価する際の土台となる。

ホッブズの自然法説に対する実定法主義の応答は、『リヴァイアサン』の刊行以前に遡り、リチャード・ズーシュによる一六五〇年の『外交上の法と手続、すなわち諸国民の間の法』の公刊に起源を持つ。

ズーシュは国王派であり、オックスフォードのローマ法教授だった。国際法史上「最初のまぎれもない実定法主義者」というズーシュに対する後世の評価は、同書における万民法と諸国民間の法（ius inter gentes）との区別による。[32] 万民法は、自由と隷従との区別、あるいは私有財産と公的財産との区別といった、さまざまな国々の法に共通するすべての要素を盛り込んだものである。諸国民の法（law of nations）は諸国民間の法（law between nations）とは区別されなければならない。諸国民間の法は、戦争や通商の法のように、異なった人びとや国々が互いを相手にする際に遵守する法をまとめたものである。[33] この定義にしたがえば、諸国民間の法は約定や協定の所産であり、自然法であれ神法であれ他の法を源泉としない。だがズーシュは、草稿では当初、諸国民間の法をさまざまな君主や人民の間に共通するもの、そして神、自然あるいは国々の定めに由来する法と定義していた。この定義は『学説彙纂』におけるガイウスのそれに由来する。[34] ズーシュは一六五〇年より前に諸国民間の法の定義について明確に見解を変え、それを万民法と自然法の両方から区別する必要があると考えた。この変化を促したのは、おそらく、自然法と諸国民の法に関して、ホッブズの著作を読んだためと思われる。『外交上の法』を執筆するまでに、ズーシュがホッブズの著作を何か読んだという証拠はない。だが、その印刷版の第一章の脚注には『市民論』が登場する。[35] ズーシュは、ホッブズによる諸国民の法と自然法との合体に抵抗した、最初の法理論家だったのかもしれない。

プーフェンドルフからヴァッテル等に至る自然法学の後の伝統においては、ホッブズはこの二法の合体を論拠とする根本的革新者として迎えられることになる。十八世紀末までには、二つの法の関係は、義務の基盤そのものを決定する際の根源的問題となった。ロバート・ウォードは一七九五年にこう記している。「義務の成り立ちに関わる大きな相違点は概して以下にあるようだ。諸国民の法は、人間に関わる自然法にすぎないのか、あるいは合意をもとに築かれた一定の実定的法令から成り立つのか」。ウォードは前者の重要な主張者として、ホッブズ、プーフェンドルフとビュルラマキを挙げる。他方、スアレス、グロティウス、フーベル、バインケルスフーク、「さらに概してより近年の学者は後者を主張する」[36]。プーフェンドルフは「自然法と区別される、独自の、かつ実定的な諸国民の法のようなものが存在するのか」と問い、『市民論』十四章四節を引用して自らこう答えた。「ホッブズ氏はこうして自然法を、人間の自然法と、諸国民の法と一般に呼ばれる国家の自然法とに分ける[37]。彼は両者が定めることを同じだと見る。……われわれの立場としては、この意見に即座に同意する」。ビュルラマキも『市民論』から同じ箇所を引用して、同じ意見を述べた。「遵守が当然とされるそうした諸国民の法が、現実にかつ確実に存在することに疑問の余地はなく、国々または国々を支配する君主はその法にしたがうべきである[38]」。だが、エメール・ド・ヴァッテルが『国際法』を公刊した一七五八年には、ホッブズの見解は先駆的と評価はされても、疑問の余地のないものではなくなった。「私が思うに、ホッブズは諸国民の法について不完全ではあるが明確な考えを提示した最初の人物だった。……彼が諸国民の法を国家や国民に適用される自然法だと考えたのはもっともだが、……間違っていたのは、その適用時に自然法は何ら必要な変化を伴わない、と考えた点である。この考えに基づいて彼は、自然法の規定と諸国民の法の規定はまさしく同じだと結論した」。ヴァッテルによれば、プーフェンドルフもホッブズにならってこの考えを認めたのである[39]。

二十世紀になるまでは、国際的自然状態というホッブズの概念は、諸国民の法に関する彼の自然法論的な概念と比べると、論評や是認を得ることが非常に少なかった[40]。ホッブズに対する初期の批判者は、個人間の自然状態という彼の着想を、人間行動の動機づけの点で支持できない考えだと攻撃したか（グロティウスはそう非難した最初の人物だった）、あるいは人間性に関わる文明状態の特徴を文明以前の状態へと持ち込むと論難した（モンテスキューはこう主張し、ルソーの先駆となった[41]）。しかしながらこうした人びとは、ばらばらの個々人の関係についてのホッブズの説明が正しくないのだから、それと同じ理由で当然、国家間の関係についての彼の説明も正しくない、と論じたのではない。実際、ホッブズには国際関係に関する実証的な説明が非常に乏しく、そのせいでこのテーマは、ほぼ二世紀の間、沈黙を強いられた。十九世紀を通じて、国際関係論の最初の教科書も、さらにホッブズ思想の最初の研究も、どちらも国際理論家として彼を扱おうとはしなかった。一例として、セオドア・ウルジーの『国際法研究入門』（一八六〇年）を挙げよう。同書は国際関係の教科書として、十九世紀アメリカで広く用いられ、合衆国の政治学にとって基本書となった。だが、そこでグロティウスやプーフェンドルフと並んで、ホッブズが登場することはなかった[42]。同様に、十九世紀のブリテンのホッブズ研究者も、国際関係や諸国民の法に対する彼の考察に触れることはなく[43]、フェルディナント・テニエスによるホッブズ研究の一九一二年の第二版だけが、「諸国民の法 Völkerrecht」に対するホッブズの見解を一瞥したにすぎない[44]。

国際的領域は現に無政府的だという共通見解がいったん形成されると、ようやくホッブズは国際的無政府の理論家として認められるようになった。その合意は、十九世紀および二十世紀初頭における新たな情勢の所産であり、政治学や国際法という現代的学問の登場と密接に結びついていた[45]。この共通見解は一連の前提に立ち、それぞれの前提が認められてこそ、「無政府説」は妥当で、首尾一貫性があるとみなされた。前提の第一は、国内的領域と国際的領域は分析上区別されねばならない、ということである。よって、各々の領域にふさわしい規範が設定され、かつ区別されなければならない。この前提に立てば、以下のように論じることが可能になる。その臣民に等しく公的に、あるいは強制的に適用されるいかなる規範でもってしても、諸国家はその国際的機能においては拘束されることはない。したがって、諸国家は、お互いにというだけでなく、どんな上位者からも独立していた。諸国家はばらばらだからこそ好戦的だった。いかなる外在的権威も存在しないところでは、その関係は物理的な力によってのみ統御される。したがって、諸国家は国際的な自然状態においては、互いに競争相手という関係にあった。ホッブズによる自然法と諸国民の法との合体は、内的領域と外的領域とを鋭く分析するこうした区別を支持しないだろう。ホッブズは、自然状態における個人の危険は、主権者間の競争から生じた危険とは、厳密には比較できないと認めてはいたものの、個人間の関係と国際的人格としての国家間の関係とは本質的に類似していると考えていた。

ホッブズの国内法に対する考え方は、国外と国内の分離や国際関係の性格について、非常に特異な帰結をもたらした。イングランドの功利主義者の第二世代、さらにその十九世紀の継承者にとっては、ホッブズは国際的な自然法論の創始者ではなく、実定法主義の、つまりホッブズの賛美者で分析法学者のジョン・オースティンが言うところの、法を「政治的上位者が政治的下位者に下した」命令とみなす理論の名付け親だった。反自然法論的なこの厳格な法の定義に従えば、「国際法」なるものは、何ら上位の権威から発せられていないゆえに、法とみなすことはできなかった。それは、オースティンの著名な罵言によれば「実定的国際道徳」にすぎない。(46) 諸国家は相互関係においてどんな上位の権威によっても拘束されない。なぜならば、国際領域と国内領域に固有の規範は、それぞれ別個であり、同じ基準で計れないからである。オースティンよりもヘーゲルに多くを負う実定法主義の伝統においては、ホッブズは国際法の否認者として、そして同様に、対外法と対内法の区別を提唱する者として登場した。オースティンから一世紀後のカール・シュミットによれば、「国家はそれ自体の外ではなく内において秩序を維持する。……ホッブズは、諸国家は国際法においては「自然状態で」互いに向き合う、と明確に述べた最初の人物である。……安全は国家においてのみ存する。「国家の外に安全なし」」[47]。

ホッブズ自身は、国家間の関係が基本的に無政府的だという考えを、直接表明することはなかった。国際関係における「無政府説」の提唱者は、ホッブズを仲間にして自分たちの理論を強化し、他方、「無政府説」に反対する者も、同様にホッブズを引き合いに出して、疑問を呈した[48]。自然状態を想定する法理論家は以下のように論じた。「理論上の孤立は国家の存在にとって根本的な条件であり、政治的独立は国家の本質的な属性の一つである。これが、個々の国家を相互に「自然状態」にあるものとみなすべきだという、ホッブズの発言の真意である」[49]。そうした状況では「どの独立した政治的コモンウェルスも、その独立性ゆえに、他の共同体に対しては自然状態にある」[50]。こうした国家にとって「法は自分たちにとっての法」であり、したがって「世界は国際的観点から見ると長い間、一種の礼節を保った無政府状態を続けてきたということになる」[51]。多元的国家論者は、この説を批判し、国際的無政府という状態を描写するだけでなく、実際にその状態を作っていると主張した。彼らもまた、ホッブズを引き合いに出して自説を強化する[52]。主権を独立として論じる立場からすれば、「国際社会は現実に、ホッブズが当時そうだと考えていた状態になっていく」ことは必定だった[53]。ハロルド・ラスキはこうした批判論を要約し、「国家には責任能力がない」との結論を下した。「国家は、自身が他の共同体や複数共同体の集団に対して行うこと以外には、何も責任を負わない。国家の支配の及ばないところでは、人は隣人に対して、ホッブズが自然状態の人間として語るもの、つまり汚く、卑しく、残忍になる」[54]。

ホッブズは、諸国民の法および国家間の関係に対する自身の叙述ゆえに、また、その叙述にもかかわらず、国際思想の創始者の一人だと自任していた。国際関係について「ホッブズ的」と言われる後世の多くの論客に似て、ホッブズは個人の自然状態と国際的人格のそれとの類比を、制約はあるが分析上有用であると認めた[55]。彼の認識によれば、国家はその相互関係において個人と同様に、恐ろしくて、虚栄心が強く、競争的ではあるが、個人と同程度に傷つきやすい存在でも脆弱な存在でもなかった。個人間の自然状態と国際的な自然状態の両方において、合意や取引は可能だった。もし国際関係に関するホッブズ的理論が、国際的無政府という概念を、協同の可能性をまったく欠いた国家間の競争として性格づけるならば、ホッブズ自身はホッブズ的ではなかった。

ホッブズを国際理論家とする際の標準的な説明は、ホッブズ自身が設定したのではない議論状況から生じた。実定法主義者は自然法論者と闘い、多元的国家論者は英米法理論家を批判し、政治学者は自らの学問を国際法や国際関係論とは異なるものと断じた。ホッブズはそれぞれの論争において両方の側から引き合いに出される。自然法論者は、ホッブズの基本的な見解として、諸国民の法と自然法との同一視を指摘し、実定法主義者は、ホッブズの法命令説を持ち出して、国際法の法としての有効性を否定した。英米法理論家は法的人格という概念を強化するために、ドイツにおける自分たちの仲間がヘーゲルに依拠したのと同じくらい、ホッブズに依拠した。英米法理論家の一元的主権論を批判する論客は、国家間の関係を叙述する際にその理論を用いればどうなるか、ホッブズを持ち出して警告を発した。政治学者の間では、ホッブズはその国家概念によって、近代政治思想の創設者の一人という権威的な地位を獲得した。自然法論者はかつてホッブズを自分たちの学説にとってきわめて重要な人物だと認めたことがあったが、後世の国際関係論者はそれを思い出したかのように、ホッブズを近代国際思想の創設者の一人としてまつり上げようとする。

ホッブズの継承者によれば、彼は自国と外国、国家の内と外とを根本的に区別した最初の人物だった。この区分はさらに、実定法という内的領域と、自然法や諸国民の法によって統治される外的領域とに区分された。こうした区分もホッブズに由来するものとされる。一八一五年のウィーン体制後に国際的実定法主義が台頭するにつれて、ホッブズは、「ウェストファリア体制」と後に呼ばれるようになる主権国家論の最初の提唱者の一人とみなされるようになった。結局のところ、『リヴァイアサン』が、一六四八年のウェストファリア条約締結の、ほんの三年後の一六五一年に出版されたのは、ただの偶然だったのだろうか[56]。ホッブズが国際関係と諸国民の法に関する重要な考え方を明らかにしたのは、『法学要綱』と『市民論』において、つまり一六四八年よりも前だったということ、あるいは、たとえばプーフェンドルフと異なり、ホッブズはウェストファリア条約の条件や帰結についてどんな知見も示さなかったということは、ほとんど問題とされてこなかった[57]。たとえそうした知見を示したとしても、彼がウェストファリア体制を根拠にして、相互に承認し合う主権国家から成り立つ現実的な体制の登場を論じたとは思えない。そうした体制は「一六四八年の神話」よりずっと後になっての所産であり、この神話は、ほぼ一世紀後の、国際的無政府の理論家というホッブズ神話を先取りする[58]。

ポストモダンの国際思想は自然法主義と実定法主義との対立を脱構築し、かつ国家の国内と国外の次元の区別を崩壊させた[59]。ウェストファリア体制という歴史的概念的土台を粉砕し、「ポスト主権」の到来を宣言したのである[60]。このことは、国際的、グローバル的、コスモポリタン的なものを含める、政治理論自体の定義上の発展と並行して生じ[61]、さらには、その発展を説明するために、政治思想史の領域の再定義を促した[62]。したがって、二十世紀初頭に「ホッブズ的」な国際関係論を登場させた偶発的な状況や過剰決定論は、理論的に確立されないまま、あるいは歴史的に信用されないまま、現在に至っている[*1]。ホッブズと国際思想との関係に対するこうした見直しは、ホッブズを国際関係論の正典《カノン》の座から放逐し、そのかわりに国際思想史へ引き入れるという点で、逆説的ではあるが有益なものとなるだろう。

原注

(1) Hobbes (1983), p. 73; Hobbes (1998), p. 3. この句について Tricaud (1969) を見よ〔ここでの訳は、本田裕志訳『市民論』京都大学学術出版会、二〇〇八年、四頁に拠った〕。
(2) Quentin Skinner, 'From the State of Princes to the Person of the State', in Skinner (2002b), II, p. 413.
(3) Forsyth (1979), p. 196. 例外的な見解は早くからある。Gauthier (1969), pp. 207–12 を見よ。
(4) Malcolm (2002), p. 432.
(5) Wight (1987); Wight (1991).
(6) Forsyth (1979) and Noel Malcolm, 'Hobbes's Theory of International Relations', in Malcolm (2002), pp.432–56 のほか、以下を見よ。Heller (1980); Bull (1981); Navari (1982); Hanson (1984); Airaksinen and Bertman (1989); Caws (1989); Johnson (1993); Malnes (1993); M. W. Doyle (1997), pp. 111–36; Boucher (1998), pp. 145–67; Hüning (1999); Tuck (1999), pp. 126–39; Akashi (2000); Cavallar (2002), pp.173–91; Schröder (2002); H. Williams (2003); Covell (2004); Sorell (2006); M. C. Williams (2006); Christov (2008), pp. 30–84; Patapan (2009); Warren (2009); Prokhovnik and Slomp (2011); Moloney (2011).

（7） 本章はホッブズ自身が書いたものだけを扱う。国際関係に関する彼の見識や概念に対して十全な調査を行うとすれば、フルゲンティオ・ミカンチオの書簡（一六一五〜二六年）のホッブズ訳も当然含むべきである。この書簡は外国事情に関して第二代デヴォンシャー伯に宛てたものである。BL Add. MS 11309 and Chatsworth Hobbes MS 73.Aa. これについては、Micanzio (1987) and Coli (2009); Thucydides (1629)，そして the *Altera secretissima instructio* (1626; English trans., 1627) を見よ。最後のものについては Malcolm (2007b) を見よ。

（8） 十八世紀後半および十九世紀におけるホッブズの受容に関して、今のところ以下に匹敵する包括的な研究はない。Parkin (2007); Noel Malcolm, 'Hobbes and the European Republic of Letters', in Malcolm (2002), pp. 457–545 または Glaziou (1993)．他方、Francis (1980); Tuck (1989), pp. 96–8; Crimmins (2002) を見よ。

（9） Reynolds and Hilton (1993); Fortier (1997).

（10） Cavendish (1620), pp. 517–18 .

（11） Skinner (1998), pp. 39–41; Quentin Skinner, 'John Milton and the Politics of Slavery', and 'Liberty and the English Civil War', in Skinner (2002b), II, pp. 289–91, 313; Skinner (2002a).

（12） *Digest* (1985), I. 1. 1, §§ 2–4: 'Ius gentium est quo, gentes humanae utuntur. quod a naturali recedere facile intellegere licet, quia illud omnibus animalibus, hoc solis hominibus inter se commune sit'; Kaser (1993), pp. 64–70. この句は通常ウルピアンのものとされる。

（13） Scattola (2003), pp. 10–11.

（14） 「法に関する論考」の文章は本文で見たように『学説彙纂』の文字通りの訳しかえにすぎない。この事実は Reynolds and Hilton (1993) が採用する分析法〔文体統計学〕にとっては不都合である。Hobbes (1995) は「法に関する論考」の典拠情報をほとんど明らかにせず、また他の文章も訳しかえの可能性があるということについても、まったく手がかりを残さない。「法に関する論考」のそうした借用のさらなる証拠については Huxley (2004) を見よ。これは Neustadt (1987), pp. 247–71 に印刷された Chatsworth Hardwick MS 51 に依拠する。

（15） Gaius, *Institutiones*, I. 3: 'quod vero naturalis ratio inter omnes homines constituit, id apud omnes populos peraeque custoditur vocaturque ius gentium, quasi quo iure omnes gentes utuntur' (also in *Digest*, I. 1. 9); Kaser (1993), pp. 20–2.

（16） Hobbes (1969), pp. 75, 186, 190.

（17） Hobbes (1983), p. 77; Hobbes (1998), p. 7.

（18） Hobbes (1983), pp. 207–8 (*De Cive*, XIV. 4); Hobbes (1998), p. 156.

(19) Hobbes (2012), II, p. 552.

(20) Tuck (1999), p. 129.

(21) 'De officiis Summorum Imperantium versus se invicem nihil dicam, nisi quod contineantur in Legibus Naturae supra commemoratis. Nam *Ius Gentium & Ius Naturae* idem sunt. Quod potuit fieri ante Civitates constitutes, à quolibet homine, idem fieri potest per Ius Gentium à qualibet Civitate': Hobbes (2012), II, p. 553〔右のラテン語部分後半はここでの引用に相当するが、前半は本文で使われていない。前半部分の訳は以下となる。「主権者相互の職務については、それらが上述の自然法に含まれるものである、という以外に私は何も言うまい」〕.

(22) Hobbes (1969), p.87; Grotius (2004), p. 12 は以下に言及する。Diodorus Siculus, *Bibliotheca historica*, XII. 39, and Plutarch, *Pericles*, XXIX.

(23) Hobbes (1983), p. 115 (*De Cive*, III. 19, ここでは外交上の特権は自然法第十四となる); Hobbes (1998), p. 51; Hobbes (2012), II, p. 236 (ここでは自然法第十五となる).

(24) Hobbes (2012), II, p. 192.

(25) Hobbes (2012), II, p. 194; Moloney (2011).

(26) Hobbes (1969), pp. 101, 184.

(27) Hobbes (1983), pp. 93, 180, 277–8 (*De Cive*, I. 2, X. 17, XV. 27); Hobbes (1998), pp. 25, 126, 231–2. ホッブズが剣闘士の情報を最も容易に得られたのは、おそらく以下からであろう。Lipsius (1585) and later editions; Enenkel (2001).

(28) Hobbes (2012), II, p. 196.

(29) Hobbes (2005), p. 12〔田中浩・重森臣広・新井明訳『哲学者と法学徒との対話　イングランドのコモン・ローをめぐる』岩波文庫、二〇〇二年、一六頁参照〕.

(30) Hobbes (2012), II, p. 196.

(31) Heller (1980); Hoekstra (1998), pp. 69–84; Hoekstra (2007).

(32) Nussbaum (1947), p. 122.

(33) Zouche (1650), p. 3.

(34) 'Ius inter Gentes est quod in Communione inter diversos Principis vel populos obtinet, et deducitur ab Institutis divinis, Naturae et Gentium': BL Add. MS 48190, f.14r.

(35) Zouche (1650), p. 3.

(36) R. Ward (1795), I, p. 4.

(37) Pufendorf (1729), pp. 149–50 (*De Jure Naturae et Gentium*, II. 3. 23). 以下と比較されたい。Sharrock (1660), p. 229; Rachel (1676), p. 306; James Wilson, 'Lectures on Law' (1790–1), in Wilson (1967), I, p. 151 (quoting Pufendorf).

(38) Burlamaqui (1748), pp. 195–6 (*Les Principes du droit naturel*, VI. 5).

(39) Vattel (2008), pp. 8–9; Jouannet (1998), pp. 39–52.

(40) 初期における際だった例外はライプニッツである。彼は、ホッブズが国家間の関係を剣闘士的なものとして描くことについて、好意的に論評した。G. W. Leibniz, *Codex Iuris Gentium*, 'Praefatio' (1693), in Leibniz (1988), p. 166.

(41) 「彼は自然状態における万人の状態は戦争状態だと考え、それ以外にわれわれの本性に合致するものはないとする」。Hugo Grotius to Willem de Groot, 11 April 1643, in Grotius (1928–2001), XIV, p. 199; 「ホッブズは、もし人間が生まれつき戦争状態にないとすれば、なぜ人びとは常に武装しようとするのか、そしてなぜ人びとは家を閉めるカギをもつのか、と尋ねる。だが、人びとが攻撃と防禦の理由を求めることは、社会の設立後でなければ起こらず、社会の設立前の人びとにそれを当てはめるのは理解できない」。Montesquieu (1973), I, p. 10.

(42) Woolsey (1860); Schmidt (1998), pp. 52–4.

(43) Whewell (1852), pp. 14–35; Maurice (1862), pp. 235–90; Robertson (1886); Stephen (1892), pp. 1–70; Stephen (1904).

(44) Tönnies (1896); Tönnies (1912), pp. 165, 169.

(45) Schmidt (1998), chs. 3, 5.

(46) Austin (1995), pp. 19, 112, 171, 229–33 (note).

(47) Schmitt (1996), pp. 47–8. シュミットによるホッブズの解釈について、簡潔な説明は Stanton (2011) を見よ。

(48) Schmidt (1998), pp. 232–3.

(49) Leacock (1906), p. 89; Willoughby (1918), p. 207 と比較されたい。

(50) Bryce (1922), p. 5.

(51) Hill (1911), pp. 14, 15.

(52) Schmidt (1998), pp. 164–87; 多元論者と彼らのホッブズへの依拠については Runciman (1997) を見よ。

(53) Garner (1925), pp. 23–4.

(54) Laski (1927), p. 291.

(55) E. Dickinson (1916–17); Bull (1977), pp. 46–51.

(56) 近年の例として以下を見よ。H. Williams (2003), p. 1:「近代国家を正当化するホッブズの書籍の刊行は、「ウェストファリア体制」の誕生としばしば見なされる時期と同時だった」。

(57) Pufendorf (1690), pp. 135–96; Schröder (1999).

(58) Osiander (2001); Teschke (2003).

(59) Koskenniemi (2005); Walker (1993).

(60) Bartelson (1995); Krasner (1999); Kalmo and Skinner (2010).

(61) たとえば Beitz (1999); H. Williams (1990); Schmidt (2002).

(62) Brown, Nardin and Rengger (2002).

訳注

*1 「過剰決定」とは、同時に生じる複数の原因のどれもが、ただ一つの結果を生じさせるに十分なものとなる事象を指す。ここでは、「ホッブズ的」な国際関係論を登場させるに十分妥当な状況や議論が複数あることを意味する。

第5章　ジョン・ロックの国際思想

一見したところジョン・ロックは、国際思想史の正典《カノン》に含めるには、トマス・ホッブズにも劣らぬ不似合いな人物かもしれない。寛容に関する三『書簡』（一六八九、一六九〇、一六九二年）、『人間知性論』（一六八九／九〇年）、『統治二論』（一六八九／九〇年）、『教育論』（一六九三年）、『キリスト教の合理性』（一六九五年）といったロックの主な公刊物は、国際関係や国際法といった見出しで現在考察される問題には、主たるテーマとしても内容的にもまったく関わることがなかった。これらの著作において、人びとと国家との関係を理論化する、国際関係の規範を抽出する、同時代の国際社会を描き分析するというロックの試みの大半は、比較的簡潔にして断片的なものだった。イングランドの対外事情に関するさまざまな考察は、彼の書簡や手稿に散在し、存命中に広く回覧されることはなく、今日になってさえほとんど知られないままとなっている。要するに、ロックの国際思想という問題は、夜間に吠えなかったあの犬の謎に似たものと思われる。[*1]

ロックの伝記を読めば、国際的な問題に無関心だったとか経験がなかったという疑惑は、少なくとも偽りだということが明らかになる。一六七〇年代にはフランスでほぼ四年間（一六七五～九年）を過ごし、その後、オランダで六年近く生活した（一六八三～九年）。三十代はじめには、ブランデンブルク選帝侯への使節として派遣されたイングランド公使サー・ウォルター・ヴェインの秘書として、一六六五年十二月から翌年二月までクレーフェに赴いた。公使のねらいは、選帝侯がオランダと同盟を結ぶことを阻止し、第二次英蘭戦争時にはイングランドを支持させることにあった。しかし、選帝侯はイングランドを欺き、ヴェインは確たる約束を何も得られず失意のまま帰国した。結論を得られなかったこの協議のおかげで、ロックは国際外交問題について詳細な知見を得た。情報収集に注意を怠らず、公使の公的書簡を扱っていたからである。(1) とはいえ、ロックは自分の能力については謙虚だった。一六六五年にサー・ウィリアム・ゴドルフィンにこう訴えている。「私の知的能力が貴殿の期待ほどのものではないならば、それは私の意志や努力の欠如としてではなく、私の経験と語学力の不足ゆえとして、どうかお許しください」。ロックの上司はこの低い自己評価を受け入れなかった。一六六六年二月にイングランドへ帰国するや否や、スペイン派遣大使の秘書職を提示したのである。彼はそれを辞退し、さらに同年に提示された、スウェーデン使節の秘書職も辞退した。(2) ロックは、続く数十年の間に、ニューヨークからカロライナに至る北アメリカやカリブ諸島、アイルランド、アフリカにおけるイングランドの植民地活動や商業活動について情報を蓄積し、実践的なコスモポリタニズムを主張できた。その点で彼に匹敵するイングランド人は、同時代にはほとんどいなかった。(3)

一六八八～九年の名誉革命後、ロックは亡命先のオランダから帰国することができ、新国王から新たな可能性を提供された。マシャム夫人によれば、ウィリアム三世は一六八九年春に、三つの外交職をロックに示した。それは帝都ウィーン宮中、ブランデンブルク選帝侯宮中、さらに「私が記憶していない第三の場所」であった。ロックはいずれも辞退した。その理由は、「ヨーロッパ全土において、プロテスタントとイングランドの利益」にとって深刻な危機が進行中であること、そして彼が訴えるには、ドイツ人の「深酒」につきあえないからだった。一六九八年には、パリ派遣大使の秘書に、あるいは国務大臣にすら、なろうと思えばなれたが、再びまことに丁重に異議を唱えた。「お申し出のあった職務の世界において、私はあまりにも未熟者でございます」[4]。ヨーロッパで過ごした時間、提供された職、行政上の経験を考えれば、ロックは、デイヴィッド・ヒューム以前のどんなブリテンの政治思想家にも勝る、広範な国際的経験を積み、外交の場を踏んでいた。ちなみにヒュームは、一七四〇年代にはジェイムズ・セント・クレール将軍の秘書だったし、七年戦争の余燼がくすぶるなかフランスへ派遣されたブリテン大使の随行員だった[5]。

ロックの経歴に関する歴史的な考察と著作編集の努力によって、その生涯や著作の研究基盤が確固たるものになるまでは、伝記的詳細の大半は広く知られていなかった。このことは、国際理論家の中でも最も歴史的な志向をもった人びとさえ、なぜロックの貢献についてほとんど沈黙していたかを説明するのに役立つかもしれない。たとえば、国際関係論のイングランド〔英国〕学派の創立者たちがロックに言及するのは、ほんのついでにすぎなかった。マーティン・ワイトにとって、ロックは豊かな政治理論を構築する手本であり、国際理論の貧しさを暴露することに役立った。「国際関係論の学徒は、政治の分野におけるアリストテレスやホッブズやロックやルソーといった名誉ある古典に、関心を向けることができないらしい。それは、彼らが現在存命ではないからなのか」[6]。ヘドリー・ブルにとって、ロックが差し出したものは、国際的無政府というホッブズ的説明とほとんど変わらなかった。「統治なき社会という自然状態に関するロックの概念は、実際のところ、諸国家の集合と非常に類似している」、つまり統治なき社会の構成員も自分たち自身の法を執行しなければならないから、無政府的とは言っても、最小限には社会的である。だが、これでは国際社会に関する断固たる、確固とした見地というには程遠く、ブルはほんの二、三文を当てて関心を示したにすぎない。こういう薄弱な根拠からは、グロティウス的、ホッブズ的、カント的様式と並びうる、「ロック的」国際理論の伝統なるものは登場しなかった[7]。ホッブズ的概念とカント的概念の間を行く第三の新たな道として、後になってアメリカ構成主義から出現したものが、国際領域における「ロック的文化」という着想である。その「生き、かつ生かしておく」というロック的な無政府的社会の論理」の下では、諸国家は権利の保持者であり、互いの主権を尊重し、互いを敵というよりは競争相手として見ることになる。しかしながら、この着想は、アレクサンダー・ウェントが一九九九年に紹介した後も、広く受けいれられることはなかった[8]。

おそらくそのためもあって、国際理論家ロックに関する批判的文献は、散発的であり一貫性を欠いていた。ブルには失礼ながら、政治理論家レオ・シュトラウスの著作に負う議論に、ロックは実際はホッブズ主義者だったというものがある。この見方の主たる提唱者リチャード・コックスによると、「表面的な印象に反して……ロックが慎重に伝えようとしたのは、自然状態とは、それが個人に関わろうが国家に関わろうが、実は基本的にはホッブズ的な性格をもつ」。ロックは国内政策よりも対外政策を優先して考え、重商主義的な見地を持ち、「自己保存権に圧倒的な重要性を付与[9]」したのである。アメリカの自由主義的歴史家ルイス・ハーツの影響を受けたもう一つの解釈は、アメリカの対外政策に顕著な「ロック的」伝統を認めた。それは、勢力均衡の固持、多国間主義の支持、さらに西部開拓やインディアン掃討の場合と同様に、国際的自然状態において行使される「自画自賛的プラグマティズム」から成り立つ。[10] この最後の特徴は、ロックの国際思想に対する主たる貢献を、荒蕪地開拓による植民地化を正当化しうる所有権理論として解釈する近年の傾向の先駆けとなる。「アメリカ植民者と開拓者には、自分の代弁者としてふさわしいロックがいる」[11]。

だが、顕著に「ロック的」な国際関係論となるものについて、何らかの合意が見出されるとするなら、それは、自然状態における個人の諸権利、そしてそれらを抑制する自然法に関する説明を、国際的自然状態で再生産するものである。そこでの諸国家は、そうした個人のもつ道徳的性格を身にまとい、自然法に依拠して行動する。[12] 本章の結論が明らかにするように、ジョン・ロールズもこのロック分析を採用した。彼はロックを本気で国際思想家とみなした唯一の著名な哲学者である。そして、この説明はさらに、以下の近年の議論を下支えする。「ロックは……遵守する意志を持つすべての国家に開かれた国際法に、最も確固たる基礎を提供し」、「主権の対等性に基づく国際法を考案する」。しかしながら、ロックの国際思想に対する他の近年の論評は、そうしたロック的「リベラル・リーガリズム」の概念を拒否してきた。[13] そのかわりに、ロックには「道徳の自然法的原則が国際制度において具体化されうる確信はほとんどない」ことが提示され、そして彼が「自然状態における国家の状況を個人のそれと相似的にとらえ、自然法の執行権の利他的な使用を国家に認めている」かどうかが疑われた。というのも、「ロックは個人には利他的な処罰の実行を認めても、国家が強制権力を使用して同じことをすることは許さない」からである。[14] こうしたロックの基本的主張に関する、そしてそこから導き出される結論に関する根本的な意見の相違を考慮すれば、ロックの国際思想を、一般的にこの文脈では考えられてこなかった著作と同様に、彼の政治学的主著『統治二論』において再検討する必要性は明白である。

では、ロックの著作に国際思想を見出せるならば、おおざっぱに言って何が特徴なのか。彼の議論では、国家にとっての規範は自然法と諸国民の法に見出されるが、しかし、この二つは互いに同一のものではありえない。この点で、これから見ていくように、ロックはホッブズとはまったく異なっていた。ロックの立場は、必ずしも進歩主義的ではないにせよ発展論的であり、国家の規範は決定論的な目的論を抜きにして、段階ごとに変動すると考えられたかもしれない。ただし、おそらく彼は、世界中の土地を開墾し、人間の自己保存のために自然を利用しようとは考えていた。しかしながら、こうした不可避的な成り行きは、非ヨーロッパ世界の財産剝奪を正当化するには十分ではなかった。ロックが承知するに、非ヨーロッパ世界の人びとも国際的な主体であり、外交関係に関与して合意を形成しうる。実際、そうした人びとの「連合」能力は、うまく構成されたコモンウェルスが必ず持っている財産である。結局のところ、特にイングランドのコモンウェルスは、直面した内外からのカトリックの脅威を、オレンジ公ウィリアムに導かれたプロテスタントの大義へと方向転換することで、やっとまともに再建されたのである。

ロックは、一六五〇年代のオックスフォードで、イングランドの外交関係に初めて論評を加えたが、そこから長い旅をして、一六八九〜九〇年にはウィリアム的見地を支持するに至った。彼の最初の著作は、現に、平和と戦争に触れている。それは、オリヴァー・クロムウェルに献呈された祝賀詩（「戦いで得たものを平和に治める」）や、第一次英蘭戦争を締めくくる一六五四年のウェストミンスター条約の祝賀詩（「一つの世界を作るということがもしも／相違を調停しそれらをお互いの／親愛の内に近付けて」）に明らかである。[15] コモンウェルスとその土台となる規範的基盤との実践的な関係について、ロックの最初の広範な考察は「自然法論」（一六六三〜四年頃）に見られる。彼がこの考察を講義したのは、クライスト・チャーチの道徳哲学学生監だった時である。第五回目の講義で、人びとの一般的合意から自然法を知ることができるかと問いかけ、そして、できないと答えた。その理由の一つはこうである。明文化された合意に由来する慣行から派生するものが、「人びとの共通の利益と利便を根拠に、外交官の自由通行、自由貿易やその種の他の事項を要請し、あるいは明言された契約から、近隣の人びととの境界線の確定や……他のそうした多くの事項を導き出した[16]」。

これは一見したところ、『法学要綱』（一六四〇年）、『市民論』（一六四一年）や『リヴァイアサン』（一六五一年）における、ホッブズの自然法の概覧に思われるかもしれない。[17] だが、ホッブズが自然法に含めたものは主要著作を通じて変化したが、あれこれを自然法だとする根拠は変わらなかった。「諸国民の法について言えば、それは自然法と同じである。コモンウェルス設立前の人びとの自然法は、設立後においては、主権者間の諸国民の法となるからである」。ホッブズは諸国民の法と自然法との一致を一貫して主張し、後世の多くの研究者はこのことを、自然法の伝統におけるホッブズの最も独創的な貢献だと評価した。[18]

ロックはその列に加わらなかった。彼の議論では、「外交官の安全通行に関する見解の一致は……実定的なものであって、自然法ではない」。したがって反ホッブズ的な根拠から以下のように言う。「自然法によれば、万人はみな互いに友人であり、共通の利益で結びついている。そうでなければ（一部の人びとが主張するように）、自然状態においては全面的な戦争が、そして人びとの間では永続的かつ死に至る憎悪が存在することになる」。自然法は、人間がそうした憎悪に駆り立てられるとか、「敵対的な国々を作って分裂する」とは想定していない。ロックはアジアやアメリカの人びとの例を取り上げ、彼らがヨーロッパの住民と同じ実定法に拘束されていないと言明した。「したがって、契約から派生するこうした一般的合意はすべて、自然法ではなく、むしろ諸国民の法（the law of nations［jus gentium］）と呼ばれるべきものである。それは自然法によって課せられるものではなく、共通の利便［communis utilitas］が人びとに差し出すものだった[19]」。ロックは、初期のオックスフォード講義以降、数十年をかけて政治思想を大きく展開させたが、「諸国民の法と自然法とは同じものだ」とするホッブズの見解には、決して同調しなかった[20]。

ロックは『統治二論』で成熟した政治理論を明確に打ち出した際、ホッブズ以上に、世界の「国家や王国」の間の同意に重きを置いた（II. 45）[21]。そうした明確な行為こそ、自然状態と戦争状態との違いを決するものであり、戦争状態は「党派が抱える味方の数に存するのではなく、その敵意に存し、そこでは人びとが訴えるべき上位者は誰もいない」（I. 131）。自然状態と戦争状態とはまったく違うというロックは、政治社会の設立以降における自然法の継続的な作用を、ホッブズ以上に重視した。実際、コモンウェルス間の交流は、自然状態は単なる議論上の想定ではなく、多くの人びとにとって今も続く経験可能な状態であることの証左となる。「世界中の独立した政府の君主や支配者はみな自然状態にある」、したがって「明白なことは、世界は自然状態にある多くの人びとぬきには、これまで存在しなかったし、また今後も存在しないだろう」(II. 14)。

条約締結や他の実定法に基づく行為は、この自然状態を戦争状態から分かつことになるだろうが、自然状態は同盟で結ばれたコモンウェルス間にさえ存在し、条約締結等の有無は自然状態の存否に関係なかった。

> 人びとの間の自然状態を終わらせるには、どんな協定でもよいのではない。それを終わらせるのは、相互に同意して一つの共同体の一員となり一つの政体を形成する、という協定である。人びとはそれ以外の約束や協定も互いに結ぶだろうが、しかしそうしても、依然として自然状態にとどまるだろう。(II. 14)

コモンウェルスは、個人と同程度には「自然状態の不都合」に困ることはなく、そのため、地域的あるいは世界的な政体を構成せずに、国際的な自然状態にとどまる。そういうものとして、「共同体はみな、その共同体外部にあるすべての他の国々や人びとに関しては、自然状態にある一集団である」(II. 145)。国家の支配者は別として、外国人も実定法の及ぶ範囲を超えたところにとどまり、自然状態で見出される自然法のみにしたがう。これによって「どの人も加害者を罰する権利を持ち、自然法の執行者となる」(II. 8)。ロックは問う、さもなければどうやって支配者は領土内の外国人を死刑にし、あるいは罰することができるのか。「イングランド、フランスやオランダで立法する至高の権力を持つ人びとは、世界の他の人びとにとってと同様に、インディアンにとっては権威のない人びとである」(II. 9)。主権者が異邦人をその逸脱行為ゆえに罰することができたのは、人類を保存し、かつ政治社会以前の状態にある加害者を、自然法の執行によって罰するという自然権による。

移住者は、既存のコモンウェルスを去る時にはいつでも、自分を外国人と同様に国際的自然状態にあると考える。ロックの議論では、個人に対するコモンウェルスの管轄権は派生的なものである。「政府が直接的な管轄権を有するのは、土地に対してのみ、そして所有者がそこに居住して所有物を享受する際にのみ、その者に及ぶ」。所有者は居住や享受によって、政府に暗黙の合意を与えているからである。こうなると、管轄権は人よりは領土に対するものである。もし所有者が「贈与、売却や他の方法で当該所有を放棄」するなら、そこを去って自由に、「他のコモンウェルスへ行きその一員になる、あるいは誰も妨害せず所有もしていない世界のどこかの無主地において(in vacuis locis)、他と同意して新しいコモンウェルスを開始する」(II. 121; II. 155と比較せよ)。ロックは、特に「耕作とそうした移住者の定住にふさわしい、アメリカのいくつかの奥地の未占有地」での広々とした大地を想像した(II. 36)[22]。

ロックの説明では、コモンウェルスが土地の権利を主張するのは、明白な同意を通じてであり、そこでコモンウェルスは排他的領土権を相互に承認する。そうした同意は長い年月をかけて少しずつ明らかになってきた。人間と自然との相互作用の道程は、自己保存の必要を満足させるために、個人が土地を専有することから始まった。この専有が次に、個人による財産の集積を許し、彼らは財産の保持のためにコモンウェルスの保護を求めた。貨幣が発明されてようやく、人間は労働の成果を蓄積して交換し、自然的な共同体の状態を脱して、私有財産制へと向かうことができた。この画期的な展開を経て、いくつかの共同体がその固有の領土の境界を設定し……そこで、協定や同意を通じて、労働と勤勉が生んだ所有権を設定した。いくつかの国々や王国間で締結された同盟は、明白に、あるいは暗黙に、他が所有する土地に対するあらゆる主張や権利を放棄し、……世界の特定の場所や部分に対しては、自分たちの間で明白な同意を通じて所有権を設定した。(II. 45; II. 38と比較せよ)

しかしながら、明白に境界が設定されたこうした領土は、自然状態では一般的だった原始的共有地の名残りである二つのものに囲まれていた。すなわち「海洋、あの偉大にしてなおも存在する人類の共有物」、および「広々とした大地……である。それは(その住民は共通の貨幣使用について他の人びとと合意しなかった)未開墾のままであり、かつそこに住んでそれを利用する、または利用しうる人びと以上に、広大である」(II. 45)。ロックが意味することは、主権、法、貨幣がないので、後者の大地という共有地を、先住共有者固有の土地として解釈することはできない、ということだった。[23]

これらの共有地は、他者の生計維持手段を奪うことなしに、自分の生産物を自分のものだと主張できるすべての人びとに開かれていた。しかしながら、これは、彼らが完全に主権者の明白な行動領域外にあることを意味しない。たとえば、ロックは海洋を共有とした後、以下のように注意する。「そこで採取された竜涎香はどれも苦労して得た者の所有物とされたが、それは労働を根拠とする。労働こそが、自然が共有状態においた竜涎香を、その状態から取り出すのである」(II. 30)。ここで珍しくも竜涎香を例として選んだのは——竜涎香はマッコウクジラの腸から出る香りのよい分泌物で、しばしば海を漂っているところを発見される——、ロックがアメリカでの植民や通商に関与していたおかげであろう。彼は、竜涎香がカロライナとバハマ諸島の両方で発見されることを知っていた。実際『カロライナ憲法』によると、カロライナでは「誰によって発見されようと」、領主はその竜涎香の半分に対する取得権を主張できた。[24] 海洋は「広大な……共有物」だったかもしれないが、こうした領主の明白な請求権は、労働の成果をわが物にする人びとの自然権を、なおも圧倒できたのである。

所有権を正当化するロックの「農学者風」の議論は、自然の産物に、あるいは未開墾地に労働を適用することから派生したものであり、そのことは、より「勤勉かつ理性的」と称するヨーロッパ人が先住民の所有を剥奪する際の、一つのお墨付きとしてしばしば受け取られてきた（II. 34）。だがロックは、先住民が非理性的であるとは考えず、また彼らが信仰または不信仰ゆえに所有を剥奪されてよいとは論じなかった。[25] すでに見たように、ロックはコモンウェルスの権威を、コモンウェルスを作り上げた個人の所有権から引き出した。そうした権威の存在を示す一つの指標は、他の類似の権威と契約を結ぶ能力である。『カロライナ憲法』では、「近隣インディアンその他との約定を結ぶ」権限と「近隣インディアンと宣戦・和睦をなし、同盟、約定等を結ぶ」権限が領主に認められた。[26] この点で領主は、おそらくはロック自身も「近隣インディアン」の権利と権威を認めた。それは、ロックが『統治二論第二』において「連合」と呼ぶもの、すなわち約定締結権力を行使する彼らの能力に注目したことによる。

ロックがコモンウェルスの外部との契約能力を別個に分析したことは、『統治二論』での国際関係論に関わる最も顕著な新基軸であろうが、つまるところ、成果のある議論ではなかった。彼は十二章「コモンウェルスの立法、執行、連合権」で、イングランドの政体分析では斬新な権力分割を提案した。立法権は共同体の保存のために法を制定する権限を持つが、間欠的な会期中に限られる。そのため、制定された法を継続的に執行する「常在的権力」が必要となる。これが執行権である(II. 143–4)。残る権力は「社会を形成する以前に誰もが自然に持っていた権力に応じるもの」、つまり連合権であり、「コモンウェルス外のあらゆる人間や共同体と宣戦・和睦をなし、同盟、協定や他の約定を結ぶ権力」を含む。ロックは権力分割がなじみのない概念であることを承知しており、新語を用いて遠慮がちに連合権を導入した。それは約定つまりfoederaを締結する権力を意味し、「もしみなさんがかまわなければ、連合(Federative)と呼んでもらってよい」(II. 145–6)。この権力の行使は先例がないので、「その権力を手にする人びとの慎慮と英知に委ねられて、公共善のために運営されるべきものであり」、したがって、執行権保有者によって行使されるべきものである(II. 147–8)。イングランド政体との関連では、国王大権は外国勢との和戦権等を意味する。[27] 新しい権力の輪郭を現実には示さなかったし、「連合」権を、かつて行使したことのない議会のような行為者に、実際に担わせたりはしなかった。彼が工夫した新語はそのまま生き永らえることなく、後の思想家が権力分割を議論する際には、ロックの区別を無視した。[28]

『統治二論』は当時の国内と国際政治に関連した時事的なねらいをかかえていた。『統治二論』が一六八九年十一月に公刊された際、ロックが望んだことは、その書が「われわれの偉大なる復興者、われわれの王ウィリアムの王座を磐石の固きに置き、……そしてイングランド人民の正しさを世界に対して十全に明らかにすることである。正当にして自然的な権利に対する彼らの愛こそがこの国を、隷従と崩壊の危機に瀕したまさにその時に、それらの権利を維持する断固たる決意をもって救ったのだから」[29]。もしこれが同書の唯一の目的だったとしたら、『統治二論』はむろん、他の多数のウィリアム支持のパンフレット文書とともに、忘れ去られたことだろう。ロックが『統治二論』で提示した議論の大半は、世界のさまざまな地域における権利保有者としての成熟した人間すべてに適用可能だった。こうした人間は貨幣経済、私有財産制、臣民あるいは市民の相続を保護する政府を有する。人びとはこの議論から、専制に対して抵抗する権利と原初的な自然権を回復する権利を導きだすことができた。この自然権とは自己保存、そしてまれではあるが、正当な処罰を意味する。手短に言えば、国内権威の正当化に関わる支配者と被支配者の権利と責務をめぐる、さらにコモンウェルスの内部改革の可能性をめぐる政治理論となった。コモンウェルスを超えた世界——主権国家が通商し、衝突し、共謀する対外競争の場——、コモンウェルス外部の人民——外国人、移住者、および「インディアン」——へのロックの簡潔な言及は、後続の解釈者からほぼ無視された。彼らはロックの著作に、国際理論に相応しうるようなものをほとんど何も見出さなかった。

ロックが国際問題に的をしぼった唯一の論考を書いたのは一六九〇年の春であり、『統治二論』公刊のほんの二、三か月後だった。タイトルがなく、公刊されなかったこの論考において、彼は「教皇主義と隷従から［イングランドを］解放」したオレンジ公ウィリアムを擁護し、こう警告した。もしジェイムズ二世が「戻ってくるなら、それがどんな口実の下であれ、イエズス会士が支配し、フランスがわれわれの主人となるに違いない」。ロックはイングランドに可能な外交的選択肢を苛酷な条件で提示した。それは、フランスに対する「キリスト教国の安全保障同盟」か、「イングランドを教皇主義の怒りや復讐にさらす」か、どちらかしかない。国内分裂はイングランドの敵に利用されて破滅を招きかねない。ウィリアムは国の安全を回復したと認める者は誰でも、「その栄誉ある行動」の「高潔さとならんで、正義」を支持すべきなのである。ロックは、「重大な戦争の責任はわれわれにあり」、その戦争は「流血、殺戮、荒廃」を導く、という強烈な予想図を描いた。これらすべての理由から、彼は「われわれの間にいるプロテスタントの各人に対し、さらにイングランド人の各人に対し」、以下のことを考えてもらいたいと強く迫った。「もしわれわれが今団結しなければ、自分と自分の国の宗教、自由、安全が危機にさらされ、それらを失うことになろう」。「彼〔ジェイムズ二世を支持する者〕は何という致死的な闘争を自国に挑もうというのか」[30]。これは、現代のわれわれのものではないが、イングランドのプロテスタントでホイッグ的な国際思想家の断固たる意見表明である。

国際思想史という新興の分野においてよく聞く不満は、哲学研究と歴史学研究とが、さらに政治理論研究と国際理論研究とが不釣合いだということである。国際思想史にとって少なくともこの不釣合いを正すことが重要であり、そのためには、ロックのような過去の思想家による国際的事象への考察に対して、十分な注意を払う必要がある。本章を終えるあたり、まさにそういう先駆的な努力を一つ紹介したい。それはジョン・ロールズが四十年以上も前、一九六九年の春に行ったことである。ロールズは、「道徳問題」に関するハーヴァード大学での定例講義のテーマとして、「国家と戦争」を取り上げた。ベトナム戦争に反対する大学での熾烈な抗議の最中に行われ、その戦争の正当性を強く否定したこの講義の目的は、ロールズによれば、「諸国民の法の道徳的基礎」を時事問題への注釈としてというよりも、哲学的問題として扱うことにあった。ロールズは初回の講義で以下のように述べた。「道徳と政治哲学のこの部分は相対的に無視されてきた。政治思想の大古典が関わるものは、ほとんどが国民国家の制度とそれらの道徳的基礎である（ホッブズ、ロック、ルソー、カント、ヘーゲルやマルクス等を考えよ）。むろん、彼らはこうした問題で何かを語ろうとしたが、たいしたものではなかった」。ロールズの示唆によれば、この無視の理由は、国際体制の大半は変わらないままであり、「かりに体制というものがあるとしても、いわゆる勢力均衡によって規制された多国家体制」だったが、他方、「国家政治体制の変化や改革については、成功する可能性が比較的大きい、そういう事情から生じているかもしれない」[31]。

これらの講義でロールズは明らかに、諸国民の法について十全な社会契約論を構築することをもくろんでいた。それは、彼が間もなく一九七一年に公刊する『正義論』の原理にそっていたのである。ロールズは生涯の最後の十年間において、ようやく自己の理論を体系化して国際的に適用するに至り、一九九〇年代の著作においては「万民の法 the law of peoples」と呼ぶものを何度も反復したとされている。しかしながら、一九六九年以降の講義は、たとえ刊行の準備をしたのは二十年後であったにせよ、彼が国際理論を自己の政治理論に直接に沿う形で展開したことを示している[32]。ロールズは『万民の法』（一九九九年）で、まったく異なった道徳原理をもつ社会間——キリスト教徒対異教徒、あるいは後には、自由主義的な民衆対「上品でお高くとまった人びと」——における正義という問題と取り組み、以下のように議論した。「公正としての正義」にしたがって国内社会用に精緻化されたものに類する学説が国際社会にとっても必要である。「これに向かって作業するために、しばしロックに戻ろう」。ここでロールズがやったことはロックの国際思想の再構成であり、それは一九六〇年のリチャード・コックスに次ぐ二度目の挑戦だった[33]。

ロールズはロックを、アクィナスを例とする諸国民の法についての自然法理論と、他方、ロールズ自身が提供したいと願っていた徹底的な社会契約論との「一種の中間点」とみなした。ロックの社会契約論は社会の間ではなく、社会の内だけで通用する。人びとは社会内において、共通善を守るための主権体としてコモンウェルスを創造するが、この「人工的人格」は他のコモンウェルスとの関係では自然状態にとどまる。「なぜならば、人工的人格としてのコモンウェルスを臣民とする政治権力が存在しないからである」。ロールズはロックが次のように語っていると考えた。「諸国民の法は、実践的な目的に照らせば、諸国民の道徳的権利と義務に妥当する倫理的原理の一群としての自然法にすぎない」。ロールズによれば、ロックはコモンウェルス間の約定締結の背後に、「約束は守られねばならない (pacta sunt servanda)」という基本的原理の存在を認めていたが、「これらが実定法の一群を構成するものだとは、考えていないようである」[34]。『統治二論第二』は確かに、ロックの国際思想における実定的な同意の重要性を過小評価する。市民が蓄積した財産から派生するコモンウェルスの領土を保障する際には特にそうである。「人工的人格」というロールズの言葉が示唆するように、自然法と諸国民の法との同類視をロックに想定するならば、それはあまりにもロックをホッブズに同化させるものだったかもしれない[35]。

にもかかわらず、ロールズは以下のように考える点で正しかった。コモンウェルスが有する権力は、それを設立した個人が持っていたとロックはみなしていた。自然状態における個人が平等、自由、独立であるように、国際的な場における国家もそうであり、また個人が自然法の執行権を持つように、国家もそれを持つ。「国家共同体の外交問題において、国家の権利は個人の権利に由来する。個人の基本的権利が平等であるように、国家の権利も平等である」。ロールズの講義はここで「国家 nations」の定義へと移り、諸国民の法について社会契約的な説明を探究する。そこでロックは、示唆的だが不完全な先駆者とされ、引き立て役としては役に立つかもしれないが、妥当な理論の提唱者ではないとされた。「われわれの問題はこうだ。ロックは基本的な自然法を（平等な原初的状態、平等権の原初的状態と共に）所与のものとした。それは結果的には創造の権利に基礎づけられる。われわれが望むことは、十全な社会契約論を原初状態という概念から立ち上げることである」[36]。ロールズの哲学的着想において、ロックが大きな位置を占めることは決してない。ロールズは『正義論』から、自己の理論の国際的適用と共に、その歴史的痕跡の大半を消し去った。彼はこの後の講義において、ロックの政治哲学の国際的次元を考察しなかった[37]。ロールズが晩年に万民の法と取り組んだ際、現実的なユートピアを構想するために考察した資料の中に、ロックが入ることはなかった。

ロックの著作に一貫した国際理論を見出せなかったのは、ロールズだけではない。ロールズは『統治二論』のみを研究したが、それは同じ問題意識をもつほとんどすべての後続研究者にも当てはまる。それはあたかも、国際思想は政治思想の正典から派生するのみで、他の考察や論争の資料で補ったりしない、という見識を確かめるかのようだった。本章は、ロックに関する近年の歴史的な研究者を追跡しようと試みた。彼らの研究はロックの著作全体にまたがり、国際思想を見出せる正典以外の資料に向かうことになった。体系的な資料もあれば、時論的なものもあり、公刊された資料もあれば、されなかったものもある。

ロックの直接的な関与の多くは、当時の状況、ヨーロッパの国家体制内におけるプロテスタント勢力の緊急課題と密接に結びつき、大西洋世界、さらにグローバルな通商拡大への拡張主義的な関心を伴っていた。ロックが対外関係に直接言及したのはしばしば「彼の王と国を愛する者、平和とプロテスタントの利益を愛する者」としてであり、とりわけカトリック・ブルボン王朝の脅威に抗する「ヨーロッパの共通利害」にも関与したイングランドの国際思想家としてであった[38]。彼の新基軸——「連合権」は一つの分離された権力として考えられるべきだという提案――は根をおろさなかった。彼の著作は、コネチカットからニュー・サウス・ウェールズに至る世界中の先住民の財産剝奪を正当化するために利用され、そのせいで不当にも（後続の二つの章で見るように）ポスト－コロニアル的批判のさらし者になった。以上から、ロックは後世の国際理論にほとんど貢献していない、と理解されても仕方がないかもしれない。しかしながら、その関心の広さや対外問題に関与した事実を考えれば、ロックを国際思想の歴史的正典に据えてもかまわないだろう。

原注

（1）Letterbook of Sir Walter Vane, December 1665–February 1666, BL Add. MS 16272 (in Locke's hand); Locke (1976–), I, pp. 225–7; Woolhouse (2007), pp. 60–6.

（2）Locke to William Godolphin, 12/22 December 1665; Locke to John Strachey, 22 February 1666, and 28 February 1666; Charles Perrott to Locke, 21 August 1666, in Locke (1976–), I, pp. 233, 263, 289–90.

（3）以下第六―七章を見よ。

（4）Woolhouse (2003), pp. 182–3; Locke to Charles Mordaunt, 21 February 1689; Locke to Sir John Somers, 28 January 1698, in Locke (1976–), III, p. 575, VI, p. 308.

（5）ヒュームの分遣隊経験については以下を見よ。Rothschild (2009), pp. 410–12, 415–17. 彼の国際思想については、Jeffery (2009); Koskenniemi (2009), pp. 27–30, 64–7.

（6）Wight (1966), p. 17. Raymond Aron, *Peace and War* (1962; English trans., 1966), quoted in I. Hall (2006), p. 110 に対するワイトの評と比較されたい。「〔国際関係について、〕かくも多くのことが書かれてきたが、国際関係のホッブズやロック、『国富論』はどこにあるのか」。

（7）Bull (1977), p. 48; Bull (1966), p. 44 と比較されたい。「ロックは無政府状態の人間の生活を考察したが、われわれはこれには満足がいかない」。Menozzi (1974) は本論の記述にそって、国際関係のロック理論について簡略ながら丁寧な説明を示す。

(8) Wendt (1999), pp. 279–97.「ロック的文化」に関するウェントの懐疑的な説明については Suganami (2002) を見よ。

(9) Cox (1960), pp. xix–xx; だが Dunn (1969), pp. 158–64 を見よ。ホッブズ－スピノザ的政治理論を、さほど露骨ではなくより洗練された形で提供するロック（そしてモンテスキュー）について、Pangle and Ahrensdorf (1999), pp. 153–7 を見よ。

(10) Masters (1967a); さらに Masters (1967b), pp. 289–305.

(11) H. Williams (1996), p. 100 (quoted); Boucher (2006).

(12) Tuckness (2008), pp. 470–1; Covell (2009), pp. 120–30.

(13) Doyle and Carlson (2008), pp. 660–6, 649.

(14) L. Ward (2006), p. 704; L. Ward (2010), pp. 266–71; Tuckness (2008), p. 471. Moseley (2005) と比較されたい。

(15) John Locke, 'Verses on Cromwell and the Dutch War' (1654), in Locke (1997), pp. 201–3〔詩の邦訳は以下に所収された吉村訳に拠った。「クロムウェルに寄せる歌と英蘭戦争に寄せる歌」マーク・ゴルディ編、山田園子・吉村伸夫訳『ロック政治論集』法政大学出版局、二〇〇七年、六二、六四頁〕.

(16) Locke, 'Essays on the Law of Nature' (*c.* 1663–4), in Locke (1997), p. 107.

(17) Hobbes (1969), p. 87; Hobbes (1998), p. 51; Hobbes (2012), II, p. 236.

(18) Hobbes (1969), p. 190; 本書一〇四―一〇六頁を見よ。

(19) Locke, 'Essays on the Law of Nature', in Locke (1997), pp. 107–8; Locke (1954), p. 162.

(20) Hobbes (2012), II, p. 552.

(21) Locke (1988).『統治二論』への参照はすべて、この版と節番号による〔たとえば II. 45 は、第二論四五節を指す。節番号は、加藤節訳『統治二論』岩波文庫においても、同じである。引用文訳出の際は、必ずしも加藤訳に拠らなかった〕。

(22) Klausen (2007).

(23) ロックと現地の人びとの共有地については以下を見よ。Greer (2012), pp. 366–70, 385–6.

(24) ロックが承知していたように、竜涎香はカロライナとバハマ諸島で発見される。『カロライナ憲法』一〇四条「竜涎香の半分は、誰が発見しようとも、すべて領主のものとなる」。TNA, PRO 30/24/47/3, f. 68r, printed in Locke (1997), p. 180; TNA, PRO 30/24/49, f. 58, endorsed by Locke, '*Ambra* Grisia 74'〔マーク・ゴルディ編『ロック政治論集』三一―三二頁〕.

(25) 本書一八三―一八八頁を見よ。

(26) *The Fundamental Constitutions of Carolina*, §§ 34, 46, in Locke (1997), pp. 169, 171〔マーク・ゴルディ編『ロック政治論集』一四、

一八頁〕.

(27) *Halsbury's Statutes* (1985–), XVIII, pp. 720–1.

(28) OED, 'federative' を見よ。モンテスキューの 'république fédérative' 〔連邦制〕について、ロックの 'Federative' power 〔連合権〕との関連は、言葉上だけで意味上のものではない。

(29) John Locke, 'The Preface', in Locke (1988), p. 137.

(30) Bod. MS Locke e. 18 in Farr and Roberts (1985), pp. 395–8; printed as Locke, 'On Allegiance and the Revolution', in Locke (1997), pp. 307–13 〔マーク・ゴルディ編『ロック政治論集』二五八―二六八頁〕.

(31) HUA, Acs. 14990, box 12, letter file 4 (contractions expanded) 〔contractions expanded とは、右記講義録では短縮・省略形で書かれている単語を、アーミテイジが正式に綴ったことを示す。訳文ではそのことを無理に反映しなかった〕.

(32) Rawls (1993); Rawls (1999a).

(33) HUA, Acs. 14990, box 12, letter file 4, 'Lecture VI – Natural Law and Rights: Aquinas and Locke.' コックスはロールズが講義で引用した唯一のロック研究者である。

(34) HUA, Acs. 14990, box 12, letter file 4, 'Lecture VI – Natural Law and Rights: Aquinas and Locke.' ロールズが注釈を書き込んだ『統治二論』のピーター・ラスレット版は以下に保存されている。HUA, HUM 48. I Box I.

(35) とはいえ、ロールズは他の書では、ホッブズとロックの「課題」と「想定」をはっきり区別している。Rawls (2007), p. 105.

(36) HUA, Acs. 14990, box 12, letter file 4, 'Lecture VII – The Full S [ocial] C [ontract] Theory Law of Nations (I) (How to set up).'

(37) Rawls (2007), pp. 103–55.

(38) Farr and Roberts (1985), p. 395; Locke to Edward Clarke, 29 January 1689, in Locke (1976–), III, p. 546.

訳注

*1 「あの犬の謎」とは、コナン・ドイルによるシャーロック・ホームズシリーズ中の『銀星〔または白銀〕号事件』に登場する事件解決の手がかりとなったものを指す。番犬が事件当夜に吠えなかったことから、ホームズは犯人を内部関係者に絞る。アーミテイジは寓意的に、ロックは国際思想を論じないという評価を否定する。

第6章　ジョン・ロック、カロライナ、あの『統治二論』

自由主義《リベラリズム》と植民地主義《コロニアリズム》は長い間、互いを成り立たせる関係にあった、というのは政治思想史ではいまや陳腐な言となっている。[1]ヨーロッパ人によるヨーロッパ外での植民の起源は十五世紀であるが、この両者の関係は、その頃まで都合よく遡るものではないだろう。ただ、個人の自然権の伝統の中で、少なくとも自由主義の起源まで遡って考えることは今日でも可能である。後世のさまざまな人びとがリベラルだと賛美した十七世紀初頭以降のヨーロッパの理論家は、自らの政治理論を精緻化して、内政的な文脈と植民地的な文脈を同時に議論した。[2]リチャード・タックによると、「自然権という観点から道徳と政治を理論化する、その猛烈な勢いこそ十七世紀の特徴であり、それは特にグロティウス、ホッブズ、プーフェンドルフ、ロックの名と切り離せない。ヨーロッパの理論家の主要な試みとして、彼ら自身の（宗教戦争後の）共同体内部に存在する、さらにヨーロッパと世界の他地域（特に地球上で遭遇するさまざまな前農業的段階にある人びとの世界）との間に存在する、大きな文化的相違という問題を扱っていた」[3]。これらの十七世紀自然権論者を継承する者たちは、ヨーロッパ、東インドや南北アメリカに止まらず、十八世紀以降は南アジア、北アフリカ、オーストラリアにまで関心を拡げた。すべてのリベラルが植民地主義を支持したわけではなく、また植民地主義はリベラルだけに支持されたのでもなかった。自由主義理論家を一瞥しても多種多様であり、グロティウスやホッブズからトクヴィルやミルにまで至る。彼らは海外貿易に従事する会社に雇われたりヨーロッパ外部の植民や通商について専門的な知識を持っていた。

ジョン・ロックは、自由主義を植民地主義とつなぐ歴史的な鎖の決定的な環であった。この理由はまずは彼の経歴にある。一六六九年から一六七五年まで、出来たてのカロライナ植民地の所有者――その中にはロックの雇主アンソニー・アシュリー・クーパー初代シャフツベリ伯がいた――は、ロックを秘書として雇った[4]。一六七二年から一六七六年までの間、シャフツベリ伯に従い、バハマ諸島と北米との間で通商を行う会社設立の際に、株主兼共同経営者となった[5]。一六七二年九月には、さらに、イングランドの奴隷貿易を独占した王立アフリカ会社の特許状に名を連ねた[6]。一六七三年十月から一六七四年十二月まではイングランド通商・海外植民地評議会の秘書、さらに一時的には出納官となった[7]。二十年後の一六九六年以降、一七〇〇年に病気で辞任するまで、イングランド通商委員会に指名された最初の委員の一人であった。この委員会は大西洋世界の通商や植民地を監督する重要な管理・運営機関だった[8]。この職にある間、彼はヴァージニアのある駐在員にこう断言した。「委員会の適切かつ正当な運営下における植民地の繁栄は、私が目指し、また常に目指そうとしているものである」。そして脆弱な体が許す限り、彼は委員会活動において常に精力的に働いた[9]。ロックが四十年にわたる職務と投資を通じて得たものは、ニューヨークからカロライナに至る北アメリカ、さらにカリブ海諸島、アイルランド、アフリカにおけるイングランドの植民および通商活動の実務経験だった。(10)ロックは、一七〇〇年六月に通商委員会委員を辞任するまでには、十七世紀末のイングランドに関わる大西洋世界の事情に通じた、二人の論客の一人となった。通商委員会で唯一の好敵手は能吏ウィリアム・ブラスワイトであり、彼はイングランドの植民地行政に関しては、ロックよりも大きな影響力を持つに至った。(11)ロックは、公私両面にわたって植民地行政に関与することで、エドマンド・バーク以前に政治思想史に登場するどの主要人物よりも、自国の通商と植民地について徹底して理解するようになった。ジェイムズ・ミルとジョン・ステュアート・ミルが東インド会社の運営に参画するまでは、ヨーロッパ植民地の制度史において、ロックほど傑出した役割を果たした人物はいなかった。また、十九世紀以前の主要な政治理論家で、ロックほど積極的に理論を植民地実践に適用した者はおらず、それは、彼がカロライナ植民地の『憲法』草案に関与したからである。これらすべての理由から、ロックの植民地への関心は次のことを明らかにすると考えられてきた。「大ざっぱに言えば、ブリテン帝国へのリベラルな関与は自由主義自体の存在と時期を同じくする(12)」。

にもかかわらず、植民地に関わる活動がロックの主要著作に何の痕跡も残さなかったならば、彼の政治理論の解釈とは無関係なままだっただろう。そうした痕跡は特に『統治二論』に多く見られ、綿密に考えられた「植民地的」な議論としてロックの政治理論を読み込むには十分である。(13)「アメリカ」あるいは「アメリカ人」(ヨーロッパから来た植民者ではなく、アメリカの先住民を意味する)への言及のほとんどすべてが『統治二論第二』に登場する。(14)たとえば、「一スイス人と一インディアン」が「アメリカの森で」(II. 14) 出会う場面は、あたかも自然状態において出会うようである。以下を読んだ読者は、インディアンの家族構造はその政治構造と同様に、無規律だと考えるだろう。「アメリカのかの地では、夫と妻が離別する際には、それはしばしば起こることなのだが、子供はみな母のもとに残されて、母に付いて行き、完全に彼女の世話と扶養の下に置かれる」(II. 65)、「そしてジョゼフス・アコスタの言を受け入れて良いなら、……アメリカの多くの地では、統治というものはまったく存在しない」(II. 102)、特に「剣による征服、そしてペルーやメキシコという二つの大国の支配が及ばない」地では。そこでは「アメリカ人は……自身の自然的自由を享受していた」(II. 105)。そうした人びとは「彼らの土地所有を拡大する、あるいは土地拡大を求めて争う衝動を」まったく持たず、つまり「アメリカのインディアンの王は」「ほとんど軍の将にすぎない」(II. 108)。「ヨーロッパの銀貨は、かつてなら、アメリカ人にとっては無価値だったであろう」(II. 184)、それと同様に、彼らの通貨である「アメリカ人の白ビーズ」は、ヨーロッパの支配者にとっては無価値であろう。

アメリカとその住民への言及は『統治二論第二』の十八ある章のうち七つに登場するが、[*1] その半分以上は第五章「所有権について」に集中している。第五章の議論をきわめて粗略に概観しても、二つの主要な人間像が明らかである。一つは果実と鹿肉で生きる「野蛮なインディアン」であり (II. 26)、「インディアン」は鹿を殺すことで、理性の法に基づいて所有権を得る (II. 30)。そしてもう一つの人間像は植民者であり、彼は家族とともに「アメリカの奥地のいくばくかの空地」(II. 36) に向かう。ロックの描写では、「アメリカ人のいくつかの部族は……土地には恵まれているが、あらゆる生活物資に乏しく」、「広大で豊穣な領地をもつ部族の王はそこで食べて寝て、イングランドの日雇い労働者よりもみすぼらしい身なりをしている」(II. 41)。ロックはこう比較する。「一エーカーの土地はイングランドでは小麦二十ブッシェルを産するが、アメリカの土地でも、同じように耕作すれば同様であろう」。内在的価値は同じだが、それが生む富や利益が違うのである(II. 43)。ロックは惜しむべき事象に注目する。一人の人間が「アメリカ奥地の真ん中の、すでに耕作され、また家畜がよく放牧された見事な土地を一万あるいは十万エーカーと持っていても、そこでは世界の他地域と通商する見込みがまったくない」(II. 48)。そして有名な結論に至る。「全世界はその始まりにおいてはアメリカだったし、今のアメリカ以上にそうだった。というのも、どこも貨幣のようなものを知らなかったからである」(II. 49)。『統治二論第二』全体にわたるこれらの発言はすべて、「『統治二論』上の［ロックの］関心にとって、アメリカは取るに足らない」という見解の誤りを明らかにする。[15]

ロックの『統治二論』を植民地への言及だけで考えるべきではないし、植民地的なものを読み込むだけでその重要性を結論することもできない。[16] しかしながら、こうした植民地への頻繁かつ見事な言及には、なおも説明を求めたくなる。ジェイムズ・タリーは言う。「ロックは、アメリカ先住民の狩猟、ワナ猟や採集よりも商業的農業の優位を支持することによって、フランスの毛皮貿易帝国に対抗して、イングランドによる植民地化の優位をも支持していたのかもしれない」。しかし、タリーは「この仮説の検証には植民地関連資料のいっそうの調査が必要である」と結論する。[17] とはいえ、これらの資料には、フランス毛皮貿易へのロックの関心を示す証拠はほとんどなく、イングランド的な植民方法と比較して、その生産性や正当性を扱った何らかの議論というものは皆無である。他方リチャード・タックの議論によれば、ロックの標的はより特定されており、チャールズ二世が一六八一年にウィリアム・ペンに特許状を出したペンシルヴァニア植民地だった。タックによれば、ペンシルヴァニアは「ロックが『統治二論第二』で攻撃したすべてを表す。つまりペンの統治論における絶対主義、そして土地の正当な所有者としてインディアンを扱い、特許を得た植民者さえインディアンから土地を購入すべきだというペンの措置である(18)」。この事例では、ロックの関心についていくらかの証拠が原稿では注釈の形で存在する。それは、ペンによる一六八二年のペンシルヴァニア統治案に対するものである。だが、ロックはペンシルヴァニアにおける所有者と植民者の代表体との勢力均衡論を批判したものの、土地所有獲得に関わるペンの措置についてはまったく触れていない。さらにロックがペンの統治論に注釈を加えたのは、一六八六年十一月になってのことである。つまり、『統治二論第二』を執筆したと考えられてきた時期(一六八二年)の四年後となる(19)。

もしロックの『統治二論第二』におけるアメリカへの言及が特定かつ限定された植民地事情に由来するならば、いつの時点で『統治二論第二』にこうした考えが組み込まれていったのかを知ることが不可欠となろう。それを説明しようとすれば、全体として『統治二論』の執筆はいつかという問題に、いくらか左右される。『統治二論』が最初に公刊されたのは一六八九年末だが、表紙には一六九〇年の日付がある。そのため『統治二論』は一六八八~九年の名誉革命を回顧的に正当化するものとして執筆された、という見解が約三百年間にわたって生きながらえてきた。ピーター・ラスレットは一六九〇年というこの日付をくつがえし、ロックは『統治二論第二』を一六七九~八〇年冬の排斥危機*2の間に書き、さらに一六八〇年初頭に『統治二論第一』を付加したと論じた(20)。近年の研究は概して、『統治二論第二』が『統治二論第一』に先立つというラスレットの議論を疑問視し、『統治二論第二』の執筆時期を少しずつ一六八〇年代とみなすようになった。[21] たとえば、J・R・ミルトンはこう議論する。ロックは『統治二論第二』の執筆を一六八〇年末か一六八一年初めに開始し、一六八一年七月のシャフツベリ伯の逮捕後はいったん止め、その後一六八二年二月に再開し、同年遅くに原稿を完成させた。[22] リチャード・タックはミルトンとは別の根拠で、一六八二年という執筆時期を立証し、『統治二論第二』がプーフェンドルフの『自然法と万民法について』と『人間と市民の義務について』に対する、ロックの暗黙の批判を含んでいる点に注目する。ロックがこれらの著作を読んだのは一六八一年になってのことだった。[23] ミルトンはさらに以下のように議論する。『統治二論第二』の三つの章（第四章「隷属状態について」、第五章「所有権について」、第十六章「征服について」）における聖書の引用は、他章とは文体が異なり、その文体はロックの経歴上比較的遅くに用いられたことが明らかである。これをもとにミルトンは結論する。これらの三つの章は他章とは別に執筆され（あるいは少なくとも書き直され）、特に「第五章は他の二つの章よりも早くか遅くかに……組みこまれた」。ミルトンは第五章の挿入時期を他の二つの章よりも早いと断定した。それは、第五章はアメリカを連想させるものをかなり多く含み、カロライナに対するロックの関心に由来するに違いないからである。「ロックが重点的にカロライナに関与したのはかなり早い時期であり、一六六九年から一六七五年まで、カロライナ領主秘書として活躍していた」。[24]
だが、この説は、ロックのカロライナへの関与が一六七五年に実質的に終了し、『統治二論』執筆からずっと後の一六九六年に通商委員会へ指名されるまでは、植民地行政に積極的にはまったく関与しなかったと想定される場合しか支持できない（ただし、ミルトンはこの説との矛盾を承知の上で、第五章の遅い挿入時期も考慮している）。

一方で、ロックの植民地活動に関わる経歴とされるもの、他方で『統治二論』執筆時期の幅の広さ、それらの両方を認めてしまうと、説明に困る疑問を残してしまう。『統治二論』の執筆時期とされるもののうち、最も早いのは一六七九年、そして最も遅いのは一六八二年であり、どちらも一六七五年から一六九六年までの二十一年の間に、つまりロックがイングランドの植民地行政とは明らかに無縁だった時期に、まともにぶつかる。『統治二論第二』における頻繁なアメリカへの言及、そして第五章におけるそうした言及の集中は、自由主義と植民地主義との間には、資本主義と近代化という双生児のような親和性があったという説を補強するかもしれない。[25] より厳格な歴史的説明を求めるならば、ロックがイングランド植民地に関与した時期と、彼が自由主義の土台となる著作を書いた時期との間に、明らかにずれがあることはなおも悩ましい問題となる。一六七五年以降もカロライナの事情に直接的な関心を寄せ続け、一六八二年になっても植民地の統治と将来に関心を持っていた証拠を見出せたならば、何か差し迫った事情があって、『統治二論第二』第五章の議論に基づきアメリカの事例を丹念に考察したに違いない、という根強い推測を裏付けることも可能になるかもしれない。以下では、ロックの継続的な植民地活動について、その種の証拠を示し、結論部分では、この証拠をもとに『統治二論第二』(特に第五章)をあらためて歴史的文脈に位置づけ、それが何を含意するのかを検討する。

遅くとも十八世紀初頭以降、『カロライナ憲法』(一六六九年)はロックの政治理論と植民地に対する関心との関係を理解するにあたって、中核であり続けた文書である。[26] ロックの信奉者にとっては、彼を草案の執筆者とすることは、まぎれもない誇りであった。草案は広範な宗教的寛容を他に類がない形で認めたからである。したがってヴォルテールは以下のように助言した。「地球の他の領域に目を向けてカロライナを見よ。かの賢人ロックはその立法者だった」[27]。『憲法』の筆者をロックとすることは、統治という実践的世界における理論の役割を擁護することであるともみなされた。結局のところ、新しいコモンウェルスを設計するにあたり、そうした「偉大な哲学者」以外に適任者がいるのだろうか[28]。他方、ロックの論敵はそれほど楽天的になれなかった。『憲法』は奴隷の存在を想定し、奴隷所有者の絶対的な生殺与奪権を肯定した。『憲法』はさらに北アメリカの土地に最初の世襲貴族制を設立した。哲学者が設計したコモンウェルスとして、「専制的貴族制」が治めるこの反民主的な奴隷社会ほど悪質なものがあるだろうか[29]。

『憲法』はロックがカロライナの領主秘書だった一六六九年に起草された。秘書職は事務職でもあれば管理職でもあった。『憲法』に非常に緊密に関与した領主アンソニー・アシュリー・クーパーとロックとが親しかったことも勘案すれば、ロックがその起草において主たる監督の任を果たさなかったとは考えられない[30]。『憲法』は頻繁に改正され、植民者に無視されることも多かったが、最初に公布されてから四十年後に植民者に放棄されるまでは、当該植民地に公式に統治枠組を提供した[31]。『憲法』はロックの存命中に、植民者向けの原稿複写やさまざまな印刷版の形で繰り返し公表された。印刷版は、豪華な大判印刷（おそらく領主向け）から、移民向けの抄録要約版にわたる[32]。実際、『人間知性論』と『統治二論』の両方が初めて公刊された一六八九〜九〇年の「記念すべき年」以前は、『憲法』はロックの名前と結びついた唯一の印刷物だった。ロックの死後、『憲法』は彼の折々の著作を集めた最初の選集に入り、それ以降、多岐にわたる著作群に収められてきた[33]。『憲法』の執筆者がロックならば、現に存在する社会のために憲法を作成したという栄誉に値する。その栄誉を分かちあうのはギリシア・ローマの古典期以降の政治哲学者だけであり、ジャン・ジャック・ルソーも加えてよい。ルソーは実現を見なかったコルシカ国制案（一七六五年）と『ポーランド統治論』（一七七二年）の著者だった。[34]

いつの時代の研究者も、シャフツベリ文書にある『憲法』の手稿（一六六九年七月二一日）はロックの手によると誤解してきた。この文書に加えられた多くの修正を別にすれば、ロックが書いたのは最初の二つの節だけである。[35]だからといって、彼が文書全体を作成したことに異議を挟むことにはならない。自分で書き始めた後で、他の部分の筆記を写字生に回すのは、少なくともロックの後半生においては、慣例だったように思われる。[36]現存する『憲法』の印刷版のどれもロックを著者としていない。実際、執筆者を特定した唯一の版はシャフツベリ伯としている。[37]にもかかわらず、ロックの貢献は明らかに大である。彼は、イングランドの弁護士の息子が一六七一年四月にカロライナ方伯という世襲貴族に就任したことを正当化し、その際「統治形態の安定とアシュリ河畔植民の両方における大なる思慮、学識そして勤勉」を評価して、方伯特権にふさわしいと認めたのである。[38]こう認めたからといって、それでロックの役割を正確に判断できないが、その承認は遅くとも一六六九年の最初の『憲法』執筆に近い時期に出され、またカロライナの領主たちという、ロックの業績を知りかつ評価する立場にある人びとの裏書を伴っていた。[39]これはロックに、カロライナの四万八千エーカーの土地の権利を与え、他のライバルの思想家たちの財を凌駕した。彼はそれを決して積極的に受け入れはしなかったが、しかしまた拒絶することも決してなかった。

ロックは『憲法』作成の責任を明白に認めはしなかったが、この沈黙はその関与の反証にはならない。

『人間知性論』を除いて、ロックが自分の著作の執筆者であると認めたがらないことは、一六八四年に彼が行った厳粛な抗議と同様に悪名高い。「私はいかなる反逆的な文書の執筆者ではなく、そればかりか、良くも悪しくも、またどちらでなくとも何であれ、いかなる印刷された論文や論考の執筆者でもありません」[40]。領主サー・ピーター・コレトンは一六七三年の手紙で、「あなたがその策定にかくも大いに関与された、あの卓越した統治形態」と書いた。一六七〇年代後半にロックと文通していた二人のフランス人は「あなたの憲法」、「あなたの法律」と書いている[41]。『憲法』作成に果たした役割について、こういう何の証拠にもならない発言を、ロックは肯定も否定もしなかった。だが、ロックが条文から「端的に」(tout court) 距離をおこうとしたことは、自分が『憲法』の執筆者であることを認めたようなものである。彼は特に、一六七〇年の『憲法』修正で初めて登場した、イングランド教会体制導入の条文には関わりを持つまいとしたようだ。つまり、他の『憲法』条文については、関与を否定する理由はまったくなかった、ということである[42]。

『憲法』は土地を割り当て、新興植民地に法的、制度的枠組を提供した。イングランド人移住者による植民は、一六六三年の領主によるはじめての認可以降五年間は惨めな状態だったし、ケープ・フィアー川(現在のノースカロライナ州にある)沿いの最初の植民は一六六八年には崩壊してしまった。一六六九年『憲法』は領主の計画にとって新しい門出の兆しだった。「多数民主制の設立回避」を明瞭に意図し、あらゆる権限を恒久的に「領土の真正かつ絶対的な支配者かつ領主」の手に置いた[43]。『憲法』下においては、方伯やカシークからなる世襲貴族が、もう一つの世襲的階級である永久的農奴や隷民に対して管轄権を持つことになる。「こうして、白人の間でカーストが――ヒンズー的迷信にふさわしい体制が形成されることになった」とロックの擁護者は一八〇七年に不満をもらした。その擁護者は「『統治二論』の著者にまったくふさわしくない」問題点を『憲法』に見出したのである[44]。

領主と貴族がカロライナの土地の五分の一ずつを保有した。残余はカロライナの自由民のものだったが、彼らが「神を認めず、神を公けかつ厳粛に礼拝しない」のであれば、住居や不動産を持てなかった。居住のこの最小要件は、宗教的寛容の最大要件でもあった。「異教徒、ユダヤ人、およびキリスト教の清らかさに異論を持つ他の者は、脅かされたり、遠ざけられたりしてはならない」。神への信仰だけが所有を正当化でき、神を信じる限り、恩恵が領有を授ける。「当地の原住民は……キリスト教にはまったく無知だから、偶像崇拝、無知、誤謬があるからといって、彼らを排除し虐待する権利は、われわれにはない」。宗教的寛容は奴隷にも拡大されるが、「しかし、これによっていかなる奴隷も、主人が有するこの世の支配権から免れることはなく、教会以外の他のすべてのことでは、以前と同様の状態または条件下にある」。したがって（『憲法』で最も悪名高い条文が定めるように）「カロライナのいかなる自由人も、彼の黒人奴隷がどんな見解または宗教を持とうとも、その者に絶対的な権力と権限を有する[45]」。『憲法』のこの条文は、後にロックを非難する人びとの疑念を裏付ける結果となった。「ロック、ソルトンのフレッチャー、ルソー自身も、自由をかくも熱心に求めながら、他の者が奴隷になることは正しいと言い張った[46]」。

『憲法』のロックと『統治二論』のロックの経歴が明らかに異なる点は、ロックの擁護者にとっては、何がしかの安心材料となった。だが、『憲法』にどの程度関与したとしても——政治社会を「あらためて（de novo）」策定して政治哲学者としての経験を積んだのか、あるいはたんなる雇われ執筆者として主人の言うことを書き取っただけなのか――、苛酷で非リベラルな『憲法』の規定に対する責任からロックを完全に放免することはできないだろう。もし「ロックのカロライナに対する扱いが、一六七〇年代に社会的に保守的であったことを証明するなら」、このことは、『統治二論』に見出されると言われる平等主義的、民主的、リベラルな一六八〇年代のロックと、どのように整合性を持ちうるのか。[47] ジョサイア・タッカー（ロックに顕著に敵対的な証言者である）は一七七六年に、この疑問への弁護的解答なるものを以下のように紹介する。「この憲法の日付によれば［一六六九年］、ロック氏は当時は若者で、専制的なステュアート［チャールズ二世］の統治下に生きたので、時代の悪に少しばかり染まっていたとしても何の不思議もない」[48]。「保守的」と想定される一六六〇・七〇年代のロックと、より「リベラル」な一六八〇・九〇年代のロックとの齟齬を解消しようとすれば、このように、シャフツベリに依存する雇われ人ロックと、他方、独立した哲学者ロックとの時間差に訴えることもできよう。

カロライナ領主のためのロックの公的な活動は、この隔たりをさほど縮めることにはならない。一六七一年十二月以降のロックの手稿には、『憲法』を補足するカロライナ向けの暫定的な一連の法――インディアンの奴隷化に反対する条文を含む――が書かれている[49]。一六七五年十一月にイングランドを去ってフランスへ向かうまで、領主秘書としての活動を継続し、その時点で当該職を事実上辞任し、植民地問題に対する直接的関与を終えた、とされている。しかしながら、そうした想定は、『統治二論第二』におけるアメリカへの言及を説明しづらくするばかりでなく、一六七五年における領主秘書の公的辞任以降も、カロライナ全体の将来に対して関心、特に『憲法』条文に愛着をもちつづけていた多くの証拠を見逃すことになる。

ロックの私信や備忘録を見ると、植民地活動の開始期と哲学の成熟期は重ならない、という考えが誤りなのは明らかである。彼は三度にわたって『憲法』を調べている。一度は一六七四年の夏、残りの二度は一六七七年の秋である。[50] ロックが「アトランティス」(一六七六〜九年)とタイトルを付けた社会規律、婚姻法、継承的不動産処分に関する多くの走り書きは、明白にしろ暗黙にしろカロライナを念頭に置いている。[51] 一六七九〜八一年は、ロックはフランスの友人ニコラ・トワナールやアンリ・ユステルと、『憲法』の詳細や「敬意を表して私の名前を付けてくれた……たいへん良い島」(ロック島を指し、現在のサウスカロライナ州、エディスト島)の将来、腐敗したイングランドを出てカロライナの理想郷かフランス領のレユニオン島に逃亡する計画について、書簡を交わした。[52] 一六八一年の記録では、ロックはオックスフォードで『憲法』を二部所持していた。一六八三年にオランダへ亡命するとき、少なくとも三部(その一部には領主の捺印がある)をジェイムズ・ティレルに残した。一六九九年六月に記された彼の書籍リストには、未製本の『憲法』一部がある。一七〇四年三月には、アンソニ・コリンズに『憲法』を見せることを約束していた。この他に二部所持しており、その一部は一七〇四年に亡くなるときにフランシス・カドワース・マシャムに遺したものだったかもしれない。[53]『憲法』に対する関心は、中断はあったものの、このように持続していた。他の証拠がないので、関心が持続していたからといって、『憲法』条文や植民地の将来構想に持続的に参画した証にはならない。それを示そうとすれば、『統治二論』を最初に執筆したと想定される時点やそれ以降、ロックがカロライナ植民地とその『憲法』に積極的に関与し続けた証拠が不可欠となろう。

ただ、ロックが一六七五年以降のフランス旅行中に、カロライナの将来に関心をもったという状況証拠はある。[54] この期間中に執筆した最も長い二手稿のうちの一編が、「ワイン、オリーヴ、果実と絹に関する考察」（一六八〇年二月一日）である。[55] この論考は注目を引かず、ロックの思想的経歴に関する旧来の考察ではほぼ黙殺されていた。[56] だが「考察」が、カロライナ植民地の必要性を念頭に置いた、シャフツベリのための「農業スパイ」という任務の一環と考えるならば、より明瞭な焦点を結ぶことになる。[57] ロックは、フランス旅行の間、とくにブドウ栽培、樹木栽培、養蚕に注意を払った。たとえばブドウ、オリーヴ、イチジクのあらゆる種類について、几帳面にノートを取り、ワインや絹、オリーヴ油生産のあらゆる側面について、情報提供者に長々と質問した。一六七七〜八年の備忘録によると、これらは利害抜きの問題ではなく、「カロライナで適切」、「良好」、「有益」になりそうなあらゆるものに関わっていた。[58] したがって「考察」は、果実を栽培し、ワイン、絹やオリーヴ油を製造するという、地中海地域の輸入代理業の視点に立つ、実践的なカロライナの経済的展望を描いた素描として読まれるべきものである。シャフツベリは、一六八〇年二月にロックの原稿を「たいへん喜んで」受け取り、「それをむさぼるように読んだ」。[59] したがって、一六八〇年四月に植民地に到着した一群のフランス・ユグノーの「多くはワイン、絹、オリーヴ油製造に熟練した、技量ある者たち」だったというのは、単なる偶然の一致ではない。[60] ロックは、フランスを旅行中、明らかにシャフツベリの指示に従って行動し、「考察」を主人に提出するなど、植民地産品の展望について発言を続けたのである。

一六八〇年の「考察」は、ロックが一六七九年以降もカロライナの将来について実践的に考え、シャフツベリ伯の正式な従者ではなくとも、部下としての地位で考えていたことの証拠となる。この一六七九年は、『統治二論第二』の執筆時期として想定されるうちでも、最も早い年である。ごく控え目に言っても、「考察」から、農業改良はロックとシャフツベリの持続的な共通関心であるのみならず、『統治二論』を説明する文脈を成すということがわかる。(61) しかし『統治二論』を執筆する際、なぜアメリカを念頭に置いていたのかという疑問を説明するには、この原稿だけでは不十分である。所詮ワイン、絹や油は、「所有権について」でそれとなく語られる製品の中では、目立つものではないからだ。そうした製品の多くは国産ではなく植民地産であり、ロックが比較したものは、「タバコや砂糖が栽培された土地一エーカー、小麦や大麦がまかれた土地一エーカー、その同じ一エーカーの土地が共有のままとなっている状態」だった(II. 40)。同様に、「野蛮なインディアン」にとっての鹿肉の重要性は、鹿はその地の有益な狩猟対象の主たるものであることを意味した。ロックが第五章「所有権について」を書いた頃、カロライナはロックにとって特別な地であった。カロライナで取引される鹿皮は、北アメリカにおけるイングランド-インディアン間の通商の主産品だったのである。

シャフツベリやカロライナ植民地へのロックの関与に関わる旧来的な伝記的説明では、カロライナを念頭に置いて『統治二論』を執筆したという根拠は何も見出せない。リチャード・アシュクラフトは、ロックとシャフツベリのつながりを説明できるのはカロライナではなく、ライハウス陰謀であると主張した。アシュクラフトは特に一六八二年夏のシャフツベリの蜂起計画にロックが関与したと主張するが、それはどうしても憶測的、推測的なものにとどまる。(62) 反逆や暗殺の陰謀ではなく、カロライナや『憲法』でロックとシャフツベリが結びつく同時期のより信頼できる証拠がある。ロンドン塔から一六八一年に釈放された後に、シャフツベリが公的に表明した主たる関心はカロライナの将来であり、具体的には『憲法』の見直しだった。それは特に移住者となる可能性の高いフランス・ユグノーとスコットランド非国教徒を引きつけるためだった[63]。アシュクラフトが考えるには、一六八二年にシャフツベリと手を結んだこれらのスコットランド・ホイッグは、スコットランドにおけるシャフツベリの蜂起計画を隠蔽するために、「カロライナ植民地の利益について……相談する見せかけ」をしたのだった。実際、彼らは移住を真剣に計画し、その他の政治的妥協とともに、『憲法』の改正を要求した[64]。ロックが著作(『憲法』自体を除く)でカロライナの地名に言及したのはただの一か所であるが、ともあれなぜ次のように民族的に厳密な記述をしたのかは、こうした妥協の成功を考えれば理解しやすい。「カロライナへの入植においては、イングランド人、フランス人、スコットランド人、ウェールズ人がそれぞれまとまって入植し、彼らは言語、家族、民族ごとにカロライナの土地を確保して分割する」(I. 144)[65]。

一六八二年一月に領主たちは、一六七〇年以降初めて『憲法』を改正し、印刷版を公刊した[66]。一六八二年三月になると、彼らは植民地のために新たな文書宣伝活動を精力的に開始し、シャフツベリ自身が——高齢と病にもかかわらず——移住者の質問に答えるべく、ロンドンのカロライナ・コーヒー・ハウスに出てきたと伝えられている[67]。宣伝活動は非常に活発であり、この年の後半には、ジョン・ドライデンによる反ホイッグ風刺のテーマとなったほどだった。

徒党が衰微し、ごろつき行為が流行らなくなると、
彼らは三文文書で民に知らせてやろうとする。
人はあれこれの植民地でどんなにはびこっているかを。
いかにペンシルヴァニアの空気はクエイカーどもに、

そしてカロライナの空気はお仲間にぴったりなのかを。
どちらも狂人や叛逆者にはもったいないもいいとこだ。[68]

一六八二年五月初めに、領主たちは「人民のより大なる自由、安全と平穏のために」『憲法』を改正し、以下の新しい措置を提案した。パラティン伯と大評議会員を指名すること、大評議会と大陪審の両方に対してカロライナ議会への動議提出を許可すること、(スコットランド人への妥協として) 領主への地代支払い義務を新規入植者に免除することである。[69] さらに一六八二年五月末から八月中旬にかけて、『憲法』を見直し、前回よりいっそう徹底した改正となった。[70]

ジョン・ロックは、カロライナのためのこの一連の『憲法』改正騒動の間、どこにいたのだろうか。一六八二年五月三十日にはオックスフォードを去ってロンドンへ向かい、八月八日までロンドンに留まった。その数週間はシャフツベリのロンドンの住居であるサネット・ハウスで過ごしている。[71] したがって、最初の『憲法』改正には出席できなかった。ロンドンに到着する三週前のことだったからである。だが二回目の改正協議には出席していただろう。『憲法』新版の日付けは一六八二年八月十七日、つまりロックがロンドンを去った九日後なのである。他の証拠がないので、『憲法』改正へのロックの関与は、シャフツベリが蜂起計画に関与した証拠なるものと同様に、状況的かつ推測的なものにとどまる。一六八二年夏以降、ロックの書簡はほとんど残っていない (シャフツベリが企て結局壊滅した蜂起にロックが共謀した証拠が含まれていたかもしれない、という疑惑をあおる)。ほとんど何も残っていないということは、カロライナに対する無関心を示唆するし、またそうした関心をうかがえるものは同時期の備忘録には何一つ見出されない。

その直前の秋一六八一年九月に、フランスの友人ニコラ・トワナールはロックに注意を促した。『憲法』において「静穏こそ、下じもの人びとが国のあの種のこと〔統治〕で求めるものですが、その静穏を妨害し、それにまったく反する多くのことがらがあります」。そして「カロライナの法律改正を真剣に考える」ようにとロックを促した。[72] トワナールはロックが領主たちに依然として影響力を持つと信じていたようであるが、これは、ヨーロッパからカロライナへ逃亡するという架空の計画について、トワナールとロックが冗談で交わした最後の手紙にすぎなかった。『憲法』の改正はロックが自身の発議で行えるはずのない仕事だった。だが、ロックが一六八二年の夏中シャフツベリの家に居たならば、カロライナの法律のそうした改正に関与する機会はあったことになる。

現存する一六八二年一月の『憲法』第三版は、一六八二年八月の第四版を準備するために使われ、カロライナの統治機構の規定を練り上げる過程で、一六七一年以降初めてロックの関与を明らかにする。[73] 修正は『憲法』第三版の欄外を埋め尽くし、削除箇所は全ページにわたり、印刷本にはさまれた原稿紙片を見ると、議論がどんどん拡大して根本的な修正にも及んでいたことがわかる。三人が注釈や変更を加えており、シャフツベリはその中にはいない。闘病中のためと思われ、彼は約半年後の一六八三年一月に亡くなった。一六八二年七月に、彼はイングランドとカロライナの土地を管財人に渡した。おそらくは没収を免れるためだったろうが、多分に死を覚悟したからでもあったろう。[74] 加えられた修正の大半は、シャフツベリではなく、一人は不明の書き手によりなされ、正式な書体をもつ。その書き手は領主の誰でもなければ、シャフツベリ家の主だった人物でもなく、ロックの文通相手として知られている人物でもない。他の二人の書き手については、つきとめるのはもっと簡単である。一人は領主ピーター・コレトン卿であり、かつては議会のホイッグ党であり、排斥論者であり、バルベイドスで最大の奴隷農園の不在地主だった。彼は一六六七年に領主となって以来、カロライナとシャフツベリに関与し続け、一六六九年に初めて『憲法』が策定された時にはその現場にいた。彼は一六六九年から一六七二年まで領主の会合に出席した際に、ロックと親密になった。コレトンとロックは、シャフツベリが一六七四年にチャールズ二世の愛顧を失うまで、定期的に親しく文通を続け、一六七三年に「その策定にかくも大いに関与された、あの卓越した統治形態」と賞讃したのはコレトンだった(75)。そうなると、一六八二年夏に『憲法』に手を加えた第三の書き手がジョン・ロックだったとしても、何ら驚くべきことではない(76)。

ロックとコレトンと、もう一人は、一六八二年一月『憲法』のあらゆる規定を精査したと思われる。その結果、現存する条文の四分の一以上にわたって修正や書きかえを行った。ロックはその際、修正計画を反映して、条文番号をすべて付け直した。修正に対するロックとコレトンの関与の程度は、その量においてはほぼ同等だが、内容においてはそうではない。コレトンは変更の多くに疑問を呈したが、ロックは断固とした態度をとった。たとえばコレトンは、カロライナの領主代理を不品行ゆえに解雇すると領主をイングランドに帰国させねばならず、その際「統治を君主に委ねる」ことを渋るのではないか、と憂慮した。その際、ロックはこう言ってその懸念をなだめた。「領主代理は解雇すべきではないと私も思う」。ロックは、パラティン伯の代理となるべき方伯やカシークを、パラティン伯が選ぶことを支持した。さらに、大評議会での秘密投票、何人かに対して不利な判決や裁定が下される際の議会定足数(六十名)、「箱」を設置し、そこから十歳の子供がクジを引いて陪審員を決めるなど提案した。また

「さまざまな事情」に応じて、「神聖にして不変」なる『憲法』であっても修正可能だとした。(77)

ロックは『憲法』改正をめぐる議論においては、明らかに領主と対等に関与した。法的および議会手続を考慮する際（排斥危機時の重大問題となる議会延期や休会を含め）、彼が言及した詳細な内容を見ると、単なる雇われ執筆者ではなく、当事者として関与したことがわかる。結局のところ、ロックは一六七一年四月以降、十年以上もの間カロライナの方伯だった。また、その努力が真摯に受け取られたことは明白である。というのも彼の努力は一六八二年八月の『憲法』第四版に道を開き、それは一六九八年の最後の改正に至るまで効力を持った。また彼が一六八二年の修正を含む『憲法』第三版の原本を所持していたとしても意外ではない。西部地方に住む友人は一六八六年にロックに手紙を書き、*3「あなたが欄外注を書き込んだ、そしてあなたが書いた何ページかの紙葉が挿入されたカロライナの法についての本」を貸せとたのみ、ロックは返してもらうのに半年かかった。(78) もう一度言おう。彼の憲法への関与は明白であり、何も不審はない。ロックは一六六九年と一六八二年の両方の『憲法』に責任を負う唯一の人間（ピーター・コレトン卿を別として）だったと思われる。

一六八二年の『カロライナ憲法』の修正にロックが関与したとわかれば、そのことは『統治二論第二』特に第五章におけるアメリカの事例の登場と重要性を説明してくれる。第五章の「植民地」的な文脈の考察を歴史的に補完するために、フランスの毛皮貿易やペンシルヴァニアの統治機構の助けを借りる必要はもはやない。そんなものよりも、一六八二年夏にロックは、それまで非常に密接かつ継続的に関与した植民地、カロライナに強い関心を寄せていた。この事実はロックの読書履歴と一致するだろう。

彼の読書履歴をたどれば、『統治二論第二』の大半は、早ければ一六八一年に執筆されたことになろう。その推測は、聖書引用時の無意識の癖によっても証明されるだろうし、さらに、一六八二年夏においても『統治二論第二』の執筆を継続し、特に「所有権について」は最後の執筆部分の一つだった、という想定を裏づける。

第五章が『統治二論第二』の他章とは別個に執筆された証拠は、ロックの書簡にも見つかる。それは彼が一六八三年秋にオランダへ去る時にイングランドに残した原稿に関わっている。三年後、サマセットに暮らす親類エドワード・クラーク宛ての暗号化された手紙で、ロックは「赤い大型かばん」にしまっておいた三本の原稿に言及した。ロックはこう伝えた。「2と番号が打たれたいちばん小さな包みを調べれば、木の実、どんぐり、きらきら光る石、竜涎香、そして自然自体が人間のために提供する自然物のいろいろを見つける」だろう。「もう一つの大きい方の包みでは（私の記憶では1という数字がある）」「天地創造時に大きく三分類されたもの、つまり海の魚、空の鳥、獣や地を這うものどもといった、動物界に関する事物」を見つけるだろう。三番目の「長い束から成る最大の包みは、人の力で霊的なものにまで高められ洗練された人工物のすべてに関する」。ロックはクラークに、これらの包みの「一部はつまらないが、いじり回すとあまり安全ではないものがある」と注意し、さらに「今保存されているようなひどい状態でまとめて」おいてはならず、以前細かく指示したように整理するよう促した。(79)

三本の原稿は、一六八三年末以前に完成していた著作なのかもしれないが、確信はない。通説によると、最大の「束」は、〔エドワード・〕スティリングフリートに対する「批判的ノート」（一六八一年）の原稿ということである。(80)「1という数字」が付けられ、「天地創造時に分類された動物界」を扱った二番目に大きな包みは『統治二論第一』を指すように思われる。それは、野蛮な被造物に対するアダムの原初の支配という、聖書に依拠したフィルマーの議論を否定するものである（I. 16, 創世記一章二六節引用）。最小の包みにあるという「木の実、どんぐり、きらきら光る石、竜涎香、そして自然自体が人間のために提供するような自然物のいろいろ」はすべて『統治二論第二』第五章にだけ一緒に登場する。木の実(II. 46)、どんぐり(II. 28, 31, 42, 46)、「きらきら光る石」(II. 46)、竜涎香(II. 30)、「人間の利用のために……自然の自生的な手によって生み出された……果実や……獣」(II. 26)である。[81] また、この包みにはさらに、財産とその取得を扱う、比較的短くて章見出しのない原稿も入っていたかもしれない。それは、われわれが現在第五章「所有権について」として知っているものと、実質的に同じである。

この事実は、第五章は『統治二論第二』の他の原稿とは別個に執筆され、最後の段階で全体をまとめる際に『統治二論第二』へ挿入された、という考えを補強するかもしれない。[82] 第五章の主題は直前の第四章（「隷属状態について」）や直後の第六章（「父親の権力について」）とは顕著に異なる。前後の二章は両方とも、主人とか両親といった異なる権力・権威の型や、自由・平等に関するそれぞれのあり様に関心を寄せる。続けて読めば、前後二章は非政治的な権威の型について、とぎれのない議論を構成する。それとは対照的に、第五章では権力や権威、自由や平等という言葉が見当らないことは印象的である。代わりにカギとなる言葉は「労働」、「勤勉」、「財産」である。言葉のこの非連続性は、「所有権について」が別個に執筆され、出来上がっていた原稿の間に挿入したことを示唆する。[83] このテキストの明らかな非連続性は、さらに、財産の取得に関するロック理論の重大な変容にも対応している。一六七七〜八年にはロックは、原初の共同体が排他的な私有財産制へと変容する過程について、概してグロティウス的な説明を提供していた。ロックによれば、この過程は契約を介し、資源を求める無政府的な競争状態を防止するために考案された。

人間はしたがって、万物を共有して享受するか、または協定によって彼らの権利を決定するかのどちらかを余儀なくされる。もし万物が共有のままだと、欲求、強奪や暴力のせいで、幸福を得られない状態に陥ることは明白である。幸福は豊かさや安全なしには成立たない。この状態を避けるためには、協定によって人びとの権利を決めなければならない(84)。

所有権の起源に関するこの契約的な説明が妥当するのは、相互協定を対等に締結できる当事者間で交わされる協約のみである。

『統治二論第二』を「植民地的」な文脈で読めば、第五章におけるロックの議論がアメリカとイングランドの両方の状況を対象としていることは確かである。先住アメリカ人とイングランド系アメリカ人の十七世紀的な関係を考えれば、入植者は、先住民がヨーロッパ人と対等な能力を有し、協定によって権利を確定できるとは、必ずしも認めなかった。たとえば『憲法』(一一二条)は、カロライナ入植者が先住民から「購入または贈与」によって、土地を保持またはその権利を主張することを、明白に禁じた。これは、契約はイングランド系アメリカ人と先住アメリカ人との間ではなく、イングランド系アメリカ人の中でのみ成立する、という考えの明白な証拠である(85)。

したがって、『統治二論第二』でロックが契約による所有権を説明したのは、国内的な目的のためか、あるいはイングランド国王の臣民間の関係を統御するためか、そのどちらかだったことを示す。だが、どちらかであるかという議論は『統治二論第二』にはなく、そのかわりにロックはこう論じた。「人間に対して、神は世界を共有物として与えた。しかし……神の意図が、世界をいつまでも共有物で未開拓のままにしておこうということにあったとは到底考えられない」（II. 34）。

持ち主のいない大地の「大きな版図」を耕作せよ、という神の命令に基づく議論は、ヨーロッパ人によるアメリカの土地領有（dominium）を支持する、農業中心の議論の古典的な理論表明となった。その議論は確かに、領主がイングランド国王による特許状の条件にしたがってカロライナの土地を主張する権利を裏付ける。一六二九年の最初の特許状はカロライナを「従来耕作されてこなかった……が、ある野蛮な人間がその一部に居住する」地域と呼んだ。この記述は領主に対する一六六三年のチャールズ二世の特許状にもあり、領主に以下の責務を負わせた。「全能の神について何も知らない野蛮人が住むにすぎないアメリカにおける未だ耕作されず、また植民されていない……一定の地域に移住して、われわれ臣民の豊かな植民地を作ること」[86]。農業の視点に立つ議論は、征服や宗教の観点に立つ議論が次第に廃れていった後で、先住民から所有を剝奪するのを正当化するのに最適だった[87]。イングランド人がスペイン人から学んだように、征服という観点からの議論は、先住民に対する支配を正当化するだけで、アメリカの土地に対する領有を正当化できなかった。また、先住アメリカ人の不信心〔という宗教的観点〕だけが、領有に対する正当化を提供したのではない。すでに見たように、一六六九年に『憲法』の作成者たちはこう定めていた。「偶像崇拝、無知、誤謬があるからといって、彼らを排除し虐待する権利は、われわれにはない」。この条項はその後のあらゆる『憲法』改正版にも残された。ロック自身が後の

『寛容についての書簡』（一六八五年）において、この考え方を正しいと支持した。「何人も……この地上の楽しみを、何であれ、宗教を理由に剝奪されるべきではない。キリスト教徒君主に従うアメリカ人さえ、われわれの信仰や礼拝を支持しないからという理由で、身体か財産上の罰を科せられるべきではない」[88]。他に残る唯一の議論は次の主張である（それが近代的な形で最初に提示されたのは、トマス・モアの『ユートピア』である）。領有権は、地を従えよという神の命令を遂行する（創世記一章二八節、九章一節）人びとのものでは決してなく、土地耕作に十全に力を発揮することが可能なそうした最良の人びとのものである。こうなると、ロック特有の議論は明らかに植民地的な起源をもつが、排他的に植民地だけに適用されるものではなかった[89]。

同じことが「西インド諸島」への言及についても言えるだろう。「西インド諸島」とは『統治二論』ではイングランドが領有するカリブ海域、あるいはより大ざっぱには西半球のイングランド植民地を意味する。西インド諸島への言及は、『統治二論第二』第五章でのアメリカへの言及と同様に示唆的ではあるが、その言及に至るまでの時間的経過を正確にたどれない。アメリカと西インド諸島両方への言及は『統治二論第一』の同じ章に登場し、それぞれが「西インド諸島の人間〔農園主〕」が息子、友人、兵士、「あるいは金で買った奴隷」を率いて戦争をすることの正当性に触れる[90]。この奴隷は「インディアンであり、彼らから受けた何らかの損害に対する補償」である（I. 131, 130）。ロックはフィルマーに反論した。農園主は、報復を求める際に、アダムから継承した絶対君主的な領有権を必要としないだろう。彼の権威は、息子の父親、仲間の友人、奴隷主としての役割に由来する。こうして農園主は『統治二論第二』における「家長」のようなものとなり、大家族を支配して「妻、子供、召使、奴隷」をまとめるが、主人は奴隷に対してのみ生殺与奪権を有し、その権限は他の構成員には及ばないという重要な但し書きがある（II. 86)。

家長の「生殺与奪の立法権」は「カロライナの自由人の誰もが、自分の黒人奴隷に対して、その奴隷の見解や宗教を問わず持つ」（一一〇条）のと同じ権力と権威だった。この条項は『憲法』の最初期らしき草稿には存在しないが、後に登場した際、語法はロック的だった。そこでは奴隷主が所有する「奴隷やその子孫の生命、自由、身柄に対する絶対的恣意的権力」が主張されたのである(91)。その条項は一六八二年の改正においても手つかずだった。この改正でロックは、他の条項と共にその番号を付け直さえした。したがって、彼がこの残忍な条項に暗黙に関与したこと、あるいは、主人‐奴隷関係が『統治二論』の作成・改定の前およびその最中にも、彼の政治的想念に影響力を持ったことはまちがいない(92)。これは、さほど驚くべきことではないだろう。ロックが一六八二年の『憲法』改正において、バルベイドスの植民者ピーター・コレトン卿と共同作業したことは、明らかだからである。

一七七六年になってようやく、保守的見地からロックに批判的なジョサイア・タッカーは、『憲法』が奴隷主に生殺与奪権を与えていることと、他方、『統治二論第二』が正当な戦争の際の奴隷を「彼らの主人の絶対的領有と恣意的権力に従う」ものとしたことには、一貫性があると指摘した。タッカーが注目したのは、ロックが『憲法』において、「「カロライナのどの自由人も彼の黒人奴隷に対して絶対的権力と権威をもつ」ことを……不変の原理として規定した」事実である。これが、『統治二論』の書き出し、「隷従はかくもいやしむべきかつ悲惨な人間の状態であり……イングランド人が、いわんやジェントルマンがそれを求めるとは、ほとんど考えられない」と、どうやって矛盾なく一致しえたのか。

「人道的ロック氏！　人類の自然権と自由の偉大にして栄光ある主張者」とはそんなものだ。タッカーが考えるに、この点でロックは他の「共和主義者」と、あるいはわれわれがリベラルと呼ぶ人びととよく似ていた。彼らは、自分たちの上に立つあらゆる階層の人びとを引きずりおろし、他方「そのめぐり合わせや運によって自分たちの下に置かれた人びとを専制的に支配する」ことを好んだ。[93]これは、「信条」としての自由主義はそのまさに本性において排他的である、という議論の先駆けと考えられるかもしれない。それから五十年後、一八二九年六月の奴隷制廃止に関するブリテンでの議論において、ジェレミー・ベンサムは、ロックが自由と幸福の両方の基礎を私有財産に置いた点を攻撃した。「財産は統治が配慮する唯一の対象である。それを有する者のみが代表されるに値する。西インド諸島は自由の闘士のこうした原則が最も栄えているところだ」。ベンサムの見解は『カロライナ憲法』に根拠をもつ。「当時から今日に至るまで、『憲法』の成果については、失敗だったとしか語られず、それ以外はなかった」。[94]こうなると、ロック的自由主義とイングランド植民地主義との一貫性は、リベラルによる自己点検によって最初に暴露されたことではなく、またポスト・コロニアル批判者の努力によって初めて明らかにされたことでもなくなる。ロックに対するタッカーやベンサムの攻撃には悪意があったかもしれないが、理論的には鋭かった。タッカーらは知る由もなかったが、一六八二年夏のロックの政治活動を考慮すれば、その攻撃は歴史的にも的を射ていたのである。

原注

（1）「自由主義」も「植民地主義」も、どちらも十九世紀以前に適用する（そういうことがあるとして）には、むろん、時代錯誤的かつ不正確な用語である。しかし、これらの用語は概念的に便利な一時しのぎとなり、かつ学術用語としてなじみ深いという長所を持つ。

（2） 特に以下を見よ。Parekh (1994b); Parekh (1994a); Parekh (1995); Tully (1995); Leung (1998); Mehta (1999); Ivison (2002); Pagden (2003); Muthu (2003); Pitts (2005a); Sylvest (2008); Mantena (2010); Fitzmaurice (2012).

（3） Tuck (1994), p. 163; 以下と比較されたい。Tuck (1999), pp. 14–15, 232–4.

（4） Bod. MS Locke c. 30; TNA PRO 30/24/47, 30/24/48; *Shaftesbury Papers* (2000); L. Brown (1933), chs. 9–10; Haley (1968), ch. 12; Leng (2011).

（5） HRO, Malmesbury Papers 7M54/232; BL Add. MS 15640, ff. 3r–8v, 9r–15r; Haley (1968), pp. 232–3.

（6） TNA C 66/3136/45, CO 268/1/11 (27 September 1672).

（7） LC, Phillipps MS 8539, pt. I; Bieber (1925).

（8） TNA CO 391/9, 391/10, 391/11, 391/12, 391/13; Cranston (1957), ch. 25; Kammen (1966); Laslett (1969); Ashcraft (1969); Turner (2011).

（9） Locke to James Blair, 16 October 1699, in Locke (1976–), VI, p. 706.

（10） 植民地問題に関連するロックの実践的な文書については、その大半が公刊予定である。Armitage (in press).

（11） Murison (2007), pp. 33–4.

（12） Mehta (1999), p. 4.

（13） 特に以下を見よ。Lebovics (1986); Castilla Urbano (1986); Tully (1993); Arneil (1996); Pagden (1998), pp. 42–7; Michael (1998); Ivison (2003); Farr (2009); Turner (2011).

（14） Locke (1988). この版への参照はすべて、『統治二論』の第一・第二論の別と節番号の表示で行う。

（15） Buckle (2001), p. 274.

（16） Ivison (2003), p. 87.

（17） Tully (1993), pp. 165, 166.

（18） Tuck (1999), pp. 177–8.

（19） Bod. MS Locke f. 9, ff. 33–7, 38–41, Locke's journal 1686–8, between entries for 8 and 22 November 1686; Ashcraft (1986), pp. 518–20.

（20） Locke (1988), pp. 65, 123–6.

（21） Locke (1989), pp. 49–89; J. Marshall (1994), pp. 222–4 n. 25, 234–58; J. R. Milton (1995); J. Marshall (2006), pp. 50–4.

（22） Milton (1995), p. 389.

（23） Tuck (1999), p. 168. この一六八一年という執筆開始時期はロバート・ノックスの「最近のセイロン事情」からのロックの引用（II. 92）にも合致する。ロックはそれを一六八一年八月二十九日に購入した。Locke (1988), pp. 55, 327 n. 12; Knox (1680).

（24） J. R. Milton (1995), pp. 372–4.

（25） Mishra (2002).

（26） 近年の業績として Kidder (1965); McGuinness (1989); Hallmark (1998); Hsueh (2010), pp. 55–82〔以下、カロライナ憲法の訳は、「カロライナ憲法草案」マーク・ゴルディ編『ロック政治論集』所収によった〕.

（27） 'Jetez les yeux sur l'autre hémisphére, voyez le Caroline, dont le sage Locke fut le législateur': Voltaire (2000), p. 152.

（28） Locke (1720), sigs. A3r–A4v; Lee (1764), p. 28; Butel-Dumont (1755), p. 279; Hewatt (1779), i, p. 44 (quoted).

（29） Defoe (1705), p. 8; Tucker (1783), p. 92 (quoted); John Adams, *Defence of the Constitutions of Government of the United States of America* (1788), in Adams (1850–6), IV, pp. 463–4; Boucher (1797), p. 41.

（30） Haley (1968), pp. 242–8; J. R. Milton (1990); P. Milton (2007b), pp. 260–5.

（31） Roper (2004), pp. 99–101; Moore (1991).

（32） *Fundamental Constitutions* ([1672?]), Houghton Library, Harvard University, call-number *f EC65 L7934 670f は類のない大判である。*Carolina Described* (1684), pp. 12–16, 33–56 は一六八二年一月十二日の *Fundamental Constitutions* の要約と再版である。

（33） Locke (1720), pp. 1–53; Locke (1823), X, pp. 175–99; Locke (1989), pp. 210–32; Locke (1997), pp. 160–81.

（34） Rousseau (2005); Putterman (2010), pp. 122–45.

（35） TNA PRO 30/24/47/3.

（36） P. Long (1959), p. ix; たとえば以下。'Of seeing all thing [sic] in God' (1693); 'Des Cartes's proof of a god from the Idea of necessary existence examined' (1696); 'Some of the Cheif Greivances of the present Constitution of Virginia with an Essay towards the Remedies thereof' (1697); 'Queries to be put to Colonel Henry Hartwell or any other discreet person that knows the Constitution of Virginia' (1697), Bod. MSS Locke d. 3, f. 1; c. 28, f. 119; e. 9, ff. 1, 39.

（37） *Fundamental Constitutions* ([1672?]); Bod. Ashmole F4 (42): 'made by Anth: Earle of Shaftesbury'.

（38） Bod. MS Locke b. 5/9 (another copy in SCDA, Recital of Grants, AD120, pt. II (15 November 1682), f. 18). 同時代の他の方伯特権と

比較されたい。James Colleton (16 March 1671), John Yeamans (5 April 1671) and Sir Edmund Andros (3 April 1672) は、こうした言葉使いはロックの承認としては類がないことを明らかにする。

(39) 以下の方伯特権の一覧と比較されたい。TNA CO 5/286, f. 42v.

(40) John Locke to Thomas Herbert, Earl of Pembroke, 28 November 1684, in Locke (1976–), II, p. 664.

(41) Sir Peter Colleton to Locke, October 1673; Nicholas Toinard to Locke, 2 July 1679; Henri Justel to Locke, 17 September 1679, in Locke (1976–), I, p. 395, II, pp. 47, 105.

(42) Locke (1720), p. 42.

(43) TNA, PRO 30/24/47/3, f. 1, printed in Locke (1997), p. 162.

(44) [J. T. Rutt,] 'Defence of Locke Against Lord Eldon' (9 February 1807), in Goldie (1999), iv, p. 391.

(45) TNA, PRO 30/24/47/3, ff. 58r, 59r–60r, 58r–59r, 65r, 66r, ptd. in Locke (1997), pp. 177, 178, 179–80.

(46) Tucker (1781), p. 168.

(47) Wootton (1992), p. 79 (quoted), pp. 82–7.

(48) Tucker (1776), p. 104; 以下と比較されたい。[Rutt,] 'Defence of Locke Against Lord Eldon', in Goldie (1999), IV, p. 393. ロックは一六六九年には三十七歳であり、当時としては中年だった。

(49) TNA, CO 5/286, f. 41r, printed in Rivers (1856), p. 353; Hinshelwood (in press).

(50) TNA, CO 5/286, f. 125v, 29 July 1674:「メモ：ロック氏に憲法の写しを送る」; Thomas Stringer to Locke, 7 September 1677; Stringer to Locke, 5 October 1677, in Locke (1976–), I, pp. 516, 518.

(51) John Locke, 'Atlantis' (1676–9), in Locke (1997), pp. 253–9; de Marchi (1955); Bellatalla (1983).

(52) Locke (1976–), I, p. 590, II, pp. 19, 27, 32 (quoted), 34, 40, 47, 68, 95, 105, 132, 141, 147, 441, 444; Bod. MS Locke f. 28, f. 19.

(53) Bod. MS Locke f. 5, f. 93; MS Locke c. 25, f. 31r; MS Locke f. 10, f. 98; MS Locke b. 2, f. 124; MS Locke f. 17, f. 46r; MS Locke b. 2, f. 172v; Locke to Anthony Collins, 6, 9, 13 March 1704, in Locke (1976–), VIII, pp. 232, 234, 238; Bod. MS Locke c. 35, f. 49v.

(54) ロックのフランス旅行については、特に以下を見よ。Locke (1953); Locke (2005).

(55) TNA, PRO 30/24/47/35; Locke (1766); Locke (1823), X, pp. 323–56. フランス旅行直後のロックの他の主要な（かつ未公刊の）著作は Bod. MS Locke c. 34, Stanton (2003), II〔この手稿の復元と日本語訳については、山田園子『ジョン・ロックの教会論』溪水社、二〇一三年参照〕.

(56) 唯一の例外として、ティム・アンウィンによる以下の一連の研究がある。Unwin (1998); Unwin (2000); Unwin (2001).

(57) 以下と比較されたい。Unwin (1998), pp. 143–5, 150, そして Unwin (2001), pp. 83–4 の解説。

(58) Bod. MS Locke f. 15, ff. 26, 42, 91; Woolhouse (2007), pp. 122–3.

(59) John Hoskins to Locke, 5 February 1680, in Locke (1976–), II, p. 154; Gray and Thompson (1941), I, pp. 52–4, 184–5, 188–90.

(60) Childs (1942); Committee of Trade and Plantations, 20 May 1679, printed in Rivers (1856), p. 392; Haley (1968), p. 533.

(61) Wood (1984), pp. 21–71.

(62) Ashcraft (1986), pp. 354–5, 372; P. Milton (2000), pp. 647–68; P. Milton (2007a).

(63) Haley (1968), pp. 705–7; Sirmans (1966), pp. 35–43.

(64) Ashcraft (1986), p. 354; *Letters Illustrative of Public Affairs* (1851), pp. 58–60; Karsten (1975–6); Fryer (1998); Roper (2004), pp. 72–82.

(65) この文章は一六八四年のスコットランド人の入植後に書かれたに違いない。ただし、十八世紀初頭以前のカロライナには、大規模なウェールズ人共同体はなかった。Sirmans (1966), p. 168.

(66) *Fundamental Constitutions* ([1682]).

(67) *The True Protestant Mercury*, 15–18 March 1682, 18–22 March 1682; R. F. (1682); *True Description* ([1682]); Wilson (1682).

(68) Dryden, 'Prologue to the King and Queen' (1682), in *Poems on Affairs of State* (1968), pp. 372–3. ドライデンはこのプロローグを一六八二年五月十四日から一六八二年十一月十六日の間に書いた。headnote, ibid., p. 372 参照。

(69) TNA, CO 5/286, ff. 91v–92v (10 May 1682), printed in Rivers (1856), pp. 395–6. この改正を反映した憲法本は現存しないと思われる。

(70) TNA, PRO 30/24/48, ff. 335–51 は『憲法』第三版（一六八二年一月十二日）から『憲法』第四版（一六八二年八月十七日）への変更について詳細な一覧を提供する。TNA, CO 5/287, ff. 24–32.

(71) Bod. MS Locke f. 6, ff. 63, 83.

(72) Nicholas Toinard to Locke, 24 September 1681 ('nous [i.e., Toinard and Henri Justel] avons trouvé bien des choses embarassantes, et tres contraires à la tranquillité que des subalternes cherchent dans ces sortes de païs'), Toinard to Locke, 24 September 1681 ('Songez serieusement à la reformation des loix de la K.'), in Locke (1976–), II, pp. 441, 444.

(73) *Fundamental Constitutions* (1682), New York Public Library, call-number *KC + 1682.

(74) Haley (1968), p. 725.

(75) Buchanan (1989), chs. 1–6; Henning (1983), II, p. 106, *s.v.*, 'Colleton, Sir Peter'.
(76) The NYPL card-catalogue; Powell (1964), p. 94; and Lesser (1995), p. 28. これらはみなロックの書き込みに注目するが，詳細な調査はしていない。
(77) *Fundamental Constitutions* (1682), pp. 11, 22, ff. 1v, 2v, 3r, 3v; ロックが修正したのはこの版の以下の条文。14, 34, 39, 40, 52, 59, 67, 70, 73, 75, 116, 120.
(78) David Thomas to Locke, 25 November 1686, Thomas to Locke, 26 December 1686, note on letter from Edward Clarke, 25 April 1687, in Locke (1976–), III, pp. 74, 90, 166; Mary Clarke to Edward Clarke, 30 April 1687, SRO, Sanford (Clarke) Papers.
(79) Locke to Edward Clarke, 26 March 1685, in Locke (1976–), II, pp. 708–9.
(80) Locke (1976–), II, p. 709 n. 1.
(81) この部分に注目した研究者は，アシュクラフトのみと思われる。Ashcraft (1986), p. 463 n. 221.
(82) アシュクラフト自身の示唆として Ashcraft (1986), p. 463 n. 221; J. R. Milton (1995), p. 372.
(83) J・H・ヘクスターによるトマス・モアについての以下の古典的な説明と比較されたい。モアはユートピアの文章に「隙間を空けて」，「助言についての対話」を挿入した。Hexter (1952), pp. 18–21.
(84) Bod. MS Locke c. 28, f. 140, printed in Locke (1997), p. 268; Tuck (1979), pp. 168–9.
(85) TNA, PRO 30/24/47/3, f. 66r, printed in Locke (1997), p. 180. この規定は憲法のその後のあらゆる改正版においても不変のままである。
(86) Charter to Sir Robert Heath (30 October 1629) and Charter to the Lords Proprietors of Carolina (24 March 1663), in *North Carolina Charters and Constitutions* (1963), pp. 64, 76 (強調は引用者による).
(87) 初期イングランド植民地イデオロギーにおける征服の観点から行った議論については，以下を見よ。Macmillan (2011).
(88) John Locke, *A Letter Concerning Toleration* (1685), in Locke (2010), p. 39.
(89) Armitage (2000), pp. 49–50, 92–9.
(90) On *First Treatise*, § 130, see Drescher (1988); Farr (1989).
(91) SCDA, Recital of Grants, AD120, pt. II, ff. 41–6 (MS copy of the 'Fundamental Constitutions' [1669]) と 'Coppy Of the modell of Government prepared for the Province of Carolina &c', (unfoliated), NYPL, Ford Collection, article 73 とを比較されたい。
(92) ロックの奴隷に対する扱いについては，以下を見よ。Dunn (1969), pp. 108–10, 174–7; Farr (1986); Glausser (1990); Welchman

(1995); Uzgalis (1998); Waldron (2002), pp. 197–206; Farr (2008).

(93) Tucker (1776), pp. 103–4; Tucker (1781), p. 168.

(94) Jeremy Bentham, 'Article on Utilitarianism' (8 June 1829), UCL Bentham XIV. 432 (marginal note), XIV. 433.

訳注

＊1 岩波文庫版等の訳書、そしてアーミテイジ自身が依拠するLocke (1998)〔ラスレット版〕も「第一章　序論」から始まる十九章構成とするが、アーミテイジは「序論」を章と数えず、「十八ある章」となる。

＊2 一六七八～八三年の「復古体制危機」の一つで、王弟ヨーク公の王位継承をめぐる騒動である。ヨーク公がローマ・カトリック教を公然と表明していたため、彼を王位継承から排斥する法案が一六七九年五月に庶民院に提出される。他方、チャールズ二世はヨーク公の継承を願い、休会宣言や解散措置によって議会の法案審議を妨害し続けた。

＊3 「西部地方に住む友人」は、医師デイヴィッド・トマスである。彼はウィルトシャー出身で、一六六七年以降ソールズベリーに住み、一六九四年に亡くなるまで、ロックと友人関係を保った。

第7章　帝国の理論家ジョン・ロック？

二十五年前ですら、ジョン・ロックが帝国の理論家かどうか問うことは、常軌を逸していた。政治思想史では、ロックは簡潔に言って自由主義の始祖である。哲学史ではふつう経験主義の規範とされる。自由主義はながいこと帝国に反目するものとみなされてきたし、経験主義と帝国主義の深い結びつきはフランシス・ベーコンと十七世紀の王立協会の研究で見出された。しかしながら、前章が示すように、ここ三十年ほどの研究によって、自由主義と帝国との関係、特に北アメリカとそれ以外におよぶ入植者植民地主義とロックの関係が、根底から見直されている。(1) こういった研究成果は強い影響を与え、自由主義の創設者、中心的経験主義者といったロック像とともに、いまでは「ロックといえば、大土地所有、帝国の擁護者、アメリカインディアンの土地の占取の擁護者」といった人物像が浮上している。(2) ロックはついに帝国の理論家の正典に加えられた。しかし、ロックはどれほどこの地位に値するだろうか。

帝国の理論家たるべき基準は、一七五七年以降の二百年間（ヨーロッパが南アジアを軍事的に支配したときから、ヨーロッパ外に公式の脱植民地化の大波がはじめて押しよせた時期まで）の帝国主義の経験と実践によって、着実に形成されてきた。

ジェイムズ・タリーはこの時期の帝国の構想を簡潔に要約している。

> 帝国の構想はこの多義的な言葉がもつ三つの意味で「帝国的」である。これにより、あらゆる非ヨーロッパの文化は、唯一の普遍的な文化に向かうヨーロッパ文明の方向性から考えると、「劣等」ないし「低位」に位置づけられる。「正しい」という意味ではなく……自然と歴史の方向にあるという前提、および究極的で正当で国民的で世界的な秩序という前提のもとで、これはヨーロッパ帝国主義の正当化を助ける。また、帝国の構想は、ヨーロッパの帝国主義と連邦主義が進行する中で、非ヨーロッパ人の文化的自己理解として彼らに押しつけられている。(3)

タリーが直接取り上げた事例は、エドワード・サイードの『文化と帝国主義』（一九九三年）（サイード、大橋洋一訳『文化と帝国主義』みすず書房、一・二、一九九八～二〇〇一年）のレンズを通してみたイマニュエル・カントであるが、ロックと帝国の関係の説明もこれと同じ前提をかなり共有している。ロックは三つの意味で「帝国的な」思想家とみなされている。第一に、ヨーロッパ人を頂点とするヒエラルキー的な秩序に世界の人びとを位置づけたからである。第二に、ヨーロッパ帝国主義の正当化を歴史の進歩主義的な構想内で行ったからである。第三に、ヨーロッパ人の能力——特にヨーロッパ人の理性——は、非ヨーロッパ人を評価し彼らを導く普遍的な基準であると主張したからである。(4) こういった理由から、いまではジョン・ロックは、(ブリテン人に限っても)ベンサム、ミル父子、マコーリーと同じように、自由主義の「かなり普遍的……政治的倫理的認識論的な信条」の提唱者であり、帝国の理論家ともいえることは広く合意が得られるだろう。[5] しかしながら、ロックとカントの間やロックとミルとの間には哲学に隔たりがあるために、こういった合意を支持する前にいましばらく再考してみる必要がある。十七世紀から十九世紀までにみられる、帝国のきわめて異なる形態と構想を思えばなおさら再考すべきである。[6] 本章の議論は、人びとのヒエラルキー的な秩序、特にヨーロッパ人をその他の人びとの上においたり、特別視する秩序を信奉していたわけでも作り上げたわけでもないこと、理性を人びとに均等に配分されたものとみなしていたこと、文明化をはかる通常の尺度も偶然に左右され壊れやすいと考えていたこと、この三つから、「帝国的」というレッテルはロックにはそぐわないことになるだろう。

ジョン・ロック、植民地的な思想家

植民地行政を経験して、ロックは大西洋世界への視野を広げたし、関心を寄せもした。植民地情勢に最も関わっていた十七世紀末の数十年間には「大西洋とインド洋の間には厳格な法的区分を設ける根拠があった」。通商委員会の活動は、ほぼ全面的に大西洋世界に集中しており、インド洋の案件はたとえばグローバルな海賊行為など、大西洋地域と関わる場合のみ考慮された。[7] ロックの帝国の構想も大西洋に限定され、彼の経済に関する著作はその証拠である。そのうちインド洋に言及したのは一か所だけで、敵対者に「どうか、私たちが本国で消費する日常品と引き替えに、毎年東インドに投じられている……

大金を忘れないで」ほしいと嘆願した場面であった。[8] 東インド会社に言及したのは、『寛容についての第二の書簡』(一六九〇年)のただ一か所で、「その説明では教会と国家、共和国と軍隊、家族と東インド会社の間に違いはなくなる。これらすべては異なった目的のために設立された、異なった種類の社会といままで考えられてきた」と、「市民社会」には他の形態の人間の結びつきとは異なる目的があることを見逃していると対話者を叱責した場面であった。[9] 彼は通商委員会を辞めるまでは新東インド会社には投資しなかった。辞めた後、投資はしたが債権は一年も持っていなかったし、一七〇一年夏に売りに出して小さな損失を出した。[10]

ロックの帝国の構想は、同時代の多くのイングランドの政治経済学者と比べると視野が狭かった。たとえば、サー・ウィリアム・ペティはブリテンとアイルランドの三王国から大西洋世界、さらにそこからブリテン、アメリカ、アフリカ、アジアと、イングランドの利害がどこに行ってもみられる、グローバルな経済的政体という構想へと視野を徐々に拡大させていた。[11] チャールズ・ダヴェナントとヘンリー・マーティンによるイングランドの東インド貿易の分析も同様に包括的であり、二人ともアジア交易は、イングランド経済の繁栄にとって、ひいては大洋間かつグローバルな交易の構築にとって、死活となるとみていた。彼らの分析では、主として両アメリカ大陸で産出される金銀地金は、アジアでは、イングランドとアメリカ植民地向けにインドから輸出して大きな人気を博したキャリコのようなかなり手頃な日常品とも奢侈品とも交換が可能だった。特に、マーティンにしてみれば、インドの安価な織物の輸入はたしかにイングランドの国内産業を弱体化したかもしれないが、それは比較優位(保護主義は何ら解決策にはならない)の免れがたい副産物だった。「私たちが何らの技術もない単純労働を余儀なくされると、アメリカの野蛮なインディアン、アフリカのホッテントット、新オランダ〔オーストラリア大陸〕の住民と同様の暮らしとなろう」と彼は冷やかに書いている。マーティンの主張は、『統治二論第二』第四一節のイングランドとアメリカの生産能力の比較論にかなり依拠していたが、これによりロックの政治経済学にアジア貿易が見られないことが目立つ結果となった[12]。

ロックの帝国の構想の限界は、自然法学の近代的伝統を論じる他の十七世紀ヨーロッパの著述家たちと比較するとよりはっきりする。たとえば、フーゴー・グロティウスの自然法についての基本的文献は、もともとオランダ東インド会社の東南アジア海域での活動を擁護するために書かれた。特に『自由海洋論』（一六〇九年）はその最たるものであり、諸海洋を股にかける自由貿易の典拠であり、ロックも確実に知っていた作品だった[13]。十七世紀末、人間の社会的結合関係についてのサミュエル・プーフェンドルフの構想は、実利と交易の相互支援システムを通じて、世界の人びとを結びつける商業社会という、きわめてグローバルなものとなった[14]。この「ネオ＝アリストテレス的」な通商上の社会的結合関係の構想は、とりわけフランスの神学者で随筆家のピエール・ニコルの著作に登場する、十七世紀末のフランスのジャンセニズム（アウグスティヌス主義）に酷似していた。ニコルは「平和論」（一六七一年）で、北ヨーロッパの東アジア貿易の事例を用いて、次のように述べている。

さて世界は私たちの都市である。その住民として、私たちはあらゆる種類の人間と交流を持ち、彼らからは利益も不利益もうける。オランダ人は日本と貿易し、私たち〔フランス人〕はオランダとする。かくして世界の最果てにいる人びとと交易をなす。人びとはあちこちで私たちと結びついている。そして、すべての人びとは、相互に必要とする物品によってあらゆる種の人間を結びつける鎖となる。[15]

ニコルのグローバルな通商の構想は、ここではかなく去りゆくものにしかみえないが、当初は大西洋世界にほぼ限定されていたロックの構想とはかなり対照的である。ロックはニコルの著作を確実に知っていた。一六七〇年代半ばにこの「平和論」を翻訳したからである。しかしながら、彼の政治経済学や政治理論はニコルよりも限定されたままだったし、彼の普遍主義はグロティウスやプーフェンドルフよりも視野が狭かった。後にみるように、ロックの普遍主義を特徴づけていたコスモポリタニズムと地域への関心が結びついて研究者に広く受け入れられていった。

ロックの普遍主義の限界

ロックはときおり友人とニューイングランドやカロライナに移住してみようかと冗談を言っていたが、故郷のサマーセット州から西に旅したこともなかった。ほぼ十年にわたり、イングランドの外に出て、フランスとオランダで生活したが、五十六歳になるまで大西洋すらみていない。その歳ではじめてフランスのラ＝ロシエルからみたのである。[16] この点で、彼は友人だったサー・アイザック・ニュートンと比較できよう。ニュートンは、トンキン湾からマゼラン海峡にいたるあちこちに文通相手がいたおかげで世界的なコミュニケーションの中心地となっていた。[17] ニュートンの文通相手と同様、ロックの文通相手もほぼ世界規模に広がっていた。現存している四千通近い往復書簡の中には、カリブ海、ニューイングランド、ヴァージニア、カロライナからの手紙が、ベンガル、中国からの手紙とともにある。スコットランド、アイルランド、フランス、オランダ、ドイツ、スウェーデンの友人知己とのおびただしいやりとりは言うまでもない。十七世紀の文通仲間のネットワークが量でまさり範囲で匹敵するほど広いのは、イエズス会士のアタナシウス・キルヒャーと哲学者のゴットフリード・ヴィルヘルム・ライプニッツくらいである。(18) ヨーロッパ滞在中にロックは、ヨーロッパ以外の世界についての膨大な情報を集めた。臨終期まで、ロックの紀行文学コレクションはブリテンで蒐集されたもので最大の一つである。百九十五冊の書籍、多くの地図、「世界のはるか辺境のいくつかの地、とりわけ東インドの住民についての」民族誌の画集からなっており、それには、ラップランド人、ブラジルの「人食い人種」、喜望峰の「ホッテントット」、ジャワ、アンボイナ、マッカサル、マラヤ、テルナテ、トンキン、日本、中国、「タタール」住民が描かれていた。(19)

ロックは主要な著作を出版する過程で、蔵書を漁り、グローバルなコネクションを使って医学、神学、民族学、社会、政治といった分野の資料を求めた。その成果が最もみられるのは『人間知性論』(一六九〇～一七〇六年)の第五版である。そこでは、人間の信仰の多様性に関する情報が、観念の生得性と想定されたものに反証するにあたって決定的な武器となった。生得性説の主たるテストケースは神の観念であった。最も基本と思しき神の観念すら、普遍的な観念として示されないとしたら、他のいずれの観念も生得的とは言えなくなってしまう。「というのは、神性の生得的な観念なくしては、生得的な道徳原理がいかにあるべきかを考えるのは困難となるからである」。ロックは「近年の航海によって発見された」ものの記述で反証した。生得性説に反論する一、二の事例では満足せず、『人間知性論』中のこの一節や他の節にも実証的な証拠を追加し続けた。死後出版された『人間知性論』の最終版（一七〇六年）では「彼が引用した典拠の数は一六にのぼる……そこに記述されている地域は、コーカサス、ラップランドからブラジル、パラグアイ、シャム、中国、喜望峰、その他あらゆる場所に広がっていた」と書かれている。このようにロックは十八世紀以前にブリテンのどの哲学者よりも民族誌的な情報を使いこなしていた。[20]

紀行文学の知識やイングランドの植民地事業に従事した時代に蒐集した情報を通して、ロックは人間の能力に対する懐疑を深め、ヨーロッパ人の優越性とされるものに謙虚になった。現在『自然法論』（一六六三～六四年頃）として知られるオックスフォードで行った初期の講義では、「原始的で無教育の部族」をきびしく評価していた。「なぜなら彼らの大部分には、敬虔さ、慈愛の感情、忠誠、貞節、その他の徳目の証拠も痕跡もいささかもみられないからである」。この点で彼は「アジアの人びととアメリカの人びと」を区別していなかった。「この人びとは同じ法によって拘束されるとも、長大な陸地で私たちから切り離されているとも、私たちの道徳や信仰に慣れていないとも考えていない」と。[21] このように多様性が認識されていたことは、ロックが生得性観念について批判を展開するうえで助けとなった。しかし、こういった多様性の評価は一六六〇年代末、一六七〇年代初頭以降の著作では複雑性を帯びていく。この点における彼の進展途上の議論は、世界の人びとの一部を自由主義の内部に位置づけるが、その他の多くをその外部に位置づけて序列化した帝国的思想家のステレオタイプとはたやすく一致しない。

ロックまで遡るこの種の自由主義が、理論においては包括的で普遍的でもあったが、実践においては排除的で偶然に左右されたと考えるのはいまではあたり前である。この見解の最も雄弁で鋭い論者が言うように「自由主義の歴史に現れる特徴は、多様な集団や「諸類型」の組織的かつ持続的な政治的排除であった[22]」。自由主義によって理論的にすべての人間に約束された利益と権利を否定された人びとの中には、現地民、奴隷、女性、子供、ロックが「狂った人びと」「白痴」と呼んだ精神障害者など、多種多様な人がいた。こういった人びとを排除するのに使われた主たる基準は理知性の有無であり、「ロックはアメリカインディアンを理性の欠如を論証する例に使った」と論じられている[23]。

しかし、すでにみたように、ロックは、一六六三〜六四年に、ネイティヴアメリカンには敬虔さ、慈愛の感情、忠誠、貞節などの徳はいささかもないと確信したが、その非理知性を告発しなかった。じじつ、数年後にその「す早く理知的な才能」について書いた。カロライナとの関係のおかげで、ロックは、百年以上も前のミシェル・ド・モンテーニュ以来、ネイティヴアメリカンに会って尋問した、最初のヨーロッパの哲学者となった。一六七〇年に、カロライナのコフィタチェキにあるキアワー・クリーク・タウンの「皇帝」の二人の息子がバルバドス経由でイングランドに旅行した。二人には英語のオネスト（正直）とジャスト（公正）という名前が与えられた。一六七二年にバミューダ経由でカロライナに帰る前の行動についてはなにもわかっていないが、一六七一年に『人間知性論』の第二草稿を書き終える前にロックが彼らと話をしたことははっきりしている[24]。『人間知性論』の「草稿B」として知られるものの中で、数学の計算と人間の言語を比較し、あらゆる計算はたった三つの演算、すなわち足し算、引き算、比較からなると推測した。数があまりにも大きくなり、彼らの知る小さな数の名前（数詞）では数えられなくなると、これほど大きな数がいったいいくつになるのか見当もつかなくなる、とロックは論じた。

そして、これが、私と話し合ったいく人かのインディアンが、他の点ではす早く理知的な才能を持っていたが、私たちなら千まで数えられるのにそれができない理由であると考える。彼らの言語は乏しく、商売も数学も知らない貧しく単純な生活の必需品のわずかばかりの必要事に適応するばかりなので、二十まではうまく数えられるものの、その言語には千を表すような言葉がないのである。そこで、彼らと大きな数について話すとき、彼らは頭の髪をみせて、その数えられないだけの大きな数を表現するのである[25]。

この一節を『人間知性論』（一六九〇年）の刊行版に入れたとき、ロックは「アメリカ人」の数学的知識の限界をヨーロッパ人の理知的な能力の限界と比較した。「私たちだってかりに日ごろ使う数詞で数えるよりも大きな数を表す適当な数詞を発見したら、そうした数詞を使うだろう[26]」。こういった認識論的な謙遜は、後にロックの著述の特徴となる。オネスト、ジャストとの出逢いは、ロックがネイティヴアメリカンの理知的な能力を把握する助けとなったし、優れた文化的自己理解を持っているのはヨーロッパ人だけだと結論せずにすんだ。「というのも彼らは自然の理性によって、哲学者たちが研究や読書でも達成できないような幸福を満喫しているからです」と、ジョン・オジルビー著『アメリカ』（一六七一年）のカロライナの章の執筆者は判断した。状況証拠から、この執筆者はどうやらロックだったらしい[27]。

『統治二論第二』でのみ現地民を「理性に欠ける」住人と呼んだが、それは、教育を受けていない知恵を、文明化したとされる国民の洗練さよりも称えるための方便にすぎない。「公平な目で世界の諸国民を観察する人ならば……理性に欠け教養もない住人が自然に従って正道を歩んでいる森の方が、自ら文明的で理性的であると称しながら、先例の権威に導かれて道を踏み外している人びとの住む都市や宮殿よりもわれわれに規範を与えるのにより適していると考える十分な理由を抱くに違いない」(I. 58)[28]。ロックは、一般に特定の人びとの間の能力の格差よりも人びとの内部の格差を見出した。同様に『知性の指導について』(一六九七年)では「平等な教育を受けた人びとの間に、才能の大きな不平等がありますし、アテネの学校だけでなく、アメリカの森が、同じ種の人間の中に異なった能力をもった人間を生み出しています」と論じた[29]。ロックにとって「アメリカ人」とヨーロッパ人の根本的な相違は、知的能力ではなく、たまたまおかれた環境、教育、およびその環境によって作り出される必要性にあった。

全作品を通じてロックが主張したのは、生得の観念も物質的な(ロックのお気に入りの言葉を使えば)「生活の必需品」も何らなしに、神は私たちをこの世界に送り出されたのだということだった。人間は、(働きかけないと)自力では動けない、神が与えし他の被造物に対して、物心両面で働きかける必要があった。これは「労働とその対象としての原料を必要とする人間生活の条件」(II. 35)〔ジョン・ロック、宮川透訳『統治論』中公クラシックス、二〇〇七年、四〇頁。以下では本訳書を「宮川訳」とする〕であった[30]。人間は神の被造物を増やすことも減らすこともできないが、物心両面で、自らの裁量によって神の被造物を構築する義務があったのだ。人間の労働に対するロックの「構築主義的な」理解と呼びうるものは『人間知性論』における彼の認識論に不可欠であった。

人間自身の知性というこの小さな世界での人間の支配力は、可視的な事物《もの》からなる大きな世界の場合とほとんど同じなのである。この可視的な事物《もの》の世界では、人間の力能は、どんな技術と熟練によって運用されようと、手元に用意されている材料を複合したり分割したりする以上には出ない……(31)。

私たちが自然を利用するために物質に変換しなければならないのと同じように、観念のストックを供給するのが私たちの責務である。「……私たちがそれら［技術や技能］をもたないとしても、勤勉と考察が私たちに欠けているのであって、神に恵みが欠けているのではない」（『人間知性論』一巻四章一六節（(二)、一一七頁））。かくして、人間が勤勉に活動しないなら、神に与えられた機会をつかみ損ねたら、あるいは「西インド諸島の住民」のように貧しく粗末な環境に縛られてしまうなら、神そのものの観念さえ、橋や家のような物理的な構築物が姿を消すように、なくなってしまう。

自然はわれわれに、ほとんどはそのままでは使用に耐えない素材を提供するのみである。それらを手直ししてわれわれの必要を満たすためには、労働、技術や思考が必要となるから、もしも人間の知識が、その労働を短縮し、また最初は何の役にも立たないようにみえたもろもろの物を改良する方法を見出さなかったなら、われわれは、貧しく惨めな用をかろうじて満たす程度のものを作り出すことだけに、時間のすべてを費やしていただろう。その充分な証拠は西インドの、あの広大で豊かな世界の住民たちであって、彼らは、全精力を費やしながら、快適ではなく労多い、貧しい生活を送っているのであるが、しかもなお生きるだけで精いっぱいである。その理由はおそらくただ、旧世界の住民は鉄を引き延ばす技術を持つが、あの石［鉄鉱石］の利用法を彼らが知らないと言うことであり……[32]」。

道具や商品が充分あるかどうかで、特定の人びとの生産性の差異が完全に説明できた。こういった利便性は偶発的で外在的だった。個人や集団の生得的とされる能力とは無関係だったからである。

ロックは徹底した唯名論者であり、人種的な差異はもちろん先天的な差異や民族的な差異もいっさい主張しなかった。いかなる人びとも自然が与えた物質に応じて文明の階梯を上り下りできた。「かりにもし鉄の使用が私たちの間でなくなったらとしたら、わずかの年代のうちに私たちは、古くからの未開なアメリカ原住民の欠如と無知に戻るのは避けられないだろう。アメリカ原住民の自然の資質・備えは［私たちのような］最も栄える優雅な国民に少しも劣らない[33]」。彼はまたネイティヴアメリカンの理知性を信じ、ヨーロッパ人、いや彼自身のような哲学者ですら享受する利点も偶発的にすぎないと確信していた。「ヴァージニアの頭目アポンカンカナがイングランドで教育されたとしたら、この国のだれにも負けないほど物知りの聖職者・立派な数学者だっただろう[34]」。こういった利点がなかったならば、イングランド人もネイティヴアメリカンのようにたちまち非理知的な民になりうる。彼らには人間のある発明〔書物〕がなかったのだ。「書物がなければ、おそらくわれわれは、インディアンたちと同程度に無知であるだろう。彼らの心は、その身体と同様、まともな装いを得ていないのだ[35]」。

ロックの偶然に左右される差異への感受性、両アメリカ大陸の原住民の理知的な能力への関心は死後すぐに攻撃に晒されるようになり、十八世紀を通じて続いた。一七〇九年に第三代シャフツベリ伯――ロックのパトロンの孫アンソニー・アシュリー・クーパー――は、すでに「こういった思考がいっさいない、野性の民インディアンの野蛮な物語を（旅人、学のある著者！、真実の人！、偉大な哲学者が吹き込んだとおりに）真に受けてしまうロック氏」を叱責している。[36] 十八世紀末に、保守的な国教徒でグロスターの地方執事ジョサイア・タッカーは、アメリカ独立革命時に、植民者の反抗はロックの政治理論へ傾倒して生じたと繰り返し論じた。アメリカ独立革命イデオロギーに不信任を突きつける彼の戦略として、「ロック氏とその一派」の契約理論を、「野蛮なインディアンの部族」を、自然状態での人間の社会的結合関係の事例として誤用しているとの理由で攻撃した。「〔ロック派の〕連中の仮説の証拠や説明になるからといって、アメリカの野蛮人の事例を持ってきて、私たちの耳をふさがせてはならない。そんなものは徹底的に議論し綿密に検証すれば、まったくの誤りになってしまう」。ロックとその弟子は、ネイティヴアメリカンの本当の性質に無知であるし、この事例に訴える中で「あの連中はきわめて不正直な役回りを演じた」とタッカーは続けた。[37]

フランス革命の最中、もう一人の国教徒の論客でノリッジの主教ジョージ・ホーンは、同じように、ネイティヴアメリカンの事例に訴えるロックに異議を唱えた。「これは自然の状態ではなく、神の似姿として作られた被造物にとって、世界における最も不自然な状態である。そして、お優しい哲学者は、この啓蒙の時代に政治を研究せよと、われわれをチェロキー族の教師のもとへ送りこもうとするのか」。[38] シャフツベリ、タッカー、ホーンは原住民の能力に関する高度な帝国の構想と結びつく偏見を共有していた。両者とロックの間には距離があった。これは、ロックと後の帝国の理論家を同一視するのはいかに無茶であるかを示す、もう一つの証しである。ロックは、後世の哲学者たちが高度文明の証しとみなした、多くのものは偶然にすぎないとか逆転もありうると強調した。人類史の進歩主義的な構想の中で諸文化をランク付けしたからと言って、彼を帝国の理論家と呼ぶのは不可能である。

ロックと帝国の正当化

ロックを帝国の理論家と呼べるのは、この言葉の意味をきわめて限定した場合だけである。近世の用法では、「帝国」は主として二つの対象を示す。主権(インペリウム)としての帝国、複合国家としての帝国の二つである。[39] ロックは、『統治二論』の一節で、世界の「さまざまの国家や王国」がいかにして「明文による同意で地上のいろいろな地方と区画に対する所有権を自分たちの間で確定した」(II. 45)〔宮川訳、五〇―五一頁〕のかを記述したように、主権としての「帝国」すなわちインペリウムの意味を認識し、それが領土に適用されると理解していたことはたしかであろう。しかしながら、「帝国」が複合国家を指すと理解していた証拠はない。たとえば「イングランドの帝国」あるいは「ブリテンの帝国」といった用語は著作には現れない。ロックは、後の理論家たちのように通常、本国ないし他の中心的権威の利益のために、統一体内部で多様化を防止するよう、領地が決められ、ヒエラルキー的に組織された政体といった意味での帝国は少しも考えてはいなかった。[40] かなり政治的な理論(特に『統治二論』)に関しては、彼はコモンウェルスすなわち国家の理論家であり、帝国の理論家ではなかった。それではいかにして帝国の理論家とみなされるに至ったのか。

この問いに対する二つの回答がある。一つは歴史に基づく回答であり、一つはもっとテキストに即した回答である。第一の回答は、ヨーロッパ外にヨーロッパ人の植民を推進した理論家が、世界中の入植者植民地で現地人の搾取を正当化するために、ロックの議論を用いたからといえよう。たとえば、コネティカットのモヒカン族の先取権に対する、入植者の土地所有権の主張という十八世紀初頭の文脈では、インディアンは勤勉なイングランド人植民者と比べて父祖の土地の権利を持たない未開の民であることを示す論拠としてロックは引用された。(41) この「農耕重視《アグリカルチュラリスト》」の論拠は、スイスの法学者エマー・ド・ヴァッテルの『国際法』(一七五八年)によって広まった重農主義の政治経済学の一派にとって最大の足場となった。この著書で、ヴァッテルは「労働を回避するために、もっぱら狩猟で生きようと決めた人びと」や「怠惰な生活様式」を追求した「その同類」は、「……相応の根拠以上の広い土地をかすめ取っているので、より勤勉であまりに密集して閉じこめられていた他の諸国民がその土地の一部を所有するために到来しても、不満を言う道理はない」と論じていた。ここから「北アメリカ大陸の多くの植民地の設立は、適正な境界内に限定されれば、きわめて合法的である」という結論が導かれた。(42) ヴァッテルの議論は、十八世紀末から十九世紀初めにかけての帝国の拡大によって地球全体に広く知られるようになった。その影響力は、たとえば、シドニーの『ヘラルド』紙が、一八三八年にオーストラリアはアボリジニーにとって「もっぱら共有となっており――彼らは土地には労働力を使わなかった――所有権や権利といってもせいぜいエミューやカンガルーの権利とさして変わらないといったところだ」と公言したときに感知された。(43) これは帝国の文脈における財産所有の根拠の理論的な正当化であり、表現形式上もきわめてロック的である。

以上のように帝国に関連して繰り返されたロックの議論と同様、ロックが帝国の理論家とみなされた問いに対する、第二の回答は『統治二論』に遡る。『統治二論』における非ヨーロッパ人への言及は両アメリカ大陸にほぼ限られる。『統治二論』ではアジアへの言及は簡単な二か所しかなく、一つは「偉大な文明国民」(I. 141)〔加藤訳、一五五頁〕としての中国人、もう一つは、ロックが一六八一年に買った、ロバート・ノックスの「セイロンについての最新の報告」(一六八〇年)に描かれている、絶対君主国の有害な結果への言及(II. 92)〔宮川訳、九四頁〕である。[44] その他に、ロックが使用する歴史的民族誌的事例では、ネイティヴアメリカンを意味する「アメリカ人」に言及していたが、それはときどきクレオール入植者も指した。かくして、『統治二論第一』では、ロックは、ペルー、[45] カロライナの植民地、「アメリカの多くの場所における」「小部族」、「北アメリカについての最近の歴史書」の事例をサー・ロバート・フィルマーの族長論をあざ笑うのに使った(I. 57, 145, 154)〔加藤訳、七〇、一五九、一六八頁〕。そして、同じ第一篇では、フィルマーが融合していた権威の二つの形態、すなわち政治的な主権と戦争を起こす権限を分けてみるために、「農園主」「自分自身や知己や仲間の息子たち、傭兵、金で買った奴隷たちをもつ西インド諸島の男」に二度言及していた(I. 130, 131)〔加藤訳、一四六、一四七頁〕。

『統治二論第二』で頻出するのもほぼネイティヴアメリカンに限られる。前章でみたように、『統治二論』においてこのようにアメリカへの言及が多いことや「所有権について」の章に集中しているのは、一六八〇年代初頭にロックが保持していたカロライナとの関係の所産でもあった。その当時のロックはイングランドとアメリカの両者で、二重の義務を履行する占取の正当化をする必要があった。ロックは以下のように主張した。「人間に対して、神は世界を共有物として与えた。しかし……神の意図が、世界をいつまでも共有物で未開拓のままにしておこうということにあったとは到底考えられない。神が世界を与えたのは、勤勉で理性的な人びとの使用に供するためであり（そして労働が世界に対する彼の所有権となるべきであった）、喧嘩好きで争いを好む人びとの気まぐれや貪欲のためではなかった」（II. 34）〔加藤訳、二一四頁〕。人はそれぞれ自分の身体に対する排他的な権利を持ち、それゆえに身体を使う労働の権利も持つ。「そこで、自然が準備し、そのままに放置しておいた状態から、彼が取り去るものは何であれ、これに労働を混合し、また何か自分自身のものをつけ加え、それによって所有物とする」（II. 27, 28）〔宮川訳、三三―三四頁〕。土地がこのような方法で占取されてはじめて貨幣経済が導入され、土地が乏しくなった世界の各地で「契約と合意によって」土地が確定されることになった。「さまざまの国家や王国は……明文による合意によって地上のいろいろな地方と区画に対する所有権を自分たちの間で確定した」。「そこの住民が、まだ他の人類に加わって共通な貨幣の使用に同意していないので」「広大な地面」は荒蕪地で共有のままになっている（II. 45）〔宮川訳、五〇―五一頁〕。

一六九八年以降の『統治二論第二』の最終草稿の改訂で、アメリカへの言及が増えた。最も大きな変更と追加は「所有権について」の章でなされ、それは一六九〇年代末の通商委員会委員としての経験に基づいていた。まず、彼は土地の囲い込みと開墾で得る利益について高く評価した。十のうち九、いや「百のうち九十九まで」「労働によって土地を占取する者は人類の共同の資産を減少させるのではなく、かえってこれを増大させる」。

なぜなら、何らの改良も耕作も経営もされずに、自然のままに放置されているアメリカの原始林や未開の荒蕪地の千エーカーの土地は、そこの貧困でみじめな住民に対し、果たしてデボンシャーのよく耕作された、同様に肥沃な十エーカーの土地が産出するのと同じほど多くの衣食住の便を産出しているのだろうかと、私は問いたいからである。(II. 37)〔宮川訳、四二―四三頁〕

少し後の段落で二つ目の追加を行い、この考察をウィリアム三世とその大臣のための経済的な国家理性の主張に振り向けた。当初は、あらゆる日常品を生産する多様な形態の労働についての短い議論を、価値を生み出すのに土地はあまり重要ではないとの考察で結んでいた。「[土地が生み出す価値、]これはきわめて小さい。だからわれわれの間でさえ、まったく自然のままに放置され、牧畜、耕作、栽培による改良が加えられていない土地は……荒蕪地と呼ばれている」。

このことから明らかなことは、領土の大きさよりも人口の多いことのほうがいかに望ましいかということ、土地[言い換えると人手?]の増加とそれを使用する権利が統治の重要な技術であることである。また世の君主であって、確立された自由の法により権力の圧迫や党派の偏狭をしりぞけ、人類の誠実な勤労を保護し奨励しようとする賢明にして神のごとき者は、たちまち隣国にとって手ごわい君主になるだろうということである。(II. 42)〔宮川訳、四八頁〕(46)

このような勤勉の奨励は、ロックにとってはブリテン本国と大西洋を越えたアメリカで同じ重要性をもつ問題であった。イングランド救貧法について通商委員会に向け書いた一六九七年の論説では、労働は

「勤勉な者たちにのしかかる重荷」と記していた。真の貧民救済は「彼らに仕事をみつけてやること、彼らが他人の労働に依存して怠惰に暮らしたりしないよう配慮することであります」。労働を厳格に統制すると、貧民の子供たちに教育を与える恵みとなり、子供たちは学校で労働を身につけ、「勤勉さにも、宗教や道徳にもまったく縁がない人びと」にはならないことが保証される。おそらくこれは、カロライナの先住民に似ていた。二十年ほど前に『カロライナ憲法草案』は、彼らを「キリスト教にはまったく無知」だが、だからといって強奪されたり虐待されたりする言われはないとみなしていた(47)。

『カロライナ憲法草案』、『統治二論』、「救貧法論」をつなぎ合わせると、ロックを帝国の理論家とみなす二つの結論が示唆され、本章で取り上げた他の著作から得た証拠を裏付ける。第一の結論は、彼の構想は、イングランド、ブリテン、ヨーロッパのその以外の世界と住民に対する優越性という普遍主義的な構想ではなかったというものである。これは「文明の」人びとのためだけの公的な平等ではなかった。じじつ、ロックが『寛容についての書簡』のあまり論議されたことのない一節で述べているように、「キリスト教徒」ですら、本国の境遇から切り離され、不慣れで依存する立場におかれると、移民先にいる「異教徒」よりもさらに弱い立場となりえた。

なにもかも失ったわずかな数のキリスト教徒が、異教徒の国に到着したとします。現地の住民たちにこれらの外国人が、人間愛に訴えて、生活の必需品を恵んでほしいと懇願し、その必需品が与えられて、そこに住むことが認められ、みなともに寄り集まって、一つの団体までに成長したとします。このようにキリスト教はその国に根を下ろし、拡がっていきますが、直ちには、最強の宗教とはなりません。そういう状況にあるうちは、人びとの間に平和と友情と信頼と平等が保持されています。

慈悲心によって、異教徒とキリスト教徒の平等な待遇が促され、弱さによって、脆弱な寛容が導かれる。しかしながら、支配が重大視され、宗教の純粋性が前提とされると、不寛容ばかりか強奪と破壊がもたらされる。

ついに為政者がキリスト教徒となり、かくしてその派が最も有力なものとなったりします。するとたちまち、すべての契約が破棄され、すべての市民権が侵されて、偶像崇拝を根絶しようということになるでしょう。純真無垢の異教徒たちは公正の規則と自然の法の厳格な遵守者で、社会の法をいささかも犯しはしない人たちであったのですが、彼らがその古い宗教を捨て、新奇な宗教を受け入れないかぎり、彼らは先祖伝来の土地と財産を奪われ、さらにおそらくは生命そのものを奪われることになりましょう。

彼が導き出した結論は、形式は大西洋的だったが応用性はもっと普遍的だった。「ものごとの道理は、アメリカでもヨーロッパでも変わらないからです。……アメリカの異教徒も、ヨーロッパの非国教徒も、支配的な国教徒によってその世俗的な財産を奪われるいわれはありませんし……市民的な権利が宗教上の理由で変えられたりすべきではないことは、いずこの地でも同じなのです[48]」。

第二の結論は第一の結論から導き出される。ロックの理論は、(たとえば中国にいる文明の人びとばかりか)「アメリカでもヨーロッパでも」理性はまったく平等であるがゆえに、すべての成人した人間は同じ理知性を保有していると言えるまでに、包括的で非ヒエラルキー的な理論であった。『統治二論第二』で述べているように、神は、土地の所有権を獲得する手段としての労働で、「勤勉で理性的な人びとの使用に供する」土地を与えた。しかしこの一節にある「勤勉で理性的な人びと」の逆は「怠惰で「非理性的な」人びとではなく、「喧嘩好きで争いを好む人びと」だった。すなわち、「自分の利用に役立つという理性が定めた限界」を超えて、不当にも「自分には何の権利もない、他人が苦労して得た利益をほしがる」人びとであった(II. 31, 34)〔加藤訳、二一五―二一六頁〕。理性的な人間は所有する権利をもつが、それは勤勉さを発揮し他人の労働の果実を侵害しない場合に限る。ロックは知的であれ何であれ無能を理由にした占有を正当化しなかった。富の蓄積は理性が定めた限界のうちで追求されるのであれば「確立された所有権をめぐっての争いや対立が生ずる余地は、当時はほとんどありえなかった」(II. 31)〔加藤訳、二一五頁〕。[49] 理知性をヨーロッパ人と結びつけたり、非理知性を先住民と結びつけたりはいっさいしなかった。たとえ、後世の入植者植民地主義者が、勤勉の欠如とは正反対の、生得のものとされた理性的な優位性を根拠として、先住民からの収奪を主張したにしても、このようなロックの『統治二論第二』からの正当化は、理論的にも歴史的にもかなりのこじつけを要した。

第5、6章では、ロックの奴隷制論をめぐる最近の議論などを踏まえて、その著作全体の考察をもとにして彼の帝国構想について説明しようとしてきた。[50] ロックの思想は変化を遂げたこと、歴史上のロックは、後世のロック派――信奉者であれ著作の分析家であれ――が評価してきた以上に複雑でしばしば葛藤があったことは示せたと思う。ロックの理論には状況と概念の二つの限界があった。これを踏まえれば、私たちは、広範にわたる状況によって多様な変種を生み出し、ロックがいまやその始祖とみなされている帝国的「自由主義」は、しばしば一つのものとしてくくられたし、それは必然であったと認識しなければならない。

一七六九年にウォーレン・ヘイスティングズは、「各部署にロック、ヒューム、モンテスキューの著書を十分そろえた」東インド会社によりインドを支配したいとの希望を表明していた。ロック的な行政官がいてほしいとの彼の希望は少なくともかなわなかった。また、十八世紀末以前にアジアにいたブリテン人にロックが受け入れられていた具体的な証拠はきわめて少ない。スマトラにいた東インド会社社員は一七一四年に『人間知性論』を読んでいた。ロックの著書は一七九六年に、アーサー・ウェレズリー、後のウェリントン公の旅行鞄に入れられて、インドまで旅をした。フィリップ・フランシスはロックの経済的著作をよく知っていた。(51) しかしながら、土地＝利用（および乱用）、荒蕪地、生産性といったロック的な分類が南アジアにおけるブリテンの植民地官僚に使われ始めたのは、一七九三年のベンガル永代土地制度を待ってからであった。(52) ロックは、自身が少しも思いをめぐらさなかった地域での帝国の思想家、それもおそらく同意もしないまま自分の思想が使われてしまった帝国の思想家になったにすぎなかった。したがって、帝国のイデオロギーに自由主義が奉仕するとはみなすはずもなく、そのような彼が自由主義の責任を問われる謂れはない。ましてや帝国のイデオロギーなど夢想だにしなかった。

ロックの政治理論の形成がイングランド国家の植民地官僚にして経営者としての経験に決定的に負っ

ていることも疑いない。しかし、こういった経験はまた彼の普遍主義を限界づけたし、のちのち彼の論拠が盗用されて、植民地で起きた出来事を正当化するため利用するようになった。もしも「自由主義」という時代錯誤的で便宜的な用語を使って、ロックの政治理論を記述するとしたら、私たちは、多様な変種をもつ帝国的・植民地的自由主義が存在してきたこと、それらには必ずしも相互連携があるわけではないことを認識しなければならない。また、もしも自由主義そのものによって、自由主義と帝国との共犯関係の痕跡がさらけ出されたり消去されたりするならば、多様にかつ歴史的に鋭く、さまざまなポストコロニアル自由主義を創出するように企てるべきであろう。その中にはロックの遺産を大胆に引き出せるものもあるのかもしれない。(53)

原注

(1) 特に以下を見よ。Tully (1993); Arneil (1996); Ivison (2003); Farr (2008); Farr (2009).

(2) Israel (2006b), p. 529. しかし「ロックを帝国イデオロギーの唱道者と呼ぶのはあまり公正ではないだろう」[p. 604] とやや認めている以下も見よ。Israel (2006a), pp. 546, 603–5.

(3) Tully (2008), p. 27 (傍点は Tully).

(4) 特に以下を見よ。Parekh (1995); Mehta (1999). ここに要約した前提についての鋭い考察は以下を見よ。Carey and Trakulhun (2009); Hsueh (2010), pp. 1–24.

(5) Mehta (1999), p. 1. こういった自由主義の解釈についての啓発的な批判は以下を見よ。Pitts (2005a).

(6) カントと帝国については特に以下を見よ。Muthu (2003), ch. 5. 帝国の多様性については以下を見よ。Armitage (1998); Porter (1999); Tully (2009).

(7) TNA, CO 324/6, ff. 160r–64v, 166v–71r, 175; TNA, CO 5/1116, ff. 1r–17v.「海賊行為、一六九七年」と裏書きした以下と比較せよ。Bod. MS Locke c. 30, ff. 62–3; Benton (2005), p. 718.

(8) John Locke, *Some Considerations of the Consequences of the Lowering of Interest* (1696)〔ロック、田中正司・竹本洋訳『利子・貨幣論』東京大学出版会、一九七八年、所収〕, in Locke (1991), I, p. 333.

(9) Locke (1690), p. 51. したがって、Galgano (2007), pp. 327–33, 340–1 には悪いが、東インド会社の投票手続きが『統治二論』における多数決ルールという彼の構想を喚起したとは考えにくい。

(10) Bod. MS Locke c. 1, ff. 106, 107.

(11) Armitage (2000), pp. 152–3〔ディヴィッド・アーミテイジ、平田雅博・岩井淳・大西晴樹・井藤早織訳『帝国の誕生――ブリテン帝国のイデオロギー的起源』日本経済評論社、二〇〇五年、二一五―二一六頁〕; McCormick (2009), pp. 230–3.

(12) Hont (2005)〔イシュトファン・ホント、田中秀夫監訳、大倉正雄・渡辺恵一訳『貿易の嫉妬――国際競争と国民国家の歴史的展望』昭和堂、二〇〇九年〕, pp. 201–22, 245–58; Martyn (1701), pp. 58, 72–3.

(13) Van Ittersum (2006); Borschberg (2011); Grotius (2004); Grotius (2006). ロックは Grotius, *De Jure Belli ac Pacis libri tres*〔戦争と平和の法〕(The Hague, 1680) の版に収められたグロティウスの『自由海洋論』(一六〇九年) を持っていた。Bod. Locke 9. 99.

(14) Tuck (1999), pp. 167–72.

(15) Hont (2005)〔ホント、前掲訳書〕, pp. 45–51, 159–84; Nicole (2000), p. 117. 以下も見よ。Cumberland (2005), p. 318.

(16) Locke (1976–), I, pp. 379, 590, II, pp. 27, 34, 40, 68, 95, 105, 132, 141, 147, 441, 444; Bod. MS Locke f. 28, f. 19; Locke (1953), p. 232:「これが大洋をみたはじめての経験だった」(一六七八年九月七日).

(17) Schaffer (2009).

(18) Mark Goldie, 'Introduction', in Locke (2002), pp. viii, xviii; Findlen (2004); Lodge (2004).

(19) BL Add. MS 5253; Locke to William Charleton, 2 August 1687, in Locke (1976–), III, p. 240.

(20) Locke (1975), pp. 87–8 (I. iv. 8)〔ジョン・ロック、大槻春彦訳『人間知性論 一』岩波文庫、一九九七年、一〇五―一〇六頁〕; Carey (1996), p. 263; Carey (2006), pp. 71–92; Talbot (2010). ロックはかつて以下でブラジルとソルダニア湾の住民の無神論を引き合いに出していた。*Essays on the Law of Nature* (*c.* 1663–4)〔ロック、浜林正夫訳「自然法論」ホッブズ、ロック、ハリントン著、田中浩ほか訳『リヴァイアサン、自然法論、宗教的寛容に関する書簡、オシアナ 世界大思想全集 社会・宗教・科学思想篇2』河出書房新社、一九六二年〕, Locke (1997), p. 113; Locke (1954), pp. 172–4/173–5 (Latin/English).

(21) Locke (1997), pp. 98, 108; Locke (1954), pp. 140/1, 162/3 (Latin/English).

(22) Mehta (1999), pp. 46–7 (排除に関して、引用箇所), 52–64 (ロックに関して). 以下と比較せよ。Mehta (1990); Sartori (2006);

Greene (2010).

（23） Arneil (2007), pp. 209–22, 216 (引用箇所).

（24） Childs (1963); Vaughan (2006), p. 104; Farr (2008), p. 498; Farr (2009), pp. 50–61.

（25） John Locke, 'Draft B' (1671) of the Essay, §50, in Locke (1990–), I, p. 157 (傍点は引用者).

（26） Locke (1975), p. 207 (II. xvi. 6)〔『人間知性論　二』一九九七年、八一頁〕.

（27） 'Carolina', in Ogilby (1671), p. 209; Farr (2009), pp. 67–74.

（28） Locke (1988), p. 183〔ジョン・ロック、加藤節訳『統治二論』岩波書店、二〇〇七年、七一頁、本章訳稿では「加藤訳」とする〕. 本章での引用はすべてこのラズレット版からとし、特に断らない限り、篇とパラグラフ番号で示す〔訳稿では (I. 34) などと示す〕。

（29） Locke (2000), p. 156〔ジョン・ロック、下川潔訳『知性の正しい導き方』御茶の水書房、一九九九年、五頁〕.

（30） 以下と比較せよ。Hundert (1972).

（31） Locke (1975), p. 120 (II. ii. 2)〔『人間知性論　一』一五九頁〕.

（32） Bod. MS Locke f. 2, p. 44 は以下に収録。Locke (1997), p. 261〔ジョン・ロック、山田園子・吉村伸夫訳『ロック政治論集』法政大学出版局、二〇〇七年、一六七—一六八頁〕.

（33） Locke (1975), p. 646 (IV. xii. 11)〔『人間知性論　四』二二四頁〕; ロックの反実在論については特に以下を見よ。Anstey and Harris (2006), pp. 151–71; Anstey (2011), pp. 204–18.

（34） Locke (1975), p. 92 (I. iv. 12)〔『人間知性論　一』一一三頁〕.「草稿B」でロックはもう一人ヴァージニアインディアンの指導者トッテプッテマイの事例を使って同じ点を指摘している。Locke, 'Draft B', §12, in Locke (1990–), I, p. 120 は以下を参考にしている。Lederer (1672), 7; Farr (2009), pp. 40–4.

（35） Locke, 'Of Study' (27 March 1677), in Locke (1997), p. 367〔前掲訳書『ロック政治論集』三五四頁〕.

（36） 3rd Earl of Shaftesbury to Michael Ainsworth, 3 June 1709, in A. A. Cooper (1981–), II, pp. iv, 404.

（37） Tucker (1781), pp. 200–1; Pocock (1985)〔J・G・A・ポーコック、田中秀夫訳『徳・商業・歴史』みすず書房、一九九三年〕, pp. 167–79.

（38） George Horne, '*Mr. Locke*, Consideration on His Scheme of an Original Compact' (*c.* 1792), in Horne (1800), II, p. 294.

（39） Armitage (2000), pp. 29-32〔前掲訳書『帝国の誕生』四〇—四四頁〕.

（40）「本国社会を転換し、地理的に中核および周辺でも支配のシステムを複製することによって、国境を越えて不平等性を固定化する支配のシステム」としての帝国を論じている、以下を参照。C. Maier (2006), pp. 20–1.

（41）John Bulkley, 'Preface', in Wolcott (1725), pp. xv–lvi; Tully (1993), pp. 166–8; Yirush (2011).

（42）Vattel (2008), pp. 129–30 (I. vii. 81).

（43）以下に引用。Ivison (2006), p. 197; 十九世紀ブリテン帝国思想におけるヴァッテル的な議論の存続に関しては、以下を見よ。Claeys (2010), pp. 16–18, 108–9, 140, 202, 238, 263, 284–5.

（44）Knox (1680), pp. 43–7; Locke (1988), p. 327 n. 12; Winterbottom (2009), pp. 515–38.

（45）ロックは以下でもペルーの食人風習の事例をガルシラーソ・デ・ラ・ベーガから使った。Locke (1975), p. 71 (I. iv. 9)〔『人間知性論　一』一〇六頁〕. ロックとガルシラーソについては以下を見よ。Fuerst (2000), pp. 349–405.

（46）John Locke, manuscript additions to Locke (1698), pp. 193, 197 (II. 37, 42), Christ's College, Cambridge, call-number BB 3 7a; Locke (1988), p. 297 n. これらの文言をめぐる最近の議論（しかし日付や脈絡の証拠を無視しているが）としては以下を見よ。Andrew (2009) および L. Ward (2009).

（47）John Locke, 'An Essay on the Poor Law' (September–October 1697), in Locke (1997), pp. 184, 189, 192〔『ロック政治論集』三八、四四、四七頁、二七頁〕; TNA CO 388/5, ff. 232r–48v (26 October 1697); Bod. MS Locke c. 30, ff. 86r–87v, 94r–95v, 111r–v.

（48）Locke, *A Letter Concerning Toleration* (1685)〔ロック、生松敬三訳「寛容についての書簡」大槻春彦責任編集『ロック　ヒューム　世界の名著27』中央公論社、一九六八年所収〕, in Locke (2010), pp. 39–40.

（49）以下と比較せよ。「自然は世界のあちこちに鉱物資源を与えた。しかし豊かさは勤勉の者、節約の者にしか与えられない。豊かさが他の誰に訪れようとも、それは精励の者、真面目な者にしか定着しないのである」Locke, *Some Considerations of the Consequences of the Lowering of Interest* (1696)〔前掲訳書、ロック『利子・貨幣論』所収〕, in Locke (1991), I, p. 292.

（50）特に Farr (2008).

（51）Joseph Collet to Richard Steele, 24 August 1714, in Collet (1933), pp. 99–100（「私に最初に言葉と物の違いを教えてくれたロック氏」）; Guedalla (1931), p. 55; Parkes and Merivale (1867), I, pp. 51–2; Guha (1996), pp. 97–8; Warren Hastings to George Vansittart, 23 December 1769, BL Add. MS 29125, f. 22r. インド自体の「自由主義」の軌跡については、以下を参照。Bayly (2012).

（52）Whitehead (2012).

（53）好例は以下を見よ。Ivison (2002).

第 III 部

18 世紀における基礎

第8章　十八世紀ブリテンにおける議会と国際法

十八世紀における議会と国際法を研究すると、国民《ネーション》、国家《ステート》、帝国《エンパイア》の重大な相違点が明確になる。たとえば、一六〇三年から一七〇七年までエディンバラのスコットランド議会は国民を代表していたが、イングランドとは無関係の国家たるものとして法の制定を試みるごとに、常にイングランドとの対立を引き起こした。一八〇一年以前、ダブリンのアイルランド議会はアイルランド国民のごく限られた一部を代表したにすぎず、ポイニングズ法が一七八二年に廃止されるまで、アイルランドが従属王国ではない国家たるものとして法を制定することもなかった。国民的代表がイングランド――後にはブリテン――国家の立法への、さらにはブリテン帝国の立法への権限を持つと主張できたのは、ウェストミンスター議会だけだった。十八世紀を通じて、とりわけ七年戦争に続く数十年では、戦争と革命がその議会の有する主権の限界を測る指標となった。これらの発展は、ヨーロッパや帝国やグローバルな文脈の中で起こったが、帝国という舞台設定が優越性を獲得したのは十八世紀の最後の三分の一になってからのことである。[1] 十九世紀ブリテン史家が一八三二年の改革法と一八六七年の改革法の関係で鮮やかに示したように、内政の文脈のみで議会史の流れを説明することはできない。[2]

「長い」十八世紀におけるブリテン議会史の決定的契機《モーメント》は、一六八八年、一七〇七年、一七六五年、一七七六年、一八〇一年、一八三二年といった個々の年と結びつけられることが多い。各時点で、議会権威の権力や能力、射程が変わっていったとされる。一六八八年と一八三二年――革命と改革の長い世紀という慣習的な境界――に名誉革命と大改革法は、まず国王と議会の権力の均衡を、ついで議会と（狭義に捉えなければならないが）人民の権力の均衡を変化させた。一七六五年と一七七六年の、印紙法からアメリカ独立宣言に至る過程とそれに続く危機は、議会の帝国主権の本性と範囲が定まらないうちに、大西洋をまたいだ数年間の議論とブリテン側の敗北を知らしめた。主権は一七〇七年にスコットランドを編入することで拡大し、一八〇一年にアイルランドを取り込んでさらに拡大した。これにより、主権の範囲は最大となった。三王国をウェストミンスター議会の支配下に置く編入過程で、競合し並立していたエディンバラとダブリンの立法府は消滅し、同様にイングランド議会も一七〇七年に形式的に廃止された。ブリテン全体と帝国の立法について、一八〇一年までに議会主権の決定はもっぱらウェストミンスターでなされるようになった。ただし、帝国立法でもカリブ海の属領とブリテン領北アメリカに対する財政権限はかなり小さくなっていた。[3]

ブリテン議会史の年表は十八世紀ブリテン国際史で正統なものとされる契機の一覧表と完全に一致するわけではない。国際史の年表にも、たしかに一六八八年や一七七六年の記載はある。しかし、たとえば一七一三年、一七四八年、一七五七年、一七六三年、一八〇二年、一八一五年はもっと目立っている。

いずれもブリテン国家が積極的に他のヨーロッパ諸国にかかわったり、東インド会社のような準国家的主体がベンガルのナワーブのようなヨーロッパ外の主体を巻き込んで争いとなった歴史的な年だった[4]。どの年にも、正式な交戦停止、領土の割譲、ブリテン権威の拡大が見られ、そのどれもがブリテンの歴史的記憶にとどめられた。これらは、ブリテン国家の国際史における出来事であり、J・R・シーリーがいまいましげに述べたように「単なる議会論戦」ではなく「アメリカとアジアにおける……イングランド史」だった[5]。

名誉革命によってイングランドの外交政策は変化を遂げ、イングランドの宗派としての方向性が定まった。ルイ十四世はユトレヒト条約でプロテスタントの王位継承を承認して、ヨーロッパ側からこの方向性を確認した。スコットランド議会が王位継承をみずから決定する能力を表明した一七〇三年には、継承自体がスコットランドとイングランドの間の国際論争の主題となった。一七〇七年の合同は、新たな政治体――グレート・ブリテン連合王国――を創出して、イングランド王国とスコットランド王国という既存の二国家を廃棄する過程で、（とりわけ）この困難を解決した。イングランドとアイルランドの合同は、国家の数を増やしも減らしもしなかった。というのも、一六四〇年代の短期間を除けば、アイルランドは分離ないし区別された国際的地位を持たなかったからである[6]。一八〇一年以降、多民族的で多宗教のブリテン国家が、国際舞台への領土的な進出を担った[7]。

議会史と国際史が競合する年表と「アイデンティティ」の歴史との関係には、概念上の問題がある。「アイデンティティ」という言葉が十八世紀後半の数十年より前のあらゆる時代で曖昧だったのが主な理由である。個別性という意味の「アイデンティティ」（「同一性 identicality」〔同一人物であるということ〕は十七世紀初期に初めて登場したが、ジョン・ロックとデイヴィッド・ヒュームが哲学的に応用するまで一般的に受容されなかった。「アイデンティティ」という言葉が「同一視 identification」の意味を──より適切には「自己との同一視 self-identification」〔自分が何らかの特徴（たとえば「国民性」）を他者と共有している存在であるということ〕の意味を──もつようになった時期をルソー以前に遡ることはできない。この意味での「アイデンティティ」は、エドマンド・バークがはっきり近代的な（ただし当時としては前衛的すぎる）意味で用いた一七八〇年代以前は、英語として普及していなかった(8)。アイデンティティに「国民的《ナショナル》」という形容詞が付くまでには、そこからほぼ百年を待たなければならなかった。「国民的《ナショナル》アイデンティティ」という言葉が最初に登場したのは一八七二年だが、そこではためらいがちに使われ、「人種」が斟酌されると、すぐさま敗北を喫したのである。「人格の同一性《パーソナル・アイデンティティ》が人格の同一性という意識にあると言われてきたように、国民的《ナショナル》アイデンティティは、単に国民的《ナショナル》アイデンティティという意識にのみあると……論じられるだろう。にもかかわらず、通常は血が多かれ少なかれ影響するため、人種と血統の問題が、政治学徒の注意に値するものとなる(9)」。

十八世紀においては、国民的《ナショナル》「性格《キャラクター》」や国民的《ナショナル》「利害《インタレスト》」のほうが、国民的《ナショナル》アイデンティティよりも適切な慣用句だっただろう。その時でさえ、「アイデンティティ」よりも「忠誠、地位、階級、結合、正統性、一致」などの言葉が──個人に適用されるにせよ、社会集団に適用されるにせよ──ブリテン人にとって想像力に訴え、説得力をもつ言葉だった(10)。実際には遅くとも十九世紀初期までは、次のように考える可能性はあった。「組織としての国民は、いずれも個別性の原理を持たなければならない」、なぜなら「そのような国民は政治的人格である」からだと(11)。だがこれは、後世の心理学的アイデンティティが転用された暗喩とではなく、それ以前のホッブズ主義の国家の人格性という概念と比較すべきである[12]。したがって、「国民的《ナショナル》アイデンティティ」という言葉を使って十九世紀後半より前の時代を考えるのはまったくの時代錯誤であり、民族的《エスニック》共同体や政治的《ポリティカル》共同体という競合する概念に悩まされることになる。

同じように、「国民的」という形容詞を議会改革以降の議会のアイデンティティや主権に一律に当てはめても本質的に曖昧になる。厳密にいえば、「国民的」という言葉は議会で代表される――したがって議会に従う――人民の総体として国民を定義するものだった。一七七五年にシェルバーン卿が論じたように、「構成はどうあれ、両院の大多数が国民だと知って当惑する者は誰もいない」[13]。しかしながら、国民はイングランドの領域とは一致しなかったし、その領域が拡大して、そのままブリテン帝国になるとも考えられなかった。一五三〇年代のイングランドとウェールズの合同以来、イングランド議会は複数の国民のために立法した。スコットランドやアイルランドとの合併でも、後のケベックからベンガルまでの非ブリテン人、非白人、非プロテスタント人民の領土の征服や支配でも、議会主権単独の範囲によって定義あるいは同一視されうるよりも大きな諸国民の富が含まれた。バークの代表理論によれば、「議会は決して多様な敵対的利害関係を代表する使節団から成る会議体ではない。……議会は、一つの、利害つまり全成員の利害を代表する一つの国民による審議集会に他ならない」[14]。したがってバークは、単一の利害を共有する同質的国民と、異質な「帝国……つまり共通の首長の下にある複数国家――これが君主国であれ、大統領制の共和国であれ――の集合」とを区別した[15]。

議会は、立法によって国民性を生み出すことも、一七〇七年以降しだいにウェストミンスターから広がったイングランドやブリテンの国民性と競合する〔アイルランドやスコットランドの〕国民性の概念を消し去ることもできなかった。議会が立法と課税の能力を使ってできたのは、せいぜい国家内の境界線の決定ぐらいだった。[16] 七年戦争後のブリテン領アメリカでの出来事が示したように、その能力（そして結果として生じた境界線の決定）には本質的に論争の余地があった。アメリカ独立革命は一時的に論争を解決したが、ブリテン帝国の多国籍的な本性と三王国を超えて立法する議会の権威の限界を確かめるという対価が支払われた。[17] イングランドの――後にはブリテンの、さらに後には帝国の――議会は一五三〇年代より多国民的だった。しかし国民と国家が同心円だが異なった範囲であることを示すには、主権の危機が必要だった。アメリカ植民地人は汎大西洋的ブリテン国民の一員であると主張したかもしれない。だが、ブリテンの国民性を利用しようと試みた植民地人は、やがて旧十三植民地のそれぞれに国家たる地位を宣言する羽目になった。議会が調停した帝国内部の関係は、その後、連合王国と合衆国の国際関係となった。一方は（王に対する共通の忠誠によって）断固として単一的であり、他方は（遅くとも頑迷な連合支持者と諸州の権利の擁護者をのぞくすべての人々にとって「合衆国」が単一体となった一八六五年までは）明白に多元的だった。[18]

国益を定義し説明する議会の能力、特に国際的文脈におけるその能力は、制度的にも本質的にも制限された。「議会は二つの役割を担っている。一つは、その中で政治団体がみずからのアイデンティティを定義し、その意見を表明できる制度であり、もう一つは、行政計画を国内の聴衆と国際的聴衆に対して国益として説明し提示する制度である」。[19] だがそれは、議会が定義や説明のような行動をとる唯一の舞台であることを意味するのではなかった。たとえば、そうした行動は公的な出版物において非形式的に、あるいは法律家と外交官の間で形式的になされたのである。外交問題が国王大権の所管のまま、君主と大臣が判断を下すときだけ議会に提出されるものである限り、ブリテンの国際的地位を維持するための議会の役割は必然的に、限定的で一時的なものだった[20]。

内政問題に関して議会を全能とする考えは、外交問題におけるその相対的な無力と対比される。サー・ウィリアム・ブラックストンによる議会の権威の説明は、その射程においてほぼダイシー的だった。

議会は、宗教的であれ、世俗的であれ、民事的であれ、軍事的であれ、海事的であれ、刑事的であれ、ありうる全名義の問題に関する法律を作り、確認し、拡大し、抑制し、無効にし、撤回し、再生し、説明するための、誰からも支配されない至上の権威を持つ。あらゆる政府においてどこかに存在しなければならないこの絶対的な専制権力が、我が王国の憲法より委任される場所はここである。……議会は、国王の継承を管理したり新たに擁立することができる。……議会は、国教を変えることができる。……議会は、王国の体制、また議会自体の体制すらも変え、新たに作りなおすことができる。合同法と、三年または七年ごとの選挙のためのいくつかの法令によってなされたように。要するに、あり得ないものでない限りすべてをなし得る。したがって、この権力を、かなり大仰に、議会の全能性と呼んではばからなかった人もいた[21]。

内政問題については、このように議会は絶対的で、専制的で、全能でさえあった。外交問題については、その権威は国王大権に依拠していた。ブラックストンの主張によれば、国王大権は「本国民と外国民との交流か、本国民自体の国内統治と市民政策か、そのいずれかに関連する」。「対外的問題に関していえば」、と彼は続けてこう述べた。

王は、彼の人民の代理人あるいは代表者である。ある国家の諸個人が自分たちの能力を合わせて、自分自身と同様に無数からなる別の共同体と一緒になって国事を執りおこなうことはできない。満場一致の合意には、諸個人の行動と助言を実行する力がどうしても必要である。したがって、ありとあらゆる王の人民の光は、中央に坐す王に集まる。集まった光は、一貫性、輝き、力となる。それは、王を崇敬なるものとし、外国の君主からの尊敬を呼び寄せる。外国の君主は、その後に庶民の集会によって修正され批准されなければならないどんな交流にも、参加することを躊躇うだろう。外国勢力に関して、国王の権威に基づくものは、全国民の行為である。王の賛同がないものは、単なる私人の行為である。[22]

国王大権に含まれていたこと——実際、今も含まれていること——は、大使の派遣と受け入れ、条約、連盟、同盟への参加、そして戦争の履行と講和の締結などである。[23] 国王継承法は、非ブリテンの利害を防衛するいかなる戦争にも議会の同意を必要としていたが、十八世紀を通じて「この議会の支配を実感したことはただの一度もなかった」。[24] 一七五四年の東インド軍罰法案に関する議論の際に、ストレンジ卿はこう警告した。「近隣の君主に対して宣戦布告する必要が生じた場合、我らが主権者は国王大権を行使して議会法に構わず宣戦布告することを、ご存知ないのでしょうか」。[25] こうして、大権に対する主要な理論上の制約は、実践においては無力であることが証明された。しかし、外国勢力に関わるあらゆる事案がことごとく大権に含まれていたとはいえ、そこには個々の外国人や海上での船舶との取引に対する排他的権威はなかった。「しかるべき要請に基づいて国王担当大臣に他国船拿捕免状を交付するように命じて」、また遭難した外国人と「自発的に入国する旅行者」に対して安全通行券を認可するように「命じて、我が国の法は、大権を推進する権力で臣民を武装してきた点もあった」[26]。議会はまた、外国人に兵役を認めず、外国債のほか一七八三年以降は合衆国との通商を管理することによって、大権の力を制限した。したがって、国王と議会の分業は絶対的ではなく相対的なものだったが、外交では、その均衡は常に国王優位に傾いていた。

外交問題が諸国民の法のもとに処理される一方で、内政問題は国内法の範囲内に位置づけられた。これらの根拠によって、印紙法危機下の庶民院でブラックストンは、自分の後任としてオックスフォード大学のヴァイネリアン教授となったサー・ロバート・チェンバースとともに、植民地に課税する議会の権利を支持した。チェンバースがオックスフォードの講義で述べたように、「すべての植民地は、支援を要し、保護を求めれば駆けつけてくれる国家から課税される。ゆえにイングランドの植民地は……イングランドの立法府に課税されると結論づけるのが妥当である……ように思われる」[27]。議会は国内法を制定できたが、諸国民の法については、国民的立法に適用あるいは編入できるだけだった。そうすると、主権と（ヘンリー八世治世下の一五三三年に上告禁止法で定義されたような）帝国議会と諸国民の法の関係はどのようなものだったのだろうか。ブラックストンによれば、諸国民の法とは「自然の理性によって演繹可能であり、文明世界の住人たちの普遍的同意によって確立した規則の体系」である。ブラックストンの回答は、十八世紀中盤にありふれた法律知を定義した。

イングランドでは、国王の権力は新たな法を導入することもできず、古い法の施行を差し止めることもできないため、したがって、諸国民の法は（その立法化の対象となる問題がどこで提起されようとも）コモンローにまるごと採用され、この国の法の一部とみなされる。そして、この普遍的な法を施行し、あるいは策定を円滑化するためにときどき作られてきたこういった議会法は、何らかの新たな規則の導入ではなく、単に王国古来の基本憲法だと考えられる。諸国民の法がなければ、王国は文明世界の一部であることをやめるにちがいない。[28]

ブラックストンの判断により、諸国民の法を法令の上位に置くのではなく、法令の中に含めてしまうことで、法令の優先とコモンローの統合性が確認された。このことに、諸国民の法がイングランド法を覆すのに用いられたとか、立法の際に諸国民の法にはっきり言及するとイングランドの法令と外国の原理を融合したとみなされる、という含意はない（しかしながらブラックストンの見解はきわめてイングランド的であり、一七〇七年以前の国内法と自然法の関係についてのスコットランドの法律家の理解とは対照的である。スコットランドの法律家にとっては、「主権の理論は法令や慣習を強調し、自然法はそれよりも上位にあった」[29]）。諸国民の法の諸原理がすでにコモンローにうたわれたものであるなら、またコモンローと制定法令が必然的に互いに調和していたなら、論理的に、諸国民の法は議会の立法と協同し、議会の立法に内在しているはずである。

だが、諸国民の法と国内法の関係は、ブラックストンが読者に受け入れてもらいたがったほど単純ではなかったし、古いものでもなかった。一七五四年、トリケット対バース裁判について語ったマンスフィールドは、一七三七年のビュヴォー対バルビュイ裁判を思い返していた。

タルボット卿は明白に「諸国民の法は、その最大範囲において、イングランド法の一部だった」と宣言した。……「諸国民の法は、さまざまな諸国民の実践と、著者の権威から集約された」。したがって彼は、そのような事例と、グロティウス、バルベイラック、ビンカーショーク、ウィックフォート、等々といった権威に依拠して論じ、決断したのであった。その主題についての高名なイングランド人の著者はいなかった。[30]

(当時はただのマレー氏だった)マンスフィールドは、ビュヴォー対バルビュイ裁判の法廷弁護士として活動した。同様に、ブラックストンはトリケット対バース裁判の法廷弁護士として活動した。[31] したがって、諸国民の法はイングランド法の一部であるという教義は、ブラックストンからマンスフィールド卿を経てタルボット卿へと遡る明白な線で跡づけることができる。しかし、タルボットの判決に関するマンスフィールドの解説は一七七一年まで出版されず、ビュヴォー対バルビュイ裁判の(一七四一年初版の)概要には、諸国民の法はイングランド法の一部であるという趣旨の言明がなかった。[32] したがって、この教義はブラックストンの『法釈義』の出版以前ではありえない。

ビュヴォー対バルビュイ裁判とトリケット対バース裁判の係争点はいずれも、民事でも刑事でも外交官を起訴から免責することだった。どちらの裁判でも、外交官免責特権は諸国民の法によって認められた原理とみなされ、イングランド法の下にはないとされた。権利を侵害された大使は、(一六五三〜四年のポルトガル大使ドン・パンタレオーネ・デ・サ兄弟のように）議会に訴えるのではなく、むしろ地方裁判所や護国卿に訴えた。しかしながら、コモンウェルス時代や空位時代でさえ、十八世紀前半までは、外交官免責特権に違反した者は、コモンロー裁判所よりもむしろ、国王大権によって罰せられた(33)。したがって、諸国民の法のこの特定の原理は、少なくとも歴史的にみるとイングランドのコモンローの一部ではなかった。

一七〇九年以前に、諸国民の法はイングランド法の一部であるという原理が公式に認められることはなかった。この年、議会はアン女王治世七年十二号法を可決した。同法は「外務大臣管轄の問題であると明らかな場合の、侮辱を処罰する法の不備(34)」を認め、駐イングランド大使とその使用人に、逮捕や起訴からの免責を保証するものだった。ロシアからの大使アンドレイ・アルテモノビッチ・マトベーエフは多額の借金を抱えており、一七〇八年最後の謁見ののち、債権者の訴えにより逮捕された。彼を逮捕した州長官とその部下は、その際大使を殴打し、その召使いを襲い、大使を馬車に投げ込んでたちまち勾留してしまった。令状の交付と逮捕の責任者とされた十七人の男たちは裁判にかけられ有罪判決が下されたが、法律上どのような罪となるのかは決まらなかった。イングランド政府は諸国民の法が破られたことを認めたが、法令もコモンローも破られていなかったため、刑事告発はできなかった(35)。ピョートル大帝が罪人の処刑を要求すると、アン女王は外交官に対するすべての令状や資産押収を無効にするという法案を議会に提出した。彼らは「諸国民の法に反しており、また大使やその他の公使が常に保持し、神聖にして不可侵とされるべき権利と特権を軽視していた」からである(36)。

アン女王治世七年十二号法を「既存の法律の改変ではない」とする意見は、トリケット対バース裁判の弁護士として活動していたブラックストンにはじまると思われる。同裁判記録によると、この意見はマンスフィールド卿自身が承認し詳述したようだ。[37] ブラックストンは一七六五年に次のように述べている。「この法令がかくして諸国民の法を施行した結果として、いまやこれらの特権は、コモンロー裁判所で普段は許されている」。[38] 彼の『法釈義』第二版が出版された一七六六年になると、この一節はさらに強硬になった。「したがって、この法令の結果として、諸国民の法を宣言し施行することで、いまやこれらの特権は、本国の法の一部であり、コモンロー裁判所で常に許されている」。[39] 初版の説明では、これが近年裁判所が発展した点だと認めていた（「いまや……普段は許されている」）。第二版では、アン女王治世七年十二号法に諸国民の法の原理が適用されたため、諸国民の法は効力と適用例を増したといわれている（「いまや……コモンロー裁判所で常に許されている」）。このようにブラックストンさえ、法令への編入や法廷での適用にあたって、イングランド法と諸国民の法の関係には歴史的変化があったと認めていた。実際、彼が『法釈義』の結論でイングランド法における「目下の主要な改変」を列挙したとき、最初に掲げたのは「大使の権利に関する諸国民の法の厳粛な認知」だった。[40]

アン女王治世七年十二号法は、長い十八世紀において諸国民の法に明示的に言及したたった二つの法令のうちの一つだった。[41] 同法の制定は、一七〇九年以前には外交官免責特権の原理がイングランド法に施行されていなかったことを証明した。一方で、諸国民の法への法的言及が長い十八世紀以降ほぼ完全に途絶えたことは、この二種類の法の相違点を明らかにする。イングランド法と諸国民の法の関係は、明示的な宣言や完全な編入ではありえなかった。[42] しかしながら、一七六四年のヒースフィールド対チルトン裁判でマンスフィールドが主張したように、イングランド法の教義は一貫して、議会法は諸国民の法を変えることができないとみなしていた。[43] この原理は、自然法は単なる人間の取り決めには左右されないということを含意していた。バークが一七八一年に論じたように、「開戦の権利は……学校の勉強や哲学の知識にも、議員の演説や議論にも、委任された集会の判断にもしばられない」。[44] このことは、自然の理性に一致しない法を、それゆえ合理的被造物の普遍的同意に由来する諸国民の法に一致しない法を、議会が制定できないことを含意していた。イングランド法と諸国民の法はその適用範囲が区別されたままだったが、原理的には同化しうるものであり、それゆえ、諸国民の法は議会の優先性に異議を唱えたりせず、議会の絶対権力もまたすべての法の中でも最高位のこの〔諸国民の〕法を脅かしたりしなかった。海事裁判所で適用されたときや、コモンロー裁判所で徐々に認められたときのように、諸国民の法は国内立法を超えた案件に用いることができた。[45] 諸国民の法は、法に組み込んで選択的に採用することもできた。いずれの方法でも、法の各々の形は独立したままであり、固有な範囲内の他の法の権威を脅かすわけではなかった。

ここまでの議論から、十八世紀における議会と国際法の関係という論点は、まったくの悪問であると思われるかもしれない。結局のところ、外交政策を遂行する際に、したがって諸国民の法にしたがう問題を交渉する際に、議会は形式的な役割をもたなかった。議会が国際的合意について批判と論争の権利を行使するような重大事は比較的少なかったため、たまの例外はきわめて評判が悪かった。たとえば一七八六年の英仏通商条約についての議論がそうである。[46] 議会の法令が諸国民の法に訴える事例は無視しうるほど少なかったし、（イングランド法の教義にしたがって）立法が高次の法に取り代わることもありえなかった。

しかしながら、これらの重要な異議を考慮に入れたとしても、諸国民の法と議会の関係という論点が真に照らしだすものは、少なくとも三つの領域に残っている。第一の領域は、諸国民の法の文脈として認められた問題、たとえば名誉革命の間、イングランドとスコットランドの合同交渉の経過、一七八二～三年のアメリカ独立承認の論争などにおける、議会の行動の再考である。第二の領域は、議会討論における諸国民の法の利用である。論争では、立法の際よりも諸国民の法がよく利用され、七年戦争以降、次第に帝国と軍事の問題がウェストミンスターの審議と論議を占めるようになった時期に、この傾向はさらに顕著となった。第三の領域は、とりわけ十八世紀を締めくくる数十年に再概念化されるようになった（ブリテンにおいてだけではないが）、諸国民の法そのものの議会外での展開である。国際法の範囲と性質をめぐるこういった議論から、法の内的形式と外的形式というありきたりで不変の区別が生まれた。この区別は内政史と国際史の違いを反映し、次いで相互に理解不能なものにしてしまう。

議会の正当性と権威に関するイングランドの、後にはブリテンの定義と、諸国民の法の関係は、そのように持続していた区別と相違点の人為性を証明した。これは、名誉革命から一七〇七年のイングランドとスコットランドの合同までの間に特に明白になった。後期ホイッグ的解釈とは対照的に、トーリーと急進的ホイッグは革命を、ヨーロッパ史、つまり諸国民の法の範囲内にある出来事として理解した。ウィリアムの侵攻は、自分自身の外交政策の命令に動機づけられていたにせよ、王朝の不安定性に対するイングランドの懸念への寛大な応答だったにせよ、それでもやはり他国の問題への外からの介入だった。名誉革命の頃、諸国民の法についての主たる権威はフーゴー・グロティウスだった。彼は抵抗や介入が正当化されうる条件を列挙し、革命を不可抗力（*force majeure*）以外の根拠で擁護したいと望んでいたイングランドの人びとを権威によって支援した。一六八九〜九三年の革命論争でグロティウスの説を援用した人びとによれば、ウィリアムは正当な戦争でジェイムズを打ち倒したのであるからイングランド王位の称号を正当な征服者として主張できた[47]。ある主権者に対する他の主権者の介入として理解すれば、革命は国家間の出来事であり、したがってイングランド法のみの範囲ではなく諸国民の法の範囲にある。このような議論は、議会よりも、パンフレットに手がかりが見つかるが、そこでさえも——あるいはむしろ暫定議会では——こう論じられたのである。国民はジェイムズの排斥によって自然状態に戻ったため、自然法と諸国民の法が唯一の手引きになったのだと。「ジェントルマンは叫ぶ、法はどこかと。法を見つけることができないとき、われわれは諸国民の法に頼らなければならない[48]」。

諸国民の法、とりわけグロティウスによるその説明は、一七〇七年のイングランドとスコットランドの合同を理解する枠組みを与えることにもなった。この文脈での諸国民の法は、（一六八八年の暫定議会論争のように）法の不在を満たしはしなかったが、むしろ二つの主権による立法上の合同を理解する手段となった。合同の支持者は、ローマ人とサビニ人の合同についてのグロティウスの説明にしばしば言及した。そこで偉大な法学者は、二つの人民が各自固有の権利を失うことなく、そのかわりにそれぞれがもつ権利を互いに伝え合い、ひとつの新たな国家を作り上げたと論じた（グロティウス『戦争と平和の法』第二巻第九章九節[49]）。イングランドとスコットランドの合同は別々の二国家間での交渉だったため（二つの国家は単一の君主を共有していたが）、諸国民の法に定められた条項にのっとって行われた。しかしながら、合同条約の条項を交渉した弁務官はイングランド議会とスコットランド議会に任命されていたのであり、国王大権で任命されていたのではなかった。したがって合同条約は、公的な国際法に定義される条約と手続き的に等しくはない。さらに言えば、廃止された二つの議会による条約の条項の承認は、ウェストミンスターに新たなブリテンの立法府を創出し、まったく新しい国家であるグレート・ブリテン連合王国を導入した。一七〇七年の条約は国際法の条項の下でその後忌避や再交渉できるものではなかった。というのも、条約の当事者が国際的実体としてももはや存在しなかったからである。「その理由は……逆説的だが、諸国民の法は［イングランドやスコットランドのような］国民に関係しているのではなく、［連合王国のような］国家に関係している」からである。[50]条約の条項の下で二つの国民は、たとえば私法の問題については別個のままだったが、公法の判断についてはひとつになった。単一の国王を補弼する単一の立法府には、外交政策や通商政策で競合し続ける二つの議会の対立はもはや必要ない（スコットランド人のダリエン探検――スコットランド議会によって推進されたパナマ地峡への植民の試み――は一六九〇年代に深刻化した危機である）。けれども、行政と立法の区別、したがって大権と議会の国制上の区別は、一六八八年来のままだった。条約を議会の審議にかけなければならないのは、新たな課税や施行すべき議会法が必要な場合だけだった。[51]

合同論争でのグロティウスの名声は、自然法の近代的伝統がスコットランドで、また次第にイングランドでも、法学教育と倫理学教育の重要な位置を占めたことに部分的には由来する。[52]しかしながら、自然法と諸国民の法についての大陸の権威からの引用は、七年戦争以前はその大半が議会外の文献に見出される。十八世紀後半になってはじめて、大陸の権威は念入りに備えていた議会の論客の理論武装の中核に据えられたようだ。したがって、たとえば七年戦争開戦時に庶民院の討論でグロティウスが繰り返し引用されても驚くにはあたらない[53]。それらの文献はイングランドのコモンローをめぐる文献にいっそう徹底して取り込まれることで、議会内でさらに高く評価されることにさえなった。この点で、ブラックストンの『法釈義』の後半部のいちじるしい特徴の一つは、大陸法思想に依拠していることだった。そこには当時出版されたベッカリーアの『犯罪と刑罰について』（一七六四年、英語訳は一七六七年）だけでなく、プーフェンドルフ、ビンカーショーク、モンテスキュー、ヴァッテルといった著作家も含まれる[54]。同様に、商法の裁定について、マンスフィールドが「ローマ法、諸国民の法、外国の市民の意見」に依拠したことや、一七五三年のプロイセンの中立に関する絶賛された彼の陳述書も、そのような権威をブリテンの法律家や議員にとって馴染み深いものにしただろう[55]。

アメリカ独立戦争後の講和の準備条項に関する議会の討論は、議会と国王の相対的権威の主導権が争点になったことで、諸国民の法の効用が試される事例となった。七年戦争とは異なり、アメリカ独立戦争は、ブリテン帝国の拡大ではなく分割を伴った。そして同胞のブリテン人が反逆者となり、拡大したヨーロッパ国家体制内でその反逆者が独立した登場人物となった世界において、ブリテン国家の権威の根本的な再評価と、その結果としてブリテンの国民性の再考察がなされた[56]。たとえ国王が一七七五年の秋までに植民地人は反乱を起こしたと宣言していたとしても、それによってブリテン国王への忠誠を植民地人から奪いはしなかった。誰も自分の国を放棄できない（*nemo potest exuere patriam*）という原理にしたがって、植民地人が一方的に独立を宣言して自分のブリテン国籍を放棄することはできなかった[57]。アメリカの独立が承認されると、それまでの北アメリカにおける国王の領土の一部も割譲を要求された。アメリカ国王が大権だけを使って領土を放棄したり、帝国の憲法を構成している議会法を一方的に破棄することはできなかったため、議会が和平条約の立案に介入しなければならなかった。もちろんそのような介入に前例がなかったわけではない。同じような問題は、一六六二年におけるフランスへのダンケルク返還に関しても、一七二〇年のジブラルタルとの関係でも、七年戦争後の支配地の譲渡に関しても起きた。(58)「議会のいかなる法律、法であれ諸法であれ、出来事であれ事物であれ、それらに矛盾する定めがあっても」、一七八二年法の条項の下で、議会は国王に旧ブリテン植民地領をアメリカ人に割譲する権限を与えていた。(59)この動きが意図していたのは、「議会の認可なしに帝国を分割し、講和を実現するために、戦争の間に獲得されなかった支配地を諦めるという国王の権利」に関する動揺の回避である。この動揺は、翌年に貴族院での講和条項に関する討論で、カーライル伯が引き起こした。(60)講和条項に反対する者は、一七八二年の法は国王にアメリカの独立を承認する権威を認めただけであり、たとえば、北アメリカの支配地を合衆国へ割譲することや、ニューファンドランド島やセントローレンス湾における漁業権を割譲することは認めていないと論じた。最終的に議会は条約の条項を承認したが、一八九〇年にヘルゴランド島の割譲が議会により、大権ではなく法令によって決定されるまで、より大きな問題が未解決のまま残された。

アメリカの独立に関する一七八二〜三年の討論は、ノース卿が「これまで議会で論じられた中で最大の対象」と呼んだものだが、部分的に諸国民の法の言葉で、近代で最善の権威を用いて行われた。(61)引用された権威は互いに同意していたわけではない。たとえばビュルラマキは、世襲の王国統治者は自らの支配地のあらゆる部分を自由に譲渡できると主張した。しかしながらヴァッテルは、イングランドがそのような王国であるとは認めず、イングランド王が「議会の同意なしに自らの領土はどこであれ譲渡することはできない」と論じた。[62] ホーク卿は東フロリダを譲渡する国王の権利を擁護するためにプーフェンドルフを参照した。大法官サーロウ卿は「ブリテン国王の大権を説明するために自国の領地をスイスの著述家に参照させた」論者に応えて、「外国の著述家の研鑽と気まぐれ」をあざ笑い、「ヴァッテル氏とプーフェンドルフ氏」の権威を否定した。[63]

諸国民の法に関するヨーロッパの基本文献は英語とフランス語へ翻訳されてさらに利用しやすくなった。これは同時代の国際法学にブリテン（主にイングランドを意味する）の法律家があまり貢献しなかった一因を説明し、その弁明になるかもしれない。ヨーロッパの観察者と後世の歴史家は、国際思想の集大成に十八世紀のブリテンの増補を四点だけ認めた。一七五三年のマンスフィールドの記録、ジェレミー・ベンサムの『和平と解放』（『普遍的恒久平和論』としてよく知られている）（一七八六～九年頃）。ロバート・ウォードの『ヨーロッパにおける諸国民の法の基礎と歴史についての研究、ギリシャとローマの時期からグロティウスの時代まで』（一七九五年）、サー・ジェイムズ・マッキントッシュの『自然法と諸国民の法の研究についての論説』（一七九九年）である。[64] ベンサムの計画は、一九世紀中盤に出版されるまで草稿に埋もれたままだったが、ウォードの『研究』とマッキントッシュの『論説』は、著者らの存命中に大きな名声をもたらした。ウォードの『研究』は、実定法主義の時代においても諸国民の法の標準的な歴史書になった。その著者は国際規範を自然法の構想から引き出すことの効用に懐疑的だった。自然法は明らかに普遍的ではなく、ヨーロッパとその帝国的駐屯地とその後継国家へと明白に制限されるキリスト教文明の法を記述したものにすぎず、諸国民の法の構想自体を立法化しようと試みた無神論的なフランス共和主義者によって脅威にさらされてしまった。[65] マッキントッシュの『論説』は、ドイツの哲学史、モンテスキューの法哲学、グロティウスからヴァッテルまでの国際法の正典から取捨選択して、六人の同僚と十二人の議員を含む優秀な聴衆に向けて一七九九年初頭にリンカーン法曹院の講堂で行った一連の――しかし、残念なことに現存しない――講義のための前置きであった(66)。しかしながら、「諸国民の法の基礎と原理、あの全人類の偉大な紐帯」について議会の注目を集めた人びとの中で最も有名なのは、間違いなくエドマンド・バークである。彼はヘイスティングズ裁判において繰り返し諸国民の法に依拠し、チャールズ・ジェイムズ・フォックスのように、フランス総裁政府との戦争を正当化するヴァッテルの妥当性を論じたのである(67)。

　諸国民の法の権威者の名声は、十八世紀最後の二十年に、国際法の定義そのものに関心が高まる前兆だった。これは、議会やブリテンに限らなかった。トランスナショナルな課題そのものに関心が寄せられた。ジェレミー・ベンサムは一七八〇年に、個々であるか集合的であるかにかかわらず、国民や人民の関係ではなく、主権国家どうしの関係を特に扱う法の総体を意味するために「国際的 international」という語を造り出した。したがってより正確にいうと「国家間の法 inter*state* law」だったかもしれない(68)。この新語は、できてから二十五年間は英語話者の間で一般的でなかったが、「国際的《インターナショナル》」という言葉が必要になったのは、諸国民の法（あるいは「諸国家の法」と呼んでもいいだろう）が当時、（ほぼ完全に諸国民の法に相応すると伝統的に主張されていた）自然法から区別されるようになったことを示す徴候の一つではあった。したがって国際法は、慣習法や実定法、つまり諸国家の交渉や国家間の実定的な同意とさらに同一視された。次いで、このことは国際規範の証拠である条約の集成を求める大きな需要を生み出した。チャールズ・ジェンキンソンは、一七八五年の彼の条約集成の序文で、次のように述べている。「このような著作がジェントルマンや政治家に役立つことは十分に明白である。政治家にとって、これは法典であり法体系である。というのも、法律家が条規の集成を用いるのと同じく、政治家は条約の集成を用いるからである(69)」。

七年戦争から数十年後の諸国民の法の理論と実践に対する関心の高まりは、ウェストミンスターによる帝国的立法や非国民的立法の拡大と並行してすすんだ。帝国的立法や他の（国際法を含む）立法に費やされた立法活動の比率はその世紀を通して――地域的立法や国民的立法や「ブリテン」の立法よりも――低下したが、帝国的立法と国際的立法の数そのものは一七六三年以降、格段に増えた(70)。もちろん、領土外への立法に議会が熱心だったのは、十八世紀後半だけではない。たとえば、航海法は一六五〇年代より世界貿易を枠で囲い、海賊行為に対する法律は一七二〇年以前の半世紀に非国家的主体を海から取り除いた(71)。もちろん、奴隷貿易の禁止は、諸国民の法の規範を――奴隷商人を、伝統的に海賊を指す人類の敵（*hostes humani generis*）として扱うことによって――施行しようとする議会の願望の最も目覚ましい証拠である。しかし、これも独特とは言いがたかった(72)。十九世紀初頭以降、ブリテンとアイルランドと国土を構成する支配地の国民のためだけでなく、国王の保護下にある海外領土のためにも議会は立法した。たとえばホンジュラスやタヒチのために（海外殺人法、ジョージ三世治世五十七年五十三号法）、太平洋諸島のために（ジョージ四世治世九年八十三号法第四条）、香港のために（ウィリアム四世治世三年および四年九十三号法第五～十六条、ヴィクトリア女王治世六年および七年法八十号法）、ケープ植民地のために（ウィリアム四世治世六年および七年五十七号法）*1(73)。「これはさらに明白な「帝国議会」である。相互に作用するが異なるいくつかの政治的文化的政体の国事を管轄する議会である」。だが明らかに、ブリテンとアイルランドのみの範囲に一致するものではなかった。[74]

エドマンド・バークにとって、十八世紀を通じた変化の原因ははっきりしていた。

商業がその利点とその必要性によって他国との交通をより大きく開いたのと同じく、(常にイングランド法の一部であった)自然法と諸国民の法が洗練されていったのと同じく、増加する帝国と同じく、物事の新たな見方と組み合わせ方が開かれたのと同じく、……古臭い厳格さと過度の厳しさが、人間の利害を規則で縛るのではなく、人間の利害のために規則をつくろうとする調和への道を与えた。[75]

しかしながら、議会が討論で諸国民の法を突出して使ったことと、領土外の立法に熱心だったせいで、国内法と国際法の区別は緩和されたどころか、むしろ強化されたかもしれない。法令の優位と、立法の力なしに国際規範を強制することが明らかに不可能であるとわかると、ジョン・オースティンに代表される実定法の理論家が活気づいた。彼らは、いかなる意味においても国際「法」を法として認めず、適切に言えば国際法は主権的立法者を欠いているため、命令として解釈することも、強制しうるサンクションなく執行することもできないと主張した。[76] この国内法と国際法の区別は、国内史と国際史の区別を強化した。

議会史は通常、国内立法と討論の歴史として、したがって国際史というよりも国内史の一部として理解されている。議会の能力のそのような説明は、行政と立法府の間の国制上の境界にも由来した。しかしながら、法の制定と論議がいっそう帝国の問題を含み、諸国民の法の言葉で施行される限り、議会の討論の視野は国際的に、いやトランスナショナルにすら広がった。その間、ブリテンとアイルランドの内部であれ、〔ブリテン議会が帝国競争、グローバルな戦争、共和革命の百年間に国際法の規範に注意を払わなければならなかったときのような〕その外部であれ、国民や国境を越えていくなかで、立法がますます行為ないし出来事を規制していった。

原注

（1）Simms (2007); Ahn and Simms (2010).
（2）C. Hall (1994); Hall, McClelland and Rendall (2000); M. Taylor (2003a); M. Taylor (2003b).
（3）Maitland (1908), p. 339.
（4）Bowen (1991), pp. 30–47; R. Travers (2007); Wilson (2008).
（5）Seeley (1883)〔加藤政司郎訳『英国膨張史論』興亡史論刊行會、一九一八年〕.
（6）Ohlmeyer (1995).
（7）Doyle (2000).
（8）Force (1997); Wootton (2000), pp. 148, 152–3; より一般的には C. Taylor (1989)〔下川潔・桜井徹・田中智彦訳『自我の源泉――近代的アイデンティティの形成』名古屋大学出版会、二〇一〇年〕; Brubaker and Cooper (2000); Wahrman (2004).
（9）Beddoe (1872), p. xxvi; Mandler (2006).
（10）Kidd (1999), p. 291.
（11）Pownall (1803), p. 32.
（12）Skinner (2007).
（13）*Parliamentary History* (1806–20), xviii (1774–7), col. 162.
（14）Edmund Burke, 'Speech to the Electors of Bristol' (3 November 1774)〔中野好之訳「ブリストルの選挙人に対しての演説」『バー

ク政治経済論集』法政大学出版局所収、二〇〇〇年、一六四頁〕. Sutherland (1968), p. 1005 で引用されている。

(15) *Parliamentary History* (1806–20), xviii (1774–7), col. 503.

(16) Gunn (1999), p. 117.

(17) Gould (1997); Gould (1999).

(18) Pocock (1996), pp. 57–111.

(19) J. Black (2000), p. 47.

(20) J. Black (1991); Black (1992); Black (1993); Black (2004); Black (2011).

(21) Blackstone (1765–9), I, p. 156,「議会について」(特に断りのない限り、『法釈義』への言及はこの版から引用する)。Chambers (1986), I, p. 140 と比較せよ。

(22) Blackstone (1765–9), I, p. 245,「国王大権について」。Chambers (1986), I, p. 158 および Alexander Hamilton, '*The Federalist* no. 69' (14 March 1788), in Hamilton, Madison and Jay (1982), pp. 351–2〔ハミルトン「第六九篇　大統領の権限」斉藤眞・武則忠見訳『ザ・フェデラリスト』福村出版、一九九一年、三三四―九頁〕と比較せよ。

(23) *Halsbury's Statutes* (1985–), XVIII, pp. 720–1, §§1406, 1407; Richards (1967); Carstairs and Ware (1991).

(24) J. Black (2000), p. 14.

(25) *Parliamentary History* (1806–20), XV (1753–65), col. 275.

(26) Blackstone (1765–9), I, pp. 250, 251.

(27) Ryder (1969), p. 268; Chambers (1986), I, p. 292.

(28) Blackstone (1765–9), IV, pp. 66–7,「諸国民の法への違反について」。チェンバースはさらに用心深く、次のように述べている。「イングランドでは、とりわけ［負債や民間契約のための逮捕を免除する外交官免責特権を扱う］この種の事例における国内法では、そのすべてではないにせよ大部分が、完全に諸国民の法自体と合致している」。Chambers (1986), i, p. 262（強調は引用者による）. ブラックストンと国際法については、Janis (2010), pp. 2–10 を参照。

(29) Cairns (1995), pp. 254 (quoted), 268.

(30) *Triquet and Others* v. *Bath* (1764), in *Reports of Cases* (1771–80), III, p. 1480; Nussbaum (1947), pp. 136–7; D. Lieberman (1989), pp. 105–6. 名指しされた著述家はフーゴー・グロティウス（一五八三～一六四五）、グロティウスとプーフェンドルフのスイス人編集者であるジャン・バルベイラック（一六七四～一七四四）、*De foro legatorum in causa civili, quam criminali* (1721) の著者であ

るオランダ人のコルネリウス・ファン・ビンカーショーク（一六七三～一七四三）、そして *Mémoires touchant l'ambassadeur et les ministères publics* (1676) の著者であるオランダ人のアブラハム・ド・ウィックフォート（一六〇六～八二）である。

（31） Lauterpacht (1940), p. 53; Adair (1928), p. 296; より一般的には O'Keefe (2008).

（32） *Buvot* v. *Barbuit* (1737), in *Cases in Equity* (1741), pp. 281–3.

（33） Adair (1928), pp. 292–4.

（34） アン女王治世七年十二号法「外国の君主や諸国の大使やその他公使に特権をあたえる法律」; *Parliamentary History* (1806–20), VI (1702–14), col. 792.

（35） Frey and Frey (1999), pp. 227–9.

（36） *Parliamentary History* (1806–20), VI (1702–14), col. 793.

（37） *Reports of Cases* (1771–80), III, pp. 1478–79 では、ヘンリー四世治世三十一年四号法、グロティウス、ビンカーショーク、そしてさまざまなイングランドの判例が参照されている。

（38） Blackstone (1765–9), I, p. 248.

（39） Blackstone (1766–9), I, pp. 256–7（強調は引用者による）. Chambers (1986), I, p. 262 と比較せよ。ブラックストンの『法釈義』改訂については Prest (2008), pp. 246–53 を参照。

（40） Blackstone (1765–9), IV, p. 434,「イングランド法の増加、発展、および段階的改善について」。

（41） もう一つの法令は、ジョージ三世治世五十五年百六十号法五十八節「船乗りの奨励のための法律」である。Thomas Erskine Holland, 'International Law and Acts of Parliament', in Holland (1898), p. 193.

（42） Picciotto (1915), pp. 75–108.

（43） Holdsworth (1937–72), X, p. 372.

（44） *Parliamentary History* (1806–20), XXII (1781–2), col. 230.

（45） Bourguignon (1987); Baker (1999).

（46） J. Black (1994), pp. 104–11, 491–2.

（47） Blount (1689); *Parliamentary History* (1806–20), V (1688–1702), col. 69; Goldie (1977).

（48） *Parliamentary History* (1806–20), V (1688–1702), col. 128.

（49） J. Robertson (1995a), pp. 18–19; Robertson (1995b), p. 221〔グロティウス『戦争と平和の法』第二巻第九章九節は、一又正雄訳

『戦争と平和の法　第二巻』酒井書店、四六九頁〕.

（50）T. B. Smith (1962), p. 8.

（51）Gibbs (1970), pp. 118–24.

（52）Cairns (1995), pp. 258–9; D. Lieberman (1989), pp. 38–9; D. Lieberman (1999a), p. 363.

（53）*Parliamentary History* (1806–20), XV (1753–65), cols. 554 (Gilbert Elliot), 556 (Welbore Ellis), 568 (Charles Townshend).

（54）たとえば以下を参照。Blackstone (1765–9), I, p. 43; II, p. 390; III, pp. 70, 401; IV, pp. 16–17, 66, 185, 238; D. Lieberman (1989), pp. 205–8.

（55）Murray (1753); 'Junius' (*sc.* Philip Francis), letter 41, to Lord Mansfield (14 November 1770), in Junius (1978), p. 208; D. Lieberman (1989), p. 112.

（56）Conway (2002).

（57）Plowden (1784); Plowden (1785); Kettner (1976); Martin (1991).

（58）Gibbs (1970), pp. 125–9（ダンケルクとジブラルタルについて）, A. Smith (1978), pp. 324–5〔水田洋・篠原久・只腰親和・前田俊文訳『アダム・スミス法学講義―― 1762～1763』名古屋大学出版会、二〇一二年、三四六―七頁〕（一七六二～三年の記録）では、プーフェンドルフ、コクツェーユス、ハチソンが参照されている。

（59）ジョージ三世治世二十二年四十六号法「陛下と北アメリカにおける革命した植民地との講和あるいは停戦の締結を可能にする法令」。

（60）*Parliamentary History* (1806–20), XXIII (1782–3), col. 378. 次と比較せよ。cols. 484, 514–15.

（61）*Parliamentary History* (1806–20), XXIII (1782–3), col. 560.

（62）Marquis of Carmarthen in *Parliamentary History* (1806–20), XXIII (1782–3), col. 379 (citing Burlamaqui (1763), II, pp. 215–16, and Vattel, *Droit des gens*, I. III. 117); Gibbs (1970), p. 125 n. 40.

（63）*Parliamentary History* (1806–20), XXIII (1782–3), cols. 390 (referring to Samuel Pufendorf, *De Jure Naturæ et Gentium Libri Octo* (1688), VIII. v. 9), 431–2.

（64）UCL Bentham XXV. 入念に編集された版としては in Bentham (1838–43), II, pp. 546–60; R. Ward (1795); Mackintosh (1799).

（65）Ward (1795), II, p. 338.

（66）BL Add. MS78781; J. Mackintosh (1835), I, pp. 108, 111–15（第1講義からの抜粋）; J. Mackintosh (2006), pp. 250–8（「『論説』へ

の補論、講義からの抜粋」).

(67) Edmund Burke, *First Letter on a Regicide Peace* (20 October 1796), in Burke (1991), p. 240〔中野好之訳「国王弑逆の総裁政府との講和」『バーク政治経済論集』法政大学出版局、二〇〇〇年、九〇六頁〕; Charles James Fox, 'Address on the King's Speech at the Opening of the Session' (21 January1794), in Fox (1815), V, p. 156; Stanlis (1953); Whelan (1996), pp. 287–91; Hampsher-Monk (2005).

(68) Bentham (1996), pp. 6, 296; Suganami (1978); Janis (1984), pp. 408–10.

(69) Jenkinson (1785), I, pp. iii–iv.

(70) Innes (2003), p. 19.

(71) Pérotin-Dumont (1991), pp. 214–18; Ritchie (1986); Benton (2005).

(72) Davis (1998), pp. 113–19; Allain (2007); Keene (2007).

(73) Holdsworth (1937–72), XIV, pp. 81–6.

(74) Innes (2003), p. 38.

(75) Report on the Lords Journals (30 April 1794), in Burke (1998), p. 163.

(76) Austin (1995), pp. 123, 160, 171, 175–6.

訳注

＊1　各法が可決された治世年は以下の通り。ジョージ三世治世五十七年（一八一七年）。ジョージ四世治世九年（一八二八年）。ウィリアム四世治世三年および四年（一八三三〜四年）。ヴィクトリア女王治世七年および八年（一八四二〜三年）。ウィリアム四世治世六年および七年（一八三六〜七年）。なおジョージ四世治世九年八十三号法はオーストラリア裁判所法（Australian Courts Act）、ウィリアム四世治世三年および四年九十三号法は中国貿易法（China Trade Act）、ヴィクトリア女王治世七年および八年八十号法は中国在留ブリテン臣民法（British Subjects in China Act）、ウィリアム四世治世六年および七年五十七号法は喜望峰近隣犯罪法（Offences near Cape of Good Hope Act）である。

第9章　エドマンド・バークと国家理性

エドマンド・バークは国際理論家として重視すべき数少ない政治思想家の一人だった[1]。国際関係論におけるイングランド〔英国〕学派の提唱者の一人であるマーティン・ワイトによれば、バークは「政治理論から国際理論へ全面的に転換した……唯一の政治哲学者」だった[2]。しかしながら、国際理論家としてのバークへの関心は再燃したが、彼を国際関係論の伝統のどこに分類するのかについては、まったく共通見解を得られていない。ワイトは思想家たちを、現実主義者・合理主義者・革命主義者、マキアヴェリ主義者・グロティウス主義者・カント主義者、国際的無政府・慣習的交際・道徳的連帯の理論家というように、さまざまな三種類の学派に分類した[3]。さらに近年の国際関係論者は似たような三分法の伝統、すなわち現実主義・リベラリズム・社会主義の伝統や、経験的現実主義・普遍的道徳秩序・歴史的理性の伝統を構築するため、これらのカテゴリーを洗練ないし補足した[4]。バークをどの伝統に位置づけるのかは、いまだ不確定なままである。彼は現実主義者だったのか、それとも理想主義者だったのか。

合理主義者だったのか、それとも革命主義者だったのか。こうした論争はさまざまな結論を生んできた。「保守主義の十字軍」だった、「歴史的経験主義者」だった、遅れてきた二元論者だった、事実を前にした冷静な戦士だったと。「プロト・マルクス主義的、より適切にはプロト・グラムシ主義的」ヘゲモニー論者だったという非常に極端なものまである。(5) これほどまでにバークを定義することが困難だという事実は、厳密に定義された国際理論の「伝統」の分析的効用を疑わせるものである。(6)

国家理性という概念とバークの関係は、こうした分類の混乱のいっそうふさわしい例となっている。ある国際理論史家によれば、バークは「国家理性、すなわち国益と必要性という二つの近代的観念を特徴とする……国際関係への保守的アプローチ」の「基礎を築いた」。しかしながら別の国際理論史家によれば、「バークは……国家理性という観念に激しく反発し、国益が道徳法則に優越するとの見解には賛同しなかった」。(7) この二つの判断が依拠する前提は明らかに矛盾している。前者では、外交問題の領域における「保守的アプローチ」は「国益と必要性」の優位として定義された国家理性の信奉を含意しており、バークは実際にこのことを認識していたと想定されている。後者では、国家理性は「国民の利益が道徳法則に優越するという見解」であるといっそう厳密に定義され、バークは実際にはこうした見解をもっておらず、したがって彼を国家理性論者として定義することはできないと想定されている。もちろん、バークがその長い執筆経歴と政治経歴のさまざまな時点ごとに、こうした事柄について別々の見解をもっていたとか、異なった文脈でそれぞれ異なった国家理性の構想を論じていたということもあるかもしれない。こうした仮説を確かめるには、バークの同時代人や先駆者の国家理性理論とバーク自身との関係を歴史的に説明する必要がある。

バークを国家理性の伝統に位置づけること自体が、単にカテゴリーとして間違っていると思われるかもしれない。なにしろ彼は、有名な話だが「威勢のよいマキアヴェリ主義的政治家たち」を嫌悪し、「マキアヴェリ主義的政策の忌まわしい格律」を嘆き、「大難に際した者は生半可な悪人であってはならないというマキアヴェリの恐るべき格律」を糾弾し、『ディスコルシ』をフランス共和主義の扇動文書とみなしていたのである。[8] マキアヴェリとマキアヴェリ主義を酷評した彼は、フリードリヒ・マイネッケが提示し、今では古典となっている見解を先取りして主張したものである。マイネッケは、「国家理性を一方に、倫理および法をもう一方に」対置し、両者の分離を、この伝統におなじみのあだ名となった異教のフィレンツェ人にまで遡った。[9] 国家理性とマキアヴェリについてのこのような説明は、バークを利点や利益についての人間の計算を神の理性の命令よりも重視してはならないとする中世の自然法論者の最後の一人とみなす根強い解釈を補強した。もし国家理性が、政治的便益は道徳法則に取って代わるべきだという学説を意味しているなら、バークはその学説の（そしてマキアヴェリの）敵でしかありえない。彼の「政治学は……理性の普遍法則と良き共同体の基礎としての神に定められた正義の認識に基づいていた。この認識の中で、政治と道徳のマキアヴェリ的分裂は解決する。そして正確に言えば、この観点において、バークを国家理性論者であると主張して見下してきた近代的実定法主義者やプラグマティストから、バークは距離をとっている」。[10] そう受けとめないならば、バークはふたたび便益の提唱者、功利主義者、世俗主義者の手にわたってしまう。

国家理性と自然法についてのこうした説明はおそらく、バークが引き継いだ近代自然法理論への誤解に根差している。この理論は、もともとフーゴー・グロティウスが再興し、彼の後継者が磨きをかけたものであり、ストア派から自己保存という基礎的原理を借用していた。実践的原理としての自己保存の限界を定めるには、常に、競合する善を帰結主義的基準にしたがって計算する必要がある。[11] このことは、私人にとってだけでなく、政治体やその統治者にとっても真理である。政治的領域においては、結果計算の基礎的な決定要素は必要性だろう。国家（*res publica*）の場合、政治的行動の原理としての必要性は、至上の法（*suprema lex*）である公共の利益（*salus populi*）に訴えることでしか正当化されない、とはキケロの有名な言葉である（『法律について』第三巻第三節）。キケロは国政におけるこうした計算に厳しい制約を課し、計算を自衛、安全、自由の保護といった目的に制限した。目的の遂行にあたりあらゆる行動は、悪政を避け、共和的国制に従うべきでもある。[12] 後世の――キケロが執筆した際のローマ法と共和的法の文脈が刈り取られた――検閲において、このような理論が、自然法の原理と、共通善の利害へと厳密に制限された必要性とを調停した。この理論は、内政の領域を超えて国際的領域まで拡がりうるものでもあった。[13]

ストア派倫理学の議論に基づいた自然法学の「近代的」伝統は、特定の目的に関して競合する善の測定に依拠するという点で功利主義的だった。バークをこの伝統につらなる国家理性理論に位置づけても、彼の思想に矛盾があることを含意しない。「マキアヴェリ主義的」便益への反対者は、同程度にキケロ的「必要性」の支持者でもありうる。二つの相違は用いる基準である。すなわち、訴えられうる状況という基準と、望まれたり想定されたりする帰結という基準の違いである。近世の国家理性理論の血統にバークを当てはめると、まさに「[彼は]帰結のための実践的配慮でしかない便益に依拠した考察をいかに重視するのか」を理解できるようになる。[14] さらにいえば、この伝統での国家理性は新ストア派的な自然法の構想に基づいているため、まさに帰結主義的である。そこで、バークをこの文脈で国家理性論者とみなせば、彼の政治思想は本質的には功利主義的なのか、それとも自然法学的なのかという不毛な論争をうまく回避できる。[15] 長い間問題となっていた自然法学の伝統とはグロティウスが創出した「近代」自然法学であり、長い間問題となっていた功利主義とはこの帰結主義的な自然法学であると、それぞれ記述することもできるだろう。自然法の伝統と帰結主義が深刻な段階で対立するという見込みは、あらゆる形式の自然法学に当てはまるわけではなく、あらゆる形式の帰結主義に当てはまるわけでもない。[16] バークの政治思想と国際思想を特徴づけるために、どちらか一方を選択する必要もない。

　バークの国家理性理論は、国内体制にも国家の対外関係にも等しく適用できる。こうして、その射程はキケロによって提示された国内の政治的決定を超えて、グロティウスのような近代自然法学者が扱った国際的領域にまで拡がった。これにより国家理性は、初期近代政治思想において概念的に近い主権や勢力均衡と同じく、二つの顔を持つ。[17] 主権や勢力均衡と同様に国家理性は、国家における正統性と権力の配分の理論として定義された政治理論と、国際理論との境界を乗り越える。双方の領域で、国家理性は必要性の強制力を認める。したがって、理論的関心は、偶然事項、例外事項、予見不能性にある。マイネッケは「主体自身がつねに絶対的で逃れられないととらえ、またこの上なく深遠に感じとるところの高度の因果的必要性は、それゆえ国家理性が促すすべての行為のまさに本質に属する」と論じている。[18] 必要性は法を持たない（*necessitas non, habet legem*）ため、国家理性は法典化も立法化もされない。国家理性だけでは、本当に切迫した必要性とされる事例が何なのかを、そして慣習や法よりも必要性を優先してよい適切な状況が何なのかを決めることもできない。こういった例外が引き出される規範を制定できたにとどまり、より一般的にいえば、自然法の規範を応用するための帰結主義的手段を提供したにすぎない。こうした点では国家理性は、同じくきわめて切迫した必要性を取り扱う抵抗理論に近い。しかしながら抵抗理論は、たとえ後知恵にすぎないにしても、反逆が正当化されるための厳重な条件を定め、民主的行為であっても、幅広い主体に必要性の判断を下す可能性を与える。国家理性理論では、必要性の強制力は普遍的に承認されると想定するが、それは特定の状況下で特殊な主体、通常は君主によって承認される。必要性が明白で強制的となる条件は、厳密に定義できるものではない。したがって、適用に際しては君主や首長の裁量が必要となる。これらの要求は必要性を統治機密（*arcana imperii*）の一つとしてしっかりと位置づけ、必要性は単に主観的で、恣意的で、無制約なものにすぎないという（特に判断から排除された人びとからの）非難を許してしまう。

内政的であれ国際的であれ、国家理性は道徳的に曖昧であるため、二種類の国家理性が推定されても当然だろう。一方には自然な正当化できる国家理性があり、他方には単に当てずっぽうの、非難に値する国家理性がある。[19] バークが依拠したイングランドのホイッグの伝統には、両方の国家理性の先行事例がある。たとえば、ハリファックス侯は一六八四年に、「人類の共通善に基づいた、定義不可能な、自然な国家理性が存在する。これは不滅であり、あらゆる変化や革命においても、法の条文が国民を滅ぼしかねない場合には国民を救うという根源的な権利を保持している」[20] と述べている。その後も彼は「真の必要性に抵抗してはならないし、偽りの必要性を主張してはならない」と断言している。[21] ジョン・トーランドは一七〇一年にこう不平を述べた。「統治の本質にしたがって、他国民の利害や勢力に関する国内外での国事を扱う正当な理由が、現実に国家理性以外に存在しない場合」であったとしても、政治家が必要性を主張するならば、単なる「統治機密」の一つとして不信の目を向けられるだろうと。[22] 国家理性が自然で、正当に共同体の利益を目的とするものなのか、それとも統治者の利益だけを考えているのか。これを判断するのは困難であり、一人の理論家の思想ですら国家理性は競合し、明らかに正反対の解釈が導かれてしまう。バーク自身が『国王弑逆者との講和についての第三の書簡』（一七九六～七年）において述べているように、「必要性は法を持たないため、羞恥も持たない。だが道徳的必要性は、形而上学的ではなく、物理的ですらない。そのカテゴリーにおいて、必要性は意味が曖昧な言葉であり、異なる精神にそれぞれ異なる観念を伝えるのである[23]」。

国家理性という言葉とバークの付き合いは、最初の政治的主著『自然社会の擁護』（一七五六年）にはじまり、最後の著作『国王弑逆者との講和についての第三の書簡』にまで及んでいる。『書簡』で彼は「国家理性と常識は違うものだ」とこぼした。[24] それより三十年前の『擁護』では、同時代の帰結主義を同じ論調で風刺していた。

すべての政府は自己を維持するためにしばしば正義の原則をおかさなければならないこと、真理が偽善に、正直が便宜に、人間性自体が支配的利害関係に屈しなければならないこと、政治科学のすべての著述家はこれらのことに同意しており、彼らは経験的に一致している。この不正の神秘の全体が国家理性とよばれる。これが、私が理解できないといっている理性なのである。個々人の諸権利をおかして維持される保護とは、一般的権利のどんな保護なのか。自分自身の法をやぶって遂行される正義とは、いかなる正義なのか。……そうした場合に平凡な人間が言いそうなことを言おう。

自然に一致し人類にふさわしい何らかの制度が、人類の最善で最も価値ある本能が避けるように警告したことを、どんな場合であれ、行う必要があるとか、行えば都合がよいなどとは、私にはとうてい信じられない。[25]

『擁護』は、自然社会に対する帰謬法と同じ議論によって自然宗教を支える論拠を掘り崩そうとする皮肉めいた試みで、その直接の契機は一七五四年に出版されたボリングブルックの理神論的著作だった。[26]しかしながら、バークが『擁護』のこの一節で標的としたのは、ボリングブルックではなくデイヴィッド・ヒュームだった。『人間本性論』(一七三九～四〇年)において、ヒュームは諸国民の法は自然法に優越しないと論じた。人間と政治体はどちらも、所有権と約束の順守という同じ義務に拘束されている。しかしながら、君主は私人と比べるとその義務の拘束力が弱い。所有権の安定、司法の管理、衡平法の裁定から、諸個人ではなく諸国民が得る利益に比例して、「君主たちの道徳は私人の道徳と同じ範囲に及ぶけれども、効力の強さは同じではない」と彼は論じたのである。[27]ヒュームは『道徳原理探究』(一七五一年)でこの問題に立ち返り、国家理性という言葉の特徴を再び論じて、『擁護』でバークが風刺する直接の契機をもたらした。

正義の順守は、[諸国民間において]有用であるが、個人間におけるほど強い必要性によって守られてはいない。そして道徳的責務は、有用性に比例している。すべての政治家も哲学者の大半も、次のことを認めるだろう。正義の厳格な順守が、契約当事国のいずれかにとって、かなり不利となるような特殊な非常事態にあっては、国家理性が正義の諸規則を廃し、条約や同盟を無効にできると。しかしながら、最大限の必要性以外の何物も、個人の約定違反や、他人の所有権侵害を正当化できないと、一般に認められている。(28)

バークはヒュームを皮肉を込めて読み直したが、国家理性に基づいた行動を支える理論的基礎が傷つけられたわけではない。国家理性が不当となるとすれば、市民社会自体が不法な場合だけである。もし――バークが後に『省察』で論じたように――政府が「人間の必需品を実現するため」に必要な「人間の知恵の発明品」であり、「人びとはそうした必需品を提供される権利をもつ」とすれば、政府には、人びとに必需品を提供するため、必要な手段を用いる権限が与えられることになる。市民社会の個々の成員は、既に「自衛の権利である第一の自然法」を政府に預けており、したがって必要性の裁決権を統治者へと譲渡しているのである。(29)

バークによれば、内政の領域にあっても、切迫した必要性の強制力の下で、かつ政治的共同体の保存という利害を守るためであれば、その限りであらゆる法が猶予される。コナー・クルーゼ・オブライエンはこのような告白を「何枚ものヴェールが組み合わさっているバークの世界では、ありふれた悩ましい問題のひつと」とみなしている。(30) しかしながら、この原理はバークを悩ませているようにはほとんどみえず、暴露になるとは考えにくい。一七八〇年にバークは庶民院で次のように述べている。財務府大特許局は経済改革という名目では廃止されない、なぜならこの職位は終身職であるため、所有権の一種であり、こういった正当な所有の原理に優越するものは必要性しかないからだと。*1 にもかかわらず、彼は「あらゆる法を凌駕する、きわめて広範明確かつ自明な公共の必要性の機会がある」ことを認めている。「法は共同体の利益のためだけに作られるため……あらゆる法の名分にして理由である共同体の利益には、どんな法も対抗できない」と。[31] 公共の必要性（キケロ的な公共の功利性（*utilitas publica*）あるいは国家の功利性（*utilitas rei publicae*））に合致する切迫した強制力のみが、国家理性への訴えを正当化しうる。同じ根拠に基づいてバークは、プロテスタント協会がカトリックの救済に反対したことを非難する。プロテスタント協会は「国家理性という美名と、国制とコモンウェルスの安全という美名を掲げる」が、これは単なる「邪念と臆病と怠惰の馬鹿げた合成から出来た政策の処方箋」であるため、原理の正当な発動ではないのだと。[32] 必要性の訴えは共同体全体の利益によって、それゆえ究極的には社会そのものの保存によってのみ正当化されるため、必要性に訴えてもよい状況は、臨時かつ切迫した状況でなければならない。したがって、バークがウォーレン・ヘイスティングスの弾劾裁判で一貫して論じたように、必要性が政府の規定原理になってはならないのである。[33]

バークによれば、近年のイングランド史でその厳格な条件を満たすのは名誉革命のみであるため、後世の公共的必要性に関して信頼に足る判断基準になるのは名誉革命である。一六八八年〔の革命〕が国王の廃絶をブリテン国制の規定原理にしたとするリチャード・プライスは、バークにこの国家の必要性理論を改定するよう迫った。プライスに対しバークはこう答えた。革命とは「最も厳密な道徳的意味において理解できる限りでの必要性の行動」であり、したがって国制上の手本にはなりえない。こういった極端な非常事態は、「確定した規則と臨機応変な方策の……両立」を可能にし、これだけが政府の完全な崩壊を伴わず危機を解消する唯一の方法であることを示しているのだと。[34] この議論は、一六八八年以降ホイッグ党が守ってきた古来の国制の解釈を擁護するトーリーの手法を復活させた。それを採用することによって、バークは、一七一二年にホイッグを告発したヘンリー・サシェヴレルの先例に従うことにもなった。[35] この特定の必要性に基づく議論は、第一に、革命を正当化するとしてエドマンド・ボームやトマス・ロングといったトーリーが採用した。同じように、グロティウスに完全に依拠して抵抗権の制限を正当化したチャールズ・ブロウントのようなホイッグも、また十七世紀初頭にアンソニー・アスカムのような理論家も事実上採用した。[36]『戦争と平和の法』（一六二五年）の第一巻でグロティウスは、神の法ですらそのいくつかは、極度に差し迫った危険事態では暗黙の例外を含むことを認めている。もっとも、共通善の考察を放棄するなら、例外として擁護できる事例などありえない。そうした最小主義に基づいて、自身の統治上の権威を捨て去り、自身の王国を拒絶し、自分自身を人民の敵としてしまった統治者に対する抵抗が正当化された。[37] この議論は、自己保存を訴えるものの、明らかなグロティウス的起源が取り除かれて、サシェヴレルを弾劾したホイッグ党議員に、一般的で無制限の反乱の権利という亡霊を封じこめたまま無抵抗の教義と戦うために必要な武器を与えたのである。[38] バークは『新ホイッグから旧ホイッグへの上訴』（一七九一年）においてサシェヴレル弾劾裁判の写しを、（ロバート・ウォルポールの言葉を借りて）「最も非常な、やむをえざる必要性」がある場合のみ「……国民全体が自己防衛と国制全体の保全のために決起すべき」であると示すために長々と引用している。[39]

　フランス革命についての論争の間に、グロティウス的伝統における国家理性がバークに提供した論証は、一六八八年の（イングランドにおける）出来事と一七八九年の（フランスにおける）出来事は、どちらも差し迫った危険、つまり武装介入を正当化し、したがって「必要性」の条件を満たすような危険の事例を提供するという点で類似していたとするものだった[40]。この必要性に基づく論証は、フランス革命を名誉革命と同一視したイングランドのジャコバン派を攻撃する武器となり、一六八八年〔の名誉革命〕を正当化した理由と同じものでは、一七八九年〔のフランス革命〕は擁護できないことをバークに教えた。バークにとってフランス革命が恐るべきものだった理由は、ヨーロッパ諸国の真の利害を危険にさらしてしまうからである。そしてその利害こそが、諸国の自然な国家理性の基礎である。こうしてフランス革命に対する十字軍は、エメール・ド・ヴァッテルが提示した諸国民の法の原理にしたがい、「この国民、否、どんな国民がこれまで遂行したものの中でも、最も紛うかたなく正しく必要だった戦争[41]」となった。バークにとって重大な相違は、一六八八年以前のイングランドは一七八九年以降のフランスに似ているのであって、一七八九年以前のフランスに似ているのではないということだった。イングランドのジャコバン派はフランスの共和主義者をホイッグと同じと考えようとしたが、バークにとって共和主義者はジャコバイトと同じであるばかりか、事実上、普遍的君主制を望んでいた点で、ルイ十四世とも似ていた。

バークの必要性への言及は、名誉革命とフランス革命の概念的な相違を暴き出す。前者が、公共の利益の原理によって適切に拘束された戦略的で限定的な革命だったのに対し、後者は、原理も制約もない国家理性の結果としてその影響を際限なく解き放った革命だった。それゆえ、あらゆる国家の統合性が危険にさらされてしまった。少なくともこれが、『省察』出版以降のバークの議論の方向性であり、彼の国家理性の構想が一七九〇年から一七九三年までに変化したことを示している。しかしながら基本的な論証は、必要性から引き出され、ローマとネオ・ローマの国家理性理論の痕跡に基づいたものであり、この論証は『省察』自体にも含まれている。名誉革命とフランス革命は、それぞれが引き起こした必要性への訴えが真か偽かという点で区別できる。万民法（*ius gentium*）の観点からは、一六八八年のイングランドと一七九三年のフランスは概念的に等しかった。どちらの国家も国内が分裂状態にあり、どちらの国家も切迫した危険によって脅威にさらされ、あるいはみずからが切迫した危険となっており、したがってどちらの国家も正しい陣営への武装介入を正当に必要としたからである。その相違点は、一七九三年以降の（戦闘的で、抑圧的で、対外的に攻撃的な総裁政府の下の）フランスが、一六八八年の（専制君主ジェームズ二世の統治下の）イングランドと同一視されたという事実にある。『省察』の驚くべき一節、古典からの示唆に満ちた、そしてホイッグではなく、元々はトーリーのものである征服の論証に基づいた一節で、バークは次のように論じている。

> 武器の中で法は沈黙を余儀なくされ、法廷の権威はもはや自ら保持する手立てを失い、平和とともに地に堕ちる。一六八八年の革命は正しい戦争によって実現したのであり、何らかの戦争が、とりわけ内戦が正しいと判断される唯一の名目で、正しい戦争となったのである。すなわち「正しい戦争とは必要な戦争である *Justa bella quibus necessaria*」[42]。

ここでバークは、法を超える力を正当化する際に最も頻繁に参照される二つの古典的警句に言及している――武器の中で法は……沈黙する（『護民官ミロン弁護』第四章第二節）というキケロの格言と、正しい戦争とはサムニウム人にとって必要な戦争である（リヴィウス『歴史』第九巻第一章第十節）という、サムニウムのポンティウスの演説である。ポンティウスの演説では、カウディウム渓谷の戦いの後にローマ帝国がサムニウム人の懐柔的交渉を拒絶したため、必要性という根拠に基づいてサムニウム人が戦争に邁進することを正当化してしまったとされた。グロティウスは『戦争と平和の法』において、自然法が効力を持ち続けるとしても、特定の共同体の国内法は「武器の中で……沈黙する」と論じる。グロティウスはさらにこう述べる。他者に戦争の原因を与えた者は誰であれ、自分たちが攻撃されても防衛的行動を主張できない。同じように、サムニウム人がカウディウム渓谷の戦いの後にローマ帝国を攻撃したことも正当化されると。[43] ローマ帝国の執拗さが極端な反応を引き起こしたとき、戦争は必要性となり、他のすべての望みを絶たれた者にとって武器は合法となった。まさにそうした観点で、バークは次のように結論づけた。ジェイムズ二世が妥協しなかったことは、「憲法の問題ではなく、戦争の問題」に似ているのであり、「完全に法の枠を越えた、国家の臨時問題である」と。[44]

この事例でのプロテスタント君主オラニエ公とその軍隊は、国外より介入したため、イングランドの内政では、国内法に拘束されない内戦から、万民法の原理の下にある二君主の対外戦争になったと正当化されてきた。対外戦争では、勝利によって征服が正当化される。これに基づくと、一六八八年のウィリアムの介入は正しい戦争の一例であり、ジェイムズに対する勝利は正しい征服行動であるとみなされた。[45] ここでバークが何よりアイルランド人として考察した可能性はある。名誉革命のアイルランド局面を意味する一六九〇~九一年のジャコバイト戦争は、実際には征服戦争だったため、イングランドでのジェイムズ二世と後のウィリアム三世の流血なき膠着状態はとうていありえなかった。[46] しかしながら、バークによるヴァッテルの引用はもっと簡単に考えてよい。『国際法』(一七五八年)においてヴァッテルは、もし一六八八年に「イングランド人が正しくジェイムズ二世を訴えた」ように、支持しえない専制君主が人びとを反乱へと駆り立てたなら、すべての国外勢力には虐げられた人びとを助ける権利があると論じた。「内戦に事態が向かう……場合であれば、国外勢力は正義があると思われる側の陣営を助けてもよい」。さらに言えば、「あらゆる国外勢力は援助を嘆願する虐げられた人民を救援する権利を持つ」。これらの根拠に基づいて、オラニエ公ウィリアムは傷ついた陣営に、すなわちイングランド人民の側に正しく介入したのである。(47)

国外勢力による介入を正当化しようとするヴァッテルの名誉革命の用例と、革命を正しい戦争の事例とみなすバークの議論は、実のところ同じであり、どちらも、一六八八年〔の革命〕が正しい事例となったのは、外部からの介入がヴァッテルの基準にしたがって正当化されたからだと結論する。バークは、ヴァッテルの直接の支持を得て、『フランスの国情についての考察』(一七九一年)でこの議論をしている。「このような現状では(つまり一王国が分裂状態にある場合には)、諸国民の法に基づき、グレート・ブリテンは、他のあらゆる諸国と同様に、自らが正しいと信じる自由な行動を選びうる」。彼は以前、自分の息子に「この件については、共和主義的な著者であるヴァッテルに助言を求めよ」と忠告していた。(48)ヴァッテルへの言及は、以前の戦時の道徳をめぐる論争――アメリカ独立戦争中の一七八一年、ブリテンによるオランダ領ジントユースタティウス島占領の事例――にさかのぼる。そのときバークは「ヴァッテルを最新かつ最善の［自然法の解釈］者として引き合いに出し、ヴァッテルが選んだ証拠とも引用した。ヴァッテルが近代的な著者として表現しているのは、われわれの時代の感覚だからである」。(49)しかしながら、フランス革命の場合には、正義の問題はさらに悩ましく論争的だった。ヴァッテルによれば、近隣の勢力の増大が戦争の十分かつ正しい理由になりえるかどうかは、「とても有名で、かつ最も重要な問題」である。[50] グロティウスや後のヴォルフによれば、「増大する勢力を弱体化させるために武器を取ること」は戦争の正しい根拠には決してなりえない。単なる危険の源泉にもなりえるからである。ヴァッテルはこれに同意せず、総裁政府との神聖な戦争を正当化するためにバークが欲していた国家理性の論証をバークに提供したのである。[51] ヴァッテルは、迫り来る隣国によって国家の安全が脅かされるので、全ヨーロッパの自由秩序のために侵略を予測するのは正当であると論じた。[52] これはスペイン継承戦争中の事例でも同様だった。また、近代ヨーロッパはいまや一種の共和国であり、以前には離れ離れだったすべての国々が共通の利害という紐帯で繋がれていると論じた。勢力均衡はそうした共通の利害を護る策であり、ヨーロッパに自由を保証する手段を提供する。純粋に功利主義的な計算は、予防的侵略を正当化するには不十分であり、恐るべき危害への先制攻撃のみが、戦争を十分に正当化できる。国家連合はそうした危害に対する最善の防衛手段かもしれないが、もし連合が失敗したなら、大コモンウェルスの利害や正義と誠実さにしたがって、ヨーロッパの自由を脅かす明白な侵略勢力を駆逐し弱体化すべきである。[53] マイケル・ウォルツァーは、ヨーロッパ「共和国」の安定を維持する勢力均衡に関して、バークを介入反対者として、ヴァッテルをその支持者としてとらえていた。しかしながら、一七六〇年代にバークが抱いていた見解がどのようなものであれ、一七九三年までにはヴァッテルに同意するようになり、勢力均衡を防衛するための介入は正当化できるとしたのである。[54]

ヴァッテルにとってそうした正当化を可能とする警告の鍵となる歴史的事例は、スペイン継承戦争だった。その戦争において、当時ホイッグが論じていたように、またヴァッテルが半世紀後に同意したように、ルイ十四世は全ヨーロッパの秩序に対して、普遍的君主制という目論見によって恐るべき脅威を与えたのである。(55) バークは一六八八年の観点で一七八九年をとらえたため、総裁政府に対する戦争をスペイン継承戦争と概念的に等しいと判断した。スペイン継承戦争を終結させたユトレヒト条約は勢力均衡を、ルイ十四世のフランスのような勢力による普遍的君主制の脅威に対する国際秩序の中心的規制原理と定めた。したがって一七一三年以降の国家理性は、普遍的君主制の熱望に対抗して均衡を防衛する予防的侵略を正当化した。普遍的君主制というホイッグ的な慣用句と、それを生んだ戦争の記憶が、明らかに『国王弑逆者との講和についての書簡』における「新たな体制に基づいたフランスは、普遍的革命を起こし、普遍的帝国を形成するつもりだ」というバークの警告の背後に横たわっている。(56) これは『省察』における、フランス革命とその後の展開は名誉革命の光の中で見るべきだというバークの議論へ論理的に引き継がれている。この類比が適切なのは、フランスの新体制に脅かされたヨーロッパの文明と安全という共通の格律と、ユトレヒト条約によって定められ、ヴァッテルが保持しようとしたものが同じだからである。(57) ヴァッテルの議論は七年戦争の緒戦から始まっており、ボリングブルックやヒュームやロバートソンやギボンがそうしたように、(58) ヴァッテルはユトレヒト条約下での勢力均衡をヨーロッパの国際秩序の基礎と想定していた。バークは同様の基礎に立ち戻り、次のように論じている。「もしルイ十四世による宗教の強制を阻む戦争が正しいとすれば、ルイ十六世の殺戮者の一味による無宗教をわれわれに強制する企てを阻止する戦争もまた正当である」と。(59)

順当に進めば、革命戦争はヨーロッパの勢力均衡を瓦解させ、ポール・シュローダーが論じたように、ヨーロッパの政治を不可逆的に一変させただろう。(60) バークはヴァッテルの助けを借りて、ポスト・ユトレヒト的国家理性にしたがって、それを予見した。『同盟国の政策についての論考』（一七九三年）において彼はヴァッテルを引用し、「それがある陣営への誠実な善意であり、かつ自分自身に関する賢明な警戒であるか否か」によって、特定の事情では介入は権利から義務になることを示した。バークがヴァッテルを引用しつつ示したように、フランスに対する介入は全ヨーロッパ諸国にとって適切で「賢明な警戒」だろう。というのもフランス共和国は諸国の自然的国家理性――諸国の利害、諸国の安全、そしてヨーロッパというコモンウェルスにおけるパートナーとしてすべての諸国が共有している政治的格律――に対して、先例のない脅威をもたらしたからである[61]。したがって、近隣の、近接した、かつ正当な危険の懸念が介入を正当化した。一七九六年にバークは小気味よくこの立場を要約している。「私は疑いもなくアルジェの彼方の砂漠で咆哮するライオンの群れよりも、寝室にいる一匹の野良猫に一層の恐怖を感じるだろう[62]」。

バークは『フランスの国情についての考察』（一七九一年）において、ヨーロッパ諸国でも国内の革命は多々起きたが、自国の領土を超えてその影響を広げたものはない（名誉革命ですらそうではない）と論じている。しかしながら、彼はこうも付け加えている。

> 私には、目下のフランスの革命は〔名誉革命とは〕性格も種類もまったく異なるように思われる。従来の単なる政治的原理に基づいてヨーロッパで引き起こされた革命とは、ほとんど何の関係もないし似ても似つかない。これは独断と理論的臆見に基づく革命である。その意味でフランス革命は、改宗勧誘《プロセリティズム》の精神をその本質とする、従来の宗教上の理由に基づいた改革ときわめて似通っている。

この種の教義と理論の革命で、ヨーロッパで最後に起きたのは宗教改革である。……［その］結果、従来の各地域の自然環境が生むものとは違った利害があらゆる国土へ輸出される事態が生じた。[63]

宗教改革が行ったように、また革命が行おうとしているように外国の利害を導入すると、ある国家の自然な状況とその状況が生み出す慣習的な利害の間に必要な結びつきが瓦解する。ましてや、たとえば信仰や人権で正当化された、普遍的に適用可能だと主張する利害であればなおさらである。これにより、「地域に根ざした愛国心」と決定的で有機的な国家理性は「完全に破壊されるとは言わないまでも、少なくとも弱体化と混乱に陥ってしまう」[64]。

一七九〇年代を通じて、とりわけ総裁政府との戦争初期には、バークによれば、ブリテンとその同盟国対フランスの会戦は「宗教戦争」であり、「普遍的帝国を企む一派」の「武装した教義」との「道徳的戦争」だった[65]。もちろん、総裁政府との戦争が宗教戦争であると論じたのは彼だけではなかった。このような議論は戦争初期の数年間、主たるイングランド国教会の焦点だった。この「前代未聞の征服と拡大の陰謀と……すべての合法的政府の、すべての秩序の、すべての所有権の、すべての国教の完全なる転覆」は、「正しく必要な戦争」でしか抵抗できないと、一七九三年にウォーカー・キングはグレイ法曹院で主張した。翌年チャールズ・マナーズ・サットンは貴族院議員に対して、次のように語った。「われわれと戦争状態にある国民は、明らかに異教の国民である。神がかの人民の救済を望まなければ、われらが法、自由、宗教は、いやおうなく失われる」。同日、ジョージ・ゴードンはエクセターで聴衆に「従来最も啓蒙された諸国民の一つに数えられていた人びとがキリスト教国の真ん中で始めてしまったあらゆる宗教に対する戦争は、歴史における珍事である」と伝えている。それに対抗することは、「確固たる必要性と、結果として、厳密な正義の戦争」を要求するだろうと。[66] しかしながら、バークは、フランス共和国がほぼ一世紀前のルイ十四世と同じように、ヨーロッパという大いなる共和国の共通の格律にとって重大な脅威となっているとほのめかしている。政治理論と同様に国際理論においても、バークはイングランドのホイッグ主義のイデオロギー的遺産に忠実であり続けていたが、特にその理由は、ヴァッテルにあれほどにも依拠していたためである。ヴァッテルのイングランド崇拝はきわめてホイッグ的であり[67]、ヴァッテルの諸国民の法の教義は、バークと同様に、もともとユトレヒト条約で保証されていたヨーロッパの勢力均衡と新たな国際的国家理性の防衛を目的としていたのである。

バークは、バルエル師のように一七八九年前後の出来事の背後に自由思想家、フリーメイソン、ユダヤ人を見た人びとに共感をもっていたが、単なる革命の陰謀論者ではなく[68]、フランス革命の無神論に直面して取り乱したイングランド国教会の信者というわけでもない。もちろん、そうした見方にも一面の真理はある。実際は、グロティウスが再興し、ヴァッテルが改訂した自然法の伝統内での古典的な近世の国家理性論者に他ならなかった。バークは国家理性によって、国内政策と対外政策を相互に理解した。国家理性によって彼は、安全、所有権、法を破壊することなく非常事態における安全を保証する論拠を得た。国家理性は、ヨーロッパの国家体制の崩壊の、勢力均衡の失敗の、フランス革命に強いられた自己保存の窮余の必要性の、最も説得的な分析を提供した。[69] バークの政治思想におけるこの血統は、一七八九年のはるか以前から国家理性が合理的基礎を失っていなかったことを示し（ラインハルト・コゼレックには申し訳ないが）[70]、国家の内政的格律を対外政策から切り離すことが国家理性理論の必然的帰結ではないことを示し（マイネッケには申し訳ないが）[71]、そしてバークの思い通り（間違いなくヴァッテルにとってもそうだっただろう）、国家理性が定義上、「法や内的な道徳原理」の敵ではないことを証明した（もちろん、彼らほぼ全員に申し訳ないのだが）[72]。

ヴァッテルとバークはこの国家理性の伝統の末端に位置していた。結局、同じ十八世紀後半の戦争という文脈において、カントとベンサムがそれぞれ恒久的平和についての検討に値する見取り図を描き、二人ともが、そうした国家理性を使いものにならない骨董品にしてしまう協同的で透明性のある国際的な規範と制度を考案しようとした[73]。二人とも、バークの理論が依拠する歴史的基礎である名誉革命のホイッグ的な自画自賛の説明を疑問視した。カントは、「緊急権 *ius in casu necessitatis*」と無制限の反抗への暗黙の永続的な権利の双方に対する「恐るべき」訴えであるとした。ベンサムは、国家理性を（「革命における貴族的指導者の特定の利害」ではなく）国民の利害にとって有益とはみなすことができないとした[74]。カント的な定言命法もベンサムの最大幸福原理も競合しているが、どちらも国家理性の伝統の決定的な代案を生み出した。彼らが国家理性を非難すると、道徳と政治の間に裂け目が開かれ、そこからマイネッケの制度主義的説明が――結果的に、他のほとんどすべての説明も――登場した。バークをこの議論のどちらか一方に位置づけると、政治的領域であれ国際的場面であれ、彼の思想の歴史的説明をつねに歪曲する危険を冒してしまう。こうして、近世の国家理性論者もバーク自身も考えていなかった仕方でこの二つの領域の区別が鮮明になってしまった。したがって、国際思想史におけるバークの立場は、牽強付会の分類や軽率な流用を永遠に恥じて、政治思想の伝統における彼の立場にもっと密接に組み込まれてしかるべきである。

原注

（1）国際理論家としてのバークの入門書は、Burke (1999) と Bourke (2009) を参照。

（2）Wight (1966), p. 20〔安藤次男訳「国際理論はなぜ存在しないのか」バターフィールド、ワイト編『国際関係理論の探究』日本経済評論社、二〇一〇年、四頁〕.

（3）Wight (1991)〔佐藤誠ほか訳『国際理論――三つの伝統』日本経済評論社、二〇〇七年〕; Wight (1987); Bull (1976), pp. 101–16 (reprinted in Wight (1991), pp. ix–xxiii); Porter (1978).

（4）Doyle (1997), pp. 18–20, and *passim*; D. Boucher (1998), pp. 28–43, and *passim*.

（5）Vincent (1984); D. Boucher (1991); D. Boucher (1998), pp. 308–29; Harle (1990), pp. 59, 72; K. Thompson (1994), p. 100; Halliday (1994), 108–13.

（6）Welsh (1995), pp. 6–9, 172–80; Welsh (1996), pp. 173–7, 183–6; Burke (1999), pp. 38–9, 51–6. より一般的な国際理論における「伝統」については次を参照。Nardin and Mapel (1992); Dunne (1993); I. Clark (1996)〔押村高・飯島昇藏訳者代表、イアン・クラーク「思想の伝統と古典的国際関係理論」クラーク、ノイマン編『国際関係思想史――論争の座標軸』新評論、二〇〇三年〕; Jeffery (2005).

（7）Knutsen (1992), pp. 141, 143; D. Boucher (1998), p. 14.

（8）Edmund Burke, *Reflections on the Revolution in France* (1790), in Burke (1989), pp. 60, 132〔中野好之訳『フランス革命についての省察　上』岩波書店、二〇〇〇年、二五頁、一四九頁〕; Burke, *Fourth Letter on a Regicide Peace* (1795–6), in Burke (1991), p. 69 (Machiavelli, *Discorsi*, I. 27 への言及); Burke, *Second Letter on a Regicide Peace* (1796), in Burke (1991), p. 282.

（9）Meinecke (1998), pp. 28, 29〔菊盛英夫・生松敬三訳『近代史における国家理性の理念』みすず書房、一九七六年、三六―七頁〕、マイネッケはそれ以前から、バークは「自然法に基づいて形成された十八世紀の国家理性構想に最初の決定的打撃を与え」たのだと論じ、マキアヴェリや後世の「国家生活の非合理的な構成要素、すなわち伝統や習慣や本能や衝動的感情の力」の重要性を認識した「現実的政治」の提唱者たちとバークを同一視した。Meinecke (1970), p. 101〔矢田俊隆訳『世界市民主義と国民国家１――ドイツ国民国家発生の研究』岩波書店、一九六八年、一四三頁〕.

（10）Burke (1949), p. xv.

（11）Tuck (1987); Tuck (1993), pp. 172–6.

（12）De Sousa (1992), ch. 2.

(13) キケロへと遡る国家理性の「人文主義的」伝統の基礎については次を参照。Tuck (1999), pp. 18–23, 29–31.
(14) Winch (1996), p. 196.
(15) Dinwiddy (1974), pp. 107, 123–5.
(16) Boyle (1992), p. 119 には申し訳ないが。Friedrich (1957), pp. 31–2 と比較せよ。
(17) Hinsley (1986), chs. 4–5; Anderson (1993), pp. 150–4.
(18) Meinecke (1998), p. 6〔前掲菊盛・生松訳『近代史における国家理性の理念』七頁〕.
(19) Viroli (1992), pp. 273–4.
(20) George Savile, Marquis of Halifax, *The Character of a Trimmer* (1684), in Halifax (1989), I, p. 191.
(21) Halifax, 'Prerogative' (1685–8?), in Halifax (1989), II, p. 41.
(22) Toland (1701), pp. 93–4.
(23) Burke, *Third Letter on a Regicide Peace* (1796–7), in Burke (1991), p. 344.
(24) Burke, *Third Letter on a Regicide Peace*, in Burke (1991), p. 300.
(25) [Edmund Burke,] *A Vindication of Natural Society* (1756), in Burke (1997), p. 154〔水田珠江訳「自然社会の擁護」『世界の名著41 バーク マルサス』中央公論社、一九六九年、三七二—三頁〕. ジャン・ジャック・ルソーの 'The State of War' (*c.* 1755–6), in Rousseau (1997), p. 163〔宮治弘之訳「戦争状態は社会状態から生まれるということ」『ルソー全集四巻』白水社、一九七八年、三八二頁〕におけるほぼ完全に同時代の覚書きと比較せよ。「統治者たちの抱く完全な自主性という理念においては、力だけが、法という名目で市民たちに、国家理性という名目で外国人に話しかけ、市民からは反対する意志を、外国人からは反対する権限を奪っている。そのために正義という空しい名称がいたるところで暴力を保証する役目だけを果たしているのだ」。
(26) 以下の研究は、ルソーの『人間不平等起源論』をバークの『擁護』におけるもう一つの標的とみなす伝統的同一視について説得的に疑問を呈している。Weston (1958); Burke (1993), pp. 4–6; Hampsher-Monk (2010), pp. 245–66.
(27) Hume (2000), pp. 362–4〔伊勢俊彦・石川徹・中釜浩一訳『人間本性論 第三巻 道徳について』法政大学出版局、二〇一二年、一二七—九頁〕(第三巻第二部第十一節「諸国民の間の法について」).
(28) Hume (1998), p. 100〔渡部峻明訳『道徳原理の研究』哲書房、一九九三年、五〇—一頁〕(第四節「政治的社会について」).
(29) Burke, *Reflections on the Revolution in France*, in Burke (1989), p. 110〔前掲中野訳『フランス革命についての省察 上』一一一—一二頁〕. バークの政治学における合理主義への、したがって必要性の合理的判断を下す幅広く配分された権力への疑念の深い背景については、Hampsher-Monk (1998) を参照。

(30) O'Brien (1972), pp. 34–5.

(31) Edmund Burke, 'Speech on Presenting to the House of Commons, a Plan for the Better Security of the Independence of Parliament, and the Economical Reformation of the Civil and Other Establishments' (1780), in Burke (1803–27), III, p. 310〔中野好之訳「経済改革演説」『バーク政治経済論集』法政大学出版局、二〇〇〇年、三四九頁〕. 彼はまた次のように論じている。そのような授与によって公共への奉公に報いることは、「あらゆる国における国家理性」が要求するものであるがゆえに、特許局は保護されるべきであると。

(32) Edmund Burke, 'Speech at the Guildhall in Bristol, Previous to the Late Election in the City, Upon Certain Points Relative to his Parliamentary Conduct' (1780), in Burke (1803–27), III, p. 418〔中野好之訳「ブリストルの選挙に臨んでの演説」『バーク政治経済論集』四三二頁〕.

(33) Cone (1957–64), II, pp. 205–7; Greenleaf (1975), pp. 549–67; Whelan (1996), pp. 188–93, 199–202.

(34) Price (1789), p. 34; Burke (1989), pp. 68, 72〔前掲中野訳『フランス革命についての省察　上』三九頁、四四頁〕.

(35) Goldie (1978b), p. 328; Pocock (1987), p. 381.

(36) Goldie (1977); Wallace (1968), pp. 32–35; Ascham (1648) は一六八九年に Ascham (1689) として再版された。

(37) Hugo Grotius, *De Iure Belli ac Pacis* (1625), I. 4. 7–14〔一又正雄訳『戦争と平和の法　第一巻』酒井書店、一九八九年、二一三—二二四頁〕は、たとえば Blount (1689) によって参照された。T. Long (1689), pp. 22, 35.

(38) Holmes (1973), p. 139; Miller (1994), pp. 79–87.

(39) Burke, *An Appeal from the New to the Old Whigs* (1791), in Burke (1992), p. 131〔中野好之訳「新ウィッグから旧ウィッグへの上訴」『バーク政治経済論集』六二九頁〕. バークの裁判の使用については同書の pp. 124–44〔同前訳書、六二一—四二頁〕を参照。

(40) 一七九二年の夏から一七九六年の夏までにバークの介入についての考え方が変化した詳細な文脈的説明については、Hampsher-Monk (2005) を参照。

(41) Burke, *A Letter to a Noble Lord* (1796), in Burke (1991), p. 168〔中野好之訳「一貴族への手紙」『バーク政治経済論集』八二九頁〕.

(42) Burke, *Reflections on the Revolution in France*, in Burke (1989), p. 80〔前掲中野訳『フランス革命についての省察　上』五九頁〕.

(43) Grotius, *De Iure Belli ac Pacis*, 'Prolegomena' 26; II. 1. 18〔前掲一又訳『戦争と平和の法　第一巻』一六—七頁、二六一—二頁〕. グロティウスの古典からの引用、とりわけキケロ、リヴィウス、ポリヴィウスからの引用については、Bederman (1995–

6), p. 32 を、より一般的には Straumann (2007) を参照。

(44) Burke, *Reflections on the Revolution in France*, in Burke (1989), p. 80〔前掲中野訳『フランス革命についての省察　上』五九頁〕.

(45) M. Thompson (1977), pp. 33–46; Goldie (1978a).

(46) バークの分裂したアイルランド性が彼の政治思想全体の流れを歪曲させたという議論は、もちろん、C. C. O'Brien (1992) の要旨である。

(47) Vattel (2008), pp. 290–1, 648–9 (II. iv. 56, III. xviii. 269). ヴァッテルの介入への賛否の議論については次を参照。Hampsher-Monk (2005), pp. 75–7; Zurbuchen (2010).

(48) Edmund Burke, *Thoughts on French Affairs* (1791), in Burke (1992), p. 207〔中野好之訳「フランスの国情についての考察」『バーク政治経済論集』六九五頁〕; Burke to Richard Burke, Jr, 5 August 1791, in Burke (1958–78), VI, p. 317.

(49) Edmund Burke, 'Speech on the Seizure and Confiscation of Private Property in St Eustatius', 14 May 1781, in *Parliamentary History* (1806–20), XXII (1781–2), col. 231; Hurst (1996); Abbattista (2008).

(50) Vatttel (2008), p. 491 (III. iii. 42).

(51) Grotius, *De Iure Belli ac Pacis*, II. i. 17; II. xxii. 5〔前掲一又訳『戦争と平和の法　第一巻』二六一頁、同『第二巻』八二五―六頁〕; Cristian Wolff, *Jus Gentium Methodo Scientifica Pertractatum* (1749), §§ 640, 651–2; Vagts and Vagts (1979), p. 562; Tuck (1999), pp. 189–90.

(52) Vattel (2008), pp. 491–4 (III. iii. 42–4). ヴァッテルと近代国家理性については、Nakhimovsky (2007); Devetak (2011) を参照。

(53) Vattel (2008), pp. 492–4, 496–7 (III. iii. 44, 47–9).

(54) Walzer (1999), pp. 76–80〔萩原能久監訳『正しい戦争と不正な戦争』風行社、二〇〇八年、一七四―八二頁〕は、バークの *Annual Register* (1760) を引用している。バークと勢力均衡論については、特に Vincitorio (1969) を参照。

(55) Robertson (1993), pp. 356–8.

(56) Burke, *Third Letter on a Regicide Peace* (1796–7), in Burke (1991), p. 340. トマス・L・パングルとピーター・J・アーレンスドルフは次のように論じている。「バークが国際関係を構想していくうちに、彼が他の点ではお気に入りだった権威、ローマの愛国者キケロから最も隔たった立場となったのは、彼の普遍的帝国への毛嫌いであった。こうなると、「普遍的帝国」の異なる諸構想の区別がつかなくなる」(この点について、たとえば Cicero, *De Officiis*, II. 27 を参照)、Pangle and Ahrensdorf (1999), p. 184.

(57) ポスト・ユトレヒト的国家理性の創成とそれを支えるヨーロッパの大コモンウェルスの視座については、Pocock (1999a), pp. 103–13, 133–4, 138–9; Pocock (1999b) pp. 170, 219, 275–7 を参照。

(58) Bolingbroke (1932); David Hume, 'Of the Balance of Power' (1752), in Hume (1987), pp. 338–41〔田中敏弘訳「勢力均衡について」『ヒューム　道徳・政治・文学論集』名古屋大学出版会、二〇一一年、二六八―七六頁〕; Whelan (1995); Black (1997), pp. 225–8.

(59) Edmund Burke, *First Letter on a Regicide Peace* (1796), in Burke (1991), p. 238〔前掲中野訳「国王弑逆の総裁政府との講和」『バーク政治経済論集』九〇四頁〕; Burke, *A Letter to a Member of the National Assembly* (1791), in Burke (1989), p. 306〔中野好之訳「フランス国民議会議員への手紙」『バーク政治経済論集』五四七頁〕と比較せよ。「今世紀初頭にヨーロッパ列国の君主たちが、フランス王国による他の諸国の併呑を許さなかったことは正しい措置だった。私の考えでは、今回は逆に彼らは、この腐敗した無政府主義の深淵に他のあらゆる君主国やコモンウェルスが飲み込まれないように対処すべきである」。

(60) Schroeder (1994).

(61) Edmund Burke, *Remarks on the Policy of the Allies* (1793), in Burke (1989), p. 474; ヴァッテルからの抜粋の「付録」は、この版からは削除されている。ヴァッテルに関するバークの研究ノートについては、シェフィールド文書館の Wentworth Woodhouse, Muniments, BkP10/27 を参照（Vattel, *Droit des gens*, II. xii. 196–7 から翻訳された一節は Burke (1793), pp. 207–9 に印刷されている）。

(62) Burke, *First Letter on a Regicide Peace in Burke* (1991), p. 259〔前掲中野訳「国王弑逆の総裁政府との講和」『バーク政治経済論集』九二五頁〕（アルジェにおける執政権の保持が正当化されたのとおなじ根拠から、フランス共和国は寛大に取り扱われるべきだというチャールズ・ジェームズ・フォックスの主張に反論している）.

(63) Burke, *Thoughts on French Affairs*, in Burke (1992), p. 208（強調はバーク自身による）〔前掲中野訳「フランスの国情についての考察」『バーク政治経済論集』六九六―七頁〕.

(64) Burke, *Thoughts on French Affairs*, in Burke (1992), p. 209〔同前訳「フランスの国情についての考察」『バーク政治経済論集』六九七頁〕.

(65) Burke, *Remarks on the Policy of the Allies* (1793), in Burke (1989), p. 485; *Fourth Letter on a Regicide Peace* (1795–6), in Burke (1991), p. 70; *First Letter on a Regicide Peace* (1796), in Burke (1991), p. 199〔前掲中野訳「国王弑逆の総裁政府との講和」『バーク政治経済論集』八六四頁〕; *Second Letter on a Regicide Peace*, in Burke (1991), p. 267; Ryan (2010).

(66) King (1793), p. 12, 10–11; Sutton (1794), p. 14; Gordon (1794), pp. 10, 26.

(67) Vattel (2008), pp. 89–90, 97–8, 127, 131, 132 (I. ii. 24; I. iv. 39; I. vi. 76; I. viii. 85, 87, etc) を参照。国際関係に関するバークの省察の伝統的ホイッグ主義については、Simms (2011) も参照。

(68) J. M. Roberts (1971); Hofman (1988); McMahon (2001).

(69) Onuf and Onuf (1993), pp. 8–9, 188–9.

(70) Koselleck (1988), pp. 17, 39〔村上隆夫訳『批判と危機——市民的世界の病因論のための一研究』未來社、一九八九年、二七頁、五三頁〕.

(71) Meinecke (1998), p. 13〔前掲菊盛・生松訳『近代史における国家理性の理念』一九頁〕.

(72) この事例は、D. Boucher (1991), p. 135.

(73) Immanuel Kant, 'Perpetual Peace: A Philosophical Sketch' (1795), in Kant (1991), pp. 93–130〔遠山義孝訳「永遠平和のために」『カント全集十四巻』岩波書店、二〇〇〇年、二四九—三一五頁〕; Jeremy Bentham, 'Pacification and Emancipation' (1786–9), UCL Bentham XXV, (入念に編集された版として) 印刷されたものは 'A Plan for an Universal and Perpetual Peace', in Bentham (1838–43), II, pp. 546–60; Conway (1987), pp. 803–9.

(74) Immanuel Kant, 'Uber den Gemeinspruch: "Das mag in der Theorie righting sein, taugt aber nich fur die Praxis"' (1793), in Kant (1964), I, pp. 156, 160〔北尾宏之訳「理論と実践」『カント全集十四巻』二〇三頁、二〇六—七頁〕; 英訳では Kant (1991), pp. 81, 83–4; Jeremy Bentham, 'The Book of Fallacies' (1818), in Bentham (1838–43), II, pp. 447–8.

訳注

＊1 バークの同演説によれば、財務省特許局は終身の名誉職であり、その職務はつねに代理人によって遂行されたため、一種の年金として扱われていた。

第10章　ジェレミー・ベンサムのグローバル化

政治思想史家は近年、研究の射程を拡大するために二つの大きな跳躍をした。第一は「国際論的転回 international turn」である。これは長らく期待されていたもので、その成果もただちに得られた。国際的な現場での国家、国民、人民、個人、その他の団体の関係についての思想を扱う国際思想史は、慣習的に、それらの相互関係を規制する（あるいは規制するとされている）規範を再構築してきた。ここ十年ほどで、この活発なヒストリオグラフィはすでに〔扱うべき〕思想家と問題についてしっかりとした正典を設定している。(1) 第二の跳躍の動向は政治思想史における「グローバル論的転回 global turn」と呼ばれるだろうものを目指しているが、目下のところそれほど十分には発展していない。政治理論家や哲学史家といった人びとは、トランスナショナルな思想史や政治思想史のグローバリゼーションをさまざまな仕方で求めてきた。これは世界中の知的伝統の収束という歴史になるのだろうか。それとも観念のグローバルな伝播という歴史となるのだろうか。確実なことは、こうした歴史の可能性は――あるいはグローバル論的転回という表題の下での多元的な歴史の可能性であっても——開拓の余地が限りなく広がっているということである。

政治思想のグローバル・ヒストリーには、グローバルな結びつきや、「グローバリゼーション」という包括的用語に組み込まれる多彩な現象に関する政治などの思想の歴史が当然入るべきだろう(2)。世界と人民と政体を全体論的に把握しようと試みた過去の思想家の研究も不可欠だろう。本章では、政治思想のグローバル・ヒストリーを描くという大きな目標を抱きつつ、そのような思想家の一人であるジエレミー・ベンサムを取り上げる。有力な先駆者や同時代人、たとえばディドロ、テュルゴー、スミス、ヘルダー、カント、ゲーテらとは異なり、ベンサムは一般的にこうしたグローバルな観点で考察されてきたわけではない(3)。それどころか、歴史家は彼の自画像を真剣に受け止めず、グローバルな姿を見過ごそうとしてきた(4)。一八三一年二月、八十三歳の誕生日の翌日に*1、彼は自分の野心の範囲を明確にした。「J《ジェレミー》・B《ベンサム》、野望を持つ者の中で最も野心的な者。彼の帝国は——彼が熱望する帝国は——あらゆる将来の、あらゆる場所での——地球上のすべての可住地域での——全人類へと広がり、全人類を包括する。……その限界はほかならぬ地球の限界である(5)」。これらは、彼に共感を抱いていた同時代人ウィリアム・ヘイズリットが、ベンサムが到達したと考えた次元でもあった。この預言者は故郷では名誉を得なかったかもしれないが、遠く離れるとかえって影響力は大きくなった。「彼の名声は中心よりもむしろ周辺に存する。彼の知性の光は、地球の裏側においていっそう輝かしく反映されていた」とヘイズリットは一八二五年に記している。「彼の名はイングランドではあまり知られず、ヨーロッパではよく知られ、チリの平原やメキシコの鉱山で最もよく知られている。彼は新世界のために憲法を提供し、未来のために法律を作った」[6]。中央アメリカの改革者ホセ・デル・ヴァルが一八二六年に「世界の立法者 *Legislador del mundo*」と称賛したのが、このベンサムなのである[7]。また彼のアメリカ人編集者ジョン・ニールが一八三〇年に、「イングランドのどこでもそれほど知られていない」が、「ヨーロッパのあらゆる公立図書館で著書を見つけることができる。……地球上のあらゆる地域で、断片の形で広まっている――北の地域は南の地域と、新世界は旧世界と競い合って、著作を一斉に宣伝しようと躍起になっている」[8]と見たのも、このベンサムなのである。一八三二年に没するまでに、ベンサムと弟子たちは、その影響を南北アメリカからベンガルまで、ロシアからニュー・サウス・ウェールズまで、ジュネーヴ、ギリシャ、トリポリを経由して拡げていった[9]。こうして彼は一七八六年に表明した野望を達成したのだった。「地球《グローブ》こそが著者が望む支配領域である。出版物こそが原動力であり、著者が用いる唯一の力である――著者の策謀の舞台は人類の内閣である[10]」。

しかしながら周知のように、ベンサム自身は出版をひどくためらい、ベンサムの厄介な草稿を改訂し著作を世界に行きわたらせる仕事は、多くの場合、当初の編集者――エティエンヌ・デュモンとジョン・バウリング――に任せられた[11]。二人はしばしばベンサムの論拠となっている特定の出来事や文脈の痕跡の多くを削除した[12]。デュモンやバウリング、そして後年にはジョン・スチュアート・ミルによって、脱文脈化された「歴史的ベンサム」が創造され、地元にはあまり根を下ろさなかったためにかえって普遍的となった。膨大な遺稿群からいかにもな「真正のベンサム」を再生するには、甚大な編集作業が必要だった。グローバルなベンサムを公刊された著作と未公刊の著作から発掘するには、直接的な文脈と普遍主義者としての野心の双方に注意しなければならない。ベンサムの経歴は、すでに彼の同時代人が

「革命の時代」と呼んでいるもののほとんどすべてにわたっており、七年戦争から一八三〇年代にかけての数十年を包含する「世界危機」と近年の歴史家が呼んでいるものに相当する。[13] 本章では、初期の著作にあったベンサムの普遍主義的野心の始まりから、晩年にある計画を抱いたところまでを追う。それは、「国際《インターナショナル》」法の法典化という失敗に終わった試みである。だがこの「国際」という言葉は、ベンサム自身が一七八〇年代に作り出し、急速に広がった(「評論と新聞を見よ」、と一八二三年にベンサムは誇らしげに記している)、おそらく彼のグローバル思想のなかで最も長生きした遺産である。[14]

十八世紀中葉に生まれたベンサムらの世代は、おそらく世界におけるヨーロッパの立場について包括的でグローバルな視点をもって成長したヨーロッパ史上最初の世代である。[15] その視点は関連しあった多くの発展の産物である。海洋の探検。大洋間の商業の精緻化。大西洋、インド洋や太平洋におけるヨーロッパ帝国の拡大。地図や歴史、旅行案内の普及。財と知識の普及と交換によって作り出された紐帯。こうした発展は一七七〇年代の帝国と商業の偉大なグローバル・ヒストリーの中で最も不朽となった名著に見出せるだろう。たとえばレーナル師の『両インド史』、アダム・スミスの『国富論』、ウィリアム・ロバートソンの『アメリカ史』[16]は、いずれもベンサムに示唆を与えた。ベンサムはこの世界観を取り入れ、『統治論断片』(一七七六年)の最初の数行を一七七五年にジョン・クックが第二の航海から帰還した時点から書き起こしている。「われわれの時代は慌ただしい時代である。知識が急速に完成へと向かっているのだから。自然界においては、とりわけ、すべての事物が発見と改善で満ちている。踏破され、探検された地球上で最も遠く困難な地域が……この喜ばしい真理の顕著な証拠であり、他のすべての者に特に欠けていたものである」[17]。

ベンサムは戦時下の世代だった。七年戦争中に成長し、教育を受けたからである。彼は戦争末期（一七六〇～三年）にオックスフォードで学び、初期の出版物にはこの戦争の帰結を扱っているものがある。彼は一七六三年にラテン語詩を書くための題材を探し、その主題を前年に起こったブリテンのハバナ攻城戦に定めた。サミュエル・ジョンソン自らが、この早熟な研究者にブリテンが勝利した他の戦いを扱うように以前から促していたが、ベンサムは「北アメリカの征服には着想がわかず」、「マニラの侵略という主題についても重要性はよく見出せ」なかったと記している。そこで「自分の詩の主題をハバナ侵攻に」定めた。その詩で彼は、ブリテンは侵略地をスペインに返還するべきであり、「さらに言えば、商業がより平和的な方法でそれ［フロリダ］をわれわれに与えるだろう」と訴えている[18]。

十五歳の頃もベンサムは七年戦争におけるブリテンの侵略の利益について疑義を抱いていたかもしれない。だが後年になるとブリテンとフランスの双方に長い目で見てどのような結果をもたらすか、さらに憂鬱になっている。彼は後に、「秘密なき内閣」（一七八九年）という草稿にこう書いている。「片足を切断してその基部が癒えた者が、両足を切断してベッドに寝たきりの者よりも早くに跳ねられるようになるのは、じゅうぶんあり得る。したがってあなたは、ブリテンはかの勝利を収めた戦争によって、戦争が起こらなかった場合に比べればよりよい状態になったと論証するかもしれない。というのも、フランスは以前より悪い状態にとどまっていたからである」[19]。この記述をベンサムの「普遍的恒久平和論」（一七八六～九年）として編集することになった平和主義者のバウリングにとって、この判断は明らかに厳しすぎるものだった。バウリングにより、ベンサムの他の歴史的言及がほとんど削除されたのと同様、戦争への言及は特殊化ではなく一般化されてしまった。[20] ベンサムの普遍的立法者としてのイメージはこのようにして固まったが、論拠となった正確な文脈上の証拠――およびしばしば人を論難する言葉のとげ――のいくつかは押さえつけられてしまうという代償が払われた。

ベンサムの生涯で次なる大戦争はアメリカ独立戦争である。独立戦争によってベンサムは、脱退、承認、諸国民の法の構造変化などの十八世紀後半に登場した国際秩序の重要問題に、初めて大きく関わることとなった。[21] これらすべての主題と関連して、一七七五～六年はベンサムの驚異の年（*annus mirabilis*）である。一七七五年の春から一七七六年の夏にかけてベンサムは、一連の法的著作および政治的著作を執筆し、草稿を書き、共同研究し、出版した。そこでの関心は、同様の主題に関する晩年の考察の原型になっている。ベンサムの成熟した世界観を形成する要点はすべて、少なくとも部分的には、アメリカ独立戦争の洞察に見つけることができる。同様に七年戦争は、帝国のグローバルな相互関係の最初期の構想を形成している。

一七七六年にベンサムは匿名で主著『統治論断片』を刊行した。これはサー・ウィリアム・ブラックストンの『イングランド法釈義』（一七六五～九年）での法の起源の説明を攻撃した書である。ブラックストンは、自然法の普遍主義に基づいて説明していた。「この自然の法は、人類に等しく与えられ、神自身によって定められている。そしてもちろん責務において他のすべての法を優越している。自然法は地球上のすべてを、すべての国々で、そしてすべての時間において、拘束している。自然法に反するなら、人間の法はどんな妥当性ももたない」[22]。ベンサムは自然法の代わりに自身の「正と不正の基準となるのは最大多数の最大幸福である［という］基礎的な公理」を持ち出している。これもまた普遍的原理であり、規範命題の案出に専念する部門として——より実用的な「解説」法学と区別して——彼が名づけた「検閲」法学の部門に置かれた際には、特に普遍的となった。「現にある法は、国が異なればさまざまに異なる。その一方であるべき法は、すべての国々で概ね同じである。したがって、解説者は常にしかじかの特定の国の市民だが、検閲者は世界の市民であり、世界の市民たるべきである」[23]。ベンサムはその後の研究経歴の中でこの法学的コスモポリタニズムを主要著作の柱にすえ、とりわけ晩年になると、地球上のさらに多くの地域の法解説者に与える高度な知恵として念入りに計画していった。

ブラックストンは法をさまざまな領域に——法一般、自然法、啓示の法、諸国民の法、国内法——分割した。そしてベンサムは『統治論断片』において最大の注意を国内法に費やしている。しかしながら、アメリカ独立戦争を背景にして、主権の分割や継承の正当性といった諸国民の法に関わる問題は、国内法、すなわち内的な法の問題から容易に区別されたわけではない。周知のように、ブラックストンは政治社会における主権の権利を「至高の、抵抗不可能な、絶対的な、誰からも支配されない権威であり、その内に至上の統治権（*jura summa imperii*）が……存在する」ものとして定義している。ブラックストンがこの定義をアメリカ植民地に行使されたようなブリテン議会の「絶対的な専制権力」に応用したことは、庶民院で行った若干の演説から推察できる。この演説でブラックストンは議会の権威を支持し、印紙法危機下でもアメリカ植民地への課税は認められるとした。「もし植民地が課税法を拒絶するなら、彼らは他のすべての領土と敵対することになり、同一の君主を戴きながらも、さらに遠距離にある領土になってしまうだろう」。たとえ、かつてウェストミンスターに代議士を送った植民地がカレーだけだったとしても、「我が国のすべての領土は議会の支配下にある」[24]。ベンサムは、最高権力は拘束されないというブラックストンの見解に同意し、一七七五年には、議会での国王は植民地に課税する権利を持つという見解にも同意している(25)。しかし「明示された規約」によって分割された権威の自由裁量権は認められうるとも論じた。これを認めなければ、ヨーロッパ史のいたるところに存在した連邦制という実定的な事実を拒否することになる。「ドイツ帝国における政府なるものはありえないし、オランダ諸邦やスイス諸州《カントン》における政府や、古代のアカイア連盟なるものもありえないと言っているようなものだ」(26)。言外に、一七六〇年代と一七七〇年代の大西洋危機の解決案を、すなわち議会と植民地集会による権力の連邦的分配を拒絶することが含意されている(27)。

ベンサムが『統治論断片』を出版した一七七六年の四月には、ブリテン大西洋帝国の諸問題の連邦的解決案という意見は急速に力を失っていた。危機の結果としてもっと可能性が高いのは分離だった。次のように問い、政治社会の起源についてのブラックストンの説明を検討した時、ベンサムは分離の可能性を念頭に置いていた。

議論の余地がない政治的社会、しかも大きな社会が形成されたと想定しよう。そしてそこからより小さな政治体が別れたと想定しよう。この断絶により小さな方の政治体は、大きな方の政治体との政治的連合体という状態をやめ、それによって、大きな方の政治体との関係は、自然状態に置かれる。われわれは、いかにしてこの変化が生じた正確な時点を確かめるのか。この場合、何が特徴点とみなされるのか。

ベンサムは、オランダがスペイン君主国から離脱して「独立国家」になった事例を挙げている。オランダが君主国の一部であることをやめ、君主国や他のあらゆる国家との間で自然状態に入った正確な時期について、「合意を得るのは非常に困難だろう」(脚注でムガル帝国からのヒンドゥスタンのネイボッブの離脱が同じ難問のより正確な歴史的事例かもしれないと示唆しているが、あまり読者には知られていない)。「端的に言えば反乱が起こったとみなされるのはいつなのか。そして成功し、独立が達成されたとみなされるのはいつなのか[28]」。

アメリカ論争の文脈におけるベンサムの答えは、おそらく「一七七六年七月四日」ではなかっただろう。ベンサムは友人である若い法律家でパンフレット執筆者のジョン・リンドとともに、ノース卿の閣僚の援助で匿名の『アメリカ大陸会議の宣言への回答』(一七七六年)を執筆している[29]。ベンサムの主な寄稿論文は、「独立宣言に対する短評[30]」であり、アメリカ独立宣言の第二パラグラフに明記された「統治の理論」への反論である[31]。世界がアメリカ人は一貫して独立をめざしていると見ていたからには、植民地人が一貫性を欠いた自己矛盾する論拠を採用すると、かえってブリテンの大義を助長してしまうとベンサムはまとめた。「国民は……、この反乱の民に以下のように諭すだろう。われわれと君たちとの結合が解消されると言うことと、結合を解消することは別のことだと。そして君たちの独立を成就することは独立を宣言するほどたやすくはないと[32]」。

『統治論断片』と『強制労働法についての見解』(一七七八年)のあと最初に印刷機から飛び出した主著は、一七八〇年に印刷はしたが、一七八九年になるまで発表されなかった『道徳と立法の諸原理序説』である。これは部分的には四年前の一七八五年に出版されたウィリアム・ペイリーの『道徳および政治哲学の原理』への応答である。[33]『序説』は、包括的な法学体系であるとともに、それ以前の試みよりもさらに徹底した功利性の原理の応用であった。ベンサムがはじめて諸国民の法を公的な場で取り扱い、それを叙述するために彼の造語で最も長命のものの一つを導入したのは、同書であった。「国際的」という言葉は、「主権者間での相互交渉」を扱う「法学の一分野」を指している。ベンサムはその言葉が「新しくはあるが、十分に類推でき、わかりやすい」こと、伝統的な「諸国民の法」に代わる言葉としてきわめて有用なことを認めた。「諸国民の法」という名称は、異なる諸国家の成員にではなく、同一国家の成員に適用される法を字義通りに記述するのに適していると判断した。すなわち、彼が「国際法学 international jurisprudence」ではなく、「国内法学」と呼んだものである。[34]

国内法学と国際法学の区別は、アメリカ独立戦争が最も激しかった一七八〇年に、おそらく一七八九年よりもはるかに目立っていた。その時点では一七八一年以降ほどブリテンの敗北が不可避とは考えられていなかった。もし植民地人の独立の要求が反駁でき、黙殺しうるものであれば、グレート・ブリテンと植民地の関係は厳密に国内法の問題となる。独立の達成（および承認）がなされてはじめて双方は、離れた国々に住む別々の人民の相互干渉として国際法という区分に入ることになる。

独立宣言の前提に異議を唱えたことで、しだいに重要になっていく法体系を「国際法」と名づける必要があると訴えるのにも力が入ったかもしれない。大陸会議を合法的な最高政治体として認めることができるなら、独立宣言を国際法という領域における実定法として理解することができる。しかしながら、この方法で独立が認められるのは、独立宣言自体が、会議に主権的政治体としての国際的な法人格を授ける実定法として承認された場合に限られる。諸国民の法の下ですでに独立していたとみなされる政治体を除けば、どのように独立は宣言されうるのか。

だが一七八三年のパリ条約でブリテンがアメリカ独立を承認した後になっても、ベンサムは独立宣言等が依拠した原理を決して受け入れなかった。そうした原理は、そこから導かれた結論を支持できていないのだと(35)。ベンサムは、後に「われわれの元植民地——そしていまも幸福にも独立している(長くそうでありますように!)、合衆国」と呼んだものの適法性を疑問視していない。だが、ベンサムはアメリカ独立という結果を、それがはじめに依拠していた哲学的論証から完全に切り離して称賛した。晩年の談話では、悲しそうにこう述べている。「実際にはアメリカ植民地は自分たちの革命の正当化を何も述べていない。彼らは功利性について考えなかったし、有用性は彼らの主張に反していた(36)」。

法と権利の基礎としての自然法主義を、ベンサムはアメリカ独立戦争の最中から批判しはじめ、その批判は政治と法をめぐる彼の思想の根幹であり続けた。アメリカ革命中はブリテンのアメリカ植民地を保持する権利を擁護するために執筆し、フランス革命中はフランスに植民地を手放すよう説得する文章を書いたにもかかわらず、そうだったのである。一八二七年にはジョン・バウリングに次のように語っている。「私は、その後一五、六年もしないで、あらゆる宗主国に適用される論拠を用い、各々の植民地を解放させるという明白な目的のために、フランス共和国へ覚書を書くようになるとは思ってもいなかった(37)」。この変化の底流には、自然に由来する権利に対する彼の一貫した反感があった。国家の内政面における権利にとって唯一の確固とした基礎は立法である。同じように、国家間の関係における唯一の実定法は、実定的な「国際法」を形成する主権者間の相互交渉だった。

国際法を改革し法典化するというベンサムの計画は、彼が功利性のために自然権と戦ったことほどには知られていない。しかしながら、国際法の法典化もまた〔自然権批判と〕類似した基礎的関心から生じており、一七八〇年代から一八三〇年代という後半生の経歴の各所で再び登場する。ベンサムは『道徳と立法の諸原理序説』の序文の未発表草稿で、基本的な反論の根拠を挙げている。

自然法と呼ばれる主題について書かれた書物は一種の退屈なロマンスである。これらの書物の職務は、事物の想像上の状態、すなわち自然状態において行われたことや行われるべきことに関する規則を制定することだ。これらの書物は、地球上のどこかに観察すべき適切な規則を提供しているのか。いや、断じてしていない。制定してしかるべき規則、それはどこにあるのか。それはおそらく月面上にあり、地球上のどこにもない。[38]

真のコスモポリタンで普遍的な諸国民の法の唯一の基礎は、特定の状況に当座は拘束されるが、すべての国々に共通する平等の功利性（l'utilité commune et egale de toutes les nations）だろう。[39]国際法の改革を思い描くベンサムは一七八〇年代後半にはじめてそれを試みている。この頃に彼は、「一七八六年の国際法」や「和平と開放」（一七八六〜九年頃）という一般的な主題で一連の提言を執筆している。これらの提言は「「フランケンシュタイン」の創造のように、ばらばらにされ、再構成され、恣意的に組み合わされ」、「国際法の諸原理」として有名になった。このテキストは一八三〇年代にジョン・バウリングとリチャード・スミスが共編で加工したものである。[40]ベンサムの平和的提言は、当時の国際法の著書以上に、(とりわけ第一次世界大戦後の国際連盟期の)平和主義者や後世の国際関係論者たちの注目を集めた。(41) 国際法に関する著作は、ベンサムが立法者について構想中だった証拠であり、したがってそれ以前の『統治論断片』や『道徳と立法の諸原理序説』で詳述された法哲学の延長上にある。その一方でベンサムの平和的提言は、一七八九年の小ピットの外交政策への批判がたまたま応用されたものである。(42) それ以前の一七八二年にすでにベンサムは、「諸国民の法の草案 Projet Forme – Entre-gens」という短い草稿を書き、国際法下での主権者間の義務と権利の法典化を論じていた。これはアメリカ独立戦争の時期に彼がこの主題について執筆した最後の著作である。(43)

国際法についてのベンサムの一七八〇年代末の著作は、功利性の原理を、主権者としての主権者どうしの関係だけでなく、主権者と、残りの人類すべてとの関係にも応用した。ベンサムによれば、もし自国の人民の福祉を促進するという立法者の義務が、自国以外のすべての人民の福利を犠牲にしてまで遂行されるべきものでないとしたら、すべての国々を包含するように最大幸福原理を拡大することが肝要となる。「したがって、ごく一般的に表現すれば、国際法に関して公平無私の立法者が企図する目的は、すべての国々を合わせた最大幸福となろう」。結果的に国際法典はその「実質的な」法として平和の法を持ち、その一方で戦争の法は「この同じ法典の従属的な法となるだろう」。(44) 紛争のさまざまな原因――たとえば不安定な継承、内戦、国境紛争、宗教的嫌悪など――をさらに体系的に扱い、明記されていない慣習を明示化し、新たな国際的規則を、そのような規則が存在しなかったところに策定し、さらに一般的には「国の内外を問わず、あらゆる種類の法の形式を完璧に整えれば」、戦争を防ぐことができる。(45) ベンサムは、功利主義の路線に沿って国内法と国際法の改革をするのに機が熟したと考えていたが、その一方でこの二つの領域を区別し、他に類似点があるとは考えなかった。区別する際、彼はもちろん決定的に、自然法や諸国民の法の自然法学的伝統から距離を置いていた。自然法学は彼自身が法や政治に関するあらゆる著作で非難している伝統である。

ベンサムの国際法の構想の独創性は、ベンサムが執筆した十年間にブリテンで出版された同時代の二冊の諸国民の法の著作と比較することによって簡潔に説明できる。その二冊とは、ロバート・ウォードの『ヨーロッパにおける諸国民の法の基礎と歴史についての研究』(一七九五年)とサー・ジェイムズ・マッキントッシュの『自然法と諸国民の法の研究についての論説』(一七九九年)である。(46) ベンサムはウォードの本を所有しており、マッキントッシュはベンサムが「国際法」という言葉を発明したことに気づいていたが、二人の結論にはいかなる類似点もなかった。(47) ウォードとマッキントッシュにとって諸国民の法とは、自然状態における国際的人格としての国家と主権者に適用される、拡張された自然法である。それゆえ彼らにとって諸国民の法は、ベンサムが考えていた独立した立法の科学ではなく、道徳哲学の一分野であった。二人とも諸国民の法の歴史主義的かつ発展的な説明を採用したが、この説明は、大陸ヨーロッパにおいては、市民法の伝統に関するドイツ語の概説に見出すことができる。たとえばG・F・フォン・マルテンスの『ヨーロッパの近代国家の慣習と論文に基礎づけられた諸国民の法の要覧』(一七八五年)、D・H・L・フォン・オンプテダの『自然的および実定的市民法の文献集成』(一七八五年)、カール・ゴットロープ・ギュンターの『自由時代におけるヨーロッパ市民法』(一七八七〜九二年)などである。これらの著作は自然法学の歴史という側面から、諸国民の法を説明している。たとえばオンプテダは、諸国民の法を、古代、中世、近世、近代と区分した。そして近代をヨーロッパ最大の思想家によってさらに細かく区分した。グロティウスからプーフェンドルフまで（一六二五〜七三年）、クリスティアン・ヴォルフからJ・J・モーゼルまで（一六七三〜一七四〇年）、それ以降から彼自身の時代まで（一七四〇〜八五年）[48]。

　この時代区分は十九世紀になっても影響力を持っていることが最終的に証明されたが、それはグロティウスとその著書『戦争と平和の法』（一六二五年）に独創的な貢献を認めたことが大きい[49]。グロティウスをこうした主導的な立場に置き、オンプテダは自分自身を偉大なる十八世紀ドイツの道徳史の後継者とした。この道徳史は、かのオランダ人を、近代自然法理論の提唱者として、またカント以前の最大の倫理的改革者として位置づけた[50]。こうした物語に基づいて、マッキントッシュが『論説』の物語を書いたことは、『論説』を導入部とする公開講義のための創作ノートから十分に解明されている[51]。

　同じように、ウォードの『研究』は諸国民の法を、ギリシャとローマの下での野蛮な幼児期から、封建時代におけるその衰退と、キリスト教と騎士道の複合的影響下での漸進的な再生をはさみ、「デルフ、トの哲学者［グロティウス］が暗黒の最中に星のように誕生」して「時間の検証に耐えた論考を世界に与えた」決定的な時期まで跡づけた[52]。ウォードはこれによって、道徳哲学の歴史を、礼儀作法の発展という幅広い啓蒙の物語に結びつけた。「諸国民の法は、国内法と同様に、礼儀作法の発展に従っている」と、あるブリテンのパンフレット作者は一七九〇年に同様のことを述べている。「これは、不作法や上品の最も正確な基準と同じぐらいに最も簡便な基準である。キリスト教、騎士道、商業、市民性の発展は、古代の戦争に見られた残忍な利己主義《インディビデュアリズム》を改善し、より人間的で正しい諸国間の戦争の規則を導入した」[53]。マッキントッシュは「一般的な性格と礼儀作法の温和さは、騎士道、商業、学習、宗教の複合的で発展的な影響から生じている」と評価し、これに賛同している[54]。

ウォードとマッキントッシュが執筆したのはフランス革命以後であり、総裁政府との戦争が勃発している最中だった。彼らの道徳的で文明的な物語には、反革命という意図があった。ウォードは、ウィリアム・ピット内閣の法務局長だったエルドン卿の援助を受けており、その命でエルドンの経歴をまとめ始めていた。同じようにマッキントッシュは、彼の自然法と諸国民の法についての講義において、以前の著作『ガリア擁護論』を撤回し、ほぼ正反対の腐敗した保守主義へと向かった[55]。

ウォードとマッキントッシュの双方にとって、拘束力のある諸国民の法が唯一拠って立つのは（自然宗教ではなく）啓示宗教であり、その名にふさわしい宗教はキリスト教だけであるため、拘束力のある諸国民の法はキリスト教国の法以外にない。このような判断によって、とりわけキリスト教文明として定義された文明の法としての諸国民の法が構想され、ひいては、ヨーロッパの「国家体制」の説明に根拠が与えられた。その説明の「主要目的は、フランス革命、とりわけナポレオン帝国の体制に、「伝統的」なヨーロッパ公共の法と秩序の観点から不法という烙印を押すことだった」。フランス革命の普遍主義とヨーロッパにおける普遍的君主というナポレオンの虚勢は、ヨーロッパの国家体制を脅かしただけでなく、国内関係と国際関係の区別を解消するものでもあった[56]。

ベンサムは、ウォードの『研究』やマッキントッシュの『論説』に見られる諸国民の法の説明にほぼ全面的に反対しただろう。伝統的な諸国民の法が持つとされた改善の力に、彼はカント同様に幻滅した。そしてカントのように、偉大な自然法学の師父たちが主導的な役割を演じた物語を中断させようとし、グロティウス、プーフェンドルフ、その同類を、単に目眩ましの机上の空論の普遍主義者であると非難した[57]。『オート・アイコン』（一八三一〜三二年）でベンサムは自らの功績を回想する際、フランシス・ベーコンを思い浮かべ、「あるべきものと、現にあるもの」を厳密に区別した人物としてベーコンを称賛している。「グロティウスによって、プーフェンドルフによって、彼らの先駆者によって、彼らの後継者であるビュルラマキたちによって、あるべきものと現にあるものは頻繁に混同された。権力をもつ人びとの実践を観察することで、彼らはそれが正しいと推論し、むしろその正しさを当然とみなした[58]」。

ベンサムの普遍主義は、国際法を単一の文明にしか適用しないような偏狭さも受け入れなかっただろう。また、法学を功利主義以外のあらゆる道徳哲学と同一視することも受け入れることができなかった。彼は国家の内的関係を外的関係と区分し続けようとしたため、国際法を伝統的に考えられてきた諸国民の法から区別する必要があった。ベンサムが同時代人に支持された物語に気づかなかったというのはありえないが、彼はそれについての判断を決して表明しなかった。しかしながら、ベンサムの編集者であり弟子でもあったエティエンヌ・デュモン（ベンサムはデュモンにウォードの『研究』とヴァッテルを貸していた）は違った。デュモンの判断は、ウォードの自然法的基礎付けを却下した点で、きわめてベンサム的だった。

自然と諸国の法について書かれたウォード氏の英語著作は国際的実践として起きていた革命の歴史的素描である。もし著者がヒュームの哲学とロバートソンの明晰さを借用していたなら、この主題を理解するための方法は興味深く有益なものとなっただろう。しかしながら、著者は自然法と道徳的責務を、グロティウスやヴァッテルのように論じたのである。[59]

ベンサムはその生涯を終えるまで、自然法の伝統を守りつづける諸国民の法の悪しき教義の存続を嘆き、その治療法を精力的に探し求めた。「国際法の法典ほど望まれている法典はない」と、彼は一八二七年や一八二八年に繰り返し述べている。「ヴァッテルの文章はほとんど老婆のようで、同語反復的である。それらは、とどのつまり、法は自然であり——自然は法である、となる。彼は有頂天になっている。彼が何かを言わんとする時、それは功利性の原理の曖昧な知覚から来る。だが多くの場合は何の意味もない。彼の格言の多くが行き着くのは、不正なことを行うのは正しくない、である」。[60] 数年後、ベンサムは国際法を法典化する重要な著作のための協力者を探し求めた。そしてベンサムが選んだのは、トランスナショナルな司法経歴を持つミドル・テンプルの弁護士、ジャベツ・ヘンリーである。ヘンリーは、デメララとエセキボの裁判長を三年務めた後、コルフ島とイオニア諸島の主席判事になった経歴の持ち主だった。[61] ベンサムはもともと、法の衝突という重要な問題を引き起こした国際的破産事例をめぐるヘンリーの処理に関心をもっていた。[62] ヘンリーはベンサムに自著の『ヨーロッパの異なる商業国家のための国際破産法典の計画の概要』（一八二五年か）を送ることで、その関心に応えた。[63] 同書でヘンリーは、破産に関する国際法典というベンサム的構想に忠実に従っていた。ベンサムは「新たなヴァッテルを企画する」ためにヘンリーを選んだ時、ヘンリーに「国際法」（一八二七年六月十一日）と題した計画の写しを与えている。ベンサムは「すべての文明国」の司法提携を提案し、これを「現在のところ、キリスト教を信仰しているすべての諸国と言っても過言ではない」と認めていた。各国の代表は、司法と立法の権威を備える会議へ参加する特使である。ベンサムはこうした体制のためのサン・ピエール修道院長の計画を実行不可能だと拒否し、同じようにヴァッテルを新たな国際秩序のための基本文献としては不適切だと判断した。「最大幸福原理に基礎づけられた」ものだけが「……もし計画と実行がヴァッテルよりも道徳的で知的であるなら、ヴァッテルに成りかわり、好んで参照される可能性を持っている」。[64]

ベンサムの「新たなヴァッテル」のための計画が実を結ぶことはなかった。にもかかわらず、国際法を法典化するという試みは多くの弟子たちの念頭に残りつづけた。ジェイムズ・ミルは国際法の法典を、肯定も否定もせず、ベンサムが書いたノートに基づいて『エンサイクロペディア・ブリタニカ』の「国際法」の項目にしようと計画した。[65] エティエンヌ・デュモンは、要領を得ず失敗に終わった自身の国際法の法典化を試みる前に、諸国民の法の既存の伝統の二重の誤りを指摘した。デュモンによれば、国際法典は二つの形式のサンクション、すなわち世論と戦争の脅威にしか基づかない。[66] しかしながら、実定的な立法者と法典の不履行に対する刑罰を強制できる機関の欠如は、デュモンにとってもベンサムにとっても、法典化を妨げるものではなかった。利用可能なサンクションについての懐疑を法の理念そのものに方向転換し、国際「法」があらゆる意味で法として認められないと否定するには、ベンサムのもう一人の弟子ジョン・オースティンが必要だった。国際法は「いま諸国間にあまねくある意見や感情」からなる、実定的な国際道徳となりさえすればよかった。「したがって、国際法は、適切に言えば法ではない」。[67] これは、いかにもベンサム的な前提から引き出された、かなり非ベンサム的な結論である。

「オースティンの亡霊」は、国際法を強固な実定的基礎にすえようとする後世の試みに出没するだろう。オースティンの分析が正しければ、ベンサム自身の自然法学に対する非難が国際法にもほぼ当てはまるだろう。国際法は非拘束的であり、事実上、不確定な単なる勧告にすぎない。これらすべての欠陥を国際法がこうむるなら、国際法に道徳的実行力を与えるには、たとえば神聖な啓示やキリスト教神学のような他の基礎が必要となる。(68) 二十世紀の国際法学者の多くは自分たちの専攻の起源について、十八世紀末から十九世紀にかけて自然法主義から実定法主義への円滑な移行があったとする標準的な物語を自称していたが、そんな移行など存在しなかった。実際には、リベラル・ナショナリズムの時代においても「総合的自然法」なるものが頑強に生き残っていた。(69) これは、フランス革命からの十年間にヨーロッパで自然法の普遍主義が徐々に狭まったことを考えれば驚くべきことではない。自然法は、唯一の自己定義的な文明に特有の原理に基づく個別主義的普遍主義となり、この文明は、次第にみずからその価値を外部の世界に輸出するという使命を主張しはじめた。(70) その使命の帝国的な根源や植民地的な成果は、やがてこうしたすべてのヨーロッパ的普遍主義の評判を落とすようになる。しかし、われわれは普遍主義という赤子を個別主義という産湯とともに捨ててしまわないように気をつけなければならない。植民地主義に対する懐疑論者としてのベンサムを、彼の功利主義的後継者から切り離すことが可能だと証明されたように、(71) 普遍的国際法の提唱者としてのベンサムを、オースティンのようなベンサム以上に懐疑的な弟子から区別することも可能だろう。その違いはベンサム自身の発展途上の普遍主義のためなのか、彼が生きた時代のグローバルな局面のためなのか、それとも彼を同時代人の中でほぼ唯一の世界的な名声と影響力を持つ人物にした、世界各地のローカルな情勢の組み合わせのためなのか。これを決定することは、今後の政治思想のグローバル・ヒストリーが追究すべき喫緊の課題の一つとなろう。

原注

（1）この領域をマッピングしている近年の著作として，たとえば Keene (2005); Jahn (2006); Bell (2007b); Hall and Hill (2009) を参照。

（2）Bell (2009a).

（3）Muthu (2011); Rothschild (2004); Muth (2003), ch. 5; Muthu (2008); Tang (2008); Bartelson (2009); Cheney (2010).

（4）いくつかの研究はすでにこの「グローバルなベンサム」を指摘している。たとえば Niesen (2006); Kaino (2008). エリック・ホブズボームはこの言葉を使った最初の人物だと思われる。Hobsbawm (1992), p. 27 n. 33〔浜林正夫・嶋田耕也・庄司信訳『ナショナリズムの歴史と現在』大月書店，二〇〇一年〕.

（5）Jeremy Bentham, 'Memorandum-Book' (1831), in Bentham (1838–43), XI, p. 72. Twining (2000), pp. 15–16 で引用されている。

（6）Hazlitt (1824), p. 3〔神吉三郎訳『時代の精神――近代イギリス超人物批評』講談社，一九九六年，一三頁〕.

（7）José del Valle to Jeremy Bentham, 21 May 1826, in Bentham (1968–), XII, pp. 217–18. また Bentham (1998), p. 370.

（8）John Neal, 'Biographical Notice of Jeremy Bentham', in Bentham (1830), p. 11.

（9）Bentham (1990); Rosen (1992); Blamires (2008) ch. 9, 'The Impact of the *Traités*: Benthamism Goes Global'.

（10）Jeremy Bentham, 'Pac. & Emanc. - Introd.' (1786), UCL Bentham XXV. 26; Bentham (1838–43), II, p. 546.

（11）デュモンについては次の文献を参照せよ。de Champs (2006); Whatmore (2007); Blamires (2008); de Champs and Cléro (2009), pt. II, 'Bentham et Dumont : les premières traductions françaises'. バウリングについては次の文献を参照せよ。Conway (1991); Todd (2008).

（12）D. Lieberman (2000), p. 108.

（13）Bayly (2004), ch. 3, 'Converging Revolutions, 1780–1820'; Darwin (2007), ch. 4, 'The Eurasian Revolution'; Armitage and Subrahmanyam (2010).

（14）Bentham (1996), p. 297 n. y; Suganami (1978); Janis (1984).

（15）Bowen (1998).

（16）スミスとレーナルに対するベンサムの関心については，たとえば次の文献を参照。UCL Bentham XXV. 121; BL Add. MS 33564, ff. 41v, 43r. ロバートソンについては UCL Bentham CIX. 1–2 を参照。

（17）Bentham (1988), p. 3.

（18）Bentham to Jeremiah Bentham, 6 May and 29 June 1763, in Bentham（1968–）, I, pp. 72, 78–9. 詩は現存していない。
（19）UCL Bentham XXV. 58. 戦争の結果について類似した判断が下されている UCL Bentham XXV. 29, f. 12 と比較せよ。
（20）Bentham, 'Plan for an Universal and Perpetual Peace', in Bentham（1838–43）, II, p. 560.「したがって、あなたはブリテンの勝利に終わった戦争にかかった経費を支払っても、戦争がなかった場合に比べれば、よりよい状態にあると証明できる。というのもフランスやその他の国は、戦争によっていまだより悪い状態にとどまっていたからである」。これらの草稿の編集については Hoogensen（2005）, pp. 40–54 を参照せよ。
（21）Boralevi（1984）, pp. 121–3; Valentini（1993）; Olivieri（2006）; Rudan（2007）を比較せよ。
（22）Blackstone（1765–9）, I. p. 41. ベンサムは Bentham（1988）, pp. 94–5 において、自然法の無矛盾性というブラックストンの学説を攻撃した。
（23）Bentham（1988）, pp. 3, 8.
（24）Blackstone（1765–9）, I, pp. 39–46, 49, 156; Ryder（1969）, p. 268; Prest（2008）, pp. 201, 225–6.
（25）［Jeremy Bentham,］'The Design', in Lind（1775）, pp. xv–xvi; Bentham, 'Preparatory Principles– Inserenda'（*c.* 1776）, UCL Bentham LXIX. 156 と比較せよ。ベンサムは一八〇三年に、植民地に対する国王独自の立法権について再び疑問を投げかけている。Bentham（1803）, pp. 30–6.
（26）Bentham（1988）, p. 101.
（27）帝国危機の封建的解決のためのさまざまな提案については LaCroix（2010）, pp. 104–26 を参照。
（28）Bentham（1988）, pp. 46–7.
（29）［Lind and Bentham］（1776）. リンドについては、Avery（1978）; Rudan（2007）, pp. 11–25 を参照。
（30）Jeremy Bentham to John Lind, September 1776, 'American Declaration. Hints B', BL Add. MS 33551, ff. 359r–60v, in Bentham（1968–）, I, pp. 341–4;［Jeremy Bentham,］'Short Review of the Declaration', in［Lind and Bentham］（1776）, pp. 119–32; printed in Armitage（2007a）, pp. 173–86〔平田雅博訳「［ジェレミー・ベンサム］独立宣言に対する短評」（一七七六年）、D・アーミテイジ『独立宣言の世界史』ミネルヴァ書房、二〇一二年、一九九–二一〇頁〕.
（31）Hart（1982）, pp. 63–5; D. G. Long（1977）, pp. 51–4; Armitage（2007a）, pp. 75–80.
（32）［Bentham,］'Short Review of the Declaration', in［Lind and Bentham］（1776）, p. 131; printed in Armitage（2007a）, p. 186〔アーミテイジ、同前訳書『独立宣言の世界史』二一〇頁〕.

(33) Bentham (1996), p. li; Schofield (2006), p. 187.

(34) Bentham (1996), pp. 6, 296.

(35) Bentham (1996), p. 311 n. c; Bentham (1838–43) X, p. 63. 本書二九四—五頁を参照。

(36) Bentham (1802), p. 1; 'Bentham's Conversation' (1827–8), in Bentham (1838–43) X, p. 584.

(37) Bentham to John Bowring, 30 January 1827, in Bentham (1968–) XII, pp. 307–9 において *Emancipate Your Colonies! Addressed to the National Convention of* France (1793), in Bentham (2002), pp. 289–313 が言及されている。

(38) UCL Bentham XXVII. 143; UCL Bentham XXVII. 174, 'Difference between this work & one on the Law of Nature' と比較せよ。同様の文脈におけるベンサムの月への祈りについては、Pitts (2005b), p. 82 n. 5 を参照。

(39) UCL Bentham XXV. 1; UCL Bentham XXVII. 143.

(40) UCL Bentham XXV. 1–9, 26–49; 'Principles of International Law', in Bentham (1838–43), II, pp. 537–60; Hoogensen (2005), p. 44 (quoted).

(41) 次の文献も参照。Schwarzenberger (1948); Hoogensen (2005), pp. 94–100; Guillot (2011a); Guillot (2011b).

(42) Conway (1987); Conway (1989), pp. 82–6.

(43) UCL Bentham XXXIII. 81–2; Bentham (1838–43), III, pp. 200–1. 日付については Conway (1989), p. 100 n. 112 を参照。

(44) UCL Bentham XXV. 2–4; Bentham (1838–43), II, pp. 538–9.

(45) UCL Bentham XXV. 4; Bentham (1838–43), II, p. 540.

(46) R. Ward (1795); J. Mackintosh (1799).

(47) BL Add. MS33564, f. 39v; J. Mackintosh (1799), p. 6.

(48) Martens (1795); Ompteda (1785); Güenther (1787–92). より一般的には Alexandrowicz (1961); Koskenniemi (2008) を参照。

(49) たとえば Reddie (1842), pp. 7–87 を参照。

(50) Hochstrasser (2000).

(51) BL Add. MS78781; Add. MS 78784A, ff.1–7 は、初期講義のための未刊行草稿をいくつか所収する。

(52) R. Ward (1795), II, pp. 614–15.

(53) R. Brown (1790), pp. 11, 20–1, 23–4, 25–7.

(54) J. Mackintosh (1799), p. 13.

（55）　Panizza（1997）, pp. 43–82; J. Mackintosh（2006）, pp. 203–49.

（56）　Keene（2002）, pp. 16, 21–6.

（57）　これらの観点についてベンサムとカントをより広範に比較したものについては、Niesen（2006）; Niesen（2007）を参照。

（58）　Bentham（1842?）, p. 14.

（59）　Dumont（1829a）, p. 23. ベンサムはヴァッテルとウォードを一部ずつ一八〇六年二月三日にデュモンに貸している。BL Add. MS 33564, f. 39v.

（60）　'Bentham's Conversation'（1827–8）, in Bentham（1838–43）, X, p. 584.

（61）　ヘンリーについては次を参照。Graham（2001）; Graham（2005）; *ODNB, s.v.*, 'Henry, Jabez（1775–1835）'.

（62）　Henry（1823）.

（63）　Henry（[1825?]）. ベンサムに与えられた写しは、BL pressmark C.T. 55（1）; Nadelmann（1961）.

（64）　BL Add. MS 30151, ff. 15v–16r; Nys（1885）.

（65）　James Mill, 'Law of Nations', in Mill（1825）; UCL Bentham XCVII. 189.

（66）　Dumont（1829b）; Dumont MSS 60.

（67）　Austin（1995）, pp. 112, 124.

（68）　Sylvest（2009）, pp. 63–8; Rumble（2005）; Varouxakis（2009）, pp. 119–23.

（69）　Fitzmaurice（2009）; Sylvest（2009）, pp. 77–80, 90–1.

（70）　Pitts（2007）; Pitts（2012）. また Orakhelashvili（2006）も参照。

（71）　Pitts（2005b）; Pitts（2011）.

訳注

＊1　原文では「前日 the day before」だが、ベンサムの覚書の日付は誕生日の翌日（二月十六日）である。

第 IV 部

基礎の上に構築する

1776 年以後の国家形成

第11章　独立宣言と国際法

おそらく近代史において、最も重要でありながらあまり広く理解されていない局面は、諸帝国の世界から諸国家の世界への長い転換である。少なくとも十九世紀末以降までに、また、多くの場所ではそれ以後の数十年間、世界の人口の大半は、領土を拡張させつつも、その内部は多様で階層的に組織された帝国と呼ばれる政治共同体に住んでいた。人類はいまや多くの国家に分割されており、これがわれわれの政治的世界の顕著な特徴であるが、自称の帝国が一つもなくなっているのも同様に意義深い。多くのコメンテーターが、ジョージ・W・ブッシュ政権下のアメリカ合衆国は帝国のような行動をしていたと論じたにもかかわらず、「帝国」は二〇〇一年以後アメリカの攻撃的な対外政策を最も強硬に主張する人ですら公式に採用したり公に推進する名称ではない。じっさい、最後の自称帝国は、フランスが、中央アフリカ帝国（いまの中央アフリカ共和国）のナポレオン的な皇帝だった、ジャン゠ベデル・ボカサを打倒した一九七九年に死に絶えた。

諸帝国の世界からわれわれの諸国家の世界への大転換を理解するには、十八世紀末から十九世紀初頭にかけてふり返ることが不可欠である。これは、清朝の中国からハノーヴァー朝のグレート・ブリテンに至るまで、諸帝国が果敢に競争し、成功裏に膨張していた時期であった。しかし、南アジアのムガール帝国からヨーロッパと大西洋世界におけるブルボン家とハプスブルク家に至る他の諸帝国までが挑戦を受けていた百年でもあった。主権国家と認められる政体の数は比較的少なく、その多くは特にヨーロッパでは、帝国であるか帝国を有した政体で、それには広範で多様な人びとの支配に伴う大きな威信と資源を要した。国家で構成される世界の起源を、早ければ一六四八年、およびこの年に締結された、相互に承認された独立国家からなる「ウェストファリア的な秩序」の始まりとされることの多いウェストファリア条約と見るのは時代錯誤となろう。その二百年後の、諸帝国がメキシコからロシアまで世界でいまだ栄え、発展をとげていた十九世紀半ばとみるのも時代錯誤となろう。しかし、十八世紀末から十九世紀初頭にかけて大西洋世界で起きた事件の数々を、その二百年後の世界が体験することの前触れと考えてもおかしくはない。事件の連鎖はアメリカ革命から始まった。

アメリカ革命は、植民地課税に対する一連のかなりありきたりな反乱として始まった主権の危機であった。それはのちに帝国の内乱となり、一七七六年以後は、少なくとも北アメリカ本土の旧ブリテン人植民者の眼には、連合王国と連合諸邦との国際抗争へと再変容し、ほどなくヨーロッパ諸大国の同盟も加わった。(1) このブリテンの「大西洋の危機」は、一八〇八年以降にイベリアの大西洋世界を巻き込んだもっと広範な大転換の予兆だった。大西洋世界内で再構築された国際社会に国家が誕生した状況で、地方自治の再三の要求、君主制の危機、反乱、内乱、主権の再配分、独立の主張、新たな市民社会と政治経済学の出現といったことである。[2] たしかに、ブリテン領アメリカの危機とイベロアメリカの危機では、約四十年のずれがあるだけでなく根本的な相違があった。一八〇八年のナポレオンによるイベリア半島侵攻に匹敵する衝撃はなかった。君主制に変化はなかったし、本国における政体の根本的な再編成もなかった。しかもブリテン帝国は解体されなかったどころか、大西洋危機によってもっと強大でかつてないほどグローバルな帝国が出現した。大西洋の西側で最初の共和国政府が成功裏に創造されたからといって、他のアメリカ住民が君主制と帝国からの独立を確保する着想をただちに得たわけではなかった。とはいえ、アメリカ革命は、たとえ帝国本国がおおかた無傷のままに残ったにしても、新たな国家を建国できることを、近代史上はじめて立証した。後世からみれば、一七七六年七月のアメリカ独立宣言は、それがじっさい可能であることを、広く世界に証明した文書だったといえよう。

アメリカ独立宣言は近代史において最も深く解釈され、最も熾烈な論争の的となった文書の一つである。単語数がほぼ同じで、これより解釈の多い世俗のテキストは、法律と憲法くらいである。とはいえ、独立宣言は法律でもなければ憲法でもなかったし、国内法としての理念がしばしば喚起されたかもしれないが、元来は国内法にもなじまなかった。[3]「ゲティスバーグ演説同様、法的な強制力のないもう一つの戦争プロパガンダ[4]」であり、したがってアメリカの基本法にはなり得なかった。「生命、自由、そして幸福の追求」というアメリカの理想を構成する助けとなったかもしれないが、(少なくともエイブラハム・リンカンまで遡って)憲法、特に基本的な政治原則の表明としての人権規定を一般に連想させるにもかかわらず、憲法に準拠した法律文書とはされなかった。そのため独立宣言を「最も基本となる憲法的なアメリカの文書」「アメリカ合衆国憲法の真の前文」とか、自然権の哲学に照らして、法的に憲法自体に匹敵する文書と理解し、憲法的な解釈の鍵とまで呼ぶのは不適切である。[5]

独立宣言はユニークでいまだ分類できないテキストのようであり、永続的な原理にしても歴史的な前例はなく、その国民的な神話における位置づけにしても同時代に似たものはほとんどない。これは、立案者の意図を反映しておらず、もともとの聴衆にもおおかた理解されなかったであろう、独立宣言の解釈の伝統から生み出された幻想である。その目的や聴衆は、二十世紀への転換期になってようやく始まった、歴史研究によって示された。[6] 独立宣言の受容の研究、一七七六年とそれ以後にいかに作成され再作成されたかをめぐるさまざまな歴史研究によって、アメリカ社会内での独立宣言の変わりゆく地位が明らかにされてきた。[7] しかしながら、一七七六年であれそれ以後であれ、アメリカ以外でどのように受容されたかは検証されてこなかった。独立宣言の中でも、過去半世紀にわたってアメリカにおいて最も説得力があるとされた部分——とりわけ、個々の「生命、自由、そして幸福の追求」をする権利に関する第二段落の「証明を必要としないほど明らかな真理」——はその起草者の意図の核心であり、政治哲学への永続的な貢献とみなされてきた。これは、第二次世界大戦と一九四八年の世界人権宣言以後の「人権の話題」の興隆のさなかにある批評者には自明、ないし不可避のようにも見えるが、歴史上はかならずしも自明だったわけではない。[8] じっさい、独立宣言は、十九世紀初頭になってはじめてうやうやしい解釈の対象となった。そのおり、国民的な愛国主義の市民宗教によって「アメリカの聖典」(南北戦争以後ようやく継続的に維持されるようになった地位)として神聖視された。[9] アメリカの国民生活においてユニークな地位を占めている。独立宣言はもちろんアメリカ以外で引用され、模倣され、ときには崇敬もされたが、他のどこにもこのような神聖視のオーラを放つ場所はない。

ふつう歴史家は、独立宣言起草の着想はヨーロッパにあると見てきた。その研究によって、ジョン・ロックの抵抗の憲法論的な理論や自然権の理論、自然法の広範な伝統、スコットランド啓蒙のコモンセンス的な認識論、ボリングブルック子爵の異端の神学や、古典的な共和主義の言語からであれ、起源をめぐって著しい見解の相違が生まれた。(10) 独立宣言の形式に関する論争もかまびすしかった。この形式は十八世紀半ばの論理学における典型例であり、ジェファソンがウィリアム・アンド・メアリ大学の学生のとき使ったウィリアム・ダンカンの教科書から取ってきたし、(11) 民事の起訴状案の冒頭をモデルにしていたであろう。(12) 公演向けの楽譜のようだったかもしれないし、論理的な証明よりもレトリックによって説得力をもたせた演説用の原稿だったかもしれない。集団的なアイデンティティを活版印刷術で表現したもの（機械による再生産の時代の真に民主主義的な所産）だったかもしれない。(13) 独立宣言の言語と表現形式もすべてこうした起源にじっさい負っていた。いつまでも人を引きつけ、さまざまに解釈され利用されてきたのは、それが発見したと言われる「真理」の自明性からではなく、むしろ折衷主義、したがって多くの多様な聴衆を同時に引きつける力ゆえかもしれない。

独立宣言の起源と性格をめぐる見解の相違から、そのもともとの目的についての混乱が生まれた。国内向けに使われたテキストなのか国外向けなのか、独立自体の実効化なのか、独立後の正当化なのか、不確定で戦略的な文書なのか、すべての人間の「だれにも譲ることのできない権利」に関する「証明を必要としないほど明らかな真理」の普遍的な声明なのか、などである。本章は、これまで軽視されがちだった二つの文脈に独立宣言を位置づけた解釈を示す。すなわち法と国際関係である。ジョン・フィリップ・リードがいうように、歴史家は一般に、独立宣言の意味と起源を知的流行に求めるために、その法的な文脈を敬遠する。[14]しかしながら、リードの言う意味での法は国内ないし内政の法、議会の制定法、裁判所の判決を意味する。本章が提示するのは独立宣言の起草と長期の受容の両者にあった多様な法的な文脈である。この文脈は、その時「自然の法と諸国民の法 law of nature and of nations」と呼ばれていたが、ちょうど国際法（international law）と名づけられようとしていた法に見られる。国際法は諸国家の行動規範を定め、実際の行動を観察して得られるものでもあった。第一に古典的な自然法に、第二に国際的な領域で「実定」法と言われはじめたものに近かった。本章はこれら二つの国際法の概念構成に独立宣言を位置づけ、そこから独立宣言の形態とヨーロッパにおける初期の受容を一部説明できると論じる。

以上から独立宣言は「国内法というより諸国民の法の言説で書かれた文書」として、諸個人の権利や義務と同様、諸国家の権力や能力の声明と考えなければならない。[15]ここで提示する解釈は以下の四つからなる。第一に、それは「独立宣言は何を宣言したのか」という問いに答える過程でその論拠を扱う。[16]第二に、ヨーロッパにおける独立宣言の初期の受容を再構築する。第三に、独立宣言の作成の文脈を検証し、この文脈は国際法の歴史における転換期と折衷期に生まれたと論じる。この時、自然法と実定的な諸国民の法が（じっさい独立宣言でそうだったように）同等に求められたのであり、後からみると国際法の領域における自然主義から実定法主義へ転換していく際に重要とみなされるようになった時期であった。最後に、アメリカ革命の歴史的理解のための、独立宣言の再文脈化の意味について短く論評し締めくくる。つまり個人のためになされた主張よりも、国際秩序内で連合諸邦のために独立宣言が主張した自律性を強調する。独立宣言をこのように解釈すると、「国民的盟約」の基盤、国民の生誕証明書、自発的な民の世俗の聖典といった、従来のアメリカ的な設定から引きはがすことになる。[17] こうして独立宣言は、国際法と諸国家間の関係のもっとコスモポリタン的な文脈に置かれるのである。

独立宣言は議論上五つの部分から構成される。[18] 第一段落は、目的の直接的な表明であり、相互に結びつけてきた政治的絆を一団の人びとに断ち切るよう強制した諸原因を宣言する必要を述べている。第二段落は合法的な政府が依拠する諸原理、および「そのような政府を顚覆《てんぷく》し、みずからの将来の安全……を守る新しい組織をつくること」の正当化への侵害を述べている。第三の不満のリストは、ジョージ三世によって「くり返された違法行為と権利侵害」に対する申立てを列挙し、その政府からの分離を正当化したものである。[19] 第四の部分（最後から二番目の段落）は、これらの不平不満の種は除去されてこなかったし、アメリカ人の「ブリテンの同胞」は「正義と血族の声に耳をかそうとは」せず、「われわれの分離を宣言する必要性」を示すために、こういった植民地の不満への対応を述べている。そのうえで第五の部分（最後の段落）で「これら連合諸植民地は自由にして独立した国家であり、また権利として当然にそうあるべきものである」とまとめている。以上が一七七六年七月二日に大陸会議が決議した内容であり、その最終草稿に残った言葉が独立宣言となった。[20]

独立宣言は、一つの大きな前提、一つの小さな前提、二つの証明に基づく論理的枠組で結論を導き出している。最初の段落で述べられた大きな前提とは、分離の理由を宣言しなければならないことであり、第二段落にある小さな前提とは、分離を正当化する諸原理の侵害がありうることである。第一の証明はこのような侵害がくり返し起こった証拠であり、第二の証明はこういった侵害の除去ないし軽減がいっさいなされなかった証拠である。これらを根拠にして、分離は「全世界の人びとの意見」のもとで正当化されうるとの結論となる。[21] この論理構造では、第二段落——結局、近代の多くの注釈を引きつけ、アメリカの国民的な神話学で地位を保証するに至った段落——における「自明の」真理の表明は、連合諸邦の自由と独立の根拠を証明する必要性よりも、厳密には従属的な位置にあった。エイブラハム・リンカンが一八五七年にたくみに記したように、「「すべて人間は平等につくられている」という主張は、われわれがグレート・ブリテンから分離する際に、実際にいかなる効用も持たなかった。この主張は平等のためではなく、未来の使用に供するために独立宣言の中に置かれたのである[22]」。

にもかかわらずほとんどすべての注釈は独立宣言の第二段落とその自然権の哲学に集中した。この第二段落が、分離の大きな前提ではなく、小さな前提しか提供しなかったし、論理的には独立を宣言する不平不満のリストのようなものでしかなかったという事実にもかかわらず、そうなっているのである。注釈者たちはおしなべて、この第二段落に集中する中で、論理上けっして削れない骨子である最初と最後の段落を無視してきた[23]。最初と最後の段落には大きな前提と結論があった。これらによって、独立宣言を独立の宣言たらしめるのに不可欠な二つの声明が確認された。すなわち、連合諸邦はいまや「世界の諸国家」の一つになったこと、そして「自由にして独立な国家」になったことである。これらは証明されるべきであった。

独立宣言は三つの意味で宣言であった。まずは、サー・ウィリアム・ブラックストンと他の十八世紀のコモンロー研究者が理解した意味がある。「宣言、原告第一訴答〔narratio. 民事訴訟で、原告側が最初にする口頭の陳述〕、訴訟原因項目〔count. 民事事件の原告が最初に訴訟原因を明らかにするために行う申し立て〕」であり、原告が（民事訴訟で）告訴の原因を詳細に申し立てる」という意味である。独立宣言の第三の不満のリストは、その意味に近かったし、[24]「一七世紀の革命議会の諸宣言から由来する路線に沿った……ブリテンの政治的言説の一表現形式としての諸宣言の伝統の中の」文書でもあった。[25]また、国際法の研究者が理解した宣言でもあり、「全世界に公表された一般的声明書、大使が特定の宮廷に手渡した通達によって」なされた宣戦のような「国際関係の分野で活動する際の意志、意図、意見」の表明である。[26]この特殊な「一般的声明書」は、国際舞台に登壇する新たな主体の告知から始まり、それを説明する義務を表明した。

人類の歴史において、一団の人びとがいままで彼らを他の人びとに結びつけていた政治的絆を断ち切り、世界の諸国家の間にあって、自然の法や自然の神の法によって本来当然に与えられるべき独立対等の地位を主張しなければならなくなる場合がある。そうした場合、全世界の人びとの意見をしかるべく尊重しようとするならば、その国の人びとが分離せざるをえなくなった理由を、公に表明することが必要であろう。[27]

独立宣言の聴衆はブリテン王室への忠誠心をかなぐり捨てていたという事実のため自らをアメリカ人と呼んだ。つまり、独立国ないし独立諸邦の市民として自発的に参加し得た人びとにとどまらない、「全世界の人びと」であった。[28]

独立宣言の実質的に最後の文は、独立宣言が「世界の諸国家」が引き受ける一つの役割をいまやより正確に定義した。

諸邦は自由にして独立した国家として、戦争を行い、講和を締結し、同盟を結び、通商を確立し、その他独立国が当然の権利として行いうるあらゆる行為をなす完全な権限をもつものである[29]。

大陸会議はいまや公式に要求した権利の大部分——ブリテンとの交渉、海外で自らの利害を追求する代理人の任命、諸外国との通信、援助の請求——を、独立宣言が作成される前のおよそ二年間にわたり行使してきた[30]。これらの権利の一つが「公正な世界」に対して意義ある宣言をする能力である。独立宣言自体こういった行為に他ならなかった。じじつ連合諸邦の独立という事実を世界に向けて伝えたばかりか、宣言した独立を成し遂げもした発信＝行為であった[31]。

独立宣言の最初と最後の段落の声明文は、ごくあたりまえとみなされてきた。その後の経過から、独立の宣言を成し遂げることで、アメリカの独立に揺るぎなき永続的な確証を与えたように見えたからである。これはこの下りに対してなされた注釈が比較的少なかったことの説明となる。しかし、最初と最後の段落は、とどのつまり、この文書で最も目につき、最初の段落には「世界の諸国家の間にあって、自然の法や自然の神の法によって本来当然に与えられるべき独立対等の地位を主張」するとあり、これは連合諸邦がそうなろうとした姿の表明であった。最後の段落には「自由にして独立な国家として、戦争を行い、講和を締結し、同盟を結び、通商を確立し、その他独立国として当然の権利として行いうるあらゆる行為をなす完全な権限をもつものである」とあり、これはいったん目的を達成すれば手に入るものの表明である。宣言の他の部分はもっぱら、このような国際秩序内の立場を主張する論拠となる抽象的な原理の声明、およびその地位を築かざるを得ない事態に至らしめた不平を説明した。

独立を宣言する外交上、戦略上、国際上の目的は独立宣言の論理構造を一部説明し、独立を宣言する必要性もともかく説明した。独立宣言の最後の（そして結論の）文が言うように、正確な意図はグレート・ブリテンに対して「戦争を行い」「同盟を結」ぶことだった。これは、一七七五年八月に国王が植民地人は反逆者であると宣言し、植民地人がグレート・ブリテンとの同盟を求め始めるにつれて、しだいに切迫していった。[32] 内乱を国家間の戦争に転換し、個々の反逆者や裏切り者から合法的な戦闘体を創造するには、戦争を行い独立宣言の正当性の承認を得ることが肝要だった。一七七五年十月、ジョン・アダムズは「われわれの提案や使節が軽蔑の念をもって応対される恐れがありはしないか」として、外国の宮廷がアメリカの使節を拒絶しないかどうか考えていた。[33] 同様に、一七七六年四月、リチャード・ヘンリ・リーも「われわれがグレート・ブリテンの臣民を自任する限り、ヨーロッパのいかなる国もわれわれと条約を交わしたり、通商したりしないであろう。諸国の名誉、尊厳、慣習によって、われわれが独立した国民になるまで、これらの行為は禁じられることとなる」[34] と述べた。ヨーロッパ諸国によるポーランド分割条約の脅威によって、植民地を国際秩序における独立した主体として確立することが急務となった。[35] 分割者となりうるのはブリテンと歩調を合わせるヨーロッパのカトリック諸君主国であった。ジョン・ディキンソンは「もしグレート・ブリテンがわれわれを征服することになれば、植民地の分割が起きるであろう」と警告した。[36] 後からみて、また一七七八年のフランスとの同盟に照らすと、こういった脅威に根拠はないが、七年戦争直後のブリテンとスペインによる北アメリカの分割、一七六八年のフランスによるコルシカ攻略の余波があり、一七七二年にプロイセン、オーストリア、ロシアがヨーロッパ最大の国家ポーランドを分割して数年しか経っていない時点では十分真実味があった。リーが警告したように「多くのヨーロッパの宮廷の最新の動きにわずかに注意を払うだけで、分割の意図は十分に読みとれるし、人間や国を農場の家畜のように扱う権利が想定されていて、この腐敗した時代を特徴づけていた。……コルシカとポーランドは議論の余地なくこれを証明している[37]」。

それゆえに、植民地人が、ヨーロッパと同盟を結び通商を行い得る法治体を創造することが必要となった。トマス・ペインは、「国際慣習」(これによって仲裁者が参戦国間の平和交渉をできるようになる)、外国との同盟の必要性、反逆のそしりを避けたい気持ちなどを根拠に、独立の主張を声を大に述べて、『コモン・センス』(一七七六年一月九日)の末尾を締めくくっていた。とりわけペインは、リーに似て「声明を発表し、外国の宮廷にこれを送る」必要を記した。このような声明ないし宣言が発送され、「独立によって他の諸国と対等にならない限り、すべての宮廷の慣習がわれわれを敵視し、将来もこの状態は変わらないだろう[38]」。大陸会議の代表団に宛てられた地方からの指示書、提案書、決議案でも同じ話はくり返された。「独立を宣言し、外国と同盟を形成することについて、他の植民地の代表団と一致するように」「ブ、リ、テ、ンのくびきを放棄し、われわれの大義に好意的ないかなる国あるいは国々とも通商関係に入るように」「外国との通商同盟以外のいかなるものにも用心するように」「ア、メ、リ、カが自由にして独立した国家となるよう熱烈な希望」を表明するように、また「植民地連合が自由で独立した国家であると宣言するように」等々である[39]。リーが六月七日に提出した「植民地連合は自由で独立した国家であり、まさしくそうあるべきものである。……外国との同盟関係を形成するために、最も効果的な手段をとることは直ちに効果のある得策である」「連合の計画が準備され、その検討と認可のために各々の植民地に伝達されることになる」との動議によって、独立宣言を書く、モデル条約〔新しいアメリカ政府の将来の外交関係のための理想的なガイドとなるべく作成された条約〕を起草する、連合規約の条項を作成する、など三つの重複する委員会が創られた。(40) 七月一日の討論で、ジョン・ディキンソンは最後まで独立宣言に反対する立場で論陣を張り、「外国諸国は言葉というものに信頼を寄せないであろう」から、いかなる一般的な声明書にも反対すると警告した。そのかわり、彼はヨーロッパ諸国(特にフランス)と個別に交渉することを推奨した。「われわれは、われわれの味方になる国以外の外国とは決して話し合ってはならない」。しかしながら、使節はすでにヨーロッパに送られており、大陸会議の意見はいまや圧倒的に独立を支持していた。リーの決議案は、ペンシルヴァニア代表団が棄権したために、七月二日に異論なく可決した。(41)

複数の委員会が共通して使った資料には、十八世紀の国際関係の基本文献が数冊あった。一七七五年、ベンジャミン・フランクリンは「新興国家の状況では国際法に訴える必要がひんぱんに生じる」と述べた。(42) このために、彼は一七七五年にアムステルダムで出版されたエミール・ド・ヴァッテルの『国際法』(一七五八年)を三部フランスで手に入れて、フィラデルフィア図書館協会、ハーヴァード大学図書館、大陸会議に送った。(43) ジョン・アダムズには鉛筆で書き込みを入れた「条約の印刷本」を送りもした。(44) かくして、ヴァッテルのフランス語版『国際法』(一七五八年の出版と同時にたちまち古典となった)と十七世紀末に外交官と政治家が集成して以来不可欠となった条約集一冊と、大陸会議の諸委員会は、当時の外交にとって最新の道具を持つに至った。(45) 後者から、アダムズは、一六八六年と一七一三年の英仏条約に、モデル条約の手本を見出し、前者から、ジェファソンとその仲間たちは、「諸国家は全人類に確立した、自然で普遍的な社会が要求するものに従うだけで十分である」ことを確保するのに「独立がつねにそれぞれの国家に必要である」という十八世紀半ばの共通の知恵を持つようになった。[46] こういった文献によって、一七七六年以前の数十年間に、ジェファソンが書いた凡庸な法律書のどこにも痕跡すら見出せない、諸国民の法に関する知識が補われた。[47] ジェファソンと同僚の委員会委員、大陸会議自体も、これらを参考にアメリカ内外の聴衆を等しく引きつける文書を創り上げた。

独立宣言は国の内外で読まれるために慎重に起草されたにもかかわらず、諸外国は、ブリテン、フランスばかりかヨーロッパ全体が外交的に深い沈黙で答えた。[48] 一七七六年の夏と秋には、四部の独立宣言がブリテンに送られて、政府文書となった。[49] ハウ卿の秘書官、アンブローズ・サールは、一七七六年七月十三日の日記に独立宣言に接した恐怖を「人の手で作られたもので、これほど恥知らずで、不法で、極悪非道な宣言もない」とひそかに表明した。しかし、アメリカからロンドンに独立宣言を送った彼の上司のうち、誰一人としてこういった感情を記録に残さなかった。[50] 独立宣言は、一七七六年八月半ばロンドンの新聞に掲載され、[51] 一七七六年八月二十日（ディヴィッド・ヒュームが亡くなる五日前）にエジンバラで、[52] 八月二十四日にダブリンで、[53] 八月三十日にライデンで、[54] 九月二日にコペンハーゲンで、[55] 九月半ばまでにはフィレンツェで印刷され、[56] 十月には（ルソーのスイス人の弟子であるイサーク・イセリンによる）ドイツ語訳がバーゼルで発行された。[57] 独立の知らせは、九月十一日まではワルシャワまで到達していたが、ここでは要約版になっていた。[58] ヨーロッパを駆け巡る間に、（政府寄りの論者たちが予測していたように）イングランドの急進運動を独立支持派と反対派に分裂させ、アイルランドでは模倣ではなく称賛を喚起し、スコットランドでは反発にあった。しかし、イタリア、ドイツ、ポーランド、スイス、スペインでは直接言及する論評はほとんどなかった[59]。アメリカ人が最もやきもきしたのは、諸邦連合が同盟を求めたそもそもの相手国フランスの沈黙だった。在パリのアメリカ代表部サイラス・ディーンに送付した二部の独立宣言のうち最初の一部はなくなってしまったが、もう一部は、アメリカ独立のニュースがヨーロッパに流れて三か月経った、一七七六年十一月になってようやく届いた。アメリカがブリテン軍に勝利する分水嶺となったサラトガの戦いの後、一七七八年二月に、ついにフランス王宮はアメリカ連合諸邦と同盟条約を結んだが、それは何よりも「連合諸邦の絶対的で無制限の自由、主権、独立を効果的に維持する」ためだった[60]。これはもちろん大陸会議が、独立宣言を起草する委員会や同盟と通商のモデル条約を起草する委員会を同時に創設して以来ずっと望んでいたことであった。

ブリテン政府は独立宣言におおやけにも正式にも返答することができなかった。そんなことをすれば「反乱に固執する臣民がかならず要求するあの平等と独立を認めることになろう。……外国の介入がことごとく永久に排除されるべき事態なのに、干渉する権利を外国に認めることになる」からであった[61]。しかし、ノース卿内閣はひそかに独立宣言への反駁をリンドに委託した（以下の引用もこの反駁書からである）。その大半は、国王に対する非難を逐一検証・反論したものだった。ブリテン軍に説明し、反乱者たちに反論するために、五百部のパンフレットがロンドンからアメリカに送られた[62]。『アメリカ大陸会議の宣言への回答』（一七七六年）を執筆したのは、若き弁護士ジョン・リンドであり、以前からパンフレット『第一三回議会の主要法令をめぐる論評』（一七七五年）と『プライス博士の市民の自由、統治の原理、アメリカとの戦争の正義と政策をめぐる考察についての論評を含む博士への三通の書簡』（一七七六年）で政府側が注目していた論客だった[63]。リンドは、アメリカ人は依然として不実な諸邦というより、不実な諸個人に他ならないと断言し、したがって、合法的好戦的集団というより反乱者であると論じた。このように論じないと、合法性どころか忠誠という考えを無に帰してしまうことになる。とどのつまり、植民地人を外国の独立した市民であると認めてしまうと、キャプテン・キッドのような海賊が独立を宣言して刑の執行を免れるのを誰も阻止できないではなかろうか。リンドが警告したように「罪を犯した海賊ではなく、独立した王子となり、「海洋」大国に仲間入りする」。それはおそらく「自然の法や自然の神の法によって本来当然に与えられるべき独立対等の地位」なるものの発見だった。最後にリンドは、植民地人が奴隷を解放しないまま全人類は生まれながらに平等だと公言する偽善を嘲笑した。「こういった悲惨の民」に与えないとしたら、そんな権利はだれにも譲ることのできないものでも生まれながらのものでもない[64]。

『アメリカ大陸会議の宣言への回答』は、独立宣言の自然権の要求に触れた、ほぼ唯一の外国の出版物であった[65]。これには、アメリカ人が独立を要求する諸原則の論理的な誤りを暴き、同義反復、冗長、自家撞着、偽善と判定した「独立宣言に対する短評」という付録があった。この論評者ははげしく非難する。「神の法によって本来当然与えられるべきと要求するならば、神の法を制定すればよいだけで、それで論争も終結する。神の法ではないとすると何を制定しようとするのか。証明する必要などない明らかな真理だと呼んでいるものか。……同時に、これらの権利を確保するためには、政府が設置されれば満足とする。政府なるものはこれらの〔生命、自由、幸福の追求といった〕権利のいくつかを犠牲にしなければ機能しなかったし、できなかったとは、彼らは認めないし、そのそぶりもない」[66]。

『アメリカ大陸会議の宣言への回答』における、こういった個々の自然権という言葉への初期の攻撃は、十八世紀末の反革命言説に大きく貢献した。特に「独立宣言に対する短評」を書いたのがリンドではなく彼の友人のジェレミー・ベンサムだったために、アメリカの革命とフランスの革命を連携させた。アメリカ人史家はこの事実にあまり注目しないが、一九六八年以来知られるようになり、ベンサム学者らの注釈も多く出ている[67]。ベンサムはかつてリンドの『……主要法令をめぐる論評』にも協力していた。(彼がほぼ最初に名付けた)「消極的自由」の概念への痛烈な批判を準備して、リンドの『プライス博士への……三通の書簡』に入れてもらってもいた[68]。ベンサムは晩年にいたるまで、独立宣言を支える諸原理には批判的であった。一七八〇年には「かくも合理的な大義が依拠すべき道理に対する反発が抑えられるどころか反発を食うばかりではないか、と嘆かずにはいられない」と、ヴァージニア権利宣言、マサチューセッツ宣言、それに独立宣言にも言及して、不平をこぼした。それからほぼ半世紀後も、ヴァージニア権利宣言をいまだに「証明すべき事柄をはなから当たり前としている、混乱とばかさ加減の寄せ集め」と呼んでいた[69]。ベンサムの批判はぶれなかった。特定できる立法者の実定法しか法とは呼ばないし、このような法しか、いかなる弁護可能な権利も生まない。法律の起源は自然にあるとし、このような法律から自然権を導き出す考え方は、単なるたわごとなばかりか二重に矛盾していた。「自然権とはまったくのたわごとだ。自然権と不可侵権は、巧みなたわごとであり、大言壮語のたわごと」である、とかつて独立宣言に応答してからほぼ二十年後に、フランスの人間と市民の権利の宣言(人権宣言)も同じように罵倒する中で述べた[70]。

近代的な自然権の伝統は、十七世紀初頭に生起し、立法者による法律あるいは人びとや主権間の締結の合意というより、自然、神、人間の自然から道徳的政治的規範を得ていた。この理論は少なくとも百五十年にわたり、道徳性と政治学の支配的な――揺るぎないほどではなかったにしても――理論を形成した。しかし、十八世紀の第三四半期までに、ブリテン、フランス、ドイツにおける自然法理論の権威は衰え始めていた。したがって、この伝統から出現していた近代的な個人の自然権という言葉が、アメリカやフランスの諸革命の時代にこれほど顕著になったとは皮肉だった。理論を支えていた哲学的な基盤が変化し始めてはじめて、この言葉は、政治的な言説の中で、永久的な支配権とはとうてい言えないものの、一時的な支配権を獲得したのであった。[71]

後からみると、十八世紀半ばに生まれた法律家、政治家、哲学者の生涯は、国際規範の大転換期とかなり重なっていたことがわかる。転換はこの世代が生涯を終えるまでに完結しなかっただろうが、その進展ははっきりしており、多くの者は急ぐべきと考えた。ジェファソンは、一七八四年になって「諸国民の法が改善し続けるのは当然ではないか。この法は一歩進展するたびに時代に邪魔されてきた。しかし、近年の知識が急速に増えるのにあわせ、進展を急いで当然ではないか」と問いかけた。[72] 諸国民の法史の標準的な叙述は、自然主義の漸次的な衰えとその結果としての諸国民の法における実定法主義の隆盛を示すこの時期に出現し始めた。この標準的な叙述をした注釈者で、この転換により自然法（ius naturae）と一体視されていた諸国民の法（ius gentium）が突如実定法的な国際法に全面的に切りかわったと論じた者は誰一人としていなかった。[73] しかし、十八世紀に実定法がしだいに隆盛していることは認識していた。

注釈者らの説明には諸国家とその主権の同意に基づく国際的な合意、条約、慣習の優位性が暗示されていた。その根拠は、十七世紀末に出版が開始された（今日まで継続している）大部の条約集、諸国家間関係史、偉大な国際法学者の著作にあった。グロティウスとヴァッテルは、戦争と平和の法ないし諸国民の法（jus belli ac paci or droit des gens）は自然法と諸国家間の合意の両方に基づくとして一致した。しかしながら、「自然法だけでは、個人間ですら十分ではない、ましてや頻繁に行き来し、相互に通商もする国家間となるととうてい間に合わな」かった。むしろ、諸国家は自然法を運用上、相方一致し調整して使う必要があった。「このように二つの国家間に確立されたすべての権利と義務は、両国間の実定法的な諸国民の法を形成する。それは、自然的で普遍的で必然的な法と対比させて、実定法的で特殊的で専断的な法と呼ばれる[74]」。トマス・ジェファソン自身、一七九三年、当時流布しつつあった見識を要約し、「諸国民の法は……一、われわれの自然の道徳律、二、諸国家の処遇、三、諸国家の特殊な協定、という三つの枝からなっている」と書いていた[75]。

十八世紀半ば以前では、自然法学の伝統におけるトマス・ホッブズとのちの彼の追随者が提案していたように、諸国民の法はほぼ完全に自然法に同化していた。こういったすべての知恵ある被造物の身辺にある普遍的な規範は、諸個人とその社会に等しく適用された。諸国家はしたがって（のちの国際法の概念にあるような）諸人格と同義であるばかりか、その自律性、合理性、自然法の命令に従う義務における諸人格と道徳上同義であった[76]。しかし、十八世紀のヨーロッパでますます残忍な戦争が起こり、世界に流血が広がっていくと、諸国民の法が自然法に由来しても侵攻への備えにはならず、かえって国際的な不安定さと流血を増しただけであることがかつてないほど明白になった。デイヴィッド・ヒュームが一七五一年に予兆的に記していたように「正義の遵守は、いかに「国家の間で《ネーションズ》」有益であろうが、諸個人の間に見られるほど必然的に確保されるわけではない。道徳上の義務は有益性に比例する」[77]。一七九五年にロバート・ウォードは「自然法が指示する、全世界の人びと向けの道徳性に関する体制論議は、自然法を受容してきた普遍性に基づく限り、棄却しなくてはならない」とはっきりと宣言した[78]。同じ年にイマニュエル・カントは、「フーゴー・グロティウス、プーフェンドルフ、ヴァッテルなど」自然法の近代的伝統を最も代表する人物は「惨めな慰める人びと」になっていると非難した。「彼らの哲学的に外交的に定式化されたコードは法的な力は少しもないし持ち得ない」がためである[79]。のちにベンサムも同様にするどく、アレクサンダーとティムールの世界主義的な野心を達成しようとした「グロティウス派、プーフェンドルフ派、人類の立法者……」といった「空理空論の」「自然法の教授たち」を嘲笑した[80]。カントとベンサムの両者は国際問題における自然法の役に立たない規範に代えて、カントがみずから触れた永遠平和の論文で、ベンサムが長きにわたって構想した法律要覧『総合法典《パノミオン》』で言うような、諸国家間の実定法的な強制力のある合意を取り上げることを提案した。このような提案は、諸国民の法の自然法的な基盤から実定法的な国際法への移行が一段とはっきりとした、十九世紀になる前後の五十年間の特徴を示していた。

独立宣言の国際的な受容とアメリカの独立への反応は、十八世紀末に法学が折衷主義になる兆候だった。独立宣言の第二段落の自然主義的な主張に同時代人はなんの感想も持たなかったが、独立宣言自体は実定法的な諸国民の法における中心的な論点となった。独立宣言はいかにして独立を宣言したのか、との独立宣言が提起した、国際法の重要論点は一見単純そうにもみえたが、はっきりと論争的であった。

ベンサムは『独立宣言に対する短評』で「われわれと君たちの結合は解消されるということと、結合を解消することとは違う。君たちの独立を成就することは独立を宣言するほどたやすくはない」と独特の反応を見せた。[81] ベンサムはこの論点には踏み込まなかったものの、この問題は、独立宣言、あるいは類似した意図を持つ他の文書、をめぐる国際法の論拠の核心となった。すでに独立している団体による宣言をのぞいて、諸国民の法の下で独立はいかにして宣言されうるのかという問題は、じっさい、一七七六年直後から二世代にわたって展開していった。

宣言しただけでは独立の法的形式は整わなかった。それだけではすでに他の手段で達成されていた独立の通知でしかなかった。[82] 連合諸邦は仏米同盟を締結するや公式に国際体制に参入した。そうしてはじめて、アメリカの独立問題は、異議はあろうものの否定しがたい国際法の事実とみなされたのだ。しかし、独立という事実とそれを主張していた独立宣言の冒頭部分の根拠とはまったく別物であった。国家《ステートフッド》としての地位を得るのは実定法しかなかったからであった。ペイン、リチャード・ヘンリ・リー、現地の諸宣言、大陸会議の起草委員会が目論んだように、独立宣言の目的が反乱した諸植民地を外国の諸勢力と外交上通商上の同盟を結ばせることだとしたら、いつの時点で諸植民地《コロニーズ》は諸国家《ステーツ》となり、反乱者は正統性を得たのか。宣言だけでは不十分であり、ブリテンが独立を承認しないとなると、フランスのような第三国による承認こそ正統性を確保するのに不可欠なのだろうか。あるいは、第三国による承認すら、ブリテンが一七八三年のパリ条約でようやく独立を認めたように本国政府が認めるまでは不十分なものにとどまるのか。[83]

独立、国家としての地位、承認に関するこれらの問題は、十八世紀末に出現しつつあった実定法的な諸国民の法の核心にあり、アメリカの独立だけでなく、独立宣言も一七八三年以降、ヨーロッパで特にこの観点から受け止められていた。これらの点は、実定法を重視しはじめた頃に急速に展開しつつあった諸国家《ステーツ》の法的な承認論の焦点になった。連合諸邦が「世界の諸国家」との対等な地位を主張するには、単に「自然の法や自然の神の法」だけでなく、それ以上の根拠を必要とした。グロティウス、ヴァッテルといった自然法重視の近代の提唱者は、諸国家はまさに生存、独立、平等の権利を有すると論じていた。しかし、新しい諸邦＝国家《ステーツ》がそういった権利を以前には持っていなかったとなると、いかに獲得するかは、独立宣言が提起した承認の問題への対応もあって、十八世紀末になってようやく国際法の中心的な議題となった。(84)

独立宣言は、国家《ステーツ》の承認をめぐる最も初期の議論において、重要な証拠となった。一七八三年にドイツの法学者にして純文学者J・C・W・フォン・シュテックが独創的な方法で、君主の認証と正統性ばかりではなく国家一般の認証と正統性も扱うようになってからそうなったのである。かつては、承認の議論は、支配者の継承権の認証に限定されていた。したがって、彼の説明はオランダやアメリカのような共和国が中心だった。シュテックは、アメリカはブリテンに公式かつ明確に承認されるまで国際的な地位は持たないと述べた。パリ条約締結の直後に書いた論稿で、一七七八年のフランスの承認はブリテン側の権利放棄を伴わなかったので、実効性がなく時期尚早であったとみなした。(85) 一七八九年にゲッティンゲンの法律学教授G・F・フォン・マルテンスは、シュテックの議論をさらに進めて以下のように論じた。「かつての服従が公式に拒絶され、拒絶した側が要求する独立を獲得するに至ると、その論争は、独立国家間の間に起きる論争同然となる」。ただし、これには拒絶された側が、新たに独立した国家に提供される援助であれ援軍であれ、それを法に基づき、戦争行為とみなすことが主たる条件となる。「北アメリカの諸植民地がみずから独立宣言をした後に……グレート・ブリテンがし続けた行為はこの問題の例証となろう」(86)。一八四三年までに、アメリカの独立が提起した国家承認問題は、国際法が実定法主義の段階に決定的に移行すると、耳目を集める論戦の一つとなっていた(87)。

フランスとの同盟が成功し、アメリカ人が対ブリテン独立戦争で勝利したために、文書としての独立宣言の地位は変化を遂げた。ブリテンがパリ条約第一条でアメリカの独立を公式に承認した直後から、条約集の著作者たちは実定法的な近代諸国民の法としての独立宣言を認めた。たとえば、チャールズ・ジェンキンソンは独立宣言を一七八五年の自分の条約集に入れて、一六四九年のミュンスター条約によるオランダの独立の承認から始まっていた国際関係の時代における、最近の局面を示すために使った。「一七八三年のパリで締結された条約によって、もう一つの革命、すなわちアメリカ連合諸邦の革命が承認され確固たるものとなった」。独立宣言は、〔条約集に〕一七七一年のフォークランド諸島に関するスペインの宣言と一七七八年の仏米条約の間に実定法的な諸国民の法に入る同様の文書として、収められた(88)。マルテンスの『ヨーロッパ近代諸国家の……国際法概要』(一七八九年)は、独立宣言を連合規約とともに一覧表に載せた。連合規約については、ヨーロッパの注釈者たちも国際条約とみなしていた(89)。

一七八三年までにアメリカ諸邦の独立には問題がなくなった。独立宣言の目的は果たされていたし、法律上の独立と事実上の独立の相違をめぐる論争も、アメリカに関する限りいまや論争の中心ではなくなった。一七八三年のブリテンによる独立の承認は、一七七四年以後と同様、自由にして独立した国家が当然の権利として行使できるすべてのことを連合諸邦が合法的に行えることを意味した。連合諸邦は、国際秩序において、国家《ステートフッド》としての地位を獲得したのである。国民性《ネーションフッド》――歴史、伝統、制度の共有を通じた帰属性の内的な自己意識と定義される――の獲得は、国家としての地位の獲得とは別の過程であり、南北戦争後にはじめて独立宣言はこれに利用された。七月四日は国民の誕生日として採用されたが、独立宣言自体は党派的な抗争に使われたり、競合して利用され続けた。最も初期の白人アメリカ人による独立宣言からの引用は独立を宣言した「最後の段落から引かれるのが一般的だった」が、一八二〇年代から第二段落の自然権の主張が引用されたため、「独立宣言の革命権の主張の重要性がじわじわと低くなっていった」[90]。独立宣言の解放のメッセージをいちはやくくみとったのはアフリカ系アメリカ人のみであったと思われる。旧緊急召集兵の自由黒人であったルミュエル・ヘインズは、一七七六年に早くも独立宣言の第二段落に奴隷制廃止の主張をかぎ取っていた[91]。

この新生共和国の第一世代の法律家は、合衆国は諸国民の法の歴史上でもとりわけ幸運な時期に国際体制に参入したと見た。たとえば、ジェイムズ・ケントは一八二六年に最初のアメリカ法要覧を作成した際、その著書『〔アメリカ法〕注釈』の第一章を諸国民の法にあてたばかりか、「合衆国がブリテン帝国の一部ではなくなり、独立国家の性格を帯びたとき、あの支配体制の影響を受けるに至った。それは、理性、道徳、慣習が、公法としてヨーロッパの文明国の中に確固たる足場を築いていた体制だった」と主張した。彼は諸国民の法が「単なる実定法的な法制度の体系」なのか「国家行為に適用された、自然法と本質的には同じもの」なのかをめぐって意見が割れていることに気が付いていた。同時代の大半の者と同様、ケントも「自然的な諸国民の法も実定法的な諸国民の法もある」といずれも排他的な真理ではないと結論づけた[92]。

独立宣言は、十八世紀末の法理論における折衷主義の産物であった。全面的に自然法的だとも、もっぱら実定法主義的だとも言えず、連合諸邦が「独立国が当然の権利として行いうる行為」をできるように「自然の法や自然の神の法」に訴えた。その論拠は自然法に基づいていたものの実定法的な国家権力の声明で終わっていた。独立宣言の国際的な受容は前者をかえりみずに後者に集中し、その国内的な受容は諸国家の能力よりも個人の諸権利に集中した。アメリカ以外では、自然権の訴えは、西洋世界のどこでも、十九世紀の大半を通じて、コーポラティズム、社会主義といったかなり集産主義的な政治言語、功利主義からの懐疑的な予測と競合していた。これらの言語は近代の自然権理論の個人主義とは敵対しており、そのいずれも「生命、自由、そして幸福の追求」の自然主義的な要求は受け入れないことがわかった。功利主義と集産主義はアメリカの知的生活にとってそれほど魅力的ではなく、これだけでも独立宣言の中心的なメッセージがヨーロッパとアメリカでは異なって受けとられたことを説明する。独立宣言はきわめてアメリカ的な市民宗教に利用された後でも、諸個人の特定の権利というより諸国家の集団としての権利を列挙する実定法的な国際法の文書として読まれた。かくしてジェイムズ・ブラウン・スコットは一九一七年に、独立宣言を新たな国際連盟憲章にし、その詳細な計画として連合規約、その指導的な諸原則として憲法を持つ、合衆国の連邦構造はより大きな太平洋世界連邦のモデルとなりうると提案した。(93) こういった提案がいまや奇妙にしか見えないのは、国際舞台に登場する主体としての諸国家の権利の指針がほぼ全面的に忘却されていながら、独立宣言の個人主義的で自然権的な解釈が不可避になっている兆候である。

独立宣言を当時の国際的な文脈で見てみると、アメリカ革命の二面的な性格があらわになる。アメリカ革命は、近世の反乱の歴史における遅ればせのエピソードとして、近代の脱植民地運動の原基形態とされ、かくして一六世紀に遡るとともに、二十世紀への基盤を築くものであった(94)。独立宣言は「世界初の国民の独立文書」と呼ばれてきたにもかかわらず、その名誉は、むしろオランダの反乱指導者たちがスペインのハプスブルク家への忠誠心を捨てたオランダの廃位布告（一五八一年）に与えられよう(95)。キルケニーのアイルランド連盟は一六四一年から一六四九年まで（ローマ教皇の承認を得て）イングランドから事実上の独立を達成した(96)。アメリカ革命の時代に近くなると、一七三五年にコルシカの反乱がジェノヴァからの独立を主張した一方で（一七六二年にフランスに吸収されて終息）、一七七二年にクリミアのタタール人がトルコへの忠誠心を棄却して、すぐさまエカチェリナ女帝のロシアの属領となっていた(97)。十八世紀末までに、アメリカ革命は、国際問題の歴史では、オランダ共和国、コルシカ、クリミアの反乱や独立運動と同一視されるようになった(98)。しかし、一世代も経たないうちに、一七七〇年代は「十八世紀後半の特徴となった私的な道徳性におとらず公的な道徳性も全面的に棄却された事態」であったとされ、「この不吉な瞬間から」特にポーランド分割、一七七八年の仏米同盟を特徴とする「ヨーロッパの国際体制の衰退が始まるかもしれない(99)」。

アメリカの植民地人は被植民者ではなかった。この基本的な事実のために、アメリカ革命を二十世紀後半の脱植民地化運動と軽々に同一視するのは受け入れがたい(100)。アメリカ革命は、自己意識的な「人びと」が抑圧された集団のアイデンティティを植民地宗主国に対する反乱の動機として取り戻したという意味での、国民主義的《ナショナリステック》な反乱でもなかった。アメリカの革命家たちは、諸植民地《コロニーズ》から諸国家《ステーツ》を作るよう迫られた。同じ国民のメンバーとして自認し始めていたためだった。彼らは相互依存を実現するためにも独立しなければならなかった。諸国民の法の使用可能な言語で「公正な世界」に向けて独立を宣言できたばかりか、これを通じて、共通の規範、慣習、同意に基づく国際体制への積極的な参入者となった。フランス革命と異なり、アメリカ革命は国際的な安定性に対する国民主義的な攻撃にはならなかった。一八〇〇年にフリードリッヒ・ゲンツが記したように、アメリカ人は独立宣言を携えて国際秩序への参入を要求したもののその転覆を迫ったわけではなく、アメリカ革命の目的は限定されており、その根本前提は諸国民の法を侵害するものではなかった。[101] 合衆国が国際秩序に成功裏に組み込まれてしまったために、アメリカ革命は国民の誕生にかかわったばかりか（国際的な意味での）諸国家の創設にもかかわった事実が曖昧になってしまった。独立宣言は、一方（国家の創設）の達成を意図したが、同時代の国際法の折衷主義に特有の文書として開始されたものが、むしろ特殊な国民的神話学の中の護符となっていくにつれ、しだいに他方（国民の誕生）と同一視されるようになった。

原注

（1） Armitage (2011).

（2） 「大西洋の危機」という言葉は以下から取っている。Portillo Valdes (2006).

（3） Reid (1981), pp. 46–89; Larson (2001).

（4） Wills (1978), p. 362.

（5） Mahoney (1987), pp. 54, 65; Gerber (1995), p. 17; C. L. Black, Jr (1997), pp. 6–10.

（6） Friedenwald (1904); Hazelton (1906); Becker (1922).

（7） Desbler (1892); Detweiler (1962); *We, the Other People* (1976); Peterson (1991); Jayne (2007); Dyer (2011); Tsesis (2012).

（8）　Haskell (1987); Lacey and Haakonssen (1991); Primus (1999), ch. 5, 'Rights after World War II'. こういった伝統の重要な不連続性については、以下を見よ。Moyn (2010).

（9）　P. Maier (1997), ch. 4, 'American Scripture'.

（10）　Angermann (1965); Becker (1922); White (1978); Gerber (1993); Zuckert (1996); Wills (1978); Hamowy (1979); Reck (1991); Jayne (1998); Alvis (1998).

（11）　Howell (1961).

（12）　Anastaplo (1965), pp. 391–4; Ferguson (1984), p. 63.

（13）　Fliegelman (1993); T. Starr (1998).

（14）　Reid (1981).

（15）　Pocock (1995)〔J・G・A・ポーコック著、田中秀夫訳『徳・商業・歴史』みすず書房、一九九三年〕, p. 281.

（16）　Ellis (1999).

（17）　以下には失礼ながら。Lutz (1989).

（18）　Jones (1976), p. 55.

（19）　Fisher (1907); Wills (1978), pp. 65–75; P. Maier (1997), pp. 105–23.

（20）　'The Declaration of Independence as Adopted by Congress' (4 July 1776), in Jefferson (1950–), I, pp. 429–32〔「一七七六年七月四日、大陸会議におけるアメリカ連合諸邦による全会一致の宣言」アーミテイジ著、平田雅博・岩井淳・菅原秀二・細川道久訳『独立宣言の世界史』ミネルヴァ書房、二〇一二年、一九二–一九七頁〕.「これら連合諸植民地は自由にして独立した国家であり、また権利として当然にそうあるべきものである」との文言は大陸会議で最終草稿に加えられた。Boyd (1999), p. 35; P. Maier (1997), p. 148.

（21）　以下も同様に論じている。Zuckert (1996), pp. 16–17. 独立宣言の理論的な構造についての以下のもう一つの説明と比較せよ。Howell (1961), pp. 480–1; Lucas (1989), p. 91.

（22）　Abraham Lincoln, 'Speech at Springfield, Illinois' (26 June 1857), in Lincoln (1953–5), II, p. 406.

（23）　この例外は以下である。Dumbauld (1950), pp. 34–44, 153–5; Marshall (1974), pp. 8–9, 19; Dumbauld (1976); Wills (1978), pp. 325–32; Pocock (1988a), pp. 13–15; Pocock (1988b); Pocock (1995), pp. 280–2; P. Maier (1997), pp. 132–3, 142; P. S. Onuf (1998), pp. 71–2, 82–3.

(24) Blackstone (1765–9), III, p. 293.

(25) Lucas (1998), p. 151.

(26) Carl-August Fleischhauer, 'Declaration', in Bernhardt (1992–2003), VII, p. 67; R. Ward (1805), p. 3.

(27) 'The Declaration of Independence', in Jefferson (1950–), I, p. 429〔前掲訳書『独立宣言の世界史』一九二頁〕;「独立対等」は以下での「対等で独立」に置き換わったもの。Jefferson's Rough Draft: Boyd (1999), p. 67.

(28) Kettner (1978), ch. 7, 'The Idea of Volitional Allegiance'.

(29) 'The Declaration of Independence', in Jefferson (1950–), I, p. 432〔前掲訳書『独立宣言の世界史』一九七頁〕.

(30) Marston (1987), pp. 206–23.

(31)「発話によって何らかの意味内容を伝える」力、「発話によって何らかの行為をなすことになる」力についての発信＝行為理論としては以下を見よ。Austin (1962)〔J・L・オースティン著、坂本百大訳『言語と行為』大修館書店、一九七八年〕.

(32) ブリテン側での植民地人から反逆者への移行は以下によって追求されている。Conway (2002).

(33) John Adams to James Warren, 7 October 1775, in Warren and Adams (1917–25), I, pp. 127–8.

(34) Richard Henry Lee to Patrick Henry, 20 April 1776, in Lee (1911–14), I, p. 178.

(35) Hutson (1971–2); Wandycz (1980).

(36) Dickinson (1941), p. 478.

(37) Richard Henry Lee to Patrick Henry, 20 April 1776, in Lee (1911–14), I, p. 176; Simms (2007), pp. 569–71.

(38) Paine (1776)〔ペイン、小松春雄訳『コモン・センス』岩波文庫、一九五三年〕, pp. 77–8.

(39) North Carolina Instructions (12 April 1776); Instructions for the Delegates of Charlotte County, Virginia (23 April 1776); Address and Instructions of the Freeholders of [Buckingham] County, Virginia (n. d.); Virginia Instructions (15 May 1776); 'Meeting of the Inhabitants of the Town of Malden' (27 May 1776); Connecticut Instructions (14 June 1776), in *American Archives* (1833–46), V, pp. 1322, 1035, 1208; vi, pp. 461, 602, 868.

(40) *Journals of the Continental Congress* (1904–6), V, pp. 425–6; Wills (1978), pp. 326–9.

(41) Dickinson (1941), pp. 471, 474; Flower (1983), pp. 161–6; Calvert (2009), ch. 6.

(42) Benjamin Franklin to Charles Dumas, December 1775, in *Revolutionary Diplomatic Correspondence* (1889), II, p. 64.

(43) Vattel (1775), Library Company of Philadelphia, call-number Rare E Vatt 303. Q; Houghton Library, Harvard University, call-number

*AC7. F8545. Zz775V. 大陸会議の一部はなくなっている。

(44) John Adams, *Autobiography*, in Adams (1850–6), II, p. 516; Gilbert (1961), p. 50. この条約の本とは以下である。*Compleat Collection* (1760), Houghton Library, Harvard University, call-number *EC7 Ed596 741; Adams (1977–), IV, pp. 262–3.

(45) Toscano (1966), I, pp. 47–66.

(46) Vattel (1760), p. xi.

(47) LC, Jefferson Papers, ser. V, vol. 13; Jefferson (1926).

(48) Van Alstyne (1965), pp. 96, 100, 106, 108–10; Kite (1928); Peckham (1976); Palmer (1976); Dippel (1977), pp. 29, 36, 100–5, 276, 347; Nordholt (1982); Venturi (1991), pp. 13, 17 (Italy); Melero (1977), pp. 297–8. より一般的には、以下を見よ。Adams (1999); Armitage (2007a)〔前掲訳書『独立宣言の世界史』〕.

(49) TNA ADM 1/487/34; CO 5/40/252; CO 5/177/29; CO 5/1353/401. これらの四部のうち一部のみ以下に記録されている。Walsh (1949).

(50) Serle (1940), p. 31.

(51) *Morning Chronicle* (London), 14 August 1776; *British Chronicle* (London), 14–16 August 1776; *St James's Chronicle* (London), *General Evening Post* (London), 15 August 1776; *Annual Register* (London) (1776), pp 261–4; D. D. (1898), pp. 127–8; Lutnick (1967), pp. 75–6.

(52) *Caledonian Mercury* (Edinburgh), 20 August 1776; *Scots Magazine* (Edinburgh), 38 (1776), pp. 433–6; Livingston (1990), p. 133.

(53) *Freeman's Journal* (Dublin), 24 August 1776.

(54) *Gazette de Leyde* (Leiden), 30 August 1776; Popkin (1989), p. 151.

(55) *Berlingske Tidende* (Copenhagen), 2 September 1776, 以下に再録。*Independence Documents of the World* (1977), i, p. 187.

(56) *Gazzetta Universale o Sieno Notizie Istoriche, Politiche, di Scienze, Arti, Agricoltura* (Florence) and *Notizie del Mondo* (Florence), 14 September 1776; Venturi (1991), I, p. 50.

(57) *Ephemeriden der Menschheit* (Basel), October 1776, pp. 96–106; Dippel (1977), p. 29.

(58) *Gazeta Warszawska* (Warsaw), 11 September 1776; Sokol (1967), p. 8.

(59) TNA CO 5/177/113; York (1994), p. 103; 'An Answer to the Declaration of Independence', *Scots Magazine*, 38 (1776), pp. 652–5; 39 (1777), pp. 65–74, 121–8, 177–86, 233–42, 289–93 (以下の抜粋をリプリント。[Lind and Bentham] (1776)); Swinfen (1976), p. 71; Venturi (1991), I, p. 50.

(60) Treaty of Alliance, 6 February 1778, Article 2, in *Treaties and Other International Acts* (1931–48), ii, pp. 36–7; Stinchcombe (1969), pp. 8–13.

(61) [Lind and Bentham] (1776), p. 5.

(62) TNA CO 5/93/290.

(63) Lind (1775); Lind (1776); Avery (1978). 64 [Lind and Bentham] (1776), pp. 6–7, 95, 107.

(65) 他に一点のみある独立宣言にやっきとなって回答したブリテン側のパンフレットのおおまかな言及と比較せよ。Hutchinson (1776), pp. 9–10, Bailyn (1974), pp. 357–9.

(66) [Jeremy Bentham,] 'Short Review of the Declaration', in [Lind and Bentham] (1776), p. 120; 以下に収録。Armitage (2007a), p. 174〔「[ジェレミー・ベンサム] 独立宣言に対する短評」(一七七六年)、前掲訳書『独立宣言の世界史』一九九―二〇〇頁〕.

(67) BL Add. MS 33551, ff. 359r–60v, 以下に収録。Bentham (1968–), I, pp. 341–4; D. G. Long (1977), pp. 51–4; Hart (1982), pp. 63–5; Onuf and Onuf (1990), p. 77.

(68) Jeremy Bentham, 'Hey' (1776), UCL Bentham LXIX, pp. 57–68 は以下への返答である。Hey (1776); D. G. Long (1977), pp. 57–9; Molivas (1999); Elazar (2012).

(69) Bentham (1996), p. 311, n. c.; Bentham (1838–43), X, p. 63.

(70) Jeremy Bentham, 'Nonsense upon Stilts' (1792), in Bentham (2002), p. 330.

(71) この伝統の歴史については特に以下を見よ。Haakonssen (1996); Haakonssen (1999); Hochstrasser (2000). 特にドイツにおける、そのよく知られた十八世紀末の「危機」については以下を見よ。Tang (2010).

(72) Thomas Jefferson, 'Reasons in Support of the New Proposed Articles in the Treaties of Commerce' (10 March 1784), in *Diplomatic Correspondence* (1837), I, pp. 532–4, 以下に引用。Lint (1977), p. 34.

(73) Moser (1778–80); Neyron (1783); G. F. Martens (1785); Ompteda (1785); Günther (1787–92); R. Ward (1795); Klüber (1819); Eden (1823); Wheaton (1836), pp. 1–29; Wheaton (1841). 以下に英訳。Wheaton (1845).

(74) G. F. Martens (1795), pp. 3–4.

(75) Thomas Jefferson, 'Opinions on the French Treaties' (28 April 1793), in Jefferson (1950–), xxv, p. 609.

(76) 一般的には以下を見よ。Tuck (1999).

(77) Hume (1998)〔D・ヒューム著、渡部峻明訳『道徳原理の研究』哲書房、一九九三年〕, p. 100.

(78) R. Ward (1795), i, p. 63.

(79) Immanuel Kant, 'Zum Ewigen Frieden. Ein philosophischer Entwurf' (1795)〔カント著、宇都宮芳明訳『永遠平和のために』岩波文庫、岩波書店、二〇〇九年、四〇刷改版〕, in Kant (1964), I, p. 210; 以下に英訳。Kant (1991), p. 103.

(80) Bentham, 'Pannomial Fragments' (1820s), BL Add. MS 33550, f. 92r, 以下に翻訳。Bentham (1838–43), iii, p. 220.

(81) [Bentham,] 'Short Review of the Declaration', in [Lind and Bentham] (1776), p. 131; 以下に収録。Armitage (2007a), p. 186〔前掲訳書『独立宣言の世界史』、二一〇頁〕.

(82) Derrida (1984)〔ジャック・デリダ著、浜名優美・庄田常勝訳『他者の耳——デリダ「ニーチェの耳伝」・自伝・翻訳』産業図書、一九八八年〕, pp. 13–32; 以下に英訳。Derrida (1986); Honig (1991).

(83) これらの問題の同時代の文脈については以下を見よ。Goebel, Jr (1915), ch. 3, 'Intervention and Recognition in the American Revolution'.

(84) Alexandrowicz (1958); Crawford (2006), pp. 6–14; Grewe (2000), pp. 343–8.

(85) J. C. W. von Steck, 'Versuch von Erkennung der Unabhängigkeit einer Nation, und eines Staats', in Steck (1783), pp. 49–56; Alexandrowicz (1958), pp. 180–4; Frowein (1971).

(86) Martens (1795), p. 80 and note; Alexandrowicz (1958), pp. 184–7.

(87) C. Martens (1843), I, pp. 113–209, 370–498.

(88) Jenkinson (1785), I, p. iii; III, pp. 237–41.

(89) 'List of the Principal Treaties… Between the Different Powers of Europe since the Year 1748 down to the Present Time', in G. F. Martens (1795), p. 362; Martens (1791–1807), I, p. 580; Martens (1817–35), II, pp. 481–5 (独立宣言), pp. 486–502 (連合規約).

(90) L. Travers (1997), pp. 21–3, 161, 206; Waldstreicher (1997), pp. 30–5, 99–102, 206–7, 219–29, 240, 311–13; P. Maier (1997), pp. 160, 191 (引用箇所).

(91) Bay (2006); Slauter (2009); Lemuel Haynes, 'Liberty Further Extended...' (1776?), Houghton Library, Wendell Family Papers, bMS Am 1907 (608); 以下に収録。Bogin (1983), pp. 93–105.

(92) Kent (1828), I, p. 2; Janis (1992), pp. 38–9. この時期のアメリカの国内法と国際法との関係については以下を見よ。Jay (1989), および以下の両者間の論争。Yoo (1999a), Flaherty (1999). 回答も見よ。Yoo (1999b). もっと一般的にはいまや以下を見よ。Golove and Hulsebosch (2010).

(93) Scott (1917), pp. xvii–xix; Scott (1920), pp. x, 467–9.

(94) 前者に関してはたとえば以下を見よ。Clark (1995). 後者に関しては、Lipset (1963)〔S・M・リプセット著、内山秀夫・宮沢健訳『国民形成の歴史社会学——最初の新興国家』未來社、一九七一年〕; Barrow (1968); Morris (1970); Burrows and Wallace (1972), pp. 167, 279–80; Boyce (1999), pp. 21–8.

(95) *Independence Documents of the World* (1977), II, p. 733; *Dutch Declaration* (1896); Coopmans (1983); Lucas (1994); Lucas (1998), pp. 159–69.

(96) Ohlmeyer (1995).

(97) T. Hall (1971); A. W. Fisher (1970).

(98) たとえば、Moser (1777–80), VI, pp. 126–47 (コルシカ、クリミア、合衆国); Steck, 'Versuch von Erkennung der Unabhängigkeit einer Nation, und eines Staats', in Steck (1783), pp. 49–56 (オランダ共和国、クリミア、合衆国).

(99) Eden (1823), pp. 81–2.

(100) 以下と比較せよ。Greene (2007); Armitage (2007b).

(101) Rainbolt (1973), pp. 430–3; Gentz (1800). Armstrong (1995), pp. 42–112, 204–25 はこの点に関してアメリカやフランスの諸革命とすばらしい比較をしている。

第12章　独立宣言、一七七六～二〇一二年

帝国の正当性を無効にするには二世紀以上の時間を要したが、その過程は、まだ終わってはいないものの、一般的に「穏やかならざる予期できぬもの」であった。われわれの世界には、ポスト帝国の遺産が残ったままである。たとえば、「主権はすべて等値だという虚構や、……国家の内部や国家間での不平等という現実のように」。しかも、先住民に対する処遇や多文化主義の促進といった政策には、帝国的慣行がいぜんとして残っている。だが、今日それは国家の政策になっており、国家にすっかり取って代わられた帝国の慣行として残っているのではない。アメリカ革命としてよく知られる大西洋の最初の危機は、イベロアメリカ〔ラテンアメリカ〕で、ついでいまや全世界を覆っている国家がおりなす世界が誕生する際の多くの混乱や対立の先触れとなった(1)。

植民地から国家を誕生させたことは、アメリカ革命による単一で最も急進的な行為であった。実際、その過程は、大西洋世界の変容をもたらした。当初は大西洋西岸での諸邦の独立国、ついで〔非君主制

という意味での）共和主義、そしてついには、古代や近世の思想家がまったく夢想だにしなかった規模での連邦共和国――アメリカ合衆国、ヴェネズエラ、メキシコのような――の建設を促す舞台へと変えたのである。それゆえアメリカ革命を、アメリカ大陸のスペイン領やポルトガル領で起きた革命の要因や比較対象とはほとんど関係がない孤立した過程ととらえるのではなく、大西洋世界での諸革命の先触れとしてとらえた方が有益だろう(2)。

独立を宣言するという慣行は、これらすべての動きに共通していたため、主権と自治の回復における類似と差異を示す有益な提喩となろう。およそ一八〇九年から一八三〇年までの時代は、世界史上、独立が発せられた最初の――けっして最後ではない――大きな時代であった。この数十年の独立宣言のほとんどは、イベロアメリカから発せられた。北はテキサスから南のチリまで、自治委員会《フンタス》、議会《コングレソス》、村《プエブロス》、皇帝がそれぞれ、都市《シウダデス》、地方《プロヴィンシアス》、州《エスタドス》、国《ナシオネス》、帝国《インペリオス》の自由と独立を宣言した。主張はさまざまな表現形式《ジャンル》をとっていた。代表組織の正式な決議《アクタス》、印刷された宣言文、マニフェスト、声明《プロヌンシアメントス》や計画書、あるいは、口頭による布告や叫び《グリトス》など。独立宣言には、今日まで続く国家の歴史における重要文書やきわめて重要な出来事として後代に神聖化されたものもあれば、小さな単位に分割されたり大きな連邦体へ吸収されたりして消滅してしまった国家や国民の創設を促したものもある。そのほか、独立を勝ちとれなかったものや、その後失われたり、忘れ去られたり、知られず、未知のままであったり、祝福されなかった宣言も多い。独立を宣言する伝達媒介が多様で、使用言語がさまざまで、宣言がたどった結末が種々あるために、分類するのは容易ではない。以上の理由で、独立宣言を取捨選択した編纂書はあるものの、網羅的に収集したものはなかった(3)。しっかりした史料データベースがないために、独立宣言の比較や包括的考察を行うことはむずかしかったのである。[4]

これらの重要史料に注目が集まったのは、ラテンアメリカの「独立」二百周年——たとえば、二〇一〇年のヴェネズエラ、コロンビア、アルゼンチン、メキシコ、チリなど——のためであった。祝典では、起源や国家成立を記念したが、あたかもそうした出来事が、後世の人びとが理解するのと同じくらい、当時でもはっきり識別できるものであったかのような祝いぶりであった。ナショナリストの歴史家たちは、植民地的な依存状況から国家的独立への過程を、特定の日付や特定の行為のはっきりした境目で区切るような物語を構築するのがつねであった。これに代わって、ポスト・ナショナリストの歴史家や、一八〇八年のナポレオンのスペイン侵攻が引き起こした出来事を大西洋や帝国の視点からとらえる歴史家たちは、そのような物語は、すべて作り話だと主張している。帝国の崩壊、再建、解体から政治的独立への過程は、偶発的で複雑であって、必然的でも目的論的でもなかったというのが、その理由である。諸外国による干渉からの自立という意味での独立は、帝国の危機に対する数ある解決策の一つでしかなかった。「それは、危機に瀕していた帝国からの分離というよりも、一つならず複数の新たな中心地域を設けることで、新たな土台の上に帝国を再建することだった」。[5]「帝国の革命の時代」にあって、主権は、支配の正当性の根拠であるよりも、激しい論争の種であった。一七六〇年代以降、主権をめぐる議論は沸騰し、大西洋世界の帝国や植民地でたえず論戦がくり広げられていた。早くも一七七〇年にベンジャミン・フランクリンは、「われわれの主権というのには、もううんざりだ」と声をあげたのだった。[6]

帝国から国家へ（そして、ときには、帝国から別の帝国へ）という西半球での複合的な移行は、けっして順調でも、反発がないわけでもなかった。その一因は、主権の法的・政治的根拠が折衷的で多様なことにあった。[7] 近年の研究者が明らかにしているように、ほとんどの場合、主権は、イベロアメリカの活動家たちが望んだ最初の選択肢ではなく、最後の選択肢であった。[8] 一八〇八年以降に設けられた自治委員会は、国や村を代表したが、それはスペインからの独立を要求するためではなく、すべてのスペイン人のナポレオンからの独立を主張し、侵略者フランスに対するスペインの独立戦争を支持するためだった。本国の権力が空白状態になると、フェルナンド七世に対する忠誠は、大西洋を越えてスペイン王国を結束させた。

ようやく独立という認識が生まれたのは、一八一〇年以降になってであり、スペイン王国では地域どうしの結束が弱まり、自立が促された。だが、当初は忠誠という文言や主権の回復という保守的な表現が用いられていた。たとえば、一八一一年十二月、キトの自治委員会は、同地の住民が「いかなる外国政府に対しても、依存や従属、影響のいっさいから完全に自由であり、国王フェルナンド七世の崇高で合法的な権威にのみ従属する」と宣言していた。[9] また、現在つまびらかにされていることだが、イベロアメリカの大半の地域が、事実上独立を達成しそれが正当に承認されたのは、一八二〇年代、一八三〇年代になってからであり、中米では一八三八年かそれ以降だった。[10] この点からして、近年のラテンアメリカでの二百周年祝典は、控え目にいっても、時期尚早であったといえるのではなかろうか。

一般に理解されている出来事としての独立と歴史家が考える過程として独立とのずれは、一連の差し迫った問題を提起している。十八世紀末から十九世紀初頭にかけて、独立は何を意味していたのか。いかにして独立は、政治的、法律的に保証されたのか。そして、独立宣言のどの部分が達成されたのか。南北アメリカの独立に関する重要文書の起源と結果を仔細に検討し、それを時間的にも空間的にも広範な比較の観点から考察することで、これらの問いに答えることができるだろう。このような広い視野から考察すれば、イベロアメリカの重要文書の特質や、今日にいたる歴史の大きな文脈における位置づけを解明しやすくなるであろう。

一八一五年三月、元アメリカ合衆国大統領ジョン・アダムズは、八十年の人生の後半を振り返り、大西洋の両岸で世界が激変したことを思い起こしていた。同世代や後の世代の英語系観察者たちとはちがって、アダムズは、当時の革命のなかにスペイン領アメリカで起きた出来事も含めていた[11]。実際、彼が熟考するようになったのは、フランシスコ・デ・ミランダの下での一七九八年の政変の記憶であった。「前世紀の第四四半期と今世紀初めの十五年間は、革命と憲法の時代と呼べるだろう。われわれ（つまり、アメリカ合衆国の住民）は、その舞を踊りはじめ、憲法というお手本を十八ないしは二十も作ったのだ」と、彼は記していた。（彼も協力した）アメリカ合衆国の独立宣言の起草者でライバルのトマス・ジェファソンが目立ったことに機嫌を損ねなければ、きっと「革命と憲法、そして独立宣言の時代」と呼んでいたことだろう[12]。

このようにアダムズが記していたころには、南北アメリカでゆうに二十をこす独立宣言が出され、ヴェネズエラとニューグラナダ（ヌエバグラナダ）だけでも十六を数えた[13]。その後二十年間にさらに多くの宣言が発布された。十八世紀末から十九世紀初頭には、大西洋の両岸や他の地域でも次第に、愛国者や解放者たちが、自身の政治主張を同胞たちに吹きこみ、それを実現しようと人民や国民、その他種々の権利概念に訴えていた[14]。彼らは、目的を実現し、現状の帝国の内部でも帝国に対しても、徐々に勝利を確かなものとするために、新旧の政治表現形式を用いていた。この点で、イベロアメリカの活動家たちには、アメリカ革命やフランス革命の活動家たちと比べて、少なくとも一つは大きな強みがあった。自身の政治・思想的伝統に過去の革命の遺産をとりまぜ、創造的に活用できたのである。

たとえば、スペイン領アメリカの独立の価値を吹聴する主な手段は、政治問答書《カテキズム》であった。これは、フランス革命で顕著になり、宗教問答書で育まれていたアメリカ住民を政治教育するための重要な装置となった(15)。ほかにも、革命というドラマで繰り広げられた、三色旗や共和祭典から連邦制や帝国的君主制といった種々の演目が採り入れられ、まじりあった。だからといって、革命の行動や言説が独創的でなかったというわけではない。むしろスペイン領アメリカの人びとは、訴える聴衆や訴えたい主張内容に合わせて、即興したり、数多くの先例から選択できたのである。ハイメ・ロドリゲス・オーが論じたように、「アメリカ合衆国の独立もフランス革命も、スペイン領アメリカの住民に対してスペイン王国との絆を断つよう説得できなかった」というのはたしかに正しい。だが、スペイン領アメリカでは、独立宣言を含む、かつての革命の演目が役に立たなかったとか魅力がなかったというのは、大切なものを無用なものと一緒に捨てるようなもので、それは誤りであろう(16)。

独立宣言は、南北アメリカで誕生した。それは、アダムズが称賛した憲法よりも、革命の時代を特徴づけた。成文憲法は、まずは、アメリカ合衆国の多くの諸州で、ついで世界中で策定され、ますます目立つようになっていったのだが、十八世紀後半に先立つ前史があった。成文憲法は、独立宣言と異種交配していった。というのも、どちらの形式も国内外の聴衆に訴えるものであったし、国内の統合を促進するとともに、対外的な承認を得ることを目的としていたからである(17)。憲法には独立宣言を組みこんだものもあれば、憲法そのものが独立宣言の役目を果たしたものもあった――たとえば、失敗に終わった「新独立国」フランクリン（現在のテネシー州）が制定し、アメリカ革命後五年ももたなかった一七八四年の憲法のように。[18]だが、独立宣言は、これらの役目をにない、他の重要な政治・法律文書のモデルとなった点で、はるかに独創的だった。

このような文書の最初であるアメリカ合衆国の独立宣言（一七七六年七月四日）は、それ以前の文書の伝統を受け継ぐさまざまな特徴を備えており、後々革命の手段として繰り返し登場した。第一の特徴は、第二段落で示された「自明の」真理としての譲渡できない権利――専制政治を転覆する人民の権利はもとより、生命、自由、幸福の追求の権利が含まれる――であった。独立宣言の主たる起草者であったトマス・ジェファソンは、この文言をジョージ・メイソンのヴァージニアの諸権利の宣言草案（一七七六年五月）、特に、「すべて人間は平等で独立したものとして生まれ、本来の自然的な一定の権利を有している。……その中には、財産を獲得、所有し、幸福と安全を追求、確保する手段を用いて、生命と自由を享受することが含まれる」という自然法の伝統を述べたなじみのある言葉で書かれた冒頭部分からとっていた。[19]

アメリカ合衆国の独立宣言はまた、たとえば、十四世紀から十七世紀にかけての国王の廃位、復位、処刑に際して発布されたイングランドの公文書にみられるような「体制転換」の伝統にも従っていた。独立宣言の大半を占めるジョージ三世に対する告発は、こうした昔の例にならっていた。[20]ジェファソンの『ブリテン領アメリカの諸権利についての意見の要約』（一七七四年）や、ヴァージニア憲法前文――これもジェファソンが起草していた――にも、具体的な告発がたくさん見られる。後には、独立宣言に権利を列挙したり、告発内容を並べたりすることは、必須というよりも選択的になっていった。後代の文書では、列挙した権利をフランス革命の共和主義と結びつけることは危険視され、避けられるようになった。あるいは、権利の列挙は別個の文書に移され、独立文書よりも憲法に添付されることが多かった。同様に、不満な出来事を列挙したり独立を論ずることは、別個のマニフェスト——他のどこよりもスペイン領アメリカで広まった表現形式であった——でなされることが多くなった(21)。

一七七六年以前には、イングランドで伝統的な法律・憲政上の宣言モデルが、「独立」——他の国家・国民のなかで国家・国民の独自性を定義するという意味での——という比較的新しい政治言語と結びつけられているのを見出すことはできない。英語の印刷文書では、「独立宣言《デクラレーション・オブ・インデペンデンス》」という言葉は、一七七六年まで用いられることはなかったし、それに近い「独立状態の表明《デクラレーション・オブ・インデペンデンシー》」という表現は、二度しか出てこない。そのうち、政治的な用例はわずか一つで、一七七四年はじめのブリテン政府によるマサチューセッツ植民地への強圧的行為に反発してマサチューセッツのサフォーク・カウンティが発した徹底抗議（一七七四年九月十七日）という不満の表明であった(22)。したがって、一七七六年夏にブリテン領アメリカの反乱植民地による独立宣言には、新奇なことを意識した何かがあったのだ。君主に対する忠誠の放棄や現行の政体からの分離を主張するために独立という言語を用いた者はそれまで誰もいなかった。声明、法案、告発、特許、布告、請願、その他公式の文書といったブリテン人が知っていたいずれの行為も、国家の独立という新しい形態を宣言するのに用いられることはなかった。スペイン領ネーデルラントがハプスブルク支配を転覆したオランダの廃位布告（一五八一年七月二十六日）が最も近いモデルだろうが、この文書では、独立という言葉は使われていないし、新しい統治者を探す際には、むしろ臣従《デペンデンス》することを宣言していた。[23] それではいったい、一七七六年の独立という過激な言葉はどこから来たのだろうか。

アメリカ合衆国独立宣言の起草者たちが独立という言葉を思いついたのは、一七五〇年代後半に遡る地方・論議・法律に関する三つの分野においてであった。もっと直接には、一七七六年夏に各地方自治体が大陸会議に送った種々の指示、声明、決議から選び出していた。たとえば、一八〇八年と一八一〇年のスペイン領アメリカ全域の自治委員会や一八二一年末の中米一帯の自治体が出した決議《アクタス》に最も相当するブリテン領アメリカの文書である。[24] いずれも互いやブリテン国王から、都市や植民地が独立することを宣言したものではなかったが、大陸会議の代表に対して、結束して「独立状態を表明」し、「植民地連合を自由で独立した国家であると宣言するよう」促していた。[25]

この勧告の下地にあったのが、トマス・ペインの主張であり、彼は『コモン・センス』(一七七六年一月)の中で、「公然の断固とした独立宣言以外には、現在の事態を速やかに解決できる道はない」とし、いまや独立した邦《ステーツ》となった旧植民地は、正当に「他国民と対等に」なりうると力説していた。[26] ペインは、新しく独立する植民地が君主制をとらないことをはっきりと主張していた。このように独立を反君主制共和主義と等値することは、後代の闘いでは必然というよりも偶然であった。一八一一年、マヌエル・ガルシア・デ・セナは、ヴェネズエラの独立を進めるため、ペインの著作の翻訳を、アメリカ合衆国独立宣言や種々の州憲法の初のスペイン語訳とあわせて編纂した。[27] この本には、君主制や世襲統治を攻撃したペインの所説を収録しており、ヴェネズエラの独立宣言(一八一一年七月五日)ではフェルナンド七世とブルボン家に対する忠誠を放棄した。[28] しかし、一八〇四年以降のハイチ、[29] 一八二一〜二三年にかけてのメキシコ帝国と、一八二二年以降のドム・ペドロのブラジルでは、独立は君主制とはまったく矛盾しなかった。共和主義的な主権概念のグローバル化は、その端緒を革命の時代に見出せる一つの話であって、独立国家のグローバル化とは別の話なのである。この二つは、重なることは多くても、まったく別物であり、互いに区別できるものだったのだ。したがって、対外的な独立とは、新しく生まれたか、公認をうけた国民に人民主権を付与する要求を含むことが一般的だとはいえ、憲法の制定や権力機構を内部に特に設けることは意味しなかった。

十八世紀後半の独立という言葉の主たる起源となったのは、ヴァッテルの『国際法』(一七五八年)であった。同書は、憲法に対してやはり懐疑的な立場をとっていた。この書物はヨーロッパのプロテスタント世界やもっと広い世界にまで流布していたため、おそらく彼は、一七六〇年頃から一八四〇年頃にかけた数十年で、世界的に最も影響力のある道徳・政治評論家であった。[30]一七七六年、王立聖イシドロ研究院の自然法学教授ホアキン・マリン・イ・メンドーサは、ヴァッテルの書を「新しい豊富な事例が時系列で紹介された」「諸国民の法(Law of Nations)を扱った最良の文献」だと称賛していた。[31]だが、イベロアメリカは、ヴァッテルの直接的な影響をほとんど受けなかった。『国際法』は、一八二〇年までスペイン語に訳されなかったし、一八三〇年代と一八四〇年代にヴェネズエラの法律家アンドレス・ベイヨが、同書をしばしば引用しつつヴァッテルを批判したことは、スペイン語圏の法律文化で評価が定まっていなかったことを示唆している。[32]その他の地域では、ヴァッテルは人気があった。とりわけ、彼が聴衆にあわせてさまざまなメッセージを送ったためである。たとえば、一方では、植民地入植と先住民追放を支持し、他方では、帝国あるいは複合君主国に表面上は反対の姿勢をとり、新国家の分離や創設を支持した。共和制であれ君主制であれ、中核であれ現地入植地《クレオール》であれ、どちらの主張も支持しており、彼の立場は多義的にとらえることができよう[33]。だが、当初、彼の人気を確かなものとしたのは、国家の定義において独立に光をあてたことにあった。

ヴァッテルの独立の中心概念は、十七世紀と十八世紀の自然法の伝統から発展したものだった。この伝統にしたがって、人間どうしが自然状態にあるときの個人の法的資格に対する概念と、国家どうしが自然状態にあるときの国家の法的資格に対する概念とが重ねあわされたのである。ヴァッテルは、自著の冒頭部分で、諸国民の法（law of nations）を国家間や国民間の権利と義務に関する科学と定義した上で、間髪入れずに、自然法の下で暮らす人間と、それと同じような状況にある国家の存在が類似していることを指摘していた。

> 国民は、本来、自由で独立していて、市民社会ができる以前は自然状態で暮らしていた人びとからなっている[34]。——国民や主権国家は、自然状態でともに暮らす多くの自由な人びとのごとく理解すべきである。

国家は、国家を構成する人びとの生まれながらの特徴を備えている。というのは、元来、人間は「自由で独立して」おり、したがって、人間が賛同や合意によってつくった政治共同体もそうであるからである。人間が市民社会をつくる以前、もともと自由で独立していた人びとが自然法の下で暮らしていたのであれば、国家もまた、まったく同じような状況下で存在すべきである。ヴァッテルは、ホッブズ流に、「したがって、諸国民の法は、本来は、国民に適用された自然法にほかならない」と記していた[35]。人間が自由で独立していれば、必然的に、人間がつくった国家の特質も同様に、自由と独立――みずからの自由を制限する合意（たとえば条約）を自発的に行うことを含め、みずからの意思に基づき行動する自由があることと、他のいっさいの国家や外側からの支配に依存しないこと――であったのである。

独立という言葉は、十七世紀に起源をもっていたが、ほとんどの場合、自然の序列に対する不服従や抵抗を連想させる否定的な意味合いをもっていた。ヴァッテルが自著を出版する少し前、『百科全書』の執筆者たちは、これにならい、独立とは「人間の思い上がりという賢者の石であり、自己愛が盲目的に追求する幻想《キメラ》」だと論じていた[36]。だが、十八世紀後半には、独立の概念は肯定的にとらえられるようになり、今日のように第一に政治的な意味合い――ときには連邦や連盟の体制内の場合もあるが、他の政治共同体に対する政治共同体の自立――をおびるようになった[37]。一七七一年、スペインの法律家ホセ・オルメダ・イ・レオンは、この特質を正確に描いていた。「独立の権利とは、自分たちの事柄に他の国民が干渉しないようにしたり、自分たちの利害を損なうことをことごとく阻止して、侮辱をよせつけないようにする法的資格にほかならない」と[38]。その後、誰が独立概念の提唱者として栄誉に値するのか、表立って争われることはなかったのだが、オルメダの独立の定義は、ヴァッテル流の理解を反映していた。独立を肯定的な概念としてとらえるのにヴァッテルが与えた影響は大きかったことから、十八世紀後半から十九世紀前半にかけての時代は、「ヴァッテル的契機《モーメント》」と呼ぶことができよう。

このヴァッテル的契機がもたらした影響のうち、最も持続したのは、アメリカ合衆国の独立宣言であった。一七七六年六月、リチャード・ヘンリー・リーは、グレート・ブリテンからの独立を支持する決議を提案した際、ヴァッテル的な言葉を印象的に用いた。「これらの連合した植民地は自由な独立した国家であり、そうあるべき当然の権利を有する」。ついでトマス・ジェファソンがこの文言を独立宣言草案に取り入れた。公表された最終版は、つぎのように結ばれていた。

> これらの連合した植民地は自由な独立した国家であり、そうあるべき当然の権利を有する。……そして自由で独立した国家として、戦争を始め、講和を締結し、同盟を結び、通商を確立し、その他独立国家が当然の権利として実施できるすべての行為を実施する完全な権限を有する。(39)

このような文言で書かれた独立宣言は、連合諸邦が——単数ではなく、むしろ複数の諸邦が——交渉を行い、同盟を結ぶ用意があることを公言していた。それゆえ、独立宣言は、グレート・ブリテンからの独立の宣言であるばかりか、他の「世界の諸国家」との相互依存《インター＝デペンデンス》の宣言でもあった。連合諸邦の意図が健全であると他のヨーロッパ諸国を安心させるために、主権の独立を主張する際ヴァッテルの当時よく知られた言葉を使ったのである。独立宣言の結論部では、独立は相互依存とは切り離せないことを説いていた。独立とは、孤立した状況ではなく、競合的で協力的な相互作用の関係にある、諸国家の中の国家、あるいは、諸国民の中の国民がもつ特質であった。

アメリカ革命の成功とその独立宣言の流布は、独立という言葉が受容され普及するのに大きな役割を果たした。こうしたなか、一七八一年にはヴェネズエラの地方長官《インテンデンテ》ホセ・デ・アバロスが、一七八三年にはアランダ伯爵がこの言葉を用いて当初の蜂起を描き、北アメリカの反乱にならってスペイン王国が崩壊する可能性があることを予言していった。[40] この言葉は、独立を意味するようになっていった。たとえば、ホセ・マリア・モレロスの『国民の感情』（一八一三年九月）で用いられ、モレロスは、アメリカが「スペインやその他あらゆる諸外国から自由で独立している」と言明した。数週間後、一八一三年十一月にチリの『モニトール・アウラカーノ』に発表された愛国的問答書も同様に、「国民にとっての自由とは独立である。すなわち国民は、スペイン、イングランド、トルコなどに依存するのではなく、みずから統治するものなのだ」と論じた。その後、さらにメキシコ独立のための問答書（一八二一年）では、独立とは、「他者に服従するのではなく、自身の法律や慣習によって統治されるすべての人民あるいは国民の権利」だと説いた。[41] このような例から、国際法学者たちの間では、版図獲得、人民統治、統治能力よりも先行して、独立を「国家と判断する中心的基準」とする原則がすでに固まりつつあったことがわかる。[42]

しかし、十九世紀初頭において、独立を人民による自決と結びつけることは、まだ必然ではなかった。当時の南北アメリカは、主権の再編を求める運動や、さまざまな自由の概念の主張がみられただけでなく、不法侵入者、海賊、干渉好きな自由人、各地を巡る理想主義者たちが跋扈した時代でもあったからである。このような解放者を自任する者や反帝国者として雇われた者たちは、スペインの弱体化、アメリカ合衆国の版図拡大、共和主義の普及をひそかに企て、しばしば独立宣言と憲法を武器に用いていた。アメリカ合衆国の陰謀家たちは、この方法で一八一〇年以降、スペイン領のフロリダ、ルイジアナ、テキサスでの分離主義の動きをあおった。一八一〇年九月二十六日には西フロリダの独立を宣言し、以後七十二日間、最初に「一つ星を国旗とした国《ローン・スター・ステート》」を存続させた。アメリカの大陸会議の古参のメンバーであった観察者の一人は、ヴァッテルを広範に引用して、フロリダの独立とアメリカ合衆国によるその保護を擁護していた(43)。また、北アメリカの例にならって、一八一七年、まずは、ヴェネズエラの愛国者でスコットランド人冒険家であるグレガー・マグレガーが、ついでフランス人共和主義者で略奪者のルイ・ミシェル・オリがフロリダ沿岸のアミーリア島を占領し、憲法草案の下で独立した「フロリダ共和国」を、アメリカ合衆国に侵攻される同年十二月まで率いた(44)。五年後の一八二二年十月、ナポレオン時代の元将軍で、後にシモン・ボリーバルの伝記を著したH・L・V・デュクドレ・オルスタインは、現在のプエルトリコの地に築いたボリクア共和国、すなわちボリンクエン共和国の独立を宣言した。同じころ北米でも不法侵入者たちが、スペイン王国から領土と入植者をごっそり分離させる構想を執拗に主張していたが、彼らは、スペインからの独立を宣言することで、形ばかりの合法性を説いていた(45)。

一八一〇〜三〇年代にかけては、メキシコ湾とカリブ海地域で分離主義や共和主義の同じような事例が多くみられた(46)。分離主義が急激に拡大したのは、スペイン王国の危機に刺激されたためであり、それはラプラタ川地域〔南米中南部西岸〕や中米での分裂を予兆させた。たとえば、メキシコのさまざまな入植者たちが、一八一三年四月にはスペインの法的・憲政的伝統を利用して独立を宣言し、一八二六年十二月二十一日には短命に終わることになるフレドニア共和国の宣言を現地のチェロキー族とともにアメリカの例に基づいて行い、さらに後には、一つ星《ローン・スター》でよく知られるテキサス共和国（一八三六〜四五年）を宣言したのだった(47)。これらの行動には友好的なものも敵対的なものもあったが、それが十九世紀の最初の三分の一の時期に中南米で発布された数々の独立宣言の関連や結果であったことは忘れがちである。どの行動も、動機は何であれ、この激動期にあって、独立という言葉が変容を引き起こしうると確認していたのである。

革命の時代に、独立は、はっきりとした政治的意味をもつようになった。だが、どうしてそれを宣言しなければならなかったのだろうか。しかも、大西洋を越えて広がるスペイン国家からスペイン領アメリカの都市や地方自治体にいたるまで、あらゆるレベルのさまざまな形をした数々の政治共同体が、独立を公けに宣言する必要性を感じたのはどうしてなのだろうか。それは広く周知されることと正当な継承であることを求めていたからである。十八世紀後半から十九世紀には、さまざまな周知の方法がありえた。自然法の伝統、特にトマス・アクィナスの系統に由来する政治が行われていた共同体では、合法的な表明の仕方がたくさんあるなかから、公布という形をとらねばならなかった。さらに、厚かましく野心的な君主制と結びついた閣僚政府の秘密主義に対して、共和主義者がますます敵意を強めていたこともあって、国内外の社会で世論を築いていくには、特に印刷物の形で、情報を交換・流布すべきだという開明的な考え方が生まれた。

周知により人びとを教化《インフォームド》したが、それと同じくらい重要なのは、そうすることで人民をつくった《フォームド》ことだった。傍観していた人びとは、政治共同体の歴史が浅かろうが深かろうが参加するようになり、主権が回復、再生されると、政府を担い世論を動かすようになったのである。(48) このような状況下で、移動式の印刷機は、革命の原動力としてますます欠かせなくなった。だからこそ、大陸会議は、フィラデルフィアの印刷業者ジョン・ダンラップに命じて、一七七六年七月四日から五日の深夜にアメリカ独立宣言を――何部なのかは不明だが――刷らせたのだった。だからこそ、一八〇六年九月、フランシスコ・

デ・ミランダは「自由と主権に関する言葉の移動式工場」である印刷機をヴェネズエラに持ちこんだのだった。また、だからこそ、一八一六年八月にラプラタ川地域の諸州の各議会は、三千部の独立決議《アクタ・デ・インデペンデンシア》——スペイン語千五百部、ケチュア語千部、アイマラ語五百部——の印刷を命じたのだった(49)。もっとも、印刷は独立を主張する唯一の手段ではなかった。一八二一年七月二十八日、ホセ・デ・サン・マルティンのリマ入りでは、彼がペルーの独立を口頭で宣言すると、新国家の旗が振られ、人びとが「祖国万歳！　独立万歳！　自由万歳！」と叫んだのだが、このような大騒ぎが大陸じゅうで繰り広げられたのだった(50)。

　周知されることとともに必要だったのは、正当性であった。最も激しかったのは、一七七六年のブリテン領大西洋帝国、一八一二年のニュースペイン、あるいは、一八一六年のラプラタ川地域での市民戦争においてであった。いずれの場合も、また、他もたいてい同様だが、反乱側は、独立やその承認に正当性が与えられないまま戦いを挑むことはできなかった。この点についてペインは、『コモン・センス』で力説している。独立を宣言するまでは「外国から見れば反逆者と考えられるにちがいない」と(51)。一八一二年、総督が反乱を非難したのを受けて、ホセ・マリア・コスも、ニュースペインとスペインの合法的対等性を説き、「諸国民と戦争の法 law of nations and war」に基づいて、「同胞対市民の戦争」を独立戦争へ変容させようとした(52)。四年後の一八一六年四月には、サン・マルティンは、トゥクマンで招集された議会で独立を迅速に宣言すべきだと主張した際に、ペインを引用していたかもしれない。「われわれは臣下であることを宣言しているのに、われわれの敵は、われわれを反乱分子として扱っている。しかも、確固とした根拠に基づいて。こういう状況では、誰もわれわれを支援してくれなくなってしまう」と。[53] このように戦争の性格を変えようとして、関連する規範や承認のよりどころを、国内法（domestic law）から戦争の諸法（laws of war）と諸国民の法（law of nations）に求めるようになっていった。だが、それがうまくいくのは諸外国が交戦相手とみなしてくれる場合に限られており、これは、正当性が必要なすべての反乱運動が直面する問題であった。

十八世紀後半までは、承認という考え方は、王家の継承問題にほぼ限られており、新しい（通例は共和主義の）国家の誕生を判断するためのものではなかった。[54] 誕生まもないアメリカ合衆国がフランス、スペイン、オランダ共和国などに対外援助を求めたように、独立とその承認は、アメリカ独立宣言の挑戦をうけた諸国民の法の問題となった。フランスが友好通商条約を結んだ一七七八年以降、他のヨーロッパ諸国では、アメリカ合衆国の承認が時期尚早だったという見方でおおむね一致していた。実際、それがヨーロッパの大帝国の間での世界規模の戦争の要因になったのである。一七八三年にブリテンがアメリカ合衆国の独立を承認すると、世界のすべての列強がその正当性を認めるようになった。パリ条約は、つぎのように記されている。「ブリテンの陛下は、前述の連合諸邦が」事実上のみならず、正当に、「自由で、主権を有する、独立国家として認める」と。[55] この時点から一八一五年のウィーン会議まで、諸国民の法によると、「新しい国家は、その国家の成立がいかにして実際に正当化されたのかにかかわらず、本国の合法的な主権による自主的な同意によってはじめて成り立ちうる」という理解が一般的だった。[56] もちろん、だからといって、一方的な独立宣言を妨げたわけではなかったが、それが短期的に成功する可能性は低くなった。後に勃発したアメリカ南北戦争のように、歴史的にみれば、一方的な分離は、国家建設を成功に導くよりは、内乱を引き起こすことが多かったのである。[57]

独立を宣言する際のきちんとした取り決めがなかったことは、ブリテンがアメリカ合衆国の独立を承認して二十五年間、同種の宣言が少なかった理由となろう。この時期に独立宣言を出したのは、ヴァーモント（一七七七年）、フランドル（一七九〇年）、ハイチ（一八〇三～四年）であった。ヴァーモントとフランドルの独立宣言は、アメリカ合衆国と同様に、分離の過程の始まりを表した。ヴァーモントの住民は、一七七七年一月、ニューヨーク州とグレート・ブリテンからの独立を宣言し、一七九一年までアメリカ合衆国に加わらなかった。一七九〇年にフランドルの三部会がヨーゼフ二世のハプスブルク家からの分離を求めて発した声明は、ヨーロッパで最初の独立宣言であったが、それはまた、アメリカ大陸以外でアメリカ合衆国の独立宣言の言葉を直接引用した最初の事例だった。[58] 一八〇四年一月一日のハイチの宣言は、多くの点で異質であった。それは、独立の過程の開始ではなく完了を画し、当初は印刷ではなく口頭で発せられた。[59] しかも、一八〇三年十一月に（まだハイチではなく）サントドミンゴの名において発した宣言と、却下された宣言――後者の方がアメリカ合衆国の独立宣言をより手本としていた――に続く、三つ目の独立宣言であった。[60] このように何度も独立を唱えることは、スペイン領アメリカ各地で出される多様な宣言の先例にもなった。一八〇四年の元旦にジャン・ジャック・デサリーヌが発した宣言の形式は、一八一〇年のメキシコのドロレスの叫びや、ブラジルからポルトガルには戻らないことを宣言した一八二二年九月のドム・ペドロによる口頭での表明の先例となった。[61]

独立を宣言するという慣行は、世界のあちこちでしだいに定石となっていったが、それは、イベロアメリカでの経験によるところが大きい。法律・政治文化が共通している同地では、大陸一帯に公共圏ができており、政治的に模倣されていたため、独立運動にはずみがつき、多発した。とはいえ、独立を宣言することは、南北アメリカにつねに限られたわけでは勿論ない。過去二世紀にわたって、主権という名の伝染病が世界にひろがり、独立宣言は、その主たる症候となったのである。少なくともヨーロッパでは、ナショナリズムの高揚期としばしばみなされる一八六〇年から一九一八年にかけて、独立宣言はきわめて少なかった。だが、二十世紀に入ると、帝国解体の重要な時期に集中して出された。たとえば、第一次世界大戦後のオスマン、ロマノフ〔ロシア〕、ハプスブルク、ホーエンツォレルン〔ドイツ〕の諸帝国の崩壊に伴って。一九五〇年代と一九六〇年代のアフリカとアジアでの脱植民地化の過程で。さらには、一九八九年以降のソヴィエト連邦とユーゴスラヴィア連邦の解体期に。(62)

二十一世紀に入ると、独立宣言は、国民の自決の手段として、国際紛争の焦点として、再び戻ってきた。たとえば、ユーゴスラヴィアの長引いた解体の過程で、モンテネグロが、二〇〇六年六月、セルビア共和国からの独立を平和裏に宣言した。だが、二〇〇八年二月にコソボがそれに続こうとすると、セルビアは非合法だと抗議し、ハーグの国際司法裁判所（ＩＣＪ）に意見勧告を要求した。コソボ議会による独立宣言（二〇〇八年二月十七日）は、他のいかなる分離の先例となることも明確に否定していた。(63)だが、セルビアとその同盟国――特にロシア――は、コソボの独立が南オセチアやチェチェンのような地域の分離運動を刺激すると主張した。二〇一〇年七月、国際司法裁判所は、「一般に国際法（international law）には、独立宣言の差し止めに適用できる規定がない」として、コソボの宣言は国際法に合致するとの結論を下した。(64)

この裁定は、コソボの宣言の合法性を確認したのであって、有効性を保証したわけではなかった。二〇一一年一月の時点では、コソボの独立を承認したのは、国際連合加盟国の半数に満たなかった。コソボの事例は、独立宣言は、国家的地位を得るための必要条件だが、十分条件ではないという教訓である。この事実があっても、同月、現在のスーダン国家から離脱するための投票に、南スーダンの圧倒的多数の住民が参加するのを思いとどまらせることはなかった。投票結果は、南スーダンの独立への道をつけ（二〇一一年七月九日）[65]、これは、西サハラからソマリランドにいたるアフリカじゅうの分離主義運動にとって意味のある出来事となった。一年もたたぬ二〇一二年四月に、アザワド解放民族運動（NMLA）が、マリ北部での新国家の独立を宣言した。もっとも、この国家建設の企ては、マリ、アフリカ連合、さらに国際社会によってただちに拒否された[66]。ほかでもバルカン諸国やアフリカで、まったく異なった事態が起きており、いまや世界が新たな独立宣言の時代に突入していることを示している。

最初期の独立宣言の形式と意味はきわめて多様であり、現代のわれわれには見当もつかないほどかなり異なっていることが多い。過去二世紀で最も変化したのは、独立宣言が訴える法的権限の根拠が多様になったことである。一七七六年、フィラデルフィアに集まった第二回大陸会議の代表たちが、ブリテン領アメリカの「植民地連合」がいまや「自由で独立した国家」だと表明したが、その際まず、「自然の法や自然の神の法」に訴えたのである。これに対して、二〇〇八年にコソボ議会のメンバーが独立宣言を発布した際、「独立によって、国際社会の責任ある一員としての義務が伴う。われわれは、この義務を十分に受けとめ、国際連合憲章の諸原則、ヘルシンキ最終文書やその他の欧州安全保障協力機構の法律、国家間の関係を規定する、国際的な法的義務や国際礼譲の原則を遵守する」と記していた[67]。二十一世紀には、国際社会で広く行きわたった規範と慣習に合致した宣言だけが、諸外国の承認や正当性を得られる可能性があるのである。

いまや独立宣言は、明確に定められた国際法と密接に結びついており、しかるべき規定を遵守しなければならなくなっている。それには暴力が伴ってはならないし、独立が宣言された領域内で多数の支持を得なければならない（それゆえ、南スーダンでは住民投票が必要だった）。さらに、（コソボの独立宣言が再三確認していたように）一般に広まっている国際規範・協定、あるいは、国際連合やヨーロッパ連合のような組織をしばしば明確な形で認めなければならないのである。しかも、独立宣言の範囲は狭められ、州や市や地区が独立を宣言できなくなった（それゆえ、アザワドの国家独立の要求は拒否された）。コソボ独立宣言問題の仲裁を国際司法裁判所に付託した際にアメリカ合衆国が主張していたように、「独立宣言とは、国際社会のメンバーによって国家として受け入れられたい存在が発する意思あるいは欲求の表明なのである」[68]。独立を宣言する慣行が広がるにつれ、独立の意味合いは狭められ、今では、それは、国家とまったく同一か、もっぱらそれに限られている。

このように変容したにもかかわらず、二十一世紀初期の独立宣言には、十八世紀後半から十九世紀前半にかけての南北アメリカで初めて上演された台本を模した点も多い。宣言公布に儀礼が伴うこと、広く世界に呼びかけること、それに、人民主権という権限に訴えることなど、馴染みある上演題目がどちらの時代にも入っているのである[69]。このような類似点は、十九世紀前半と二十一世紀初期の世界の比較を促すのに十分である。それゆえ、独立宣言の第一波の構成、流布、受容のあり方に注目することは、今日の独立要求の成否の条件を解明するのに役立つであろう。独立宣言はいずれも帝国の再編ないしは解体の時期に発せられたが、その時代は、独立運動が起きた二十世紀の状況に近いのである。この点で、南北アメリカの帝国の革命の時代は、現代世界を生みだした重要な過程を先取りしていたのだ[70]。

原注

(1) Wimmer and Min (2006); Tully (2008); Cooper and Burbank (2010), p. 458 (quoted).

(2) Rodríguez O. (2010) は、ブリテン領大西洋世界の危機とスペイン領大西洋世界の危機には何も関連はないと力説してきた。

(3) *Las actas de independencia de América* (1955); *Textos fundamentales de la independencia centroamericana* ([1971]); *Textos insurgentes* (2007); *La Independencia de Hispanoamérica* (2005); *Actas de formación* (2008).

(4) ただし、Armitage (2007a)〔平田雅博・岩井淳・菅原秀二・細川道久訳『独立宣言の世界史』ミネルヴァ書房、二〇一二年〕; Kaempfer (2009); Ávila, Dym, Galvarriato and Pani (2012) を参照のこと。

(5) Adelman (2008); Adelman (2010), p. 76 (quoted).

(6) Benjamin Franklin, 'Marginalia in *An Inquiry*, an Anonymous Pamphlet' (1770), quoted in Rothschild (2004), p. 5.

(7) 重要な入門書として、Chiaramonte (2004); Chiaramonte (2010) を参照。より一般的には、Frederick Cooper, 'States, Empires, and Political Imagination', in Cooper (2005), pp. 153–203; Benton (2010) を参照。

(8) Rodríguez O. (1996); Guerra (2009); Portillo Valdes (2006); Ávila and Pérez Herrero (2008); Paquette (2009); Lucena Giraldo (2010); Pérez Vejo (2010).

(9) 「いかなる外国政府に対しても、依存や従属、影響のいっさいから完全に自由であり、ブルボン家のわが王フェルナンド七世の崇高で合法的な権威に対してのみ従属する」。'Acta de del gobierno de Quito en que se constituye soberano y sanciona su independencia de España' (December 1811), quoted in Morelli (2012).

(10) Fabry (2010), pp. 49–70; Dym (2009); Dym (2012).

(11) Palmer (1959–64); Albertone and De Francesco (2009); Armitage and Subrahmanyam (2010) と比較されたい。

(12) John Adams to James Lloyd, 29 March 1815, in Adams (1850–6), X, p. 149; McGlone (1998). この時期のイベロアメリカの憲法については、Dealy (1968); Gargarella (2010) を参照。

(13) Martínez Garnica (2011); Martínez Garnica (2012).

(14) Bayly (2004), pp. 106–14; Bayly (2007).

(15) *De la colonia a la república* (2009); Ocampo López (1988); Tanck de Estrada (1992).

(16) Rodríguez O. (2010), p. 698 (強調は引用者による).

(17) Golove and Hulsebosch (2010), pp. 934–46, 1061–6.

(18) 'The Constitution of the State of Franklin' (17 December 1784), in S. C. Williams (1933), p. 339.
(19) George Mason, 'First Draft of the Virginia Declaration of Rights' (*c.* 20–6 May 1776), in Mason (1970), I, p. 277.
(20) P. Maier (1997), pp. 50–9.
(21) たとえば、*Manifiesto* (1811); Bárcena (1821). マニフェストの表現形式全般については、Puchner (2006) を参照。
(22) Warburton (1756), p. 312 ('For what is a *Kingdom*, but a *Society*? And what is the *not being of this World*, but a declaration of *independency*?'); Chandler (1775), p. 23 ('a DECLARATION of INDEPENDENCY made by the *Suffolk* Committees').
(23) 'Edict of the States General of the United Netherlands' (26 July 1581), in *Texts Concerning the Revolt of the Netherlands* (1974), pp. 216–31.
(24) P. Maier (1997), pp. 59–90; Dym (2006), pp. 159–93.
(25) Quoted in Armitage (2007a), p. 37〔前掲『独立宣言の世界史』四一頁〕.
(26) Paine (1776), pp. 77, 78〔小松春雄訳『コモン・センス』岩波文庫、一九七六年、八四—八五頁〕.
(27) Paine (1811); Grases and Harkness (1953).
(28) 'Acta [de independencia]' (5 July 1811), in *Interesting Official Documents* (1812), pp. 2–20; Leal Curiel (2008); Martínez Garnica (2012).
(29) Geggus (2012); Cheesman (2007).
(30) ヴァッテルの書のグローバルな流布については、たとえば、Isabella (2009), pp. 99–100; Ford (2010), pp. 9, 210 を参照。
(31) Marín y Mendoza (1950), p. 48.
(32) Vattel (1820); Bello (1844), pp. 22–3.
(33) Hunter (2010).
(34) Vattel (2008), p. 68 (I. i. 3).
(35) Vattel (2008), p. 68 (Preliminaries, 6).
(36) 「人間の思い上がりという賢者の石であり、自己愛が盲目的に追求する幻想」*Encyclopédie* (1754–72), VIII, p. 671, *s.v.*, 'Indépendance'.
(37) Fernández Sebastian (2012); Fernández Sebastian and Suárez Cabral (2010); Morelli (2012).
(38) 「独立の権利とは、自分たちの事柄に他の国民が干渉しないようにしたり、自分たちの利害を損なうことをことごとく阻止して、侮辱をよせつけないようにする法的資格にほかならない」。Olmeda y Léon (1771), I, p. 249.
(39) Richard Henry Lee, 'Resolution of Independence' (7 June 1776), in *Journals of the Continental Congress* (1904–6), V, pp. 425–6; *Declaration*

of Independence (1776)〔在日米国大使館訳〕.

(40) Ábalos and Aranda (2003), pp. 58, 64, 67 (Ábalos), pp. 75–9 (Aranda).

(41) José María Morelos, 'Sentimientos de la Nación' (14 September 1813), in *Textos insurgentes* (2007), p. 133; Camilo Henríquez, 'El catecismo de los patriotas', *El Monitor Araucano* (27 November 1813) and *Catecismo de la independencia* (México, 1821), in *De la colonia a la república* (2009), pp. 97, 137; San Francisco (2012).

(42) Crawford (2006), p. 62.

(43) 'The [West Florida] Declaration of Independence' (26 September 1810), in Arthur (1935), pp. 113–14; Gould (2012), pp. 192–5; Thomas Rodney, 'Treatise on Florida and Louisiana' (October 1810), University of Virginia, MS 5178. 兄のシーザー・ロドニーは，アメリカ合衆国独立宣言の署名者の一人であった。

(44) Wyllys (1928); *La República de las Floridas* (1986).

(45) 不法侵入者については，Owsley and Smith (1997); Shields (2007); Stagg (2009) を，オーズリーやデュクドレ・オルスタインを含む，南北アメリカを遍歴したヨーロッパ人共和主義者については，Mongey (2009) を参照。

(46) Reséndez (2010).

(47) Guedea (2001); 'Declaration of the Republic of Fredonia' (21 December 1826), quoted in Reséndez (2005), p. 44; 'The Unanimous Declaration of Independence Made by the Delegates of the People of Texas' (2 March 1836), in *The Papers of the Texas Revolution* (1973), IV, pp. 493–7.

(48) Uribe-Uran (2000); Goldman (2009); Fatima Sá (2009) を参照。

(49) Goff (1976); Adelman (2008), p. 319; Ternavasio (2012).

(50) B. Hall (1824), p. 193; Sobrevilla (2012).

(51) Paine (1776), pp. 77, 78〔前掲『コモン・センス』八五頁〕.

(52) José María Cos, 'Plan de guerra' (10 June 1812), in *Textos insurgentes* (2007), pp. 52–5.

(53) José de San Martín to Tomás Godoy Cruz (12 April 1816), quoted in Lynch (2009), p. 131.

(54) Alexandrowicz (1958).

(55) *The Definitive Treaty of Peace and Friendship* (1783), p. 4.

(56) Fabry (2010), p. 41.

（57） Armitage (2010).
（58） *Records of the Governor and Council of the State of Vermont* (1873–80), I, pp. 40–4 (15 January 1777); Rohaert (1790); Armitage (2007a), pp. 113–14〔前掲『独立宣言の世界史』一三一—一三三頁〕.
（59） 近年、ハイチの宣言の貴重な印刷写しが、ブリテンの国立文書館で発見された。TNA CO 137/111, ff. 113–17.
（60） Manigat (2005); Mentor (2003), pp. 168–9; Geggus (2012).
（61） Herrejón Peredo (2009).
（62） Armitage (2005); Armitage (2007a), pp. 107–12〔前掲『独立宣言の世界史』一二七—一三一頁〕.
（63） 「コソボは、ユーゴスラヴィアの合意に基づかぬ分離から生まれた特別な事例であり、いかなる他の状況の先例とはならぬことを遵守する」。*Kosovo Declaration of Independence* (2008).
（64） International Court of Justice (2010), § 84; Orakhelashvili (2008); Fierstein (2009); Christakis and Corten (2011).
（65） *South Sudan Independence Declaration* (2011).
（66） *Déclaration d'Indépendance de l'Azawad* (2012).
（67） *Kosovo Declaration of Independence* (2008).
（68） United States of America (2009), p. 51.
（69） 現代の事例については、Holland, Williams and Barringer (2010) を参照。
（70） Adelman (2008); Anderson (1991), ch. 4 は、スペイン領アメリカの「クレオール開拓者」の重要性について、やや異なった議論を提示した。

訳者あとがき

本書はDavid Armitage, *Foundations of Modern International Thought*, Cambridge: Cambridge University Press, 2013の全訳である。原著は、著者の三部作の最後の作である。第一作のDavid Armitage, *The Ideological Origins of the British Empire*, Cambridge: Cambridge University Press, 2000（D・アーミテイジ著、平田雅博・岩井淳・大西晴樹・井藤早織訳『帝国の誕生――ブリテン帝国のイデオロギー的起源』日本経済評論社、二〇〇五年）は、帝国史研究に欠如していた思想やイデオロギーの次元に切り込んで、ブリテン帝国の起源まで追究した。第二作のDavid Armitage, *The Declaration of Independence: A Global History*, Cambridge, MA: Harvard University Press, 2007（D・アーミテイジ著、平田雅博・岩井淳・菅原秀二・細川道久訳『独立宣言の世界史』ミネルヴァ書房、二〇一二年）は、ブリテン帝国から離脱したアメリカの独立宣言を内向きの文書ではなく広く世界に向けた外向きの文書として分析した。

この三部作の最後となる本書は、以上の二作を受けて、グローバル化の時代におけるグローバル・ヒストリーを叙述する姿勢や方法を提示しているものと言えよう。第I部の「歴史的基礎」では、思想史における国際論的転回、グローバリゼーションの前史、世界史における帝国と海洋、が論じられている。この第1章のタイトルともなっている「思想史における国際論的転回」は本書の内容を簡潔に表すとも思われる。これだけ各種の「転回」を耳にすると、これも屋上屋を架す感を与えるが、歴史学自体が国民国家の要請から生まれた以上、national history の枠組を乗り越えるのはただでさえ困難であり、これに international turn せよ、というのは、最も根本的な turn をつきつけているかもしれない。それも、最も強固な national history を持ち続ける思想史に迫っているのである。

第II部の「十七世紀における基礎」では、ホッブズ、ロックが論じられ、第III部では、「十八世紀における基礎」として、議会と国際法、バークと国家理性、ベンサム、第IV部では「基礎の上に構築する」として、一七七六年以後の国家形成の具体例で、独立宣言と国際法、独立宣言の世界的流布が論じられている。独立宣言と同様、これらの思想家たちもどちらかといえば、内向き、一国史の枠組で論じられてきたようにも思えるが、これらもグローバルな観点から読み替えようとしている。ただし、それは安易な方法論議で終わるものではなく、思想史家として、一次史料まで遡る徹底したものである。

これらの諸論文のうち、私がはじめて知ったのは「帝国の理論家ジョン・ロック?」であった。自由主義の思想家たちを次々と帝国の思想家に読み替えていくポストコロニアルの問題提起に触発され、その一貫として手に取ったのがこの論文だった。しかしそこで示唆されていたのは、旧来の一国史の枠組に戻るわけもなく、ポストコロニアルに与するわけでもない「国際論的転回」の可能性である。その徹底した史料の博捜性に接すると、ポストコロニアルは問題意識こそ鋭いものの肝腎の裏付けに乏しいのではないかと思うに至った。

本書をめぐる二つのフォーラムでの批判に対する著者からの回答は、以下をみよ。
David Armitage, "Shaking the Foundations: A Reply to My Critics", *Contemporary Political Theory*, 13, 4 (November

2014).

David Armitage, “Modern International Thought: Problems and Prospects”, *History of European Ideas*, 41, 1 (January 2015).

また最近、共著として以下が公刊された。http://historymanifesto.cambridge.org/ で、ケンブリッジ大学出版局刊行の本として初の「オープンアクセス」の本となっている。

Jo Guldi and David Armitage, *The History Manifesto*, Cambridge: Cambridge University Press, 2014.

この「歴史学宣言」は『共産党宣言』を模して「短期タームという妖怪が出現しつつある」という文句に始まり、「万国の歴史家諸君、団結せよ」で終わる勇猛果敢な宣言である。どうやら短い期間しか研究対象にしなくなった歴史家に今こそ長期ターム（ブローデルの「長期趨勢」）を取り入れよ、との主張である。共著者のジョー・グルディには著書（Jo Guldi, *Roads to Power: Britain Invents the Infrastructure State*, Cambridge, MA: Harvard University Press, 2012）があり、「空間論的転回」という論文（Jo Guldi, ‘What is the Spatial Turn?’, 2011: http://spatial.scholarslab.org/spatial-turn/）を書いている若い方である。「国際論的転回」を唱える著者は、世にあふれている「転回」にさらにもう一つ「転回」を加えたことを「後ろめたい」とも言っている。この新著は「長期趨勢論的転回」をめざすのだろうか。

つい最近脱稿して来年刊行予定の *Civil War: A History in Ideas* という本もあり、そのアイデアは次の論文に一部表明されている。

David Armitage, “What’s the Big Idea? Intellectual History and the Longue Durée”, *History of European Ideas*, 2012, 38(4): 493–507.

最後に、著者本人を知る上で特筆されるべきものとして、次のインタヴュー記事がある。

David Armitage, Jaap Jacobs and Martine van Ittersum, "Are We All Global Historians Now? An Interview with David Armitage", *Itinerario*, 2012, 36(2): 7–28.

ここでは、インタビュアーの質問に答えるかたちで、生い立ちと教育、院生時代に文学研究から思想史研究に移った経過、ハーバードの教員としての教育の仕事などが語られている。日本ではまだ紹介されていないが、修士論文まで英文学を専攻し、ミルトン、シェイクスピアを研究していたので、これらに関する編著、共著書などもある。

David Armitage, Armand Himy and Quentin Skinner, eds., *Milton and Republicanism*, Cambridge: Cambridge University Press, 1995.

David Armitage, "Literature and Empire", In Nicholas Canny, ed., *The Oxford History of the British Empire, I: The Origins of Empire*, Oxford: Oxford University Press, 1998, p. 99–123. 以下に所収。David Armitage, *Greater Britain, 1516–1776: Essays in Atlantic History*, Aldershot: Ashgate, 2004.

David Armitage, Conal Condren and Andrew Fitzmaurice, *Shakespeare and Early Modern Political Thought*, Cambridge: Cambridge University Press, 2009.

二〇〇九年秋に初来日したおりに、日本文学にも関心を持っているようだったので太宰治を薦めた。さっそく、帰りの飛行機で本当に『斜陽』を読んだそうである。氏のメールによれば、太宰の小説は「カミュを思わせる」とのこと。ダザイなど日本の歴史家にはいくら薦めても誰も読まないが、さすがケンブリッジでかつて文学を専攻していた院生だけのことはあると思った。一九六五年生まれの著者は、一九二四年生まれのポーコック（J. G. A. Pocock. 昨年九十歳を迎えた氏を祝って会合がもたれたとの知らせがあった）や一九四〇年生まれのスキナー（Quentin Skinner）を襲う、将来を嘱望される大きなスケールを持つ歴史家といってもよかろうが、この文学の素養は先達の二人にもない要素であろう。

本書翻訳の分担は以下の通りである。はじめに・序章・第1章、平田、第2章・第3章、細川、第4章・第5章・第6章、山田、第7章、平田、第8章・第9章・第10章、岡本、第11章、平田、第12章、細川、参考文献、全員。この四名は、広島と東京で二度研究会を開いて作業を進めた。また相互に訳文チェック役も決めて、翻訳原稿を交換して点検した。史料を含む、難解な箇所、意味不明な箇所は、著者に尋ねた。すばやく丁寧に回答してくれた著者に感謝したい。ただし、誤訳、不適切訳は、訳者の責任である。索引の作成は信澤淳氏に依頼した。氏は、原著の索引を踏まえつつ、訳書のための新たな項目を含めて作成してくれた。

最後に、法政大学出版局の編集者、奥田のぞみさんは本書の刊行を認めていただいたばかりか、提出した原稿をくまなく見ていただき、わかりにくい箇所を忌憚なく指摘していただいた。氏の理解、指摘なくして、本書の成立はあり得ず、深謝する次第である。

二〇一五年二月八日

訳者の一人　平田雅博

訳者

平田雅博（ひらた　まさひろ）はじめに・序章・第１章・第７章・第11章
青山学院大学文学部教授。主な業績：『イギリス帝国と世界システム』晃洋書房，2000年，『内なる帝国・内なる他者――在英黒人の歴史』晃洋書房，2004年，『帝国意識の解剖学』（共編著）世界思想社，1999年，『近代ヨーロッパを読み解く――帝国・国民国家・地域』（共編著），ミネルヴァ書房，2008年，『世界史のなかの帝国と官僚』（共編著），山川出版社，2009年，『戦争記憶の継承――語りなおす現場から』（共編著）社会評論社，2011年，ほか。

山田園子（やまだ　そのこ）第４章・第５章・第６章
広島大学大学院社会科学研究科教授（政治思想史，イギリス革命史）。主な業績：『ジョン・ロック「寛容論」の研究』溪水社，2006年，『ジョン・ロックの教会論』溪水社，2013年，『岩波講座政治哲学１　主権と自由』（責任編集川出良枝）岩波書店，第８章，2014年ほか。

細川道久（ほそかわ　みちひさ）第２章・第３章・第12章
鹿児島大学法文学部教授（カナダ史，イギリス帝国史）。主な業績：『カナダ史　新版世界各国史23』（共著）山川出版社，1999年，『カナダ・ナショナリズムとイギリス帝国』刀水書房，2007年，『「白人」支配のカナダ史――移民・先住民・優生学』彩流社，2012年，『カナダの自立と北大西洋世界――英米関係と民族問題』刀水書房，2014年，『コモンウェルスとは何か――ポスト帝国時代のソフトパワー』（共編著）ミネルヴァ書房，2014年，ほか。

岡本慎平（おかもと　しんぺい）第８章・第９章・第10章
広島大学大学院文学研究科博士課程後期，呉工業高等専門学校非常勤講師（倫理学）。主な業績：「推論と規範―― J・S・ミル『論理学体系』における生の技芸とその構造について」『哲學』第63号，広島哲学会，2011年，「日本におけるロボット倫理学」『社会と倫理』第28号，南山大学社会倫理研究所，2013年，「類推と道徳科学―― J・S・ミルにおける他者の心の論証について」『倫理学研究』第43号，関西倫理学会，2013年，ほか。

著者

デイヴィッド・アーミテイジ（David Armitage）
1965年，イングランドのストックポート生まれ。ケンブリッジ大学で博士号取得。コロンビア大学助教授・准教授・教授を経て，2004年からハーバード大学歴史学部教授。同歴史学部長（2012–14, 2015–16）。同大学行政学部やロースクールでも教鞭をとる。専門は，近代ブリテン史，国際関係史，政治思想史。単著として，*The Ideological Origins of the British Empire*（Cambridge University Press, 2000）［平田雅博・岩井淳・大西晴樹・井藤早織訳『帝国の誕生——ブリテン帝国のイデオロギー的起源』日本経済評論社，2005年］．*Greater Britain, 1516–1776: Essays in Atlantic History*（Ashgate, 2004）．*The Declaration of Independence: A Global History*（Harvard University Press, 2007）［平田雅博・岩井淳・菅原秀二・細川道久訳『独立宣言の世界史』ミネルヴァ書房，2012年］．Jo Guldi との共著 *The History Manifesto*（Cambridge University Press, 2014）．他に編著，論文多数。

《叢書・ウニベルシタス　1023》
思想のグローバル・ヒストリー
ホッブズから独立宣言まで

2015年3月15日　初版第1刷発行

デイヴィッド・アーミテイジ
平田雅博・山田園子・細川道久・岡本慎平 訳
発行所　一般財団法人 法政大学出版局
〒102-0071 東京都千代田区富士見2-17-1
電話03(5214)5540 振替00160-6-95814
印刷：平文社　製本：誠製本

ISBN978-4-588-01023-1

索　引

ア 行

Bolea, Conde de Aranda（1718–98） 321
オルメダ・イ・レオン，ホセ José Olmeda y Leon 320
アーレント，ハンナ Hannah Arendt（1906–75） 30–1, 33
アロン，レイモン Raymond Aron（1905–83） 31
アン女王 グレート・ブリテン女王（在位 1702–14 年） 204
イエズス会 28
一国主義 nationalism 21–2
→ナショナリズムも参照
イベロアメリカ 277, 309–12, 327
イングランド
——の対外関係 324–5
——の帝国 66, 73
→グレートブリテン，帝国も参照
「イングランド［英国］学派」，国際関係論の 'English School' of International Relations 3, 109, 221
→バターフィールド，ブル，ワイトも参照
印刷物，革命的な装置としての 324–5
「インターナショナル」の語源 57–8, 213, 252
→「トランスナショナル」という概念も参照
インディアン 111, 116, 118, 120, 131–2, 134, 144, 163
ヴァージニア
ヴァージニア憲法（1776 年） 315
権利の宣言（1776 年） 315
ヴァッテル，エメール・ド Emer de Vattel（1714–67） 4, 94–5, 210–3, 232, 235, 238, 240–1, 265–6, 293–4, 296
『国際法』（1758 年） Le Droit des gens 95, 178, 287, 318
——の受容 318–21
——の独立概念 319–21
ヴァーモント 327
ヴァル，ホセ・デル José Cecicilio del Valle（1780–1834） 182–6
ウィックフォート Wiquefort 203
ウィリアム 3 世（オラニェ公ウィレム），イングランド・スコットランド・アイルランド王（在位 1689–1702 年） 109, 112, 119, 120, 181, 207–9, 234–5
ウィリアムソン，ジェフリー Jeffrey Williamson 49
ウィーン会議（1815 年） 326
ヴェイン，サー・ウォルター Sir Walter Vane 108
ウェストファリア条約（1648 年） 10, 34, 100, 276
「ウェストファリアの神話」 34
ウェストミンスター条約（1654 年），第一次英蘭戦争の終戦協定 113
ヴェネズエラ 313, 317, 321
ウェレズリー，アーサー，ウェリントン公爵 Arther Wellesley, 1st Duke of Wellington（1769–1852） 185
ウェント，アレクサンダー Alexander Wendt 110
ウォード，ロバート・プラマー Robert Plumer Ward（1765–1846） 53–5, 94–5, 294
『諸国民の法の基礎と歴史についての研究』（1795 年） 212, 262–5
ヴォルテール Voltaire（1694–1778） 4, 137
ウォルツ，ケネス Kenneth Waltz 31
ウォルツアー，マイケル Michael Walzer 5–6, 236
ヴォルフ，クリスティアン Christian Wolff 36
ウォルポール，ロバート Robert

Walpole, Earl of Orford (1676–1745) 231
ウルジー，セオドア Theodore Woolsey 96
ウルフ，レオナード Leonard Woolf (1880–1969) 33
英蘭戦争 Anglo–dutch Wars 72, 108, 133
エルドン初代伯爵ジョン・スコット，法務次官 John Scott, 1st Earl of Eldon, Solicitor General (1751–1838) 264
エンゲルス，フリードリヒ Friedrich Engles (1820–95) 50
エンジェル，ノーマン Sir Ralph Norman Angell (1872–1967) 33, 59
オー，ハイメ・E. ロドリゲス Jaime E. Rodríguez O. 314
王立アフリカ会社 Royal African Company 130
王立協会 Royal Society 163
オジルビー，ジョン John Ogilby 172
オースティン，ジョン John Austin (1790–1859) 97–8, 215, 267–8
オブライエン，コナー・クルーゼ Conor Cruise O'Brien 229
オランダ
スペインからの離脱 257
［スペイン王のネーデルランドの君主からの］廃位布告（1581年） 300, 316
――の海上帝国 66, 73–4, 235
オリ，ルイ・ミシェル Louis- Michel Aury 323
オルスタイン，H. L. V. デュクドレ Ducoudray, Holstein, H.L.V. 323
オローク，ケヴィン Kevin O'Rourke 49
オンプテダ，D. H. L. ファン D. H. L. van Ompteda 262–3

カ 行

ガイウス，『ローマ法大全』中の『学説彙纂』（*Digest*）の作者 Gaius, Jurist 87
階級主義 classism 38–9
外交 55, 108
外交使節の安全通行権 90, 113–4, 201, 203–5
海上権力 70, 75
海賊 165, 214
カエサル，ユリウス Julius Caesar 72
革命の言説と実践 313–4, 321–3
革命の時代 252, 313–4
カーネギー国際平和基金「国際法の古典シリーズ」 33
ガマ，ヴァスコ・ダ Vasco da Gama 50
神 94
――と神の法（神法） 88, 90, 254
――と創造 66–7, 153–4, 173
――の概念 52–3, 169
――の崇拝 140
法の起源としての 292
カーライル第五代伯，フレデリック・ハワード Frederick Howard, 5th Earl of Carlisle 211
カリブ海域（ブリテン領） 154
カルタゴ 70–1, 76
カロライナ 118, 171
『カロライナ憲法』 fundamental constitutions of Carolina 118, 131, 137–4, 152–6
――への改訂 144–9
――での宗教的寛容 140
――の体制 139–40
――への移住者 144–5
→ロックも参照
カント Immanuel Kant (1724–1804) 8,

区別された領域　11-2, 96-101
コス，ホセ・マリア　Jose Maria Cos　325
コスモポリタニズム　27, 30, 108, 168
コゼレック，ラインハルト　Reinhart Koselleck　51, 240
コソボ独立宣言（2008 年）　328-30
国家　states
国際的な存在としての――　96-7
国民国家　14, 21-2, 26-7, 30, 54, 121
人工的人格としての　88-90, 195-7, 293
――における権力　123
――の権利　179
――の主権　34, 225, 276, 311-3
――の承認　295-301, 316-30
――の創設　310
連邦　310
国家理性　Reason of State　222-41
国家の存在理由としての商業　72-77
コックス，リチャード　Richard Cox　110, 122
コッホ，クリストフ・ヴィルヘルム　Christoph Wilhelm Koch　56
ゴドルフィン，サー・ウィリアム　Sir William Godolphin　108
ゴードン，ジョージ卿　Lord George Gordon　239
古来の国制　ancient constitution　3, 230-1
コリンズ，アンソニー　Anthony Collins　142
コルシカ　286, 300
ゴールズワージー，ジョン　John Galsworthy　32
コレトン，サー・ピーター　Sir Peter Colleton　139, 148-9, 155
コロンブス，クリストファー　Christopher Columbus（1451?-1506）　50

サ　行

サ，ドン・パンタレオーネ・デ　Dom Pantaleone de Sá　204
サイード，エドワード　Edward Said（1935-2003）　164
財務府　Exchequer　229
錯誤的反復　reification　36-7
サシェヴレル，ヘンリー　Dr Henry Sacheverell　231
サットン，チャールズ・マナーズ　Charles Manners Sutton　239
砂漠　238
サラマンカ学派　10
サール，アンブローズ　Ambrose Serle　288
サン・マルティン，ホセ・デ　José de San Martén（1778-1850）　325
ジェイムズ 2 世，イングランド・スコットランド・アイルランド王（在位 1685-88 年）　120-1, 208, 234-5
→排斥法危機，名誉革命も参照
ジェサップ，フィリップ　Philip Jessup　58-9
ジェファソン，トマス　アメリカ合衆国大統領（在任 1800-8 年）　279, 288, 292-3, 313, 315, 321
『ブリテン領アメリカの諸権利についての意見の要約』（1774 年）　315
→アメリカ独立宣言も参照
シェルバーン卿，ジョン・ダットン　John Dutton, 1st Baron Shelbourne　197
ジェンキンソン，チャールズ　Charles Jenkinson　213-4, 297
ジェンティリ，アルベリコ　Alberico Gentili　10
時空間の圧縮　time-space compression

タ　行

ナ　行

ハ　行

『自然社会の擁護』(1756 年)　227
『フランス革命についての省察』(1790 年)　229, 232–4
『新ホイッグから旧ホイッグへの上訴』(1791 年)　231
『フランスの情勢についての考察』(1791 年)　235, 238–9
『同盟国の国情についての論考』(1793 年)　238
『国王弑逆者との講和についての書簡』(1796 年)　55
『国王弑逆者との講和についての第三の書簡』(1796–7 年)　227, 237
パーセル，ニコラス　Nicholas Purcell　65
バターフィールド，ハーハート　Herbert Butterfield (1900–79)　17, 31
ハーツ，ルイス　Louis Hartz　111
ハーディー，トマス　Thomas Hardy　32
ハバナ攻城戦 (1763 年) Havana, siege of (1763)　253
→七年戦争も参照
パリ条約 (1763 年)　13
パリ条約 (1783 年)　259, 295, 296
ハリファックス初代侯爵ジョージ・サヴィル　George Saville, 1st Marquis of Halifax (1633–95)　226
『日和見主義者とは何か』(1688 年)　226
バーリン，サー・アイザイア　Sir Isiah Berlin (1909–97)
『自由の二つの概念』(1958 年)　3
バルエル師，オーギュスト，大修道院長　Abbe Augustus Barruel (1741–1820)　240
万国国際法学会　35
東インド会社
イングランド――　28, 165–6, 185, 195
オランダ――　28, 167
東インド航路の発見　50
東フロリダ　212
ヒースフィールド対チリトン裁判　205
→マンスフィールドも参照
ピット，小ウィリアム　William Pitt, the Younger　54, 264
――の外交政策　261
『百科全書』　53, 54
ビュヴォー対バルビュイ裁判 (1737 年)　Buvot v. Barbuit　203–4
ヒューム，デイヴィッド　David Hume (1711–76)　29–30, 109, 125, 185, 265, 288, 293
――とアイデンティティ　196
『人間本性論』(1739–40 年)　228
『道徳原理探求』(1751 年)　228
ビュルラマキ，ジャン・ジャック　Jean-Jacquess Burlamaqui　95, 211, 265
ピョートル大帝，ロシア皇帝 (在位 1682–1725 年)　204
ビンカーショーク　Binkershock　203, 210
フィルマー，サー・ロバート　Sir Robert Filmer　151, 154, 179
フェルナンデス－アルメスト，フェリペ　Felipe Fernández-Armesto　48–9
フェルナンド 7 世，スペイン王 (在位 1808, 1813–33 年)　312, 317
フォックス，チャールズ，ジェームズ　Charles James Fox　213
フーコー，ミシェル　Michel Foucault (1926–84)　27, 30
ブッシュ，ジョージ・W.　アメリカ合衆国 (在任 2001–9 年)　275
プーフェンドルフ，サミュエル　Samuel von Pufendorf (1632–94)　74–5, 87, 94–6, 100, 129, 135, 167, 210, 212, 263, 265, 294

→商業も参照
法学教育　209
法の基盤としての人間の本性　86-8, 96
法の基盤としての本能　86
法の多様性　58-60, 255
　イングランドのコモン・ロー　202-6
　規範法　6
　公法と私法　86
　国内法と対外法　207
　コスモポリタニズムと法　254
　諸国民の法　201-2
　法と自然状態　92-3, 97
　法のグローバル化　58-60
　→国際法，自然法，ローマ法も参照
ボカサ，ジャン・ベデル，中央アフリカ共和国大統領，皇帝　Jean-Bedel Bokassa（1921-96）　275
ポーコック，ジョン・G. A.　John G. A. Pocock　v
　『古来の国制と封建法』　3
ポータリス，ジョセブ・マリー　Joseph-Marie Portalis　12
ホッブズ，トマス　Thomas Hobbes（1588-1679）　2, 9, 11, 14, 29, 33, 107, 109, 121, 129-30, 197, 293, 319
　国際理論家としての――　83-88, 92-101
　作品の評価　84, 86-9
　自然法学の伝統の革新者としての――　94-5
　自然法と諸国民の法　86, 93
　――と「現実主義」の理論　84
　――と自然法　113-4
　――のその後の評価　93
　――の法学像　86-93
　『法に関する論考』（1620年）　85-6
　『法学要綱』（1640年）　86-91, 113
　『市民論』（1641年）　86, 91, 93-5
　『リヴァイアサン』（1651年, 1668年）　67, 89-94, 113
　『哲学者と法学との対話』（1681年）　92-3
ホーデン，ペレグリン　Peregrine Hordern　65
ボーム，エドマンド　Edmund Bohum　231
ポーランド　285-6
ボリクエン共和国　República Boricua　323
ボリーバル，シモン　Simon Bolívar（1783-1830）　323
ポリュビオス　70
ボリングブルック子爵，ヘンリー・シンジョン　Henry St John, Viscount Bolingbroke　228, 279
ホーン，ジョージ，ノリッジ主教　George Horne, Bishop of Nowich　176
ボーン，ランドルフ　Randolph Bourne　59
ポンティウス，サムニウム人　Pontius the Samnite　234

マ　行

マイネッケ，フリードリッヒ　Friedrich Meinecke（1862-1954）　223, 225, 240-1
マイヤー，チャールズ　Charles Maier　32
マカートニー使節団，乾隆帝との会見（1793年）　60-1
マキアヴェリ，ニッコロ　Niccolò Machiavelli　221, 223-4
マグレガー，グレガリー　Gregor Macgregor　323
マコーリー，トマス，バビントン　Thomas Babington Macaulay, Baron Macaulay（1800-59）　165
マサチューセッツ　316

マシャム，レディ・ダマリス・カッドワース　Lady Damaris Cudworth Masham（1659–1708）　109
マシャム，サー・フランシス・カッドワース　Sir Francis Cudworth Masham（1686–1731）　142
マッキントッシュ，サー・ジェームズ　Sir James Mackintosh（1765–1832）　53–5, 212–3
　『自然法と諸国民の法の研究についての考察』（1799 年）　212, 262–3
マーティン，ヘンリー　Henry Martyn　166–7
マトベーエフ，アンドレイ・アテモノビッチ　Andrei Artemonovich Matveev　204
マルクス，カール　Karl Marx（1818–83）　49–50, 121
マルテンス，G. F. フォン　Georg Friedrich von Martens（1756–1821）　263, 296–7
マンスフィールド，ウィリアム・マレー，高等法院王座部長官　William Murray Mansfield, Lord Chief Justice（1705–93）　202–5, 212
南スーダン独立宣言（2011 年）　329, 330
ミランダ，フランシスコ・デ　Francisco de Miranda　313, 324–5
ミル，ジェイムズ　James Mill（1773–1836）　131, 165, 267
ミル，ジョン・ステュアート　John Stuart Mill（1806–73）　39, 130–1, 165
　「ベンサム」（1838 年）　39
ミルトン，J. R.　J. R. Milton　135
ミュンスター条約（1648 年）　34, 297
民主政　70
　→専制も参照
「無政府説」　discourse of anarchy　98
メイソン，ジョージ　George Mason　315
名誉革命　Glorious Revolution　108, 194, 207, 237
　内乱としての――　as civil war　164–5
　バークの解釈　229–35
メキシコ　328
　「ドロレスの叫び」（1810 年）　*Grito de Dolores*　327
メンドーサ，ホアキン・マリン・イ　Joaquin Marín y Mendoza　318
モア，サー・トマス　Sir Thomas More
　『ユートピア』　154
モーゲンソー，ハンス　Hans Morgenthau　32
モーゼル　J. J. Moser　263
モヒカン族　178
モレロス，ホセ・マリア　José Maria Morelos　322
モンテーニュ，ミシェル・ド　Michel de Montaigne　4, 171
モンテスキュー，シャルル・ルイ・ド・スゴンダ　Charles-Louis de Secondat, Montesquieu（1689–1755）　4, 52, 54, 71, 96, 185, 210, 213
　『法の精神』（1748 年）　52–3, 71
モンテネグロ独立宣言（2006 年）　328

ヤ　行

ユステル，アンリ　Henri Justel　142
ユトレヒト条約（1713 年）　13, 195, 237
ユネスコ　35
ヨーゼフ 2 世，神聖ローマ皇帝（在位 1765–90 年）　327
ヨーロッパ　65, 72, 114, 129–30
　諸国家と諸政体　67–9, 73, 123–4, 264, 275–6
　――における勢力均衡　238–40
　――の列強とアメリカ　285–7, 326

——の国際体制　300
「ヨーロッパ中心主義」　54–6, 163–4
ヨーロッパ連合　35

ラ　行

ライハウス陰謀　Rye House Plot　144
ライプニッツ，G. W.　Gottfried Wilhelm Leibniz（1646–1716）　169
ラヴジョイ，アーサー・O.　Arthur Oncken Lovejoy（1873–1962）　24–5, 37
ラエルティオス，ディオゲネス　Diogenes Laertius　23
ラスキ，ハロルド　Harold Laski（1893–1950）　98–9
ラスレット，ピーター　Peter Laslett（1915–2001）　3–4, 134
ラテンアメリカの独立二百周年祝典（2010年）　311–3
リー，リチャード・ヘンリー　Richard Henry Lee（1732–94）　285–7, 295, 320–1
リード，ジョン・フィリップ　John Phillip Reid　279–80
竜涎香　117–8, 151
両大戦間期　14, 32
リンカン，エイブラハム，アメリカ合衆国大統領（在任1861–5年）　277, 282
リンド，ジョン　John Lind
　『アメリカ大陸会議の宣言への回答』　257, 289–91
倫理／道徳性　31, 36, 52, 222
ルイ14世，フランス王（在位1643–1715年）　72, 195, 237, 240
ルソー，ジャン・ジャック　Jean-Jacques Rousseau（1712–78）　4, 96, 109, 121, 138, 140, 196
礼儀作法　manners　263
冷戦　26
歴史　30–1, 45, 84
　先史時代　49
　——と歴史学　2, 70
　——のヨーロッパでの実践者　28–30
歴史の諸形態
　海洋の歴史　65–7, 69
　近世性の歴史　10
　グローバル史　22, 52
　国際史　7, 22, 30–40, 194
　国民史　21–3, 25
　思想史　1–5, 7–9, 25–6, 39–40, 249–50
　帝国史　5–8, 76–7
　トランスナショナルな歴史　22, 69, 78
　内政史と国際史　207
　比較史　22
　物質の歴史　8
　ポスト・コロニアルの歴史　22
レーナル師，ギョーム・フランシス・トマ　Abbé Guillaume-François-Thomas Raynal（1713–96）　51, 71, 74
　『両インド史』（1170–80年）　76–7, 252
連合権　124
連邦制　256
ロイ，ラモハン　Rammohan Roy（1772–1833）　37
ロスチャイルド，エマ　Emma Rothschield　39
ロシア　300
ロック，ジョン　John Lock（1632–1704）　29, 74, 279
　カロライナ方伯　Landgrave of Carolina　138, 149
　帝国の理論　164–8, 177–86
　——とアイデンティティ　196
　——とカロライナ　108, 142, 146–7, 149–50, 169
　——と自然法　113–7
　——と所有　111, 116–8, 132–5, 140,

144, 150, 152-3, 155, 179-81
——とホッブズ　110
——と旅行文学　168-9
——と労働　118-20, 179-82
——の貨幣論　116-7
——の国際理論　111-4, 123-4
——の政治理論　136-42
——の「農学者風」の議論　118
——の評価　109-12, 114, 156
——の亡命　142, 150
——の旅　168
——の役人や外交官としての経験　108-9, 112-3, 165-6, 185-6
『自然法論』(1663-4 年頃)　80, 113, 170
「ワイン，オリーヴ，果実，絹に関する考察」(1680 年)　143
「スティリングフリートについての批判的ノート」(1681 年)　150
『寛容についての書簡』(1689 年)　154, 166, 182
『統治二論』(1689 年)　114-20, 123
　——におけるアメリカの事例　179-82
　——における聖書引照　154
　——の執筆年代決定　134-6, 142-5
　——の植民地の観点からの読解　1-6, 149-56
　——の帝国主義の観点からの読解　163
　リベラルとして　141
『人間知性論』(1690-1706 年)　169-72
『寛容についての第二書簡』(1690 年)　166
『知性の指導について』(1697 年)　173
救貧法論 (1697 年)　181-2
→『カロライナ憲法』，シャフツベリー初代伯も参照
ロックフェラー財団
　ワシントン国際政治学会議大会 (1954 年)　31
ロバートソン，ウィリアム　William Robertson (1721-93)　51-2, 252, 265
ロビンソン，ジェイムズ・ハーヴェイ　James Harvey Robinson　24
ローマ　71-3
　サムニウム人との戦争　233-4
ローマ法　52, 210, 224
　『学説彙纂』　86-8, 94
ロールズ，ジョン　John Rawls (1921-2002)　5-6, 111, 121-4
　『正義論』(1971 年)　5, 122
　『万民法』(1999 年)　122
　ロック論 (1969 年の講義)　121-4
ロング，トマス　Thomas Long　231

ワ　行

ワイト，マーティン　Martin Wight　3, 14, 31, 109, 221
→「イングランド［英国］学派」も参照

参考文献

MANUSCRIPT SOURCES

BAKEWELL, DERBYSHIRE, CHATSWORTH HOUSE

Hardwick MS 51: Francis Bacon, 'Aphorismi de Jure gentium maiore sive de fontibus Justiciae et Juris'

Hobbes MS 73. Aa: Fulgenzio Micanzio, letters to the second Earl of Devonshire on foreign affairs (1615–26), trans. Thomas Hobbes

CAMBRIDGE, MASSACHUSETTS, HARVARD UNIVERSITY ARCHIVES, HARVARD UNIVERSITY

Acs. 14990, box 12: John Rawls, lecture-notes (1968–9)

CAMBRIDGE, MASSACHUSETTS, HOUGHTON LIBRARY, HARVARD UNIVERSITY

Wendell Family Papers, bMS Am 1907 (608): Lemuel Haynes, 'Liberty Further Extended ...' (1776?)

CHARLOTTESVILLE, VIRGINIA, ALBERT AND SHIRLEY SMALL SPECIAL COLLECTIONS LIBRARY, UNIVERSITY OF VIRGINIA

MS 5178: Thomas Rodney, 'Treatise on Florida and Louisiana' (October 1810)

COLUMBIA, SOUTH CAROLINA, SOUTH CAROLINA DEPARTMENT OF ARCHIVES AND HISTORY

Recital of Grants, AD120, pt. II

GENEVA, BIBLIOTHÈQUE DE GENÈVE

Dumont MSS 6o: Étienne Dumont, untitled manuscript treatise on international law.

KEW, THE NATIONAL ARCHIVES

ADM 1/487/34

C 66/3136/45

CO 268/1/11

CO 5/40/252

CO 5/93/290

CO 5/177/29

CO 5/177/113

CO 5/287, ff. 24–32: 'Fourth' *Fundamental Constitutions of Carolina* (17 August 1682)

CO 5/1116

CO 5/1353/401

CO 137/111, ff. 113–17: Haïtian Declaration of Independence (1803–4)
CO 324/6
CO 388/5　Essay on the Poor Law, 1697〔ジョン・ロック著「救貧法論」山田園子・吉村伸夫訳『ロック政治論集』法政大学出版局，2007 年〕
CO 391/9
CO 391/10
CO 391/11
CO 391/12
CO 391/13
PRO 30/24/47
PRO 30/24/47/3: 'The Fundamental Constitutions of Carolina' (21 July 1669)〔「カロライナ憲法草案」前掲山田・吉村訳『ロック政治論集』〕
PRO 30/24/47/35: John Locke, 'Observations on Wine, Olives, Fruit and Silk' (1 February 1680)
PRO 30/24/48
PRO 30/24/49

LONDON, BRITISH LIBRARY
Add. MS 5253
Add. MS 11309
Add. MS 15640
Add. MS 16272
Add. MS 29125
Add. MS 30151
Add. MS 33550
Add. MS 33551
Add. MS 33564
Add. MS 48190: [Richard Zouche], *Iuris Faecialis. Sive Juris et Judicii inter Gentes Explicatio*
Add. MS 72854: Sir William Petty, 'A Treatise of Navall Philosophy in Three Parts'
Add. MS 78781: James Mackintosh, 'Extracts for Lectures on the Law of Nat: & Nations Begun Cambridge Augt 7th 1799'
Add. MS 78784A

LONDON, UNIVERSITY COLLEGE LONDON LIBRARY (BENTHAM PAPERS)
XIV
XXV
XXVII
XXXIII
LXIX
XCVII
CIX

NEW YORK, NEW YORK PUBLIC LIBRARY

Ford Collection: 'Coppy Of the modell of Government prepared for the Province of Carolina &c' (21 July 1669)

OXFORD, BODLEIAN LIBRARY

MS Locke b. 2

MS Locke b. 5/9: Locke's landgrave patent (4 April 1671)

MS Locke c. 1

MS Locke c. 25

MS Locke c. 28 'Morality', c.1677–8〔「道徳」前掲山田・吉村訳『ロック政治論集』〕

MS Locke c. 30 'Draft of Essay on the Poor Law', 1697

MS Locke c. 34: 'Critical Notes' on Stillingfleet (1681)〔抜粋日本語版，MS Locke c.34「ジョン・ロックの教会論稿」山田園子『ジョン・ロックの教会論』溪水社，2013年〕

MS Locke c. 35

MS Locke d. 3

MS Locke e. 9, ff. 1–39: 'Some of the Cheif Greivances of the present Constitution of Virginia with an Essay towards the Remedies thereof' (1697)

MS Locke e. 9, ff. 39–43: 'Queries to be put to Colonel Henry Hartwell or any other discreet person that knows the Constitution of Virginia' (1697)

MS Locke e. 18 'On Allegiance and the Revolution', 1690〔「忠誠と革命について」前掲山田・吉村訳『ロック政治論集』〕

MS Locke f. 2 'Understanding', 1677〔「知性」前掲山田・吉村訳『ロック政治論集』〕

MS Locke f. 5

MS Locke f. 6

MS Locke f. 9

MS Locke f. 10

MS Locke f. 15

MS Locke f. 17

MS Locke f. 28

SHEFFIELD, SHEFFIELD ARCHIVES

Wentworth-Woodhouse Muniments BkP 10/27

TAUNTON, SOMERSET RECORD OFFICE

Sanford (Clarke) Papers

WASHINGTON, DC, THE LIBRARY OF CONGRESS

Jefferson Papers, ser. V, vol. 13, 'Miscellaneous Papers: Jefferson's [Legal] Common-place Book'

Phillipps MS 8539, pt. 1: Journals of the Council for [Trade and] Foreign Plantations, 1670–4

WINCHESTER, HAMPSHIRE RECORD OFFICE

Malmesbury Papers 7M54/232: Articles of Agreement of the Bahamas Adventurers (4 September 1672)

PRINTED PRIMARY SOURCES

Ábalos, José de and Aranda, Conde de (2003). *Premoniciones de la independencia de Iberoamérica. Las reflexiones de José de Ábalos y el Conde de Aranda sobre la situación de la América española a finales del siglo XVIII*, ed. Manuel Lucena Giraldo, Madrid.

Actas de formación (2008). *Actas de formación de juntas y declaraciones de independencia (1809–22), Reales Audiencias de Quito, Caracas y Santa Fé, ed. Inés* Quintero Montiel and Armando Martínez Garnica, 2 vols., Bucaramanga.

Las actas de independencia de América (1955). Las actas de independencia de América, ed. Javier Malagón, Washington, DC.

Adams, John (1850–6). *The Works of John Adams*, ed. Charles Francis Adams, 10 vols., Boston.

(1977–). *The Papers of John Adams*, gen. ed. Robert J. Taylor, 15 vols. to date, Cambridge, Mass.

D'Aguesseau, Henri François (1771). *Disours et œuvres mêlées de M. Le Chancellier D'Aguesseau*, 2 vols., Paris.

Altera secretissima instruction (1626). *Altera secretissima instruction Gallo- Britanno- Batava*, The Hague.

American Archives (1833–46). *American Archives: Fourth Series. Containing a Documentary History of the English Colonies in North America, From the King's Message to Parliament, of March 7, 1774, to the Declaration of Independence by the United States*, ed. Peter Force, 6 vols., Washington, DC.

Angell, Norman (1921). *The Fruits of Victory: A Sequel to 'The Great Illusion'*, London.

Ascham, Anthony (1648). *A Discourse: Wherein is Examined What is Particularly Lawful during the Confusions and Revolutions of Government*, London.

(1689). *A Seasonable Discourse, Wherein is Examined What is Particularly Lawful during the Confusions and Revolutions of Government*, London.

Austin, John (1995). *The Province of Jurisprudence Determined*, ed. Wilfrid E. Rumble, Cambridge.

Bárcena, Manuel de la (1821). Manifiesto al mundo. La justicia y la necesidad de la independencia de la Nueva España, Puebla.

Beddoe, John (1872). 'Anniversary Address', *Journal of the Anthropological Institute of Great Britain and Ireland* 1: xxiv–xxvii.

Bello, Andrés (1844). *Principios de derecho de gentes*, new edn, Madrid.

Bentham, Jeremy (1802). *Second Letter to Lord Pelham ... in Continuation of the Comparative View of the System of Penal Colonization in New South Wales, and the Home Penitentiary System*, London.

(1803). *A Plea for the Constitution: Shewing the Enormities Committed to the Oppression of British Subjects, Innocent as well as Guilty ... in and by the Design, Foundation and Government of the Penal Colony of New South Wales*, London.

(1830). *Principles of Legislation: From the MS. of Jeremy Bentham ... By M. Dumont*, ed. and trans. John Neal, Boston.

(1838–43). *The Works of Jeremy Bentham*, ed. John Bowring, II vols., Edinburgh.

([1842?]). *Auto-Icon; Or, Farther Uses of the Dead to the Living*, n.p., n.d., [London?].

(1968–). *The Correspondence of Jeremy Bentham*, 12 vols. to date, ed. T. L. S. Sprigge, et al., London and Oxford.

(1988). *A Fragment on Government*, ed. J. H. Burns and H. L. A. Hart, introd. Ross Harrison, Cambridge.

(1990). *Securities Against Misrule and Other Constitutional Writings for Tripoli and Greece*, ed. Philip Schofield, Oxford.

(1996). *An Introduction to the Principles of Morals and Legislation (1780/89)*, ed. J. H. Burns and H. L. A. Hart, introd. F. Rosen, Oxford〔ジェレミー・ベンサム著「道徳および立法の諸原理序説」山下重一訳, 関嘉彦責任編集『ベンサム　J. S. ミル　世界の名著 38』中央公論社, 1967 年〕.

(1998). *'Legislator of the World': Writings on Codification, Law and Education*, ed. Philip Schofield and Jonathan Harris, Oxford.

(2002). *Rights, Representation, and Reform: Nonsense upon Stilts and Other Writings on the French Revolution*, ed. Philip Schofield, Catherine Pease-Watkin and Cyprian Blamires, Oxford.

Blackstone, Sir William (1765–9). *Commentaries on the Laws of England*, 4 vols., London.

(1766–9). *Commentaries on the Laws of England*, 2nd edn, 4 vols., Oxford.

[Blount, Charles] (1689). *The Proceedings of the Present Parliament Justified by the Opinion of the Most Judicious and Learned Hugo Grotius*, London.

Bogin, Ruth (1983). '"Liberty Further Extended": A 1776 Antislavery Manuscript by Lemuel Haynes', *William and Mary Quarterly*, 3rd ser., 40: 85–105.

Bolingbroke, Henry St John, Viscount (1932). *Bolingbroke's Defence of the Treaty of Utrecht*, ed. G. M. Trevelyan, Cambridge.

Boucher, Jonathan (1797). *A View of the Causes and Consequences of the American Revolution*, London.

Bourne, Randolph (1916). 'Trans-National America', *Atlantic Monthly* 118: 86–97.

[Brown, Robert?] (1790). *An Essay on the Law of Nations as a Test of Manners*, London.

Browne, Sir Thomas (1977). *The Major Works*, ed. C. A. Patrides, Harmondsworth.

Bryce, James (1922). *International Relations*, New York.

Burke, Edmund (1793). *Remarks on the Policy of the Allies*, London.

(1803–27). *The Works of the Right Honourable Edmund Burke*, 16 vols., London.

(1949). *Burke's Politics: Selected Writings and Speeches of Edmund Burke on Reform, Revolution, and War*, ed. Ross J. Hoffman and Paul Levack, New York.

(1958–78). *The Correspondence of Edmund Burke*, ed. Thomas W. Copeland, 10 vols., Cambridge.

(1989). *The Writings and Speeches of Edmund Burke, viii: The French Revolution, 1790–1794*, ed. L. G. Mitchell, Oxford.

(1991). *The Writings and Speeches of Edmund Burke, IX: 1: The Revolutionary War, 1794–1797; 2*: Ireland, ed. R. B. McDowell, Oxford.

(1992). *Further Reflections on the Revolution in France*, ed. Daniel E. Ritchie, Indianapolis.

(1993). *Burke: Pre-Revolutionary Writings*, ed. Ian Harris, Cambridge.

(1997). *The Writings and Speeches of Edmund Burke*, I: The Early Writings, ed. T. O. McLoughlin and James T. Boulton, Oxford.

(1998). *The Writings and Speeches of Edmund Burke*, VII: India: The Hastings Trial 1789–1794, ed. P. J. Marshall, Oxford.

(1999). *Empire and Community: Edmund Burke's Writings and Speeches on International Relations*, ed. David P. Fidler and Jennifer M. Welsh, Boulder, Colo.

〔本書で言及されているバークの著作の邦訳は，以下に含まれている。中野好之訳『フランス革命についての省察』岩波文庫，2000 年。中野好之訳『バーク政治・経済論集』法政大学出版局，2000 年。水田珠江訳「自然社会の擁護」，水田洋責任編集『バーク　マルサス　世界の名著 41』中央公論社，1969 年〕

Burlamaqui, Jean-Jacques (1748). *The Principles of Natural Law*, trans. Thomas Nugent, London.

(1763). *The Principles of Natural and Politic Law*, English translation, 2 vols., London.

[Butel-Dumont, Georges Marie] (1755). *Histoire et commerce des colonies angloises*, London.

Carolina Described (1684). *Carolina Described More Fully than Heretofore* ..., Dublin.

Cases in Equity (1741). *Cases in Equity During the Time of the Late Lord Chancellor Talbot*, The Savoy [London].

Cavendish, William (1620). *Horae Subsecivae. Observations and Discourses*, London.

Chambers, Sir Robert (1986). *A Course of Lectures on the English Law: Delivered at the University of Oxford 1767–1773*, ed. Thomas M. Curley, 2 vols., Madison, Wis.

Chandler, Thomas Bradbury (1775). *What Think ye of the Congress Now? Or, An Inquiry, How Far Americans are Bound to Abide by, and Execute the Decisions of, the Late Congress?*, New York.

Collet, Joseph (1933). *The Private Letter Books of Joseph Collet*, ed. H. H. Dodwell, London.

De la colonia a la república (2009). *De la colonia a la república: los catecismos políticos americanos, 1811–1827*, ed. Rafael Sagredo Baeza, Madrid.

Compleat Collection (1760). *A Compleat Collection of All the Articles and Clauses which Relate to the Marine, in the Several Treaties Now Subsisting Between Great Britain and Other Kingdoms and States*, ed. Henry Edmunds and William Harris, London.

Cooper, Anthony Ashley, Third Earl of Shaftesbury (1981–). *Standard Edition/ Sämtliche Werke*, ed. Wolfram Benda, Christine Jackson-Holzberg, Friedrich A. Uehlein and Erwin Wolff, 2 vols. to date, Stuttgart-Bad Cannstatt.

Cumberland, Richard (2005). *A Treatise of the Laws of Nature*, ed. Jon Parkin, Indianapolis.

Davenant, Charles (1701). *An Essay upon Universal Monarchy*, London.

Déclaration d'Indépendance de l'Azawad (2012): *Mouvement Nationale de libération de l'Azawad, 'Déclaration d'Indépendance de l'Azawad'* (7 April 2012): http://www.mnlamov.net/component/content/article/169-declarationdindependance-de-lazawad.html, accessed 15 April 2012.

Declaration of Independence (1776). *Declaration of the Representatives of the United States of America*, Philadelphia.

The Definitive Treaty of Peace and Friendship (1783). *The Definitive Treaty of Peace and Friendship Between His Britannick Majesty, and the United States of America. Signed at Paris, the 3d of September*, 1783, London.

[Defoe, Daniel] (1705). *Party Tyranny, Or An Occasional Bill in Miniature*, London.

Dickinson, Edwin DeWitt (1916–17). 'The Analogy Between Natural Persons and International Persons in the Law of Nations', *Yale Law Journal* 26: 564–91.

Dickinson, John (1941). 'Speech of John Dickinson Opposing the Declaration of Independence, 1 July, 1776', ed. J. H. Powell, *Pennsylvania Magazine of History and Biography* 61: 458–81.

Digest (1985). *The Digest of Justinian*, ed. Theodor Mommsen and Paul Krueger, trans. Alan Watson, 4 vols., Philadelphia.

Diplomatic Correspondence (1837). *Diplomatic Correspondence of the United States from the Signing of the Definitive Treaty of Peace, 10th September 1783, to the Adoption of the Constitution, March 4, 1789*, 3 vols., Washington, DC.

Dumont, Étienne (1829a). Review of Jean Jacques Burlamaqui, *Principes du droit de la nature et des gens*, nouvelle edn. (1820), *Bibliothèque Universelle, des Sciences, Belles-Lettres et Arts* 40, Geneva, pp. 20–29.

(1829b). 'Origine des notions morales, des lois civiles et du droit des gens', *Bibliothèque Universelle, des Sciences, Belles-Lettres et Arts* 40, Geneva, pp. 337–51.

Dutch Declaration (1896). *The Dutch Declaration of Independence, Old South Leaflets* 72, Boston.

Eden, Frederick (1823). An Historical Sketch of the International Policy of Modern Europe, as Connected with the Principles of the Law of Nature and of Nations, London.

Encyclopédie (1754–72). *Encyclopédie, ou Dictionnaire raisonné des sciences, des arts et des métiers*, 28 vols., [Paris and Neuchâtel].

F., R. (1682). *The Present State of Carolina with Advice to the Settlers*, London.

Farr, James and Roberts, Clayton (1985). 'John Locke on the Glorious Revolution: A Rediscovered Document', *Historical Journal* 28: 385–98.

Fox, Charles James (1815). *The Speeches of the Right Honourable Charles James Fox in the House of Commons*, 6 vols., London.

Fundamental Constitutions ([1672?]). *The Fundamental Constitutions of Carolina* (1 March 1670), n.p., [London], n.d.

(1682). *The Fundamental Constitutions of Carolina* (12 January 1682), n.p〔「カロライナ憲法草案」前掲山田・吉村訳『ロック政治論集』〕.

Galsworthy, John (1923). *International Thought*, Cambridge.

Garner, James W. (1925). 'Limitations on National Sovereignty in International Relations', *American Political Science Review* 19: 1–24.

Gentz, Friedrich (1800). *The Origins and Principles of the American Revolution, Compared with the Origins and Principles of the French Revolution*, trans. John Quincy Adams, Philadelphia.

Goldie Mark, (ed.) (1999). *The Reception of Locke's Politics: From the 1690s to the 1830s*, 6 vols., London.

Gordon, George (1794). *A Sermon, Preached in the Cathedral Church of St. Peter, Exeter, On Friday, February 28, 1794*, Exeter.

Grotius, Hugo (1928–2001). *Briefwisseling van Hugo Grotius*, ed. P. C. Molhuysen, B. L. Meulenbroek and H. J. M. Nellen, 17 vols., The Hague.

(2004). *The Free Sea*, ed. David Armitage, Indianapolis.

(2006). *Commentary on the Law of Prize and Booty*, ed. Martine van Ittersum, Indianapolis.

〔本書で言及されているグロティウスの著作の邦訳は，以下に含まれている。一又正雄訳『戦争と平和の法』酒井書店，1989 年。伊藤不二男訳「自由海論」，伊藤不二男『グロティウスの自由海論』有斐閣，1984 年〕

Günther, Karl Gottlob (1787–92). *Europäisches Völkerrecht in Friedenszeiten nach Vernunft, Verträgen und Herkommen*, 2 vols., Altenburg.

Hall, Basil (1824). *Extracts from a Journal, Written on the Coasts of Chili, Peru, and Mexico, in the Years 1820, 1821, 1822*, Philadelphia.

Halsbury's Statutes (1985–). *Halsbury's Statutes of England and Wales*, 4th edn, London.

Hamilton, Alexander, Madison, James and Jay, John (1982). *The Federalist Papers*, ed. Garry Wills, New York〔ハミルトン，ジェイ，マディソン著，斎藤真訳「ザ・フェデラリスト」松本重治責任編集『フランクリン　ジェファソン　マディソン他　トクヴィル　世界の名著 33』中央公論社，1970 年。ハミルトン，ジェイ，マディソン著，斉藤真・武則忠見訳『ザ・フェデラリスト』福村出版，1984 年〕.

Hardy, Thomas (1978–88). *The Collected Letters of Thomas Hardy*, ed. Richard Little Purdy and Michael Millgate, 7 vols., Oxford.

Hazlitt, William (1825). *The Spirit of the Age; or, Contemporary Portraits*, London〔ウィリアム・ヘイズリット著，神吉三郎訳『時代の精神――近代イギリス超人物批評』講談社，1996 年〕.

Heeren, A. H. L. (1857). *A Manual of the History of the Political System of Europe and Its Colonies*, 5th edn, English translation, New York.

Henry, Jabez (1823). *The Judgment of the Court of Demerara, in the Case of Odwin v. Forbes, On the Plea of the English Certificate of Bankruptcy in Bar, in a Foreign Jurisdiction*, London.

([1825?]). *Outline of a Plan of an International Bankrupt Code for the Different Commercial States of Europe*, London.

Hewatt, Alexander (1779). *Historical Account of the Rise and Progress of South Carolina and Georgia*, 2 vols., London.

[Hey, Richard] (1776). *Observations, on the Nature of Civil Liberty, and the Principles of Government*, London.

Hill, David Jayne (1911). *World Organization as Affected by the Nature of the Modern State*, New York.

Hobbes, Thomas (1651). *Leviathan, or the Matter, Form and Power of a Commonwealth, Ecclesiastical and Civil*, London.

(1679). *Behemoth, or, An Epitome of the Civil Wars of England, from 1640 to 1660*, London.

(1969). *The Elements of Law, Natural and Politic*, ed. Ferdinand Tönnies, 2nd edn, introd. M. M. Goldsmith, London.

(1983). *De Cive: The Latin Version*, ed. Howard Warrender, Oxford.

(1995). *Three Discourses: A Critical Modern Edition of a Newly Identified Work of the Young Hobbes*, ed. Noel B. Reynolds and Arlene W. Saxonhouse, Chicago.

(1998). *On the Citizen*, ed. Richard Tuck and Michael Silverthorne, Cambridge.,

(2005). *Writings on Common Law and Hereditary Right*, ed. Alan Cromartie and Quentin Skinner, Oxford.

(2012). *Leviathan*, ed. Noel Malcolm, 3 vols., Oxford.

〔上記トマス・ホッブズの著作のうち，邦訳があるものは以下のとおり。

水田洋訳『リヴァイアサン』岩波文庫，1954–1992 年。

山田園子訳『ビヒモス』岩波文庫，2014 年。

伊藤宏之・渡部秀和訳『哲学原論』，『自然法および国家法の原理』柏書房，2012 年。

ラテン語版から，本田裕志訳『市民論』(2008 年)，『人間論』(2012 年) 京都大学学術出版会。

田中浩・重森臣広・新井明訳『哲学者と法学徒との対話　イングランドのコモン・ローをめぐる』岩波文庫，2002 年〕

Holland, Thomas Erskine (1874). *An Inaugural Lecture on Albericus Gentilis Delivered at All Souls College November 7, 1874*, Oxford.

Horne, George (1800). *The Scholar Armed Against the Errors of the Time: Or, A Collection of Tracts on the Principles and Evidences of Christianity, the Constitution of the Church, and the Authority of Civil Government*, 2nd edn, 2 vols., London.

Hume, David (1987). *Essays: Moral, Political and Literary*, ed. Eugene F. Miller, Indianapolis〔デイヴィッド・ヒューム著，田中敏弘訳『道徳・政治・文学論集』名古屋大学出版会，2011 年〕.

(1998) *An Enquiry concerning the Principles of Morals*, ed. Tom L. Beauchamp, Oxford〔デイヴィッド・ヒューム著，渡部峻明訳『道徳原理の研究』晢書房，1993 年〕.

(2000). *A Treatise of Human Nature*, ed. David Fate Norton and Mary Norton, Oxford〔デイヴィッド・ヒューム著，木曾好能訳『人間本性論　第 1 巻　知性について』法政大学出版局，2011 年；石川徹・中釜浩一・伊勢俊彦訳『人間本性論　第 2 巻　情念について』法政大学出版局，2011 年；伊勢俊彦・石川徹・中釜浩一訳『人間本性論　第 3 巻　道徳について』法政大学出版局，2012 年〕.

[Hutchinson, Thomas] (1776). *Strictures upon the Declaration of the Congress at Philadelphia*, London.

Independence Documents of the World (1977). *Independence Documents of the World*, ed. Albert P. Blaustein, Jay Sigler and Benjamin R. Breede, 2 vols., New York.

La Independencia de Hispanoamérica (2005). *La Independencia de Hispanoamérica. Declaraciones y Actas*, ed. Haydée Miranda Bastidas and Hasdrúbal Becerra, Caracas.

Interesting Official Documents (1812). *Interesting Official Documents Relating to the United Provinces of Venezuela*, London.

International Court of Justice (2010). 'Accordance with International Law of the Unilateral Declaration of Independence in Respect of Kosovo' (22 July 2010): www.icj-cij.org/docket/files/141/15987.pdf, accessed 31 January 2012.

Jefferson, Thomas (1926). *The Commonplace Book of Thomas Jefferson: A Repository of His Ideas on Government*, ed. Gilbert Chinard, Johns Hopkins Studies in Romance Literatures and Languages, extra vol. 2, Baltimore.

(1950–). *The Papers of Thomas Jefferson*, gen. ed. Julian P. Boyd, 38 vols. To date, Princeton.

Jenkinson, Charles (1785). *A Collection of All the Treaties of Peace, Alliance, and Commerce between Great-Britain and Other Powers, From the Treaty Signed at Munster in 1649, to the Treaties Signed at Paris in 1783*, 3 vols., London.

Journals of the Continental Congress (1904–6). *Journals of the Continental Congress, 1774–1789*, ed. Worthington Chauncey Ford, 5 vols., Washington, DC.

Junius (1978). *The Letters of Junius*, ed. John Cannon, Oxford.

Kant, Immanuel (1964). *Schriften zur Anthropologie, Geschichtsphilosophie, Politik und Pädagogik*, ed. Wilhelm Weischedel, 2 vols., Frankfurt.

(1991). *Political Writings*, ed. Hans Reiss, trans. H. B. Nisbet, 2nd edn, Cambridge.

〔本書で言及されているカントの著作の邦訳は，以下に含まれている。宇都宮芳明訳『永遠平和のために』岩波文庫，1995 年。福田喜一郎ほか訳『カント全集　14 巻』岩波書店，2000 年。中山元訳『永遠平和のために／啓蒙とは何か　他 3 論編』光文社古典新訳文庫，2006 年〕

Kent, James (1828). *Commentaries on American Law*, 4 vols., New York.

King, Walker (1793). *Two Sermons, Preached at Gray's-Inn Chapel; On Friday, April 19, 1793*, London.

Klüber, Jean Louis (1819). *Droit des gens moderne de l'Europe*, 2 vols., Stuttgart.

Knox, Robert (1680). *An Historical Relation of the Island of Ceylon*, London.

Kosovo Declaration of Independence (2008). Assembly of Kosovo, 'Declaration of Independence' (17 February 2008): http://news.bbc.co.uk/1/hi/world/europe/7249677.stm, accessed 22 June 2012.

Laski, H. J. (1927). *The Problems of Peace*, 1st ser., London.

Leacock, Stephen (1906). *Elements of Political Science*, Boston.

Lederer, John (1672). *The Discoveries of John Lederer*, trans. Sir William Talbot, London.

[Lee, Arthur] (1764). *An Essay in Vindication of the Continental Colonies of America*, London.

Lee, Richard Henry (1911–14). *The Letters of Richard Henry Lee*, ed. James Curtis Ballagh, 2 vols., New York.

Leibniz, G. W. (1988). *Leibniz: Political Writings*, ed. Patrick Riley, 2nd edn, Cambridge.

Letters Illustrative of Public Affairs (1851). *Letters Illustrative of Public Affairs in Scotland, Addressed ... to George, Earl of Aberdeen ... MDCLXXXI–MDCLXXXIV*, Aberdeen.

Lincoln, Abraham (1953–5). *The Collected Works of Abraham Lincoln*, ed. Roy P. Basler, 9 vols., New Brunswick.

[Lind, John] (1775). *Remarks on the Principal Acts of the Thirteenth Parliament of Great Britain*, London.

(1776). *Three Letters to Dr Price, Containing Remarks on his Observations on the Nature of Civil Liberty, the Principles of Government, and the Justice and Policy of the War with America*, London.

[Lind, John and Bentham, Jeremy] (1776). *An Answer to the Declaration of the American Congress*, London.

Lipsius, Justus (1585). *Saturnalium Sermonumlibri duo, qui de gladiatoribus*, Antwerp.

Locke, John (1690). *A Second Letter Concerning Toleration*, London.

(1698). *Two Treatises of Government*, 3rd edn, London〔ジョン・ロック著，伊藤宏之訳『全訳　統治論』柏書房，1997 年；加藤節訳『統治二論』岩波文庫，2007 年；宮川透訳『統治論』中公クラシックス，2007 年；鵜飼信成訳『市民政府論』岩波文庫，1968 年〕.

(1720). *A Collection of Several Pieces of Mr John Locke*, ed. Pierre Desmaizeaux, London.

(1823). *The Works of John Locke*, 10 vols., London.

(1953). *Locke's Travels in France, 1675-9: As Related in his Journals, Correspondence and Other Papers*, ed. John Lough, Cambridge.

(1954). *Essays on the Law of Nature and Associated Writings*, ed. W. von Leyden, Oxford〔ジョン・ロック著，浜林正夫訳「自然法論」田中浩ほか訳『リヴァイアサン，自然法論，宗教的寛容に関する書簡，オシアナ　世界大思想全集　社会・宗教・科学思想篇 2』河出書房新社，1962 年〕.

(1975). *An Essay Concerning Human Understanding*, ed. Peter H. Nidditch, Oxford〔ジョン・ロック著，大槻春彦訳『人間知性論』岩波文庫，1997 年〕.

(1976–). *The Correspondence of John Locke*, ed. E. S. de Beer, 8 vols. to date, Oxford.

(1988). *Two Treatises of Government*, ed. Peter Laslett, rev. edn, Cambridge.

(1989). *Political Writings*, ed. David Wootton, Harmondsworth.

(1990–). *Drafts for the 'Essay Concerning Human Understanding' and Other Philosophical Writings*, ed. Peter H. Nidditch and G. A. J. Rogers, 3 vols. projected, Oxford.

(1991). *Locke on Money*, ed. Patrick Hyde Kelly, 2 vols., Oxford〔ジョン・ロック著，田中正司・竹本洋訳『利子・貨幣論』東京大学出版会，1978 年〕.

(1997). *Political Essays*, ed. Mark Goldie, Cambridge〔前掲訳書『ロック政治論集』，抄訳〕.

(2000). *Of the Conduct of the Understanding*, ed. Paul Schuurman, Keele〔ジョン・ロック著，下川潔訳『知性の正しい導き方』御茶の水書房，1999 年〕.

(2002). *John Locke: Selected Correspondence*, ed. and introd. Mark Goldie, Oxford.

(2005). *Carnet de voyage à Montpellier et dans le sud de la France: 1676–1679. Inédit*, ed. Guy Boisson, Montpellier.

(2010). *'A Letter Concerning Toleration' and Other Writings*, ed. Mark Goldie, Indianapolis〔生松敬三訳「寛容についての書簡」大槻春彦責任編集『ロック　ヒューム　世界の名著 27』中央公論社，1968 年；ラテン語から，平野耿訳注『寛容についての書簡』朝日出版社，1971 年〕.

(in press). *Colonial Writings*, ed. David Armitage, Oxford.

[Locke, John] (1766). *Observations upon the Growth and Culture of Vines and Olives*, ed. G. S., London.

[Long, Thomas] (1689). *The Historian Unmask'd*, London.

Mackintosh, James (1799). *A Discourse on the Study of the Law of Nature and Nations, &c.*, London.

(2006). *Vindiciae Gallicae and Other Writings on the French Revolution*, ed. Donald Winch, Indianapolis.

Mackintosh, R. J. (1835). *Memoirs of the Life of the Right Honourable Sir James Mackintosh*, 2 vols., London.

Manifiesto (1811). *Manifiesto que hace al mundo al confederación de Venezuela de las razones en que ha fundado su absoluta independencia de la España Caracas.*

Marín y Mendoza, Joaquin (1950). *Historia del derecho natural y de gentes*, ed. Manuel García Pelayo, Madrid.

Martens, Charles de (1843). *Nouvelles causes célèbres du droit des gens*, 2 vols., Leipzig.

Martens, Georg Friedrich von (1789). *Précis du droit des gens moderne de l'Europe*, 2 vols., Göttingen.

(1791–1807). *Recueil des principaux traités d'alliance, de paix, de trève, de neutralité, de commerce*, 5 vols., Göttingen.

(1795). *Summary of the Law of Nations, Founded on the Treaties and Customs of the Modern Nations of Europe*, trans. William Cobbett, Philadelphia.

(1817–35). *Recueil de traités d'alliance, de paix, de trêve ... et de plusieurs autres actes servant à la connaissance des relations étrangères des puissances et états de l'Europe*, 2nd edn, 8 vols., Göttingen.

Martyn, Henry (1701). *Considerations upon the East-India Trade*, London.

Marx, Karl and Engels, Friedrich (2002). *The Communist Manifesto*, ed. Gareth Stedman Jones, London〔カール・マルクス，フリードリッヒ・エンゲルス著，大内兵衛・向坂逸郎訳『共産党宣言』岩波文庫，1971 年〕.

Mason, George (1970). *The Papers of George Mason, 1725–1792*, ed. Robert A. Rutland, 3 vols., Chapel Hill.

Maurice, F. D. (1862). *Modern Philosophy*, London.

Micanzio, Fulgenzio (1987). *Lettere a William Cavendish (1615–1628) nella versione inglese di Thomas Hobbes*, ed. Roberto Ferrini, Rome.

Mill, James (1825). *Essays on Government, Jurisprudence, Liberty of the Press, and Law of Nations*, London.

Mill, J. S. (1838). 'Bentham', *London and Westminster Review* 29 (August): 467–506〔J. S. ミル著「ベンサム」川名雄一郎・山本圭一郎訳『功利主義論集』京都大学学術出版会，2010 年〕.

Montesquieu, Charles-Louis de Secondat, baron de (1973). *L'Esprit des Lois*, ed. Robert Derathé, 2 vols., Paris.

(1989). *The Spirit of the Laws*, trans. and ed. Anne Cohler, Basia Miller and Harold Stone, Cambridge〔シャルル＝ルイ・ド・モンテスキュー著，野田良之・稲本洋之助・上原行雄・田中治男・三辺博之・横田地弘訳『法の精神』岩波文庫，1989 年〕.

Moser, Johann Jacob (1777–80). *Versuch des neuesten Europäischen Völkerrechts*, 10 vols., Frankfurt am Main.

(1778–80). *Beyträge zu dem neuesten Europäischen Völkerrecht in Friedenszeiten*, 5 vols., Tübingen.

[Murray, William, et al.] (1753). *The Duke of Newcastle's Letter, by His Majesty's Order, to Monsieur Michell,*

London.
Neyron, Pierre Joseph (1783). *Principes du droit des gens Européen conventionnel et coutumier*, Brunswick.
Nicole, Pierre (2000). 'Treatise Concerneing the Way of Preserveing Peace with Men', trans. John Locke, in Jean S. Yolton (ed.), *John Locke as Translator: Three of the Essais of Pierre Nicole in French and English*, Oxford, pp. 115–259.
North Carolina Charters and Constitutions (1963). *North Carolina Charters and Constitutions, 1578–1698*, ed. M. E. E. Parker, Raleigh, NC.
[Ogilby, John] (1671). *America: Being the Latest, and Most Accurate Description of the New World*, London.
Old Oligarch (2008). *The 'Old Oligarch': The Constitutions of the Athenians Attributed to Xenophon*, ed. and trans. J. L. Marr and P. J. Rhodes, Oxford〔クセノポン著「アテナイ人の国制」松本仁助訳『クセノポン小品集』京都大学学術出版会，2000年〕.
Olmeda y Léon, José (1771). *Elementos del Derecho público de la paz, y de la guerra*, 2 vols., Madrid.
von Ompteda, D. H. L. (1785). *Litteratur des gesammten sowohl natürlichen als positiven Völkerrechts*, 2 vols., Regensburg.
Paine, Thomas (1776). *Common Sense: Addressed to the Inhabitants of America*, Philadelphia〔トマス・ペイン著，小松春雄訳『コモン・センス』岩波文庫，1976年〕.
(1811). *La Independencia de la Costa Firme justificada por Thomas Paine treinta años há*, ed. Manuel García de Sena, Philadelphia.
The Papers of the Texas Revolution (1973). *The Papers of the Texas Revolution, 1835–1836*, ed. John H. Jenkins, 10 vols., Austin, Tex.
Parkes, Joseph and Merivale, Herman (1867). *Memoirs of Sir Philip Francis, K.C. B.*, 2 vols., London.
Parliamentary History (1806–20). *Cobbett's Parliamentary History of England from the Earliest Times to 1803*, ed. William Cobbett, 36 vols., London.
Phipps, Edmund (1850). *Memoirs of the Political and Literary Life of Robert Plumer Ward, Esq.*, 2 vols., London.
[Plowden, Francis] (1784). *An Investigation of the Native Rights of British Subjects*, London.
(1785). *A Supplement to the Investigation of the Native Rights of British Subjects*, London.
Poems on Affairs of State (1968). *Poems on Affairs of State: Augustan Satirical Verse, 1660–1714, iii: 1682–1685*, ed. Howard H. Schless, New Haven.
Portalis, Joseph-Marie (1841). 'Rapports sur les mémoires adressés au Concours pour le prix sur la question du Droit des gens', *Mémoires de l'Académie royale des sciences morales et politiques de l'Institut de France* 2nd ser., 3, Paris: 399–453.
Pownall, Thomas (1803). *Memorial Addressed to the Sovereigns of Europe and the Atlantic*, London.
Price, Richard (1789). *A Discourse on the Love of our Country*, 3rd edn, London.
Pufendorf, Samuel (1690). *The Present State of Germany*, trans. Edmund Bohun, London.
(1729). *Of the Law of Nature and Nations*, trans. Basil Kennett, 4th edn, London.
Rachel, Samuel (1676). *De Jure Naturae et Gentium Dissertationes*, Kiel.
Rawls, John (1993). 'The Law of Peoples', in Stephen Shute and Susan Hurley (eds.), *On Human Rights: The Oxford Amnesty Lectures 1993*, New York, pp. 41–82〔ジョン・ロールズ著「万民の法」スティーヴン・シュート，スーザン・ハーリー編，中島吉弘・松田まゆみ訳『人権について――オックスフォード・アムネスティ・レクチャーズ』みすず書房，1998年〕.

(1999a), *The Law of Peoples: with 'The Idea of Public Reason Revisited'*, Cambridge, Mass.〔ジョン・ロールズ著，中山竜一訳『万民の法』岩波書店，2006 年〕

(1999b). *A Theory of Justice*, rev. edn, Cambridge, Mass.〔ジョン・ロールズ著，川本隆史・福間聡・神島裕子訳『正義論』紀伊國屋書店，改訂版，2010 年〕

(2007). *Lectures on the History of Political Philosophy*, ed. Samuel Freeman, Cambridge, Mass.〔ジョン・ロールズ著，サミュエル・フリーマン編，齋藤純一・佐藤正志・山岡龍一・谷澤正嗣・高山裕二・小田川大典訳『ロールズ 政治哲学史講義』岩波書店，2011 年〕

Raynal, Guillaume-Thomas (1777). *A Philosophical and Political History of the Settlements and Trade of the Europeans in the East and West Indies*, trans. J. Justamond, 5 vols., London〔ギヨーム＝トマ・レーナル著，大津真作訳『両インド史　東インド篇　上下』法政大学出版局，2009 年〕.

Records of the Governor and Council of the State of Vermont (1873–80). *Records of the Governor and Council of the State of Vermont*, ed. E. P. Walton, 8 vols., Montpelier, Vt.

Reddie, James (1842). *Inquiries in International Law*, Edinburgh.

Reports of Cases (1771–80). *Reports of Cases Adjudged in the Court of King's Bench Since the Time of Lord Mansfield's Coming to Preside in it*, ed. James Burrow, 5 vols., London.

La República de las Floridas (1986). *La República de las Floridas: Texts and Documents*, ed. David Bushnell, Mexico, DF.

Revolutionary Diplomatic Correspondence (1889). *The Revolutionary Diplomatic Correspondence of the United States*, ed. Francis Wharton, 6 vols., Washington, DC.

[Rivers, W. J.] (1856). *A Sketch of the History of South Carolina to the Close of the Proprietary Government by the Revolution of 1719*, Charleston, SC.

Robertson, George Croom (1886). *Hobbes*, Edinburgh.

Rohaert, J. F. (1790). *Manifeste de la Province de Flandre*, Ghent.

Rousseau, Jean-Jacques (1997). *The Social Contract and Other Later Political Writings*, ed. Victor Gourevitch, Cambridge.

(2005). *'The Plan for Perpetual Peace', 'On the Government of Poland', and Other Writings on History and Politics*, ed. Christopher Kelly, Hanover, NH.

〔本書で言及されているルソーの著作の邦訳は，以下に含まれている。川出良枝選『ルソー・コレクション　政治』；同『ルソー・コレクション　文明』白水社，2013 年〕

Ryder, Nathaniel (1969). 'Parliamentary Diaries of Nathaniel Ryder, 1764–7', ed. P. D. G. Thomas, *Camden Miscellany*, 23, Camden Society 4th ser., 7: 229–351.

Savile, George, Marquis of Halifax (1989). *The Works of George Savile Marquis of Halifax*, ed. Mark N. Brown, 3 vols., Oxford〔ハリファックス著，山崎邦彦・山口孝道訳『日和見主義者とは何か』未來社，1986 年〕.

Schmitt, Carl (1942). *Land und Meer, eine weltgeschichtliche Betrachtung*, Leipzig〔カール・シュミット著，生松敬三・前野光弘訳『陸と海と――世界史的一考察』慈学社出版，大学図書（発売），2006 年〕.

(1996). *The Leviathan in the State Theory of Thomas Hobbes: Meaning and Failure of a Political Symbol*, trans. George Schwab and Erna Hilfstein, Westport, Conn〔カール・シュミット著「レヴィアタン――その意義と挫折」長尾龍一編『カール・シュミット著作集 II　1936–1970　グロティウスの自由海論』慈学社出版，大学図書（発売），2007 年〕.

(2003). *The Nomos of the Earth in the International Law of the Jus Publicum Europaeum*, trans. G. L. Ulmen, New York〔カール・シュミット著，新田邦夫訳『大地のノモス——ヨーロッパ公法という国際法における』慈学社出版，大学図書（発売），2007 年〕.

Scott, James Brown (1920). *The United States of America: A Study in International Organization*, Washington, DC.

(ed.) (1917). *The Declaration of Independence, The Articles of Confederation, The Constitution of the United States*, New York.

Seeley, J. R. (1883). *The Expansion of England*, London〔ジョン・シーレー著，関口一郎・土岐孝太郎訳『英国膨脹史論　前編』日本商業社，1899 年；加藤政司郎訳『英國膨張史論』興亡史論刊行會，1918 年，平凡社，1930 年；古田保訳『英國發展史論』第一書房，1942 年〕.

Serle, Ambrose (1940). *The American Journal of Ambrose Serle, Secretary to Lord Howe, 1776–1778*, ed. Edward H. Tatum, Jr, San Marino, Calif.

Shaftesbury Papers (2000). *The Shaftesbury Papers, Collections of the South Carolina Historical Society* 5, ed. Langdon Cheves, introd. Robert M. Weir, Charleston, SC.

Sharrock, Robert (1660). *Hypothesis Ethike, De Officiis Secundum Naturae Ius*, Oxford.

Smith, Adam (1976). *An Inquiry into the Nature and Causes of the Wealth of Nations*, ed. R. H. Campbell and A. S. Skinner, 2 vols., Oxford〔アダム・スミス著，水田洋監訳・杉山忠平訳『国富論』岩波文庫，2000–2001 年〕.

(1978). *Lectures on Jurisprudence*, ed. R. L. Meek, D. D. Raphael and P. G. Stein, Oxford〔アダム・スミス著，水田洋訳『法学講義』岩波文庫，2005 年；水田洋・篠原久・只腰親和・前田俊文訳『アダム・スミス法学講義　1762〜1763』名古屋大学出版会，2012 年〕.

South Sudan Independence Declaration (2011). *South Sudan Legislative Assembly, 'South Sudan Independence Declaration'* (9 July 2011): http://republicofsouthsudan. blogspot.com/2011/07/south-sudan-independence-declaration.html, accessed 31 January 2012.

Stawell, F. Melian (1929). *The Growth of International Thought*, London.

Steck, J. C. W. von (1783). *Versuche über verschiedene Materien politischer und rechtlicher Kenntnisse*, Berlin.

Stephen, James Fitzjames (1892). *Horae Sabbaticae*, 2nd ser., London.

Stephen, Leslie (1904). *Hobbes*, London.

Suárez, Francisco (1612). *Tractatus de legibus ac Deo legislatore*, Coimbra.

Sutton, Charles Manners (1794). *A Sermon Preached Before the Lords Spiritual and Temporal in the Abbey Church of St Peter, Westminster, on Friday, February 28, 1794*, London.

Textos fundamentales de la independencia centroamericana ([1971]). *Textos fundamentales de la independencia centroamericana*, ed. Carlos Meléndez, San José, Costa Rica.

Textos insurgentes (2007). *Textos insurgentes (1808–1821)*, ed. Virginia Guedea, Mexico, DF.

Texts Concerning the Revolt of the Netherlands (1974). *Texts Concerning the Revolt of the Netherlands*, ed. E. H. Kossman and A. F. Mellink, Cambridge.

Thucydides (1629). *Eight Bookes of the Peloponnesian Warre*, trans. Thomas Hobbes, London.

[Toland, John] (1701). *The Art of Governing by Partys*, London.

Tönnies, Ferdinand (1896). *Hobbes, Leben und Lehre*, Stuttgart.

(1912). *Thomas Hobbes, der Man und der Denker*, Osterwieck.

Treaties and Other International Acts (1931–48). *Treaties and Other International Acts of theUnited States of*

America, ed. HunterMiller, 8 vols.,Washington,DC.
True Description ([1682]). *A True Description of Carolina*, London.
[Tucker, Josiah] (1776). *A Series of Answers to Certain Popular Objections, Against Separating the Rebellious Colonies, and Discarding them Entirely*, Gloucester.
(1781). *A Treatise Concerning Civil Government, In Three Parts*, London.
(1783). *Four Letters on Important National Subjects, Addressed to the Right Honourable the Earl of Shelburne*, Gloucester.
United States of America (2009). 'Advisory Opinion on Accordance with International Law of the Unilateral Declaration of Independence by the Provisional Institutions of Self-Government of Kosovo' (17 April 2009): www.icj-cij.org/docket/files/141/15640.pdf, accessed 31 January 2012.
Vattel, Emer de (1760). *The Law of Nations, or, Principles of the Law of Nature, Applied to the Conduct and Affairs of Nations and Sovereigns*, London.
(1775). *Le Droit des gens*, ed. Charles Dumas, Amsterdam.
(1820). *El Derecho de gentes*, trans. Manuel Maria Pascual Hernández, 4 vols., Madrid.
(2008). *The Law of Nations, or, Principles of the Law of Nature, Applied to the Conduct and Affairs of Nations and Sovereigns, with Three Early Essays on the Origin and Nature of Natural Law and on Luxury*, ed. Béla Kapossy and Richard Whatmore, Indianapolis.
Voltaire, François-Marie Arouet de (2000). *Traité de la tolérance*, ed. John Renwick, Oxford〔ヴォルテール著, 中川信訳『寛容論』中公文庫, 2011 年〕.
Warburton, William (1756). *A View of Lord Bolingbroke's Philosophy, Compleat, In Four Letters to a Friend*, 3rd edn, London.
Ward, Robert [Plumer] (1795). *An Enquiry into the Foundation and History of the Law of Nations in Europe, From the Time of the Greeks and Romans, to the Age of Grotius*, 2 vols., London.
(1805). *An Enquiry into the Manner in which the Different Wars in Europe Have Commenced, During the Last Two Centuries: To which Are Added the Authorities upon the Nature of a Modern Declaration*, London.
Warren, James and Adams, John (1917–25). *The Warren-Adams Letters: Being Chiefly a Correspondence among John Adams, Samuel Adams, and James Warren*, ed. Worthington C. Ford, 2 vols., Boston.
We, the Other People (1976). *We, the Other People: Alternative Declarations of Independence by Labor Groups, Farmers, Woman's Rights Advocates, Socialist, and Blacks, 1829–1975*, ed. Philip S. Foner, Lincoln, Nebr.
Weber, Max (1991). *From Max Weber: Essays in Sociology*, ed. H. H. Gerth and C. Wright Mills, new edn, London.〔H. ガース, W. ミルズ編, 山口和男・犬伏宣宏訳『マックス・ウェーバー——その人と業績』ミネルヴァ書房, 1964 年〕.
Wheaton, Henry (1836). *Elements of International Law, with a Sketch of the History of the Science*, Philadelphia〔ヘンリー・ホイートン著, 恵頓, 大築拙蔵訳『萬國公法』司法省, 1882 年〕.
(1841). *Histoire des progrès du droit des gens en Europe*, Leipzig.
(1845). *History of the Law of Nations in Europe and America; From the Earliest Times to the Treaty of Washington, 1842*, English translation, New York.
Whewell, William (1852). *Lectures on the History of Moral Philosophy in England*, London.
Willoughby, Westel Woodbury (1918). 'The Juristic Conception of the State', *American Political Science Review* 12: 192–208.

Wilson, James (1967). *The Works of James Wilson*, ed. Robert Green McCloskey, 2 vols., Cambridge, Mass.

[Wilson, Samuel] (1682). *An Account of the Province of Carolina in America*, London.

Witsen, Nicolaes (1671). *Aeloude en Hedendaegsche Scheeps-bouwen Bestier: Waer in Wijtloopigh wert Verhandelt, de Wijze van Scheeps-timmeren, by Grieken en Romeynen*, Amsterdam.

Wolcott, Roger (1725). *Poetical Meditations, Being the Improvement of Some Vacant Hours*, New London.

Woolhouse, Roger (2003). 'Lady Masham's Account of Locke', *Locke Studies* 3: 167–93.

Woolsey, Theodore D. (1860). *Introduction to the Study of International Law, Devised as an Aid in Teaching, and in Historical Studies*, Boston.

Zouche, Richard (1650). *Iuris et Iudicii Fecialis, sive, Iuris Inter Gentes*, Oxford.

SECONDARY SOURCES

Abbattista, Guido (2008). 'Edmund Burke, the Atlantic American War and the "Poor Jews at St. Eustatius": Empire and the Law of Nations', *Cromohs* 13: 1–39.

Abulafia, David (2004) 'Mediterraneans', in Harris (2004), pp. 64–93.

Adair, E. R. (1928). 'The Law of Nations and the Common Law of England: A Study of 7 Anne Cap. 12', *Cambridge Historical Journal* 2: 290–97.

Adams, Willi Paul, et al. (1999). 'Round Table: Interpreting the Declaration of Independence by Translation', *Journal of American History* 85, no. 4 (March): 1283–454.

Adelman, Jeremy (2008). 'An Age of Imperial Revolutions', *American Historical Review* 113: 319–40.

(2010). 'Iberian Passages: Continuity and Change in the South Atlantic', in Armitage and Subrahmanyam (2010), pp. 59–82.

Agamben, Giorgio (2005). *State of Exception*, trans. Kevin Attell, Chicago〔ジョルジョ・アガンベン著，上村忠男・中村勝己訳『例外状態』未來社，2007 年〕.

Ahn, Doohwan (2008). 'Xenophon and the Greek Tradition in British Political Thought', in James Moore, Ian Macgregor Morris and Andrew J. Bayliss (eds.), *Reinventing History: The Enlightenment Origins of Ancient History*, London, pp. 33–55.

(2011). 'From "Jealous Emulation" to "Cautious Politics": British Foreign Policy and Public Discourse in the Mirror of Ancient Athens (ca. 1730–ca. 1750)', in David Onnekink and Gijs Rommelse (eds.), *Ideology and Foreign Policy in Early Modern Europe (1650–1750)*, Farnham, pp. 93–130.

Ahn, Doohwan and Simms, Brendan (2010). 'European Great Power Politics in British Public Discourse, 1714–1763', in William Mulligan and Brendan Simms (eds.), *The Primacy of Foreign Policy in British History, 1660–2000: How Strategic Concerns Shaped Modern Britain*, Basingstoke, pp. 79–101.

Airaksinen, Timo and Bertman, Martin A. (eds.) (1989). *Hobbes: War Among Nations*, Aldershot.

Akashi, Kinji (2000). 'Hobbes's Relevance to the Modern Law of Nations', *Journal of the History of International Law* 2: 199–216.

Albertone, Manuela and De Francesco, Antonino (eds.) (2009). *Rethinking the Atlantic World: Europe and America in the Age of Democratic Revolutions*, Basingstoke.

Alcock, Susan E., D'Altroy, Terence N., Morrison, Kathleen D. and Sinopoli, Carla M. (eds.) (2001). *Empires: Perspectives from Archaeology and History*, Cambridge.

Alexandrowicz, C. H. (1958). 'The Theory of Recognition *In Fieri*', *British Year Book of International Law* 34: 176–98.

(1961). 'Doctrinal Aspects of the Universality of the Law of Nations', *British Year Book of International Law* 37: 506–15.

(1967). *An Introduction to the History of the Law of Nations in the East Indies (16th, 17th and 18th Centuries)*, Oxford.

(1973). *The European-African Confrontation: A Study in Treaty Making*, Leiden.

Allain, Jean (2007). 'The Nineteenth Century Law of the Sea and the British Suppression of the Slave Trade', *British Yearbook of International Law* 78: 342–88.

Alvis, John (1998). 'Milton and the Declaration of Independence', *Interpretation* 25: 367–405.

Anastaplo, George (1965). 'The Declaration of Independence', *St Louis University Law Journal* 9: 390–415.

Anderson, Benedict (1991). *Imagined Communities: Reflections on the Origin and Spread of Nationalism*, rev. edn, London〔ベネディクト・アンダーソン著，白石隆・白石さや訳『定本想像の共同体――ナショナリズムの起源と流行』書籍工房早山，2007 年〕.

Anderson, M. S. (1993). *The Rise of Modern Diplomacy, 1450–1919*, London.

Andrew, Edward (2009). 'A Note on Locke's "The Great Art of Government"', *Canadian Journal of Political Science/Revue canadienne de science politique* 42: 511–19.

Angermann, Erich (1965). 'Ständische Rechtstraditionen in der Amerikanischen Unabhängigkeitserklärung', *Historische Zeitschrift* 200: 61–91.

Anghie, Anthony (1996). 'Francisco de Vitoria and the Colonial Origins of International Law', *Social and Legal Studies* 5: 321–36.

(2005). *Imperialism, Sovereignty and the Making of International Law*, Cambridge.

Anstey, Peter R. (2011). *John Locke and Natural Philosophy*, Oxford.

Anstey, Peter R. and Harris, Stephen A. (2006). 'Locke and Botany', *Studies in History and Philosophy of Biological and Biomedical Sciences* 37: 151–71.

Aravamudan, Srinivas (2009) 'Hobbes and America', in Daniel Carey and Lynn Festa (eds.), *The Postcolonial Enlightenment: Eighteenth-Century Colonialism and Postcolonial Theory*, Oxford, pp. 37–70.

Armitage, David (2000). *The Ideological Origins of the British Empire*, Cambridge〔デイヴィッド・アーミテイジ著，平田雅博・岩井淳・大西晴樹・井藤早織訳『帝国の誕生――ブリテン帝国のイデオロギー的起源』日本経済評論社，2005 年〕.

(2004). 'The Fifty Years' Rift: Intellectual History and International Relations', *Modern Intellectual History* 1: 97–109.

(2005). 'The Contagion of Sovereignty: Declarations of Independence since 1776', *South African Historical Journal* 52: 1–18.

(2007a). *The Declaration of Independence: A Global History*, Cambridge, Mass〔デイヴィッド・アーミテイジ著，平田雅博・岩井淳・菅原秀二・細川道久訳『独立宣言の世界史』ミネルヴァ書房，2012 年〕.

(2007b). 'From Colonial History to Postcolonial History: A Turn Too Far?', *William and Mary Quarterly*, 3rd ser., 64: 251–4.

(2010). 'Secession and Civil War', in Don H. Doyle (ed.), *Secession as an International Phenomenon: From*

America's Civil War to Contemporary Separatist Movements, Athens, Ga., pp. 37–55.

(2011). 'The American Revolution in Atlantic Perspective', in Nicholas Canny and Philip Morgan (eds.), *The Oxford Handbook of the Atlantic World, 1450–1850*, Oxford, pp. 516–32.

(2012). 'What's the Big Idea? Intellectual History and the *Longue Durée*', *History of European Ideas*, 38.

(in press). *Civil War: A History in Ideas*, New York.

(ed.) (1998). *Theories of Empire, 1450–1800*, Aldershot.

(2006). *British Political Thought in History, Literature and Theory, 1500–1800*, Cambridge.

Armitage, David and Subrahmanyam, Sanjay (eds.) (2010). *The Age of Revolutions in Global Context, c. 1760–1840*, Basingstoke.

Armstrong, David (1995). *Revolution and World Order: The Revolutionary State in International Society*, Oxford.

Arneil, Barbara (1996). *John Locke and America: The Defence of English Colonialism*, Oxford.

(2007). 'Citizens, Wives, Latent Citizens and Non-Citizens in the *Two Treatises:* A Legacy of Inclusion, Exclusion and Assimilation', *Eighteenth-Century Thought* 3: 207–33.

Arthur, Stanley Clisby (1935). *The Story of the West Florida Rebellion*, St Francisville, La.

Ashcraft, Richard (1969). 'Political Theory and Political Reform: John Locke's Essay on Virginia', *Western Political Quarterly* 22: 742–58.

(1986). *Revolutionary Politics and Locke's 'Two Treatises of Government'*, Princeton.

Ashworth, Lucian M. (2009). 'Interdisciplinarity and International Relations', *European Political Science* 8: 16–25.

Avery, Margaret E. (1978). 'Toryism in the Age of the American Revolution: John Lind and John Shebbeare', *Historical Studies* 18: 24–36.

Ávila, Alfredo and Pérez Herrero, Pedro (eds.) (2008). *Las Experiencias de 1808 en Iberoamérica*, Madrid.

Ávila, Alfredo, Dym, Jordana, Galvarriato, Aurora Gómez and Pani, Erika (eds.) (2012). *La era de las declaraciónes. Textos fundamentales de las independencies en América*, Mexico, DF.

Austin, J. L. (1962). *How to Do Things with Words*, Oxford〔J. L. オースティン著，坂本百大訳『言語と行為』大修館書店，1978 年〕.

Aydin, Cemil (2007). *The Politics of Anti-Westernism in Asia: Visions of World Order in Pan-Islamic and Pan-Asian Thought*, New York.

Bailyn, Bernard (1974). *The Ordeal of Thomas Hutchinson*, Cambridge, Mass.

Baker, J. H. (1999). 'The Law Merchant as a Source of English Law', in William Swadling and Gareth Jones (eds.), *The Search for Principle: Essays in Honour of Lord Goff of Chieveley, Oxford*, pp. 79–96.

Baldwin, Thomas (1992). 'The Territorial State', in Hyman Gross and Ross Harrison (eds.), *Jurisprudence: Cambridge Essays*, Oxford, pp. 207–30.

Ballantyne, Tony (2002). *Orientalism and Race: Aryanism in the British Empire*, Basingstoke.

Barrow, Thomas C. (1968). 'The American Revolution as a War of Colonial Independence', *William and Mary Quarterly* 3rd ser., 25: 452–64.

Bartelson, Jens (1995). *A Genealogy of Sovereignty*, Cambridge.

(2009). *Visions of World Community*, Cambridge.

Bay, Mia (2006). '"See Your Declaration Americans!!!": Abolitionism, Americanism, and the Revolutionary Tradition in Free Black Politics', in Michael Kazin and Joseph A. McCartin (eds.), *Americanism: New Perspectives on the History of an Ideal*, Chapel Hill, pp. 25–52.

Bayly, C. A. (1998). 'The First Age of Global Imperialism, c. 1760–1830', *Journal of Imperial and Commonwealth History* 26: 28–47.

(2004). *The Birth of the Modern World, 1780–1914: Global Connections and Comparisons*, Oxford.

(2007). 'Rammohan Roy and the Advent of Constitutional Liberalism in India, 1800–30', *Modern Intellectual History* 4: 25–41.

(2011a). 'European Political Thought and the Wider World during the Nineteenth Century', in Gareth Stedman Jones and Gregory Claeys (eds.), *The Cambridge History of Nineteenth-Century Political Thought*, Cambridge, pp. 835–63.

(2011b). 'History and World History', in Ulinka Rublack (ed.), *A Concise Companion to History*, Oxford, pp. 3–25.

(2012). *Recovering Liberties: Indian Thought in the Age of Liberalism and Empire*, Cambridge.

Bayly, C. A., Beckert, Sven, Connelly, Matthew, Hofmeyr, Isabel, Kozol, Wendy and Seed, Patricia (2006). '*AHR* Conversation: On Transnational History', *American Historical Review* 111: 1441–64.

Bayly, C. A. and Biagini, Eugenio (eds.) (2008). *Giuseppe Mazzini and the Globalization of Democratic Nationalism, 1830–1920*, Oxford.

Beaulac, Stéphane (2004). *The Power of Language in the Making of International Law: The Word 'Sovereignty' in Bodin and Vattel and the Myth of Westphalia*, Leiden.

Becker, Carl (1922). *The Declaration of Independence: A Study in the History of Political Ideas*, New York.

Bederman, David J. (1995–6). 'Reception of the Classical Tradition in International Law: Grotius's *De Jure Belli ac Pacis*', *Grotiana* 16–17: 3–34.

Behr, Hartmut (2010). *A History of International Political Theory: Ontologies of the International*, Basingstoke.

Beitz, Charles R. (1999). *Political Theory and International Relations*, new edn, Princeton〔C. ベイツ著，進藤栄一訳『国際秩序と正義』岩波書店，1989 年〕.

Bell, David A. (2001). *The Cult of the Nation in France: Inventing Nationalism, 1680–1800*, Cambridge, Mass.

Bell, Duncan (2002a). 'International Relations: The Dawn of a Historiographical Turn', *British Journal of Politics and International Relations* 3: 115–26.

(2002b). 'Language, Legitimacy, and the Project of Critique', *Alternatives* 27: 327–50.

(2005). 'Dissolving Distance: Technology, Space, and Empire in British Political Thought, c. 1770–1900', *Journal of Modern History* 77: 523–63.

(2007a). *The Idea of Greater Britain: Empire and the Future of World Order, 1860–1900*, Princeton.

(2007b). 'Victorian Visions of Global Order: An Introduction', in Duncan Bell (ed.), *Victorian Visions of Global Order: Empire and International Relations in Nineteenth-Century Political Thought*, Cambridge.

(2009a). 'Writing the World: Disciplinary History and Beyond', *International Affairs* 85: 3–22.

(2013). 'Making and Taking Worlds', in Moyn and Sartori (2013).

(ed.) (2007c). *Victorian Visions of Global Order: Empire and International Relations in Nineteenth-Century Political Thought*, Cambridge.

(2009b). *Political Thought and International Relations: Variations on a Realist Theme*, Oxford.

(2010). *Ethics and World Politics*, Oxford.

Bellatalla, Luciana (1983). *Atlantis: Spunti e appunti su un inedito lockiano*, Lucca.

Bély, Lucien (2007). *L'art de la paix en Europe: Naissance de la diplomatie moderne, XVIe–XVIIIe siècle*, Paris.

Ben-Ghiat, Ruth (ed.) (2009). *Gli imperi. Dall'antichità all'età contemporanea*, Bologna.

Benton, Lauren (2002). *Law and Colonial Cultures: Legal Regimes in World History, 1400-1900*, Cambridge.

(2005). 'Legal Spaces of Empire: Piracy and the Origins of Oceanic Regionalism', *Comparative Studies in Society and History* 47: 700–24.

(2010). *A Search for Sovereignty: Law and Geography in European Empires, 1400-1900*, Cambridge.

Bernhardt, Rudolf (gen. ed.) (1992–2003). *Encyclopedia of Public International Law*, 5 vols. Amsterdam.

Bieber, Ralph Paul (1925). 'The British Plantation Councils of 1670–4', *English Historical Review* 40: 93–106.

Black, Antony (2009). 'Toward a Global History of Political Thought', in Takashi Shōgimen and Cary J. Nederman (eds.), *Western Political Thought in Dialogue with Asia*, Lanham, Md., pp. 25–42.

Black, Charles L., Jr (1997). *A New Birth of Freedom: Human Rights, Named and Unnamed*, New York.

Black, Jeremy (1991). 'A Parliamentary Foreign Policy? The "Glorious Revolution" and the Conduct of British Foreign Policy', *Parliaments, Estates and Representation* 11: 69–80.

(1992). 'Parliament and Foreign Policy 1739–1763', *Parliaments, Estates and Representation* 12: 121–42.

(1993). 'Parliament and Foreign Policy 1763–1793', *Parliaments, Estates and Representation* 13: 153–71.

(1994). *British Foreign Policy in an Age of Revolutions, 1783–1793*, Cambridge.

(1997). 'Gibbon and International Relations', in Rosamond McKitterick and Roland Quinault (eds.), *Edward Gibbon and Empire*, Cambridge, pp. 217–46.

(2000). *A System of Ambition? British Foreign Policy 1660–1793*, 2nd edn, Stroud.

(2004). *Parliament and Foreign Policy in the Eighteenth Century*, Cambridge.

(2011). *Debating Foreign Policy in Eighteenth-Century Britain*, Farnham.

Blamires, Cyprian (2008). *The French Revolution and the Creation of Benthamism*, Basingstoke.

Bobbitt, Philip (2002). *The Shield of Achilles: War, Peace, and the Course of History*, New York.

Boralevi, Lea Campos (1984). *Bentham and the Oppressed*, Berlin.

Borgwardt, Elizabeth (2005). *A New Deal for the World: America's Vision for Human Rights*, Cambridge, Mass.

Borschberg, Peter (2011). *Hugo Grotius, the Portuguese and Free Trade in the East Indies*, Singapore.

Borstelmann, Thomas (2012). *The 1970s: A New Global History from Civil Rights to Economic Inequality*, Princeton.

Bose, Sugata (2006). *A Hundred Horizons: The Indian Ocean in the Age of Global Empire*, Cambridge, Mass.

Bose, Sugata and Manjapra, Kris (eds.) (2010). *Cosmopolitan Thought Zones: South Asia and the Global Circulation of Ideas*, Basingstoke.

Boucher, David (1991). 'The Character of the History of Philosophy of International Relations and the Case of Edmund Burke', *Review of International Studies* 17, 127–48.

(1998). *Political Theories of International Relations: From Thucydides to the Present*, Oxford.

(2006). 'Propriety and Property in International Relations: The Case of John Locke', in Beate Jahn (ed.), *Classical Theory in International Relations*, Cambridge, pp. 156–77.

Bourdieu, Pierre (1990). 'Les conditions sociales de la circulation international des idées', *Romanistische Zeitschrift für Literaturgeschichte/ Cahiers d'Histoire des Littératures Romanes* 14, 1–10.

Bourguignon, Henry J. (1987). *Sir William Scott, Lord Stowell: Judge of the High Court of Admiralty, 1798–1828*, Cambridge.

Bourke, Richard (2009). 'Edmund Burke and International Conflict', in Hall and Hill (2009), pp. 91–116.

Bourquin, Maurice (1948). 'Grotius est-il le père du droit des gens?', in Bourquin, *Grandes figures et grandes*

oeuvres juridiques, Geneva, pp. 77–99.

Bowen, H. V. (1991). *Revenue and Reform: The Indian Problem in British Politics 1757–1773*, Cambridge.

(1998). 'British Conceptions of Global Empire, 1756–83', *Journal of Imperial and Commonwealth History* 26: 1–27.

Bowersock, Glen (2004). 'The East-West Orientation of Mediterranean Studies and the Meaning of North and South in Antiquity', in Harris (2004), pp. 167–78.

Boyce, D. George (1999). *Decolonisation and the British Empire, 1775–1997*, Basingstoke.

Boyd, Julian P. (1999). *The Declaration of Independence: The Evolution of the Text*, ed. Gerard W. Gawalt, Washington, DC.

Boyle, Joseph (1992). 'Natural Law and International Ethics', in Terry Nardin and David R. Mapel (eds.), *Traditions of International Ethics*, Cambridge, pp. 112–35.

Brett, Annabel S. (1997). *Liberty, Right and Nature: Individual Rights in Later Scholastic Thought*, Cambridge.

(2002). 'What is Intellectual History Now?', in David Cannadine (ed.), *What is History Now?*, London, pp. 113–31〔アナベル・ブレット著「いま思想史とは何か」D. キャナダイン編著，平田雅博・岩井淳・菅原秀二・細川道久訳『いま歴史とは何か』ミネルヴァ書房，2005 年〕.

(2011). *Changes of State: Nature and the Limits of the City in Early Modern Natural Law*, Princeton.

Brierly, J. L. (1963). *The Law of Nations: An Introduction to the International Law of Peace*, ed. Humphrey Waldock, 6th edn, Oxford〔ブライアリー著，一又正雄訳『國際法——平時國際法入門』有斐閣，1955 年〕.

Brown, Chris, Nardin, Terry and Rengger, Nicholas (eds.) (2002). *International Relations in Political Thought: Texts from the Ancient Greeks to the First World War*, Cambridge.

Brown, Louise Fargo (1933). *The First Earl of Shaftesbury*, New York.

Brubaker, Rogers and Cooper, Frederick (2000). 'Beyond "Identity"', *Theory and Society* 29: 1–47.

Buchanan, J. E. (1989). 'The Colleton Family and the Early History of South Carolina and Barbados', PhD thesis, University of Edinburgh.

Buckle, Stephen (2001). 'Tully, Locke and America', *British Journal for the History of Philosophy* 9: 245–81.

Bull, Hedley (1966). 'Society and Anarchy in International Relations', in Herbert Butterfield and Martin Wight (eds.), *Diplomatic Investigations: Essays in the Theory of International Politics*, London, pp. 35–50〔H. ブル著「国際関係における社会とアナーキー」H. バターフィールド，M. ワイト編，佐藤誠・安藤次男・龍澤邦彦・大中真・佐藤千鶴子・齋藤洋ほか訳『国際関係理論の探究——英国学派のパラダイム』日本経済評論社，2010 年〕.

(1976). 'Martin Wight and the Theory of International Relations', *British Journal of International Studies* 2: 101–16.

(1977). *The Anarchical Society: A Study of Order in World Politics*, New York〔ヘドリー・ブル著，臼杵英一訳『国際社会論——アナーキカル・ソサイエティ』岩波書店，2000 年〕.

(1981). 'Hobbes and the International Anarchy', Social Research 48: 717–38.

Bull, Hedley, Kingsbury, Benedict and Roberts, Adam (eds.) (1990). *Hugo Grotius and International Relations*, Oxford.

Burke, Peter (2002). 'Context in Context', *Common Knowledge* 8: 152–77.

Burrows, Edwin G. and Wallace, Michael (1972). 'The American Revolution: The Ideology and Psychology of

National Liberation', *Perspectives in American History* 6: 167–305.

Cairns, John W. (1995). 'Scottish Law, Scottish Lawyers and the Status of the Union', in John Robertson (ed.), *A Union for Empire: Political Thought and the British Union of 1707*, Cambridge, pp. 243–68.

Calvert, Jane (2009). *Quaker Constitutionalism and the Political Thought of John Dickinson*, Cambridge.

Carey, Daniel (1996). 'Locke, Travel Literature, and the Natural History of Man', *The Seventeenth Century* 11: 259–80.

(2006). *Locke, Shaftesbury, and Hutcheson: Contesting Diversity in the Enlightenment and Beyond*, Cambridge.

Carey, Daniel and Trakulhun, Sven (2009). 'Universalism, Diversity, and the Postcolonial Enlightenment', in Daniel Carey and Lynn Festa (eds.), *The Postcolonial Enlightenment: Eighteenth-Century Colonialism and Postcolonial Theory*, Oxford, pp. 240–80.

Carstairs, Charles and Ware, Richard (eds.) (1991). *Parliament and International Relations*, Buckingham.

Castilla Urbano, Francisco (1986). 'El Indio Americano en la Filosofia Politica de John Locke', *Revista de Indias* 46: 421–51.

Cavallar, Georg (2002). *The Rights of Strangers: Theories of International Hospitality, the Global Community, and Political Justice since Vitoria*, Aldershot.

(2011). *Imperfect Cosmopolis: Studies in the History of International Legal Theory and Cosmopolitan Ideas*, Cardiff.

Caws, Peter (ed.) (1989). *The Causes of Quarrel: Essays on Peace, War, and Thomas Hobbes*, Boston.

Chakrabarty, Dipesh (2008). *Provincializing Europe: Postcolonial Thought and Historical Difference*, new edn, Princeton.

de Champs, Emmanuelle (2006). 'La postérité des idées de Jeremy Bentham: la notion d'influence à l'épreuve', *Cromohs* 11: 1–17.

de Champs, Emmanuelle and Cléro, Jean-Pierre (eds.) (2009). *Bentham et la France: fortune et infortunes de l'utilitarisme*, Oxford.

Charlesworth, Hilary (1992). 'The Public/Private Distinction and the Right to Development in International Law', *Australian Yearbook of International Law* 12: 190–204.

(1997). 'The Sex of the State in International Law', in Ngaire Naffine and R. J. Owens (eds.), *Sexing the Subject of Law*, North Ryde, NSW, pp. 251–68.

Charlesworth, Hilary and Chinkin, Christine (2000). *The Boundaries of International Law: A Feminist Analysis*, Manchester〔ヒラリー・チャールズワース，クリスティン・チンキン著，阿部浩己訳『フェミニズム国際法――国際法の境界を問い直す』尚学社，2004 年〕.

Chase-Dunn, Christopher and Hall, Thomas D. (2002). 'Paradigms Bridged: Institutional Materialism and World-Systemic Evolution', in Sing C. Chew and J. David Knottnerus (eds.), *Structure, Culture, and History: Recent Issues in Social Theory, Lanham*, Md., pp. 197–216.

Cheesman, Clive (ed.) (2007). *The Armorial of Haiti: Symbols of Nobility in the Reign of Henry Christophe*, London.

Cheney, Paul (2010). *Revolutionary Commerce: Globalization and the French Monarchy*, Cambridge, Mass.

Chiaramonte, José Carlos (2004). *Nación y estado en Iberoamérica: el lenguaje político en tiempos de las independencias*, Buenos Aires.

(2010). *Fundamentos intelectuales y políticos de las independencias. Notas para una nueva historia intelectual de*

Iberoamérica, Buenos Aires.

Childs, St Julien R. (1942). 'The Petit-Guérard Colony', *South Carolina Historical and Genealogical Magazine* 43: 2–3.

(1963). 'Honest and Just at the Court of Charles II', *South Carolina Historical Magazine* 64: 27.

Christakis, Theodore and Corten, Olivier (eds.) (2011). 'Kosovo Symposium: The ICJ Advisory Opinion on the Unilateral Declaration of Independence of Kosovo', *Leiden Journal of International Law* 24: 71–161.

Christov, Theodore (2008). 'Beyond International Anarchy: Political Theory and International Relations in Early Modern Political Thought', PhD thesis, University of California, Los Angeles.

Claeys, Gregory (2010). *Imperial Sceptics: British Critics of Empire, 1850–1920*, Cambridge.

Clark, Ian (1996). 'Traditions of Thought and Classical Theories of International Relations', in Ian Clark and Iver B. Neumann (eds.), *Classical Theories of International Relations, Basingstoke*, pp. 1–19〔イアン・クラーク著「思想の伝統と古典的国際関係理論」イアン・クラーク，アイヴァー・B. ノイマン編，押村高・飯島昇藏訳者代表『国際関係思想史——論争の座標軸』新評論，2003 年〕.

Clark, J. C. D. (1995). *The Language of Liberty 1660–1832: Political Discourse and Social Dynamics in the Anglo-American World*, Cambridge.

Clavin, Patricia (2005). 'Defining Transnationalism', *Contemporary European History* 14: 421–39.

Clossey, Luke (2008). *Salvation and Globalization in the Early Jesuit Missions*, Cambridge.

Coates, Benjamin Allen (2010). 'Trans-Atlantic Advocates: American International Law and US Foreign Relations, 1898–1919', PhD thesis, Columbia University.

Coli, Daniela (2009). *Hobbes, Roma e Machiavelli nell'Inghilterra degli Stuart*, Florence.

Colley, Linda (2010). 'Gendering the Globe: The Political and Imperial Thought of Philip Francis', *Past and Present* 209 (November): 117–48.

Cone, Carl B. (1957–64). *Edmund Burke and the Nature of Politics*, 2 vols., Lexington, Ky.

Connery, Christopher L. (2001). 'Ideologies of Land and Sea: Alfred Thayer Mahan, Carl Schmitt, and the Shaping of Global Myth Elements', *Boundary* 2 28: 173–201.

Conway, Stephen (1987). 'Bentham versus Pitt: Jeremy Bentham and British Foreign Policy 1789', *Historical Journal* 30: 791–809.

(1989). 'Bentham on Peace and War', *Utilitas* 50: 82–101.

(1991). 'John Bowring and the Nineteenth-century Peace Movement', *Historical Research* 64: 344–58.

(2002). 'From Fellow-Nationals to Foreigners: British Perceptions of the Americans, circa 1739–1783', *William and Mary Quarterly* 3rd ser., 59: 65–100.

Cook, Harold J. (2007). *Matters of Exchange: Commerce, Medicine, and Science in the Dutch Golden Age*, New Haven.

Cooper, Frederick (2005). *Colonialism in Question: Theory, Knowledge, History*, Berkeley.

Cooper, Frederick and Burbank, Jane (2010). *Empires in World History: Power and the Politics of Difference*, Princeton.

Cooper, Robert (2003). *The Breaking of Nations: Order and Chaos in the Twenty- First Century*, London.

Coopmans, J. P. A. (1983). 'Het Plakkaat van Verlatinge (1581) en de Declaration of Independence (1776)', *Bijdragen en Mededelingen betreffende de Geschiedenis der Nederlanden* 98: 540–67.

Covell, Charles (2004). *Hobbes, Realism and the Tradition of International Law*, Basingstoke.

(2009). *The Law of Nations in Political Thought: A Critical Survey from Vitoria to Hegel*, Basingstoke.

Cox, Richard H. (1960). *Locke on War and Peace*, Oxford.

Cranston, Maurice (1957). *John Locke: A Biography*, London.

Crawford, James (2006). *The Creation of States in International Law*, 2nd edn, Oxford.

Crimmins, James E. (2002). 'Bentham and Hobbes: An Issue of Influence', *Journal of the History of Ideas* 63: 677–96.

Cunliffe, Barry (2001). *Facing the Ocean: The Atlantic and Its Peoples, 8000 BC–AD 1500*, Oxford.

D., D. (1898). 'London Newspapers of 1776 and the Declaration of Independence', *The Nation* 66 (17 February): 127–8.

Darnton, Robert (1980). 'Intellectual History and Cultural History', in Michael Kammen (ed.), *The Past Before Us: Contemporary Historical Writing in the United States*, Ithaca, NY, pp. 327–54.

(2005). 'Discourse and Diffusion', *Contributions to the History of Concepts* 1: 21–28.

Darnton, Robert and Daskalova, Krassimira (1994). 'Book History, the State of Play: An Interview with Robert Darnton', *SHARP News* 3, 3 (Summer): 2–4.

Darwin, John (2007). *After Tamerlane: The Rise and Fall of Global Empire*, London.

Davis, David Brion (1998). *The Problem of Slavery in the Age of Revolution, 1770–1823*, rev. edn, New York.

Dealy, Glen (1968). 'Prolegomena on the Spanish American Political Tradition', *Hispanic American Historical Review* 48: 37–58.

Delbrück, Jost (1993). 'A More Effective International Law or a New "World Law"? Some Aspects of the Development of International Law in a Changing Economic System', *Indiana Law Journal* 68: 705–25.

Derman, Joshua (2011). 'Carl Schmitt on Land and Sea', *History of European Ideas* 37: 181–89.

Derrida, Jacques (1984). *Otobiographies: L'enseignement de Nietzsche et la politique du nom propre*, Paris〔ジャック・デリダ著，浜名優美・庄田常勝訳『他者の耳――デリダ「ニーチェの耳伝」・自伝・翻訳』産業図書，1988 年〕.

(1986). 'Declarations of Independence', *New Political Science* 15: 7–17.

Desbler, Charles D. (1892). 'How The Declaration Was Received in the Old Thirteen', *Harper's New Monthly Magazine* 85 (July): 165–87.

Detweiler, Philip F. (1962). 'The Changing Reputation of the Declaration of Independence: The First Fifty Years', *William and Mary Quarterly* 3rd ser., 19: 557–74.

Devetak, Richard (2011). 'Law of Nations as Reason of State: Diplomacy and the Balance of Power in Vattel's *Law of Nations*', *Parergon* 28: 105–28.

Dinwiddy, John (1974). 'Utility and Natural Law in Burke's Thought: A Reconsideration', *Studies in Burke and His Time* 16: 105–28.

Dippel, Horst (1977). *Germany and the American Revolution, 1770–1800*, trans. Bernhard A. Uhlendorf, Chapel Hill.

Doyle, Michael W. (1997). *Ways of War and Peace: Realism, Liberalism, and Socialism*, New York.

Doyle, Michael W. and Carlson, Geoffrey S. (2008). 'Silence of the Laws? Conceptions of International Relations and International Law in Hobbes, Kant, and Locke', *Columbia Journal of Transnational Law* 46: 648–66.

Doyle, William (2000). 'The [British-Irish] Union in a European Context', *Transactions of the Royal Historical Society* 6th ser., 10: 167–80.

Drescher, Seymour (1988). 'On James Farr's "So vile and miserable an estate"', *Political Theory* 16: 502–3.

Droit, Roger-Pol (2005). *L'Humanité toujours à construire: regard sur l'histoire intellectuelle de l'UNESCO, 1945–2005*, Paris.

Duara, Prasenjit (1995). *Rescuing History from the Nation: Questioning Narratives of Modern China*, Chicago.

Dumbauld, Edward (1950). *The Declaration of Independence And What It Means Today, Norman*, Okla.

(1976). 'Independence under International Law', *American Journal of International Law* 70: 425–31.

Dunn, John (1969). *The Political Thought of John Locke: An Historical Account of the Argument of the 'Two Treatises of Government'*, Cambridge.

(2008). 'Why We Need a Global History of Political Thought', unpublished. lecture, Helsinki Collegium for Advanced Studies.

Dunne, Timothy (1993). 'Mythology or Methodology? Traditions in International Theory', *Review of International Studies* 19: 305–18.

(1998). *Inventing International Society: A History of the English School*, Basingstoke.

Dyer, Justin Buckley (ed.) (2011). *American Soul: The Contested Legacy of the Declaration of Independence*, Lanham, Md.

Dym, Jordana (2006). *From Sovereign Villages to National States: City, State, and Federation in Central America, 1759–1839*, Albuquerque.

(2009). 'Actas de independencia: De la Capitanía General de Guatemala a la República Federal de Centroamérica', in Marco Palacios (ed.), *Las independencias hispanoamericanas: interpretaciones 200 años después*, Bogotá, pp. 339–66.

(2012). 'Declarando independencia: la evolución de la independencia centroamericana, 1821–1864', in Ávila, Dym, Gómez Galvarriato and Pani (2012), pp. 299–330.

Dziembowski, Edmond (1998). *Un nouveau Patriotisme français, 1750–1770: la France face à la puissance anglaise à l'époque de la guerre de Sept Ans*, Oxford.

Easley, Eric S. (2004). *The War over Perpetual Peace: An Exploration into the History of a Foundational International Relations Text*, Basingstoke.

Elazar, Yiftah (2012). 'The Liberty Debate: Richard Price and His Critics on Civil Liberty, Free Government, and Democratic Participation', PhD thesis, Princeton University.

Elliott, J. H. (2007). *Spain, Europe and the Wider World, 1500–1800*, New Haven.

(2009). 'Atlantic History: A Circumnavigation', in David Armitage and Michael J. Braddick (eds.), *The British Atlantic World, 1500–1800*, 2nd edn, Basingstoke, pp. 253–70.

Ellis, Joseph J. (ed.) (1999). *What Did the Declaration Declare?*, Boston.

Elshtain, Jean Bethke (2008). *Sovereignty: God, State, and Self*, New York.

Enenkel, Karl E. (2001). 'Strange and Bewildering Antiquity: Lipsius' Dialogue Saturnales Sermones on the Gladiatorial Games (1582)', in Karl E. Enenkel, Jan L. De Jong and Jeannine De Landtsheer (eds.), *Recreating Ancient History: Episodes from the Greek and Roman Past in the Arts and Literature of the Early Modern Period*, Leiden, pp. 75–99.

Fabry, Mikulas (2010). *Recognizing States: International Society and the Establishment of New States*, Oxford.

Farr, James (1986). '"So vile and miserable an estate": The Problem of Slavery in Locke's Political Thought', *Political Theory* 14: 263–90.

(1989). '"Slaves bought with money": A Reply to Drescher', *Political Theory* 17: 471–4.

(2008). 'Locke, Natural Law, and New World Slavery', *Political Theory* 36: 495–522.

(2009). 'Locke, "Some Americans", and the Discourse on "Carolina"', *Locke Studies* 9: 19–77.

Fatima Sá e Melo Ferreira, Maria de, et al. (2009). 'Pueblo/pueblos', in Javier Fernández Sebastian (gen. ed.), *Diccionario político y social del mundo iberoamericano, I: La era de las revoluciones, 1750-1850*, Madrid, pp. 1117–250.

Felski, Rita, and Tucker, Herbert F. (eds.) (2011). 'Context?', *New Literary History* 42, no. 4 (Autumn): vii–xii, 557–756.

Ferguson, Niall, Maier, Charles S., Manela, Erez and Sargent, Daniel J. (eds.) (2010). *The Shock of the Global: The 1970s in Perspective*, Cambridge, Mass.

Ferguson, Robert A. (1984). *Law and Letters in American Culture*, Cambridge, Mass.

Fernández-Armesto, Felipe (2002). Review of Hopkins (2002), *History Today* 52, 5 (May): 76.

Fernández-Sebastián, Javier (2012). 'La independencia de España y otras independencias. La transformación radical de us concepts er la crisis del murdo hispano', in Á vila, Dym, Gómez Galvarriato and Pani (2012), pp. 41–78.

Fernández Sebastián, Javier and Suárez Cabral, Cecilia (2010). 'El concepto de "independencia" y otras nociones conexas en la España de los siglos XVIII y XIX', *Bicentenario. Revista de historia de Chile y América* 9: 5–26.

Fierstein, Daniel (2009). 'Kosovo's Declaration of Independence: An Incident Analysis of Legality, Policy and Future Implications', *Boston University International Law Journal* 26: 417–42.

Findlen, Paula (ed.) (2004). *Athanasius Kircher: The Last Man Who Knew Everything*, New York.

Finnegan, Diarmid A. (2008). 'The Spatial Turn: Geographical Approaches to the History of Science', *Journal of the History of Biology* 41: 369–88.

Fisher, Alan W. (1970). *The Russian Annexation of the Crimea, 1772–1783*, Cambridge.

Fisher, Sydney George (1907). 'The Twenty-Eight Charges Against the King in the Declaration of Independence', *Pennsylvania Magazine of History and Biography* 31: 257–303.

Fitzmaurice, Andrew (2009). 'The Resilience of Natural Law in the Writings of Sir Travers Twiss', in Hall and Hill (2009), pp. 137–59.

(2012). 'Liberalism and Empire in Nineteenth-century International Law', *American Historical Review* 117: 122–40.

Flaherty, Martin S. (1999). 'History Right? Historical Scholarship, Original Understanding, and Treaties as "Supreme Law of the Land"', *Columbia Law Review* 99: 2095–153.

Fliegelman, Jay (1993). *Declaring Independence: Jefferson, Natural Language, and the Culture of Performance*, Stanford.

Flower, Milton E. (1983). *John Dickinson, Conservative Revolutionary*, Charlottesville.

Flynn, Dennis O. and Giráldez, Arturo (1995). 'Born with a "Silver Spoon": The Origin of World Trade in 1571', *Journal of World History* 6: 201–21.

(2002). 'Cycles of Silver: Global Economic Unity through the Mid-Eighteenth Century', *Journal of World History* 13: 391–427.

(2010). *China and the Birth of Globalization in the 16th Century*, Farnham.

Flynn, Dennis O., Giráldez, Arturo and von Glahn, Richard (eds.) (2003). *Global Connections and Monetary*

History, 1470–1800, Aldershot.
Force, Pierre (1997). 'Self-love, Identification, and the Origin of Political Economy', *Yale French Studies* 92: 45–64.
Ford, Lisa (2010). *Settler Sovereignty: Jurisdiction and Indigenous Peoples in America and Australia, 1788–1836*, Cambridge, Mass.
Foreign and Commonwealth Office (2004). Departmental Report, 1 April 2003–31 March 2004: www.fco.gov.uk/resources/en/pdf/departmentalreport-04, accessed 31 January 2012.
Forsyth, Murray (1979). 'Thomas Hobbes and the External Relations of States', *British Journal of International Studies* 5: 196–209.
Fortier, John C. (1997). 'Hobbes and "A Discourse of Laws": The Perils of Wordprint Analysis', *Review of Politics* 59: 861–87.
Foucault, Michel (1976). 'Questions à Michel Foucault sur la géographie', *Hérodote* 1: 71–85〔ミシェル・フーコー著，國分功一郎訳「地理学に関するミシェル・フーコーへの質問」小林康夫・石田英敬・松浦寿輝編『フーコー・コレクション 4　権力・監禁』ちくま学芸文庫，2006 年〕.
Francis, Mark (1980). 'The Nineteenth-Century Theory of Sovereignty and Thomas Hobbes', *History of Political Thought* 1: 517–40.
Franck, Thomas M. (2001). 'Are Human Rights Universal?' *Foreign Affairs*, 80, 1 (January–February): 191–204.
Frey, Linda S. and Frey, Marsha L. (1999). *The History of Diplomatic Immunity*, Columbus, OH.
Friedenwald, Herbert (1904). *The Declaration of Independence, An Interpretation and an Analysis*, New York.
Friedrich, Carl (1957). *Constitutional Reason of State: The Survival of the Constitutional Order*, Providence, RI.
Frowein, J. A. (1971). 'Transfer or Recognition of Sovereignty – Some Early Problems in Connection with Dependent Territories', *American Journal of International Law* 65: 568–71.
Fryer, Linda (1998). 'Documents Relating to the Formation of the Carolina Company in Scotland, 1682', *South Carolina Historical Magazine* 99: 110–34.
Fuerst, James W. (2000). 'Mestizo Rhetoric: The Political Thought of El Inca Garcilaso de la Vega', PhD thesis, Harvard University.
Galgano, Francesco (2007). 'John Locke azionista delle compagnie coloniali (una chiave di lettura del *Secondo trattato del governo*)', *Contratto e impresa* 23: 327–41.
Gallie, W. B. (1978). *Philosophers of Peace and War: Kant, Clausewitz, Marx, Engels and Tolstoy*, Cambridge.
Games, Alison, Horden, Peregrine, Purcell, Nicholas, Matsuda, Matt and Wigen, Kären (2006). 'AHR Forum: Oceans of History', *American Historical Review* 111: 717–80.
Gargarella, Roberto (2010). *The Legal Foundations of Inequality: Constitutionalism in the Americas, 1776–1860*, Cambridge.
Garton Ash, Timothy (2007). 'Commentary', in Anthony Seldon (ed.), *Blair's Britain, 1997–2007*, Cambridge, pp. 633–8〔アンソニー・セルドン編，土倉莞爾・廣川嘉裕監訳『ブレアのイギリス　1997–2007』関西大学出版部，2012 年〕.
Gauthier, David (1969). *The Logic of 'Leviathan': The Moral and Political Theory of Thomas Hobbes*, Oxford.
Geggus, David (2012). 'La declaración de independencia de Haiti', in Ávila, Dym, Gómez Galvarriato and Pani (2012), pp. 121–33.
Gellner, Ernest (1996). 'Reply: Do Nations Have Navels?', *Nations and Nationalism* 2: 365–70.
Gerber, Scott D. (1993). 'Whatever Happened to the Declaration of Independence: A Commentary on the

Republican Revisionism in the Political Thought of the American Revolution', *Polity* 26: 214–19.
(1995). *To Secure These Rights: The Declaration of Independence and Constitutional Interpretation*, New York.
Geyer, Michael and Bright, Charles (1995). 'World History in a Global Age', *American Historical Review* 100: 1034–60.
Gibbs, G.C. (1970). 'Laying Treaties before Parliament in the Eighteenth Century', in Ragnhild Hatton and M. S. Anderson (eds.), *Studies in Diplomatic History: Essays in Memory of David Bayne Horn*, London, pp. 118–37.
Gilbert, Felix (1961). *To the Farewell Address: Ideas of Early American Foreign Policy*, Princeton.
Glausser, Wayne (1990). 'Three Approaches to Locke and the Slave Trade', *Journal of the History of Ideas* 51: 199–216.
Glaziou, Yves (1993). *Hobbes en France au XVIIIe siècle*, Paris.
Gluck, Carol and Tsing, Anne Lowenhaupt (eds.) (2009). *Words in Motion: Toward a Global Lexicon*, Durham, NC.
Goebel, Julius, Jr (1915). *The Recognition Policy of the United States*, New York.
Goff, Frederick R. (1976). *The John Dunlap Broadside: The First Printing of the Declaration of Independence, Washington*, DC.
Goldie, Mark (1977). 'Edmund Bohun and *Jus Gentium* in the Revolution Debate, 1689–1693', *Historical Journal* 20: 569–86.
(1978a). 'Charles Blount's Intention in Writing *King William and Queen Mary Conquerors* (1693)', *Notes and Queries* 223: 527–32.
(1978b). 'Tory Political Thought, 1689–1714', PhD thesis, Cambridge University.
Goldman, Noemí, et al. (2009). 'Opinión pública', in Javier Fernández Sebastian (gen. ed.), *Diccionario político y social del mundo iberoamericano, i: La era de las revoluciones, 1750–1850*, Madrid, pp. 981–1113.
Goldstein, Thomas (1972). 'The Renaissance Concept of the Earth in Its Influence upon Copernicus', *Terrae Incognitae* 4: 19–51.
Golove, David and Hulsebosch, Daniel J. (2010). 'A Civilized Nation: The Early American Constitution, the Law of Nations, and the Pursuit of International Recognition', *New York University Law Review* 85: 932–1066.
Gong, Gerrit W. (1984). *The Standard of 'Civilization' in International Society*, Oxford.
Gordon, Peter E. (2013). 'Contextualism and Criticism in the History of Ideas', in McMahon and Moyn (2013).
Goto-Jones, Chris (2009). 'The Kyoto School, the Cambridge School, and the History of the Political Philosophy in Wartime Japan', *Positions: East Asia Cultures Critique* 17: 13–42.
Gould, Eliga H. (1997). 'American Independence and Britain's Counter-Revolution', *Past and Present* 154 (February): 107–41.
(1999). 'A Virtual Nation: Greater Britain and the Imperial Legacy of the American Revolution', *American Historical Review* 104: 476–89.
(2012). *Among the Powers of the Earth: The American Revolution and the Making of a New World Empire*, Cambridge, Mass.
Grafton, Anthony (2006). 'The History of Ideas: Precept and Practice, 1950–2000 and Beyond', *Journal of the History of Ideas* 67: 1–32.
(2009). *Worlds Made by Words: Scholarship and Community in the Modern West*, Cambridge, Mass.

Graham, David (2001). 'Discovering Jabez Henry: Cross-Border Insolvency Law in the 19th Century', *International Insolvency Review* 10: 153–66.

(2005). 'In Search of Jabez Henry – Part II: The Readership of Foreign Law', *International Insolvency Review* 14: 223–34.

Grases, Pedro and Harkness, Albert (1953). *Manuel García de Sena y la independencia de Hispanoamérica*, Caracas.

Gray, Lewis Cecil and Thompson, Esther Katherine (1941). *History of Agriculture in the Southern United States to 1860*, 2 vols., New York.

Greene, Jack P. (2007). 'Colonial History and National History: Reflections on a Continuing Problem', *William and Mary Quarterly* 3rd ser., 64: 235–50.

(ed.) (2010). *Exclusionary Empire: English Liberty Overseas, 1600–1900*, Cambridge.

Greengrass, Mark (1991). 'Introduction: Conquest and Coalescence', in Mark Greengrass (ed.), *Conquest and Coalescence: The Shaping of the State in Early Modern Europe*, London, pp. 1–24.

Greenleaf, W. H. (1975). 'Burke and State Necessity: The Case of Warren Hastings', in Roman Schnur (ed.), *Staatsräson: Studien zur Geschichte eines politischen Begriff*, Berlin, pp. 549–67.

Greer, Allan (2012). 'Commons and Enclosure in the Colonization of North America', *American Historical Review* 117: 365–86.

Grew, Raymond (2006). 'Expanding Worlds of World History', *Journal of Modern History* 78: 878–98.

Grewe, Wilhelm G. (1984). 'Grotius – Vater der Völkerrechts?', *Der Staat* 23: 161–78.

(1988). *Epochen der Völkerrechtsgeschichte*, 2nd edn, Baden-Baden.

(2000). *The Epochs of International Law*, rev. and trans. Michael Byers, Berlin.

Gruzinski, Serge (2004). *Les Quatre Parties du monde. Histoire d'une mondialisation*, Paris.

Guedalla, Philip (1931). *The Duke*, London.

Guedea, Virginia (2001). 'Autonomía e independencia en la provincia de Texas', in Virginia Guedea (ed.), *La independencia de México y el proceso autonomista novohispano, 1808–1824*, Mexico, DF, pp. 135–83.

Guerra, François-Xavier (2009). *Modernidad e independencias: ensayos sobre las revoluciones hispánicas*, Madrid.

Guha, Ranajit (1996). *A Rule of Property for Bengal: An Essay on the Idea of Permanent Settlement*, 2nd edn., Durham, NC.

Guilhot, Nicolas (ed.) (2011). *The Invention of International Relations Theory: Realism, the Rockefeller Foundation, and the 1954 Conference on Theory*, New York.

Guillot, Armand (2011a). 'Jeremy Bentham et la théorie des relations internationales', in Malik Bozzo-Rey and Guillaume Tusseau (eds.), *Bentham juriste: L'utilitarisme juridique en question: actes du colloque international des 5 et 6 février 2009, Paris, pp. 213–28.*

(2011b). 'Bentham et le droit international', in Malik Bozzo-Rey and Guillaume Tusseau (eds.), *Bentham juriste: L'utilitarisme juridique en question: actes du colloque international des 5 et 6 février 2009*, Paris, pp. 229–49.

Guldi, Jo (2011). 'What is the Spatial Turn?': http://spatial.scholarslab.org/spatial-turn, accessed 31 January 2012.

Gunn, J. A. W. (1999). 'Eighteenth-Century Britain: In Search of the State and Finding the Quarter Sessions', in John Brewer and Eckhart Hellmuth (eds.), *Rethinking 'Leviathan': The Eighteenth-Century State in Britain*

and Germany, Oxford, pp. 99–125.
Haakonssen, Knud (1996). *Natural Law and Moral Philosophy: From Grotius to the Scottish Enlightenment*, Cambridge.
(ed.) (1999). *Grotius, Pufendorf and Modern Natural Law*, Aldershot.
Haley, K. H. D. (1968). *The First Earl of Shaftesbury*, Oxford.
Hall, Catherine (1994). 'Rethinking Imperial Histories: The Reform Act of 1867', *New Left Review* 208: 3–29.
Hall, Catherine, McClelland, Keith and Rendall, Jane (2000). *Defining the Victorian Nation: Class, Race, Gender and the Reform Act of 1867*, Cambridge.
Hall, Ian (2006). *The International Thought of Martin Wight*, Basingstoke.
Hall, Ian and Hill, Lisa (eds.) (2009). *British International Thinkers from Hobbes to Namier*, Basingstoke.
Hall, Thadd E. (1971). *France and the Eighteenth-Century Corsican Question*, New York.
Halliday, Fred (1994). *Rethinking International Relations*, London〔フレッド・ハリディ著，菊井禮次訳『国際関係論再考――新たなパラダイム構築をめざして』ミネルヴァ書房，1997 年〕.
Hallmark, Terrell L. (1998). 'John Locke and the Fundamental Constitutions of Carolina', PhD thesis, Claremont Graduate University.
Hamowy, Ronald (1979). 'Jefferson and the Scottish Enlightenment: A Critique of Garry Wills's *Inventing America: Jefferson's Declaration of Independence*', *William and Mary Quarterly* 3rd ser., 36: 503–23.
Hampsher-Monk, Iain (1998). 'Burke and the Religious Sources of Skeptical Conservatism', in Johan Van der Zande and Richard H. Popkin (eds.), *The Skeptical Tradition Around 1800: Skepticism in Philosophy, Science, and Society*, Dordrecht, pp. 235–59.
(2005). 'Edmund Burke's Changing Justification for Intervention', *Historical Journal* 48: 65–100.
(2010). 'Rousseau, Burke's Vindication of Natural Society, and Revolutionary Ideology', *European Journal of Political Theory* 9: 245–66.
Hampton, Timothy (2009). *Fictions of Embassy: Literature and Diplomacy in Early Modern Europe*, Ithaca, NY.
Hanson, Donald W. (1984). 'Thomas Hobbes's "Highway to Peace"', *International Organization* 38: 329–54.
Harle, Vilho (1990). 'Burke the International Theorist – or the War of the Sons of Light and the Sons of Darkness', in Vilho Harle (ed.), *European Values in International Relations*, London, pp. 58–79.
Harris, Steven J. (1998). 'Long-Distance Corporations, Big Sciences, and the Geography of Knowledge', *Configurations* 6: 269–304.
Harris, W. V. (ed.) (2004). *Rethinking the Mediterranean*, Oxford.
Hart, H. L. A. (1982). 'The United States of America', in Hart, *Essays on Bentham: Jurisprudence and Political Theory*, Oxford, pp. 53–78.
Harvey, David (1990). *The Condition of Postmodernity: An Enquiry into the Origins of Cultural Change*, Oxford〔デヴィッド・ハーヴェイ著，吉原直樹監訳・解説『ポストモダニティの条件』青木書店，1999 年〕.
Haskell, Thomas (1987). 'The Curious Persistence of Rights Talk in the "Age of Interpretation"', *Journal of American History* 74: 984–1012.
Hazelton, John (1906). *The Declaration of Independence: Its History*, New York.
Head, J. W. (1994). 'Supranational Law: How the Move Toward Multilateral Solutions is Changing the Character of "International Law"', *University of Kansas Law Review* 42: 606–66.

Headley, John M. (2007). *The Europeanization of the World: On the Origins of Human Rights and Democracy*, Princeton.

Heller, Mark A. (1980). 'The Use and Abuse of Hobbes: The State of Nature in International Relations', *Polity* 13: 21–32.

Henning, Basil Duke (ed.) (1983). *The House of Commons, 1660-1690*, 3 vols., London.

Hepp, John (2008). 'James Brown Scott and the Rise of Public International Law', *Journal of the Gilded Age and Progressive Era* 7: 151–79.

Herrejón Peredo, Carlos (2009). 'Versiones del grito de dolores y algo más', 20/10. *Memoria de las revoluciones de México* 5: 39–53.

Hevia, James L. (1995). *Cherishing Men from Afar: Qing Guest Ritual and the Macartney Embassy of 1793*, Durham, NC.

Hexter, J. H. (1952). *More's 'Utopia': The Biography of an Idea*, Princeton〔J. H. ヘクスター著，菊池理夫訳『モアの『ユートピア』——ある思想の伝記』御茶の水書房，1981 年〕.

Hill, Christopher L. (2008). *National History and the World of Nations: Capital, State, and the Rhetoric of History in Japan, France, and the United States*, Durham, NC.

Hilliard, Chris (2006). *To Exercise Our Talents: The Democratization of Writing in Britain*, Cambridge, Mass.

Hinshelwood, Bradley A. (in press). 'The Carolinian Context of John Locke's Theory of Slavery', *Political Theory*.

Hinsley, F. H. (1986). *Sovereignty*, 2nd edn, Cambridge.

Hobsbawm, Eric (1992). *Nations and Nationalism since 1780: Programme, Myth, Reality*, 2nd edn, Cambridge〔E. J. ホブズボーム著，浜林正夫・嶋田耕也・庄司信訳『ナショナリズムの歴史と現在』大月書店，2001 年〕.

Hochstrasser, T. J. (2000). *Natural Law Theories in the Early Enlightenment*, Cambridge.

Hoekstra, Kinch (2007). 'The Natural Condition of Mankind', in Patricia Springborg (ed.), *The Cambridge Companion to Hobbes's 'Leviathan'*, Cambridge, pp. 109–27.

Hoekstra, S. J. (1998). 'The Savage, the Citizen, and the Foole: The Compulsion for Civil Society in the Philosophy of Thomas Hobbes', DPhil. thesis, University of Oxford.

Hoffmann, Stanley (1977). 'An American Social Science: International Relations', Daedalus 106: 41–60.

Hoffmann, Stefan-Ludwig (ed.) (2010). *Human Rights in the Twentieth Century*, Cambridge.

Hofman, Amos (1988). 'The Origins of the Theory of the Philosophe Conspiracy', *French History* 2: 152–72.

Holdsworth, Sir William (1937–72). *A History of the English Law*, ed. A. L. Goodhart and H. G. Hanbury, 17 vols., London.

Holland, Robert, Williams, Susan and Barringer, Terry A. (eds.) (2010). *The Iconography of Independence: 'Freedoms at Midnight'*, London.

Holland, Thomas Erskine (1898). *Studies in International Law*, Oxford.

Holmes, Geoffrey (1973). *The Trial of Dr Sacheverell*, London.

Holzgrefe, J. L. (1989). 'The Origins of Modern International Relations Theory', *Review of International Studies* 15: 11–26.

Honig, Bonnie (1991). 'Declarations of Independence: Arendt and Derrida on the Problem of Founding a Republic', *American Political Science Review* 85: 97–113.

Hont, Istvan (2005). *Jealousy of Trade: International Competition and the Nation-State in Historical Perspective*,

Cambridge, Mass〔イシュトファン・ホント著，田中秀夫監訳，大倉正雄・渡辺恵一訳『貿易の嫉妬――国際競争と国民国家の歴史的展望』昭和堂，2009 年〕.

Hoogensen, Gunhild (2005). *International Relations, Security and Jeremy Bentham*, Abingdon.

Hooker, William (2009). *Carl Schmitt's International Thought: Order and Orientation*, Cambridge.

Hopkins, A. G. (ed.) (2002). *Globalization in World History*, London.

(2006). *Global History: Interactions between theUniversal and the Local*, Basingstoke.

Horden, Peregrine and Purcell, Nicholas (2000). *The Corrupting Sea: A Study of Mediterranean History*, Oxford.

Howell, Wilbur Samuel (1961). 'The Declaration of Independence and Eighteenth-Century Logic', *William and Mary Quarterly* 3rd ser., 18: 463–84.

Howsam, Leslie and Raven, James (2011). 'Introduction', in Leslie Howsam and James Raven (eds.), *Books between Europe and the Americas: Connections and Communities, 1620–1860*, Basingstoke, pp. 1–22.

Hsueh, Vicki (2010). *Hybrid Constitutions: Challenging Legacies of Law, Privilege, and Culture in Colonial America*, Durham, NC.

Hundert, E. J. (1972). 'The Making of *Homo Faber*: John Locke between Ideology and History', *Journal of the History of Ideas* 33: 3–22.

Hüning, Dieter (1999). '"Inter arma silent leges": Naturrecht, Staat und Völkerrecht bei Thomas Hobbes', in Rüdiger Voigt (ed.), Der Leviathan, Baden-Baden, pp. 129–63.

Hunt, Lynn (2007). *Inventing Human Rights: A History*, New York〔リン・ハント著，松浦義弘訳『人権を創造する』岩波書店，2011 年〕.

Hunt, Peter (2006). 'Arming Slaves and Helots in Classical Greece', in Christopher L. Brown and Philip D. Morgan (eds.), *Arming Slaves: From Classical Times to the Modern Age*, New Haven, pp. 14–39.

Hunter, Ian (2010). 'Vattel's Law of Nations: Diplomatic Casuistry for the Protestant Nation', *Grotiana* 31: 108–40.

Hurst, Ronald (1996). *The Golden Rock: An Episode of the American War of Independence, 1775–1783*, London.

Hutson, James H. (1971–2). 'The Partition Treaty and the Declaration of American Independence', *Journal of American History* 58: 875–96.

Huxley, Andrew (2004). 'The *Aphorismi* and *A Discourse of Laws*: Bacon, Cavendish, and Hobbes 1615–1620', *Historical Journal* 47: 399–412.

Innes, Joanna (2003). 'Legislating for Three Kingdoms: How the Westminster Parliament Legislated for England, Scotland and Ireland, 1707–1830', in Julian Hoppit (ed.), *Parliaments, Nations and Identities in Britain and Ireland, 1660-1850*, Manchester, pp. 15–47.

Iriye, Akira (2002a). *Global Community: The Role of International Organizations in the Making of the Contemporary World*, Berkeley〔入江昭著，篠原初枝訳『グローバル・コミュニティ――国際機関・NGO がつくる世界』早稲田大学出版部，2006 年〕.

(2002b). 'Internationalizing International History', in Thomas Bender (ed.), *Rethinking American History in a Global Age*, Berkeley, pp. 47–62.

Iriye, Akira, Goedde, Petra and Hitchcock, William I. (eds.) (2011). *The Human Rights Revolution: An International History*, Oxford.

Isabella, Maurizio (2009). *Risorgimento in Exile: Italian Émigrés and the Liberal International in the Post-Napoleonic Era*, Oxford.

Israel, Jonathan (2006a). *Enlightenment Contested: Philosophy, Modernity, and the Emancipation of Man, 1670–1752*, Oxford.

(2006b). 'Enlightenment! Which Enlightenment?', *Journal of the History of Ideas* 67: 523–45.

Ivison, Duncan (2002). *Postcolonial Liberalism*, Cambridge.

(2003). 'Locke, Liberalism and Empire', in Peter R. Anstey (ed.), *The Philosophy of John Locke: New Perspectives*, London, pp. 86–105.

(2006). 'The Nature of Rights and the History of Empire', in David Armitage (ed.), *British Political Thought in History, Literature and Theory, 1500–1800*, Cambridge, pp. 191–211.

Jackson, Robert (2005). *Classical and Modern Thought on International Relations: From Anarchy to Cosmopolis*, Basingstoke.

Jahn, Beate (ed.) (2006). *Classical Theory in International Relations*, Cambridge.

James, Harold (2001). *The End of Globalization: Lessons from the Great Depression*, Cambridge, Mass. 〔ハロルド・ジェイムズ著，高遠裕子訳『グローバリゼーションの終焉——大恐慌からの教訓』日本経済新聞社，2002 年〕

Janis, Mark Weston (1984). 'Jeremy Bentham and the Fashioning of "International Law"', *American Journal of International Law* 78: 405–18.

(1992). 'American Versions of the International Law of Christendom: Kent, Wheaton and the Grotian Tradition', *Netherlands International Law Review* 39: 37–61.

(2010). America and the Law of Nations, 1776–1939, Oxford.

Jay, Stewart (1989). 'The Status of the Law of Nations in Early American Law', *Vanderbilt Law Review* 42: 819–49.

Jayne, Allen (1998). *Jefferson's Declaration of Independence: Origins, Philosophy and Theology*, Lexington, Ky.

(2007). *Lincoln and the American Manifesto*, Amherst, NY.

Jeffery, Renée (2005). 'Tradition as Invention: The "Traditions Tradition" and the History of Ideas in International Relations', *Millennium* 34: 57–84.

(2009). 'Moral Sentiment Theory and the International Thought of David Hume', in Hall and Hill (2009), pp. 49–69.

Jessup, Philip (1956). *Transnational Law*, New Haven 〔フィリップ・C. ジェサップ著，長谷川正国訳『トランスナショナル・ロー』成文堂，2011 年〕.

Johnson, Laurie M. (1993). *Thucydides, Hobbes, and the Interpretation of Realism*, DeKalb, Ill.

Jolly, Richard, Emmerij, Louis and Weiss, Thomas G. (2009). *UN Ideas that Changed the World*, Bloomington.

Jones, Howard Mumford (1976). 'The Declaration of Independence: A Critique', *Proceedings of the American Antiquarian Society* n. s., 85: 55–74.

Jouannet, Emmanuelle (1998). *Emer de Vattel et l'émergence doctrinale du droit international classique*, Paris.

Kaempfer, Alvaro (2009). *Relatos de soberanía, cohesión y emancipación: las declaraciones de las Provincias Unidas en Sud-America (1816), Chile (1818) y Brasil (1822)*, Santiago de Chile.

Kaino, Michihiro (2008). 'Bentham's Concept of Security in a Global Context: The Pannomion and the Public Opinion Tribunal as a Universal Plan', *Journal of Bentham Studies* 10 (2008): http://discovery.ucl.ac.uk/1322984/1/010_Kaino_2008_.pdf, accessed 31 January 2012.

Kalmo, Hent and Skinner, Quentin (eds.) (2010). *Sovereignty in Fragments: The Past, Present and Future of a*

Contested Concept, Cambridge.

Kammen, Michael (1966). 'Virginia at the Close of the Seventeenth Century: An Appraisal by James Blair and John Locke', *Virginia Magazine of History and Biography* 74: 141–69.

Kapila, Shruti (ed.) (2010). *An Intellectual History for India*, Cambridge.

Kapila, Shruti and Devji, Faisal (eds.) (2010). 'Forum: The Bhagavad Gita and Modern Thought', *Modern Intellectual History* 7: 269–457.

Karsten, Peter (1975–76). 'Plotters and Proprietaries, 1682–83: The "Council of Six" and the Colonies: Plan for Colonization or Front for Revolution?', *Historian* 38: 474–84.

Kaser, Max (1993). *Ius gentium*, Cologne.

Kayaoğlu, Turan (2010). *Legal Imperialism: Sovereignty and Extraterritoriality in Japan, the Ottoman Empire, and China*, Cambridge.

Keene, Edward (2002). *Beyond the Anarchical Society: Grotius, Colonialism and Order in World Politics*, Cambridge.

(2005). *International Political Thought: A Historical Introduction*, Cambridge.

(2007). 'A Case Study of the Construction of International Hierarchy: British Treaty-Making Against the Slave Trade in the Early Nineteenth Century', *International Organization* 61: 311–39.

Kelley, Donald R. (1987). 'Horizons of Intellectual History: Retrospect, Circumspect, Prospect', *Journal of the History of Ideas* 48: 143–69.

(2002). *The Descent of Ideas: The History of Intellectual History*, Aldershot.

Kelley, Donald R., Levine, Joseph, Megill, Allan, Schneewind, J. B. and Schneider, Ulrich Johannes (2005). 'Intellectual History in a Global Age', *Journal of the History of Ideas* 66: 143–200.

Kennedy, David (1986). 'Primitive Legal Scholarship', *Harvard International Law Journal* 27: 1–98.

Kettner, James H. (1976). 'Subjects or Citizens: A Note on British Views Respecting the Legal Effects of American Independence', *Virginia Law Review* 22: 945–67.

(1978). *The Development of American Citizenship, 1608–1870*, Chapel Hill.

Kidd, Colin (1999). *British Identities Before Nationalism: Ethnicity and Nationhood in the Atlantic World, 1600–1800*, Cambridge.

Kidder, Frederick E. (1965). 'The Fundamental Constitutions in the Light of John Locke's Political Theory', *Atenea* (Mayaguez, P.R.) 2: 47–60.

Kingsbury, Benedict and Straumann, Benjamin (eds.) (2010). *The Roman Foundations of the Law of Nations: Alberico Gentili and the Law of Nations*, Oxford.

Kinsella, Helen (2011). *The Image before the Weapon: A Critical History of the Distinction between Combatant and Civilian*, Ithaca, NY.

Kite, Elizabeth S. (1928). 'How the Declaration of Independence Reached Europe', *Daughters of the American Revolution Magazine* 62 (July): 405–13.

Klausen, Jimmy Casas (2007). 'Room Enough: America, Natural Liberty, and Consent in Locke's *Second Treatise*', *Journal of Politics* 69: 760–9.

Klein, Bernhard and Mackenthun, Gesa (eds.) (2004). *Sea Changes: Historicizing the Ocean*, New York.

Knutsen, Torbjørn L. (1992). *A History of International Relations Theory: An Introduction*, Manchester.

Koselleck, Reinhart (1988). *Critique and Crisis: Enlightenment and the Pathogenesis of Modern Society*, English

translation, Cambridge, Mass〔ラインハルト・コゼレック著，村上隆夫訳『批判と危機——市民的世界の病因論のための一研究』未來社，1989 年〕.

(2004). '*Neuzeit*: Remarks on the Semantics of Modern Concepts of Movement', in Reinhart Koselleck, *Futures Past: On the Semantics of Historical Time*, trans. Keith Tribe, New York, pp. 222–54.

Koskenniemi, Martti (2002). *The Gentle Civilizer of Nations: The Rise and Fall of International Law*, 1870–1960, Cambridge.

(2005). *From Apology to Utopia: The Structure of International Legal Argument, reissue with a new epilogue*, Cambridge.

(2008). 'Into Positivism: Georg Friedrich Martens (1756–1821) and Modern International Law', *Constellations* 15: 189–207.

(2009). 'The Advantage of Treaties: International Law in the Enlightenment', *Edinburgh Law Review* 13: 27–67.

(2010a). 'Colonization of the "Indies": The Origin of International Law?', in Yolanda Gamarra Chopo (ed.), *La idea de América en el pensamiento ius internacionalista del siglo XXI*, Zaragoza, pp. 43–63.

(2010b). 'International Law and *raison d'état*: Rethinking the Prehistory of International Law', in Kingsbury and Straumann (2010), pp. 297–339.

Krasner, Stephen D. (1999). *Sovereignty: Organized Hypocrisy*, Princeton.

Kratochwil, Friedrich (1989). *Rules, Norms and Decisions: On the Conditions of Practical and Legal Reasoning in International Relations and Domestic Affairs*, Cambridge.

Lacey, Michael J. and Haakonssen, Knud (eds.) (1991). *A Culture of Rights: The Bill of Rights in Philosophy, Politics, and Law, 1791 and 1991*, Cambridge.

LaCroix, Alison (2010). *The Ideological Origins of American Federalism, Cambridge*, Mass.

Lang, Michael (2003). 'Mapping Globalization or Globalizing the Map: Heidegger and Planetary Discourse', *Genre: Forms of Discourse and Culture* 36: 239–50.

(2006). 'Globalization and Its History', *Journal of Modern History* 78: 899–931.

Larson, Carlton F. (2001). 'The Declaration of Independence: A 225th Anniversary Re-Interpretation', *Washington Law Review* 76: 701–91.

Laslett, Peter (1969). 'John Locke, the Great Recoinage and the Origins of the Board of Trade, 1695–1698', in John Yolton (ed.), *John Locke: Problems and Perspectives*, Cambridge, pp. 137–64.

(ed.) (1956). *Philosophy, Politics, and Society*, 1st ser., Oxford.

Lauterpacht, Hersh (1940). 'Is International Law a Part of the Law of England?', *Transactions of the Grotius Society* 25: 51–88.

Lazier, Benjamin (2011). 'Earthrise; or, The Globalization of the World Picture', *American Historical Review* 116: 602–30.

Leal Curiel, Carole, (2008). '¿Radicales o timoratos? La declaración de la Independencia absoluta como una acción teórica-discursiva (1811)', *Politeia. Revista de la Facultad de Ciencias Jurícas y Polícas de la Universidad Central de Venezuela* 31, 40: 1–18.

Lebovics, Herman (1986). 'The Uses of America in Locke's Second Treatise on Government', *Journal of the History of Ideas* 47: 567–82.

Lebow, Richard Ned (2008). *A Cultural Theory of International Relations*, Cambridge.

Legg, Stephen (ed.) (2011). *Spatiality, Sovereignty and Carl Schmitt: Geographies of the Nomos*, London.

Leng, Tom (2011). 'Shaftesbury's Aristocratic Empire', in John Spurr (ed.), *Anthony Ashley Cooper, First Earl of Shaftesbury, 1621–1683*, Aldershot, pp. 101–25.

Lesaffer, Randall (ed.) (2004). *Peace Treaties and International Law in European History: From the Late Middle Ages to World War One*, Cambridge.

Lesser, Charles H. (1995). *South Carolina Begins: The Records of a Proprietary Colony, 1663–1721*, Columbia, SC.

Leung, Man To (1998). 'Extending Liberalism to Non-European Peoples: A Comparison of John Locke and James Mill', DPhil. thesis, University of Oxford.

Liddel, Peter (2008). 'William Young and the Spirit of Athens', in James Moore, Ian Macgregor Morris and Andrew J. Bayliss (eds.), *Reinventing History: The Enlightenment Origins of Ancient History*, London, pp. 57–85.

Lieberman, David (1989). *The Province of Legislation Determined: Legal Theory in Eighteenth-Century Britain*, Cambridge.

(1999a). 'Codification, Consolidation, and Parliamentary Statute', in John Brewer and Eckhart Hellmuth (eds.), *Rethinking Leviathan: The Eighteenth-Century State in Britain and Germany*, Oxford, pp. 359–90.

(2000). 'Economy and Polity in Bentham's Science of Legislation', in Stefan Collini, Richard Whatmore and Brian Young (eds.), *Economy, Polity and Society: British Intellectual History, 1750–1950*, Cambridge.

Lieberman, Victor (2003). *Strange Parallels: Southeast Asia in Global Context, c. 800–1830*, I: *Integration on the Mainland*, Cambridge.

Lint, Gregg L. (1977). 'The American Revolution and the Law of Nations, 1776–1789', *Diplomatic History* 1: 20–34.

Lintott, Andrew (1981). 'What Was the "Imperium Romanum"?', *Greece and Rome* 28: 53–67.

Lipset, Seymour Martin (1963). *The First New Nation: The United States in Historical and Comparative Perspective*, New York〔S. M. リプセット著，内山秀夫・宮沢健訳『国民形成の歴史社会学――最初の新興国家』未來社，1971 年〕.

Liu, Lydia H. (1999a). 'Legislating the Universal: The Circulation of International Law in the Nineteenth Century', in Liu (1999b), pp. 127–64.

(2004). *The Clash of Empires: The Invention of China in Modern World Making*, Cambridge, Mass.

(ed.) (1999b). *Tokens of Exchange: The Problem of Translation in Global Circulations*, Durham, NC.

Livingston, Donald W. (1990). 'Hume, English Barbarism and American Independence', in Richard B. Sher and Jeffrey R. Smitten (eds.), *Scotland and America in the Age of Enlightenment*, Princeton, pp. 133–47.

Livingstone, David and Withers, Charles W. J. (eds.) (1999). *Geography and Enlightenment*, Chicago.

Lodge, Paul (ed.) (2004). *Leibniz and His Correspondents*, Cambridge.

Long, David and Wilson, Peter (eds.) (1995). *Thinkers of the Twenty Years' Crisis: Inter-War Idealism Reassessed*, Oxford〔デーヴィッド・ロング，ピーター・ウィルソン編，宮本盛太郎・関静雄監訳『危機の 20 年と思想家たち――戦間期理想主義の再評価』ミネルヴァ書房，2002 年〕.

Long, Douglas G. (1977). *Bentham on Liberty: Jeremy Bentham's Idea of Liberty in Relation to his Utilitarianism*, Toronto.

Long, Philip (1959). *A Summary Catalogue of the Lovelace Collection of the Papers of John Locke in the Bodleian Library*, Oxford.

Lorca, Arnulf Becker (in press). *Mestizo International Law: A Global Intellectual History, 1850s–1950s*, Cambridge.

Lovejoy, Arthur O. (1940). 'Reflections on the History of Ideas', *Journal of the History of Ideas* 1: 3–23.

(1948). 'The Historiography of Ideas', in Lovejoy, *Essays in the History of Ideas*, Baltimore, pp. 1–13〔アーサー・O. ラヴジョイ著，鈴木信雄他訳『観念の歴史』名古屋大学出版会，2003 年〕.
Lucas, Stephen E. (1989). 'Justifying America: The Declaration of Independence as a Rhetorical Document', in Thomas W. Benson (ed.), *American Rhetoric: Context and Criticism*, Carbondale, pp. 67–130.
(1994). 'The Plakkaat van Verlatinge: A Neglected Model for the American Declaration of Independence', in Rosemarijn Hoefte and Johanna C. Kardux (eds.), *Connecting Cultures: The Netherlands in Five Centuries of Transatlantic Exchange*, Amsterdam, pp. 187–207.
(1998). 'The Rhetorical Ancestry of the Declaration of Independence', *Rhetoric and Public Affairs* 1: 143–84.
Lucena Giraldo Manuel, (2010). *Naciones de Rebeldes. Las revoluciones de independencia latinoamericanos*, Madrid.
Lutnick, Solomon (1967). *The American Revolution and the British Press, 1775–1783*, Columbia, Mo.
Lutz, Donald S. (1989). 'The Declaration of Independence as Part of an American National Compact', *Publius: The Journal of Federalism* 19: 41–58.
Lynch, John (2009). *San Martín. Soldado argentino, héroe americano*, trans. Alejandra Chaparro, Barcelona.
Macalister-Smith, Peter and Schweitzke, Joachim (1999). 'Literature and Documentary Sources relating to the History of Public International Law: A Bibliographical Survey', *Journal of the History of International Law* 1: 136–212.
Mack, Mary P. (1963). *Jeremy Bentham: An Odyssey of Ideas, 1748–1792*, New York.
Macmillan, Ken (2011). 'Benign and Benevolent Conquest?: The Ideology of Elizabethan Atlantic Expansion Revisited', *Early American Studies* 9: 59–99.
Mahoney, Dennis J. (1987). 'The Declaration of Independence as a Constitutional Document', in Leonard W. Levy and Dennis J. Mahoney (eds.), *The Framing and Ratification of the Constitution*, New York, pp. 54–68.
Maier, Charles S. (1980). 'Marking Time: The Historiography of International Relations', in Michael Kammen (ed.), *The Past Before Us: Contemporary Historical Writing in the United States, Ithaca*, NY, pp. 355–87.
(2000). 'Consigning the Twentieth Century to History: Alternative Narratives for the Modern Era', *American Historical Review* 105: 807–31.
(2006). *Among Empires: American Ascendancy and its Predecessors, Cambridge*, Mass.
Maier, Pauline (1997). *American Scripture: Making the Declaration of Independence*, New York.
Maitland, F. W. (1908). *The Constitutional History of England*, ed. H. A. L. Fisher, Cambridge〔F. W. メイトランド著，小山貞夫訳『イングランド憲法史』創土社，1981 年〕.
Malcolm, Noel (2002). *Aspects of Hobbes*, Oxford.
(2007a). 'The Name and Nature of Leviathan: Political Symbolism and Biblical Exegesis', *Intellectual History Review* 17: 21–39.
(2007b). *Reason of State, Propaganda, and the Thirty Years' War: An Unknown Translation by Thomas Hobbes*, Oxford.
Malnes, Raino (1993). *The Hobbesian Theory of International Conflict*, Oslo.
Mandler, Peter (2006). 'What is "National Identity"? Definitions and Applications in Modern British Historiography', *Modern Intellectual History* 3: 271–97.
Manela, Erez (2007). *The Wilsonian Moment: Self-Determination and the International Origins of Anticolonial Nationalism*, Oxford.
Manigat, Leslie F. (2005). 'Une brève analyse-commentaire critique d'un document historique', *Revue de la*

Société haïtienne d'histoire et de géographie 221: 44–56.

Manning, Susan and Cogliano, Frank D. (eds.) (2008). *The Atlantic Enlightenment*, Aldershot.

Mantena, Karuna (2010). *Alibis of Empire: Henry Maine and the Ends of Liberal Imperialism*, Princeton.

de Marchi, Ernesto, (1955). 'Locke's Atlantis', *Political Studies* 3: 164–5.

Marino, James F. (1998). 'Empire and Commerce: A History of the Modern States-System', PhD thesis, Johns Hopkins University.

Marks, Susan (2000). *The Riddle of All Constitutions: International Law, Democracy, and the Critique of Ideology*, Oxford.

Marshall, Charles Burton (1974). *American Foreign Policy as a Dimension of the American Revolution, Washington*, DC.

Marshall, John (1994). *John Locke: Resistance, Religion and Responsibility*, Cambridge.

(2006). *John Locke, Toleration and Early Enlightenment Culture: Religious Intolerance and Arguments for Religious Toleration in Early Modern and 'Early Enlightenment' Europe*, Cambridge.

Marshall, P. J. (1998). 'Britain and the World in the Eighteenth Century: I, Reshaping the Empire', *Transactions of the Royal Historical Society*, 6th ser., 8: 1–18.

Marshall, P. J. and Williams, Glyndwr (1982). *The Great Map of Mankind: British Perceptions of the World in the Age of Enlightenment*, London〔P. J. マーシャル, G. ウィリアムズ著, 大久保桂子訳『野蛮の博物誌——18 世紀イギリスが見た世界』平凡社, 1989 年〕.

Marston, Jerrilyn Greene (1987). *King and Congress: The Transfer of Political Legitimacy, 1774–1776*, Princeton.

Martin, T. S. (1991). 'Nemo potest exuere patriam: Indelibility of Allegiance and the American Revolution', *American Journal of Legal History* 35: 205–18.

Martinez, Jenny S. (2012). *The Slave Trade and the Origins of International Humanitarian Law*, Oxford.

Martínez Garnica, Armando (2012). 'Las declaraciones de independencia en Venezuela y la Nueva Granada', in Ávila, Dym, Gómez Galvarriato and Pani (2012), pp. 155–82.

et al. (2011). 'Simposio sobre la Declaracion de Independencia de Cartagena', *Economía & Región* (Cartagena, Colombia) 5: 201–72.

Masters, Roger D. (1967a). 'The Lockean Tradition in American Foreign Policy', *Journal of International Politics* 21: 253–77.

(1967b). *The Nation Is Burdened: American Foreign Policy in a Changing World*, New York.

Mattingly, Garrett (1955). *Renaissance Diplomacy*, New York.

Mazlish, Bruce (1993). 'An Introduction to Global History', in Bruce Mazlish and Ralph Buultjens (eds.), *Conceptualizing Global History*, Boulder, Colo., pp. 1–26.

Mazower, Mark (2009). *No Enchanted Palace: The End of Empire and the Ideological Origins of the United Nations*, Princeton.

McClure, Ellen M. (2006). *Sunspots and the Sun King: Sovereignty and Mediation in Seventeenth-century France*, Urbana.

McCormick, Ted (2009). *William Petty and the Ambitions of Political Arithmetic*, Oxford.

McGlone, Robert E. (1998). 'Deciphering Memory: John Adams and the Authorship of the Declaration of Independence', *Journal of American History* 85: 411–38.

McGuinness, Celia (1989). 'The *Fundamental Constitutions of Carolina* as a Tool for Lockean Scholarship',

Interpretation 17: 127–43.

McMahon, Darrin M. (2001). *Enemies of the Enlightenment: The French Counter-Enlightenment and the Making of Modernity*, Oxford.

(2013). 'The Return of the History of Ideas?', in McMahon and Moyn (2013).

McMahon, Darrin M. and Moyn, Samuel (eds.) (2013). *Rethinking Modern European Intellectual History*, New York.

Mehta, Uday Singh (1990). 'Liberal Strategies of Exclusion', *Politics and Society* 18: 427–54.

(1999). *Liberalism and Empire: A Study in Nineteenth-Century British Liberal Thought*, Chicago.

Meinecke, Friedrich (1970). *Cosmopolitanism and the Nation State*, trans. Robert B. Kimber, Princeton〔フリードリッヒ・マイネッケ著，矢田俊隆訳『世界市民主義と国民国家――ドイツ国民国家発生の研究 1・2』岩波書店，1968・1972 年〕.

(1998). *Machiavellism: The Doctrine of Raison d'État and Its Place in Modern History*, trans. Douglas Scott, introd. Werner Stark, New Brunswick〔フリードリッヒ・マイネッケ著，菊盛英夫・生松敬三訳『近代史における国家理性の理念』みすず書房，1976 年〕.

Melero, Luis Ángel García (1977). *La Independencia de los Estados Unidos de Norteamérica a través de la Prensa Española ... Los Precedentes (1763–1776)*, Madrid.

Ménager, Daniel (2001). *Diplomatie et théologie à la Renaissance*, Paris.

Menozzi, Luciano (1974). *Studi sul pensiero etico politici di Locke. Le relazioni internazionali*, Rome.

Mentor, Gaétan (2003). *Les Fils noir de la veuve. Histoire de la franc-maçonnerie en Haïti*, Pétionville.

Michael, Mark A. (1998). 'Locke's Second Treatise and the Literature of Colonization', *Interpretation* 25: 407–27.

Middleton, Richard (1985). *The Bells of Victory: The Pitt-Newcastle Ministry and the Conduct of the Seven Years' War, 1757–1762*, Cambridge.

Miller, Peter N. (1994). *Defining the Common Good: Empire, Religion and Philosophy in Eighteenth-Century Britain*, Cambridge.

Milton, J. R. (1990). 'John Locke and the Fundamental Constitutions of Carolina', *Locke Newsletter* 21: 111–33.

(1995). 'Dating Locke's *Second Treatise*', *History of Political Thought* 16: 356–90.

Milton, Philip (2000). 'John Locke and the Rye House Plot', *Historical Journal* 43: 647–68.

(2007a). 'Locke the Plotter? Ashcraft's *Revolutionary Politics* Reconsidered', *Locke Studies* 7: 51–112.

(2007b). 'Pierre Des Maizeaux, A Collection of Several Pieces of Mr. John Locke, and the Formation of the Locke Canon', *Eighteenth-Century Thought* 3: 255–91.

Mishra, Pramod Kumar (2002). '"[A]ll the World was America": The Transatlantic (Post) Coloniality of John Locke, William Bartram, and the Declaration of Independence', *CR: The New Centennial Review* 2: 215–58.

Molivas, G. I. (1999). 'A Right, Utility and the Definition of Liberty as a Negative Idea: Richard Hey and the Benthamite Conception of Liberty', *History of European Ideas* 25: 75–92.

Moloney, Pat (2011). 'Hobbes, Savagery, and International Anarchy', *American Political Science Review* 105: 189–204.

Momigliano, Arnaldo (1944). 'Sea-Power in Greek Thought', *Classical Review* 58: 1–7.

Mongey, Vanessa (2009). 'Les vagabonds de la république: les révolutionnaires européens aux Amériques, 1780–1820', in Federica Morelli, Clément Thibaud and Geneviève Verdo (eds.), *Les Empires atlantiques des Lumières au libéralisme (1763–1865)*, Rennes, pp. 67–82.

Moore, John Alexander (1991). 'Royalizing South Carolina: The Revolution of 1719 and the Evolution of Early South Carolina Government', PhD thesis, University of South Carolina.

Morefield, Jeanne (2005). *Covenants without Swords: Idealist Liberalism and the Spirit of Empire*, Princeton.

Morelli, Federica (2012). 'Las declaraciones de independencia en Ecuador: de una Audiencia a múltiples Estados', in Ávila, Dym, Gómez Galvarriato and Pani (2012), pp. 135–54.

Morris, Ian and Scheidel, Walter (eds.) (2009). *The Dynamics of Ancient Empires: State Power from Assyria to Byzantium*, Cambridge.

Morris, Richard B. (1970). *The Emerging Nations and the American Revolution*, New York.

Moseley, Alexander (2005). 'John Locke's Morality of War', *Journal of Military Ethics* 4: 119–28.

Moyn, Samuel (2010). *The Last Utopia: Human Rights in History*, Cambridge, Mass.

Moyn, Samuel and Sartori, Andrew (eds.) (2013). *Global Intellectual History*, New York.

Murison, Barbara C. (2007). 'The Talented Mr Blathwayt: His Empire Revisited', in Nancy L. Rhoden (ed.), *English Atlantics Revisited: Essays Honouring Professor Ian K. Steele*, Montreal and Kingston, pp. 33–58.

Muthu, Sankar (2003). *Enlightenment Against Empire*, Princeton.

(2008) 'Adam Smith's Critique of International Trading Companies: Theorizing Globalization in the Age of Enlightenment', *Political Theory* 36: 185–212.

(2011). 'Diderot's Theory of Global (and Imperial) Commerce: An Enlightenment Account of "Globalization"', in Jacob T. Levy and Iris Marion Young (eds.), *Colonialism and its Legacies*, Lanham, Md., pp. 1–19.

(ed.) (2012). *Empire and Modern Political Thought*, Cambridge.

Nadelmann, Kurt H. (1961). 'An International Bankruptcy Code: New Thoughts on an Old Idea', *International and Comparative Law Quarterly* 10: 70–82.

Nakhimovsky, Isaac (2007). 'Vattel's Theory of the International Order: Commerce and the Balance of Power in the *Law of Nations*', *History of European Ideas* 33: 157–73.

Nardin, Terry and Mapel, David R. (eds.) (1992). *Traditions of International Ethics*, Cambridge.

Navari, Cornelia (1982). 'Hobbes and the "Hobbesian Tradition" in International Thought', *Millennium: Journal of International Studies* 11: 203–22.

Neem, Johann N. (2011). 'American History in a Global Age', *History and Theory* 50: 41–70.

Neustadt, Mark S. (1987). 'The Making of the Instauration: Science, Politics, and Law in the Career of Francis Bacon', PhD thesis, Johns Hopkins University.

Niesen, Peter (2006). 'Varieties of Cosmopolitanism: Bentham and Kant on International Politics', in Luigi Caranti (ed.), *Kant's Perpetual Peace: New Interpretive Essays*, Rome, pp. 247–88.

(2007). 'The "West Divided"? Bentham and Kant on Law and the Ethics in Foreign Policy', in David Chandler and Volker Heins (eds.), *Rethinking Ethical Foreign Policy: Pitfalls, Possibilities and Paradoxes*, London, pp. 93–115.

Nordholt, J. W. Schulte (1982). *The Dutch Republic and American Independence*, trans. Herbert R. Rowen, Chapel Hill.

Novick, Peter (1988). *That Noble Dream: The 'Objectivity Question' and the American Historical Profession*, Cambridge.

Nussbaum, Arthur (1947). *A Concise History of the Law of Nations*, New York〔A. ニュスボーム著，広井大

三訳『国際法の歴史』こぶし社，1997 年〕.
Nys, Ernest (1885). 'Notes inédites de Bentham sur le droit international', *Law Quarterly Review* 1: 225–31.
O'Brien, Conor Cruise (1972). *The Suspecting Glance*, London.
(1992). *The Great Melody: A Thematic Biography and Commented Anthology of Edmund Burke*, London.
O'Brien, Karen (1997). *Narratives of Enlightenment: Cosmopolitan History from Voltaire to Gibbon*, Cambridge.
Ocampo López, Javier (1988). *Los catecismos políticos en la independencia de hispanoamerica: de la monarquía a la república*, Tunja.
Odysseos, Louiza and Petito, Fabio (eds.) (2007). *The International Political Thought of Carl Schmitt: Terror, Liberal War and the Crisis of Global Order*, London.
Ohlmeyer, Jane (1995). 'Ireland Independent: Confederate Foreign Policy and International Relations during the Mid-Seventeenth Century', in Jane Ohlmeyer (ed.), *Ireland from Independence to Occupation, 1641–1660*, Cambridge, pp. 89–112.
O'Keefe, Roger (2008). 'The Doctrine of Incorporation Revisited', *British Yearbook of International Law* 79: 7–85.
Olivieri, Marco (2006). 'Bentham, Lind e il dibattito sulla Dichiarazione d'Independenza degli Stati Uniti', *Il Pensiero Politico* 39: 36–48.
Onuf, Nicholas G. (1989). *World of Our Making: Rules and Rule in Social Theory and International Relations*, Columbia, SC.
Onuf, Peter S. (1998). 'A Declaration of Independence for Diplomatic Historians', *Diplomatic History* 22: 71–83.
Onuf, Peter S. and Onuf, Nicholas G. (1990). 'American Constitutionalism and the Emergence of a Liberal World Order', in George Athan Billias (ed.), *American Constitutionalism Abroad: Selected Essays in Comparative Constitutional History*, Westport, Conn., pp. 65–90.
(1993). *Federal Union, Modern World: The Law of Nations in an Age of Revolutions, 1776–1814*, Madison, Wis.
Onuma, Yasuaki (2000). 'When was the Law of International Society Born? – An Inquiry of the History of International Law from an Intercivilizational Perspective', *Journal of the History of International Law* 2: 1–66.
Ophir, Adi and Shapin, Steven (1991). 'The Place of Knowledge: A Methodological Survey', *Science in Context* 4: 3–21.
Orakhelashvili, Alexander (2006). 'The Idea of European International Law', *European Journal of International Law* 17: 315–47.
(2008). 'Statehood, Recognition and the United Nations System: A Unilateral Declaration of Independence in Kosovo', *Max-Planck Yearbook of United Nations Law* 12: 1–44.
(ed.) (2011). *Research Handbook on the Theory and History of International Law*, Cheltenham.
O'Rourke, Kevin H. and Williamson, Jeffrey G. (1999). *Globalization and History: The Evolution of a Nineteenth-Century Atlantic Economy*, Cambridge, Mass.
(2002). 'When Did Globalisation Begin?', *European Review of Economic History* 6: 23–50.
(2004). 'Once More: When did Globalisation Begin?', *European Review of Economic History* 8: 109–17.
Osiander, Andreas (2001). 'Sovereignty, International Relations, and the Westphalian Myth', *International Organization* 55: 251–87.
Owens, Patricia (2007). *Between War and Politics: International Relations and the Thought of Hannah Arendt*, Oxford〔パトリシア・オーウェンズ著，中本義彦・矢野久美子訳『戦争と政治の間――ハンナ・アーレントの国際関係思想』岩波書店，2014 年〕.

Owsley, Frank Lawrence and Smith, Gene A. (1997). *Filibusters and Expansionists: Jeffersonian Manifest Destiny, 1800–1821*, Tuscaloosa.

Pagden, Anthony (1986). *The Fall of Natural Man: The American Indian and the Origins of Comparative Ethnology*, rev. edn, Cambridge.

(1995). *Lords of All the World: Ideologies of Empire in Spain, Britain and France c. 1500–c. 1800*, New Haven.

(1998). 'The Struggle for Legitimacy and the Image of Empire in the Atlantic to c. 1700', in Nicholas Canny (ed.), *The Oxford History of the British Empire*, i: *The Origins of Empire*, Oxford, pp. 34–54.

(2000). 'Stoicism, Cosmopolitanism, and the Legacy of European Imperialism', *Constellations* 7: 3–22.

(2003). 'Human Rights, Natural Rights, and Europe's Imperial Legacy', *Political Theory* 31: 171–99.

(2008). *Worlds at War: The 2,500-Year Struggle between East and West*, New York.

(2010). 'Gentili, Vitoria, and the Fabrication of a "Natural Law of Nations"', in Kingsbury and Straumann (2010), pp. 340–61.

Palmer, R. R. (1959–64). *The Age of the Democratic Revolution: A Political History of Europe and America, 1760–1800*, 2 vols., Princeton.

(1976). 'The Declaration of Independence in France', *Studies on Voltaire and the Eighteenth Century* 154: 1569–79.

Pangle, Thomas L. and Ahrensdorf, Peter J. (1999). *Justice Among Nations: On the Moral Basis of Power and Peace*, Lawrence, Kans.

Panizza, Diego (1997). *Genesi di una ideologia. Il conservatorismo moderno in Robert Ward*, Milan.

Paquette, Gabriel (2009). 'The Dissolution of the Spanish Atlantic Monarchy', *Historical Journal* 52: 175–212.

Parekh, Bhikhu (1994a) 'Decolonizing Liberalism', in Aleksandras Shtromas (ed.), *The End of 'Isms' ?: Reflections on the Fate of Ideological Politics after Communism's Collapse*, Oxford, pp. 85–103.

(1994b). 'Superior People: The Narrowness of Liberalism from Mill to Rawls', *Times Literary Supplement* 4743 (25 February): 11–13.

(1995). 'Liberalism and Colonialism: A Critique of Locke and Mill', in Jan Nederveen Pieterse and Bhikhu Parekh (eds.), *The Decolonization of Imagination: Culture, Knowledge and Power*, London, pp. 81–98.

Parkin, Jon (2007). *Taming the Leviathan: The Reception of the Political and Religious Ideas of Thomas Hobbes in England, 1640–1700*, Cambridge.

Patapan, Haig (2009). 'The Glorious Sovereign: Thomas Hobbes on Leadership and International Relations', in Hall and Hill (2009), pp. 11–31.

Peckham, Howard H. (1976). 'Independence: The View from Britain', *Proceedings of the American Antiquarian Society* n. s. 85: 387–403.

Pérez Vejo, Tomás (2010). *Elegía Criolla. Una reinterpretación de las guerras de independencia hispanoamericanas*, Mexico, DF.

Pérotin-Dumont, Anne (1991). 'The Pirate and the Emperor: Power and Law on the Seas, 1450–1850', in James D. Tracy (ed.), *The Political Economy of Merchant Empires: State Power and World Trade, 1350-1750*, Cambridge, pp. 196–227.

Peterson, Merrill D. (1991). *'This Grand Pertinacity': Abraham Lincoln and the Declaration of Independence*, Fort Wayne.

Picciotto, Cyril M. (1915). *The Relation of International Law to the Law of England and of the United States*,

London.
Piirimäe, Pärtel (2010). 'The Westphalian Myth of Sovereignty and the Idea of External Sovereignty', in Hent Kalmo and Quentin Skinner (eds.), *Sovereignty in Fragments: The Past, Present and Future of a Contested Concept*, Cambridge, pp. 64–80.
Pitts, Jennifer (2005a). *A Turn to Empire: The Rise of Imperial Liberalism in Britain and France*, Princeton.
(2005b). 'Jeremy Bentham: Legislator of the World?', in Bart Schultz and Georgios Varouxakis (eds.), *Utilitarianism and Empire*, Lanham, Md., pp. 57–91.
(2007). 'Boundaries of Victorian International Law', in Duncan Bell (ed.), *Victorian Visions of Global Order: Empire and International Relations in Nineteenth-Century Political Thought*, Cambridge, pp. 67–88.
(2010). 'Political Theory of Empire and Imperialism', *Annual Review of Political Science* 13: 211–35.
(2011). '"Great and Distant Crimes": Empire in Bentham's Thought', in Jeremy Bentham, *Selected Writings*, ed. Stephen G. Engelmann, New Haven, pp. 478–99.
(2012). 'Empire and Legal Universalisms in the Eighteenth Century', *American Historical Review* 117: 92–121.
Pocock, J. G. A. (1985). 'Josiah Tucker on Burke, Locke, and Price: A Study in the Varieties of Eighteenth-Century Conservatism', in J. G. A. Pocock, *Virtue, Commerce, and History: Essays on Political Thought and History, Chiefly in the Eighteenth Century, Cambridge*, pp. 157–92〔J. G. A. ポーコック著，田中秀夫訳『徳・商業・歴史』みすず書房，1993 年〕.
(1987). *The Ancient Constitution and the Feudal Law: A Reissue with Retrospect*, Cambridge.
(1988a). *The Politics of Extent and the Problems of Freedom*, Colorado College Studies 25, Colorado Springs.
(1988b). 'States, Republics, and Empires: The American Founding in Early Modern Perspective', in Terence Ball and J. G. A. Pocock (eds.), *Conceptual Change and the Constitution*, Lawrence, Kans., pp. 55–77.
(1995). 'Political Thought in the English-Speaking Atlantic: I, The Imperial Crisis', in J. G. A. Pocock (ed.), *The Varieties of British Political Thought, 1500-1800*, Cambridge, pp. 246–82.
(1996). *La ricostruzione di un impero: sovranità britannica e federalism Americano*, Manduria.
(1999a). *Barbarism and Religion*, I: *The Enlightenments of Edward Gibbon, 1737–1764*, Cambridge.
(1999b). *Barbarism and Religion*, II: *Narratives of Civil Government*, Cambridge.
(2005). *Barbarism and Religion*, IV: *Savages and Empires*, Cambridge.
Popkin, Jeremy D. (1989). *News and Politics in the Age of Revolution: Jean Luzac's 'Gazette de Leyde'*, Ithaca, NY.
Porter, Andrew (1999). 'From Empire to Commonwealth of Nations', in Franz Bosbach and Hermann Hiery (eds.), *Imperium / Empire / Reich. Ein Konzept politischer Herrschaft im deutsch-britischen Vergleich*, Munich, pp. 167–78.
Porter, Brian (1978). 'Patterns of Thought and Practice: Martin Wight's "International Theory"', in Michael Donelan (ed.), *The Reason of States: A Study in International Political Theory*, London, pp. 64–74.
Portillo Valdes, José M. (2006). *Crisis atlántica. Autonomia e independencia en la crisis de la monarquía hispana*, Madrid.
Powell, William S. (1964). 'Carolina in the Seventeenth Century: An Annotated Bibliography of Contemporary Publications', *North Carolina Historical Review* 41: 74–104.
Prest, Wilfrid (2008). *William Blackstone: Law and Letters in the Eighteenth Century*, Oxford.
Primus, Richard A. (1999). *The American Language of Rights*, Cambridge.
Prokhovnik, Raia and Slomp, Gabriella (eds.) (2011). *International Political Theory after Hobbes: Analysis,*

Interpretation and Orientation, Basingstoke.

Puchner, Martin (2006). *Poetry of the Revolution: Marx, Manifestos, and the Avant-Gardes*, Princeton.

Putterman, Ethan (2010). *Rousseau, Law and the Sovereignty of the People*, Cambridge.

Rainbolt, John C. (1973). 'Americans' Initial View of Their Revolution's Significance for Other Peoples, 1776–1788', *Historian* 35: 418–33.

Reck, Andrew J. (1991). 'The Enlightenment in American Law: I, The Declaration of Independence', *Review of Metaphysics* 44: 549–73.

Reid, John Phillip (1981). 'The Irrelevance of the Declaration', in Hendrik Hartog (ed.), *Law in the American Revolution and the American Revolution in the Law*, New York, pp. 46–89.

Reinert, Sophus (2011). *Translating Empire: Emulation and the Origins of Political Economy*, Cambridge, Mass.

Reséndez, Andres (2005). *Changing National Identities at the Frontier: Texas and New Mexico, 1800–1850*, Cambridge.

(2010). 'Texas and the Spread of the Troublesome Secessionist Spirit through the Gulf of Mexico Basin', in Don H. Doyle (ed.), *Secession as an International Phenomenon: From America's Civil War to Contemporary Separatist Movements*, Athens, Ga., pp. 193–213.

Reynolds, Noel B. and Hilton, John L. (1993). 'Thomas Hobbes and the Authorship of the *Horae Subsecivae*', *History of Political Thought* 14: 361–80.

Richards, Peter G. (1967). *Parliament and Foreign Affairs*, London.

Richardson, John (2008). *The Language of Empire: Rome and the Idea of Empire from the Third Century BC to the Second Century AD*, Cambridge.

Ritchie, Robert C. (1986). *Captain Kidd and the War Against the Pirates*, Cambridge, Mass.

Roberts, Sir Ivor (ed.) (2009). *Satow's Guide to Diplomatic Practice*, 6th edn, Oxford.

Roberts, J. M. (1971). 'The Origins of a Mythology: Freemasons, Protestants and the French Revolution', *Bulletin of the Institute of Historical Research* 44: 78–97.

Robertson, John (1993). 'Universal Monarchy and the Liberties of Europe: David Hume's Critique of an English Whig Doctrine', in Nicholas Phillipson and Quentin Skinner (eds.), *Political Discourse in Early Modern Britain*, Cambridge, pp. 349–76.

(1995a). 'Empire and Union: Two Concepts of the Early Modern European Political Order' in John Robertson (ed.), *A Union for Empire: Political Thought and the British Union of 1707*, Cambridge, pp. 3–36.

(1995b). 'An Elusive Sovereignty: The Union Debate in Scotland 1698–1707', in John Robertson (ed.), *A Union for Empire: Political Thought and the British Union of 1707*, Cambridge, pp. 198–227.

Rodríguez O., Jaime E. (1996). *La independencia de la América española*, Mexico, DF.

(2010). 'Sobre la supuesta influencia de la independencia de los Estados Unidos en las independencias hispanoamericanas', *Revista de Indias* 70: 691–714.

Rodrik, Dani, Obstfeld, Maurice, Feenstra, Robert C. and Williamson, Jeffrey G. (1998). 'Globalization in Perspective', *Journal of Economic Perspectives* 12: 1–72.

Roper, L. H. (2004). *Conceiving Carolina: Proprietors, Planters, and Plots, 1662–1729*, Basingstoke.

Rose, Jonathan (2010). *The Intellectual Life of the British Working Classes*, 2nd edn, New Haven.

Rosen, Frederick (1992). *Bentham, Byron, and Greece: Constitutionalism, Nationalism, and Early Liberal Political Thought*, Oxford.

Rothschild, Emma (1999). 'Globalization and the Return of History', *Foreign Policy* 115 (Summer): 106–16.

(2001). 'The Politics of Globalization circa 1773', *The OECD Observer* 228 (September): 12–14.

(2004). 'Global Commerce and the Question of Sovereignty in the Eighteenth-Century Provinces', *Modern Intellectual History* 1: 3–26.

(2005). 'Language and Empire, c. 1800', *Historical Research* 78: 208–29.

(2006). 'Arcs of Ideas: International History and Intellectual History', in Gunilla Budde, Sebastian Conrad and Oliver Janz (eds.), *Transnationale Geschichte: Themen, Tendenzen und Theorien*, Göttingen, pp. 217–26.

(2008). 'The Archives of Universal History', *Journal of World History* 19: 375–401.

(2009). 'The Atlantic Worlds of David Hume', in Bernard Bailyn and Patricia L. Denault (eds.), *Soundings in Atlantic History: Latent Structures and Intellectual Currents, 1500-1830*, Cambridge, Mass., pp. 405–48.

(2011a). *The Inner Life of Empires: An Eighteenth-Century History*, Princeton.

(2011b). 'Political Economy', in Gareth Stedman Jones and Gregory Claeys (eds.), *The Cambridge History of Nineteenth-Century Political Thought*, Cambridge, pp. 748–79.

Rudan, Paola (2007). 'Dalla constituzione al governo. Jeremy Bentham e le Americhe', PhD thesis, Università di Bologna.

Rumble, Wilfrid E. (2005). *Doing Austin Justice: The Reception of John Austin's Philosophy of Law in Nineteenth-Century England*, London.

Runciman, David (1997). *Pluralism and the Personality of the State*, Cambridge.

Ryan, Dermot (2010). '"A New Description of Empire": Edmund Burke and the Regicide Republic of Letters', *Eighteenth-Century Studies* 44: 1–19.

Sachsenmaier, Dominic (2011). *Global Perspectives on Global History: Theories and Approaches in a Connected World*, Cambridge.

San Francisco, Alejandro (2012). 'Chile y su independencia. Los hechos, los textos y la declaración de 1818', in Ávila, Dym, Gómez Galvarriato and Pani (2012), pp. 183–214.

Sartori, Andrew (2006). 'The British Empire and Its Liberal Mission', *Journal of Modern History* 78: 623–42.

(2008). *Bengal in Global Concept History: Culturalism in the Age of Capital*, Chicago.

Saunier, Pierre-Yves (2009). 'Transnational', in Akira Iriye and Pierre-Yves Saunier (eds.), *The Palgrave Dictionary of Transnational History*, Basingstoke, pp. 1047–55.

Scattola, Merio (2003). 'Before and After Natural Law: Models of Natural Law in Ancient and Modern Times', in T. J. Hochstrasser and Peter Schröder (eds.), *Early Modern Natural Law Theories: Contexts and Strategies in the Early Enlightenment*, Dordrecht, pp. 1–30.

Schaffer, Simon (2009). 'Newton on the Beach: The Information Order of *Principia Mathematica*', *History of Science* 47: 243–76.

Schaffer, Simon, Roberts, Lissa, Raj, Kapil and Delbourgo, James (eds.) (2009). *The Brokered World: Go-Betweens and Global Intelligence, 1780–1820*, Sagamore Beach, Calif.

Schmidt, Brian C. (1998). *The Political Discourse of Anarchy: A Disciplinary History of International Relations*, Albany, NY.

(2002). 'Together Again: Reuniting Political Theory and International Relations Theory', *British Journal of Politics and International Relations* 4: 115–40.

Schofield, Philip (2006). *Utility and Democracy: The Political Thought of Jeremy Bentham*, Oxford.

Schröder, Peter (1999). 'The Constitution of the Holy Roman Empire after 1648: Samuel Pufendorf's Assessment in his *Monzambano', Historical Journal* 42: 961–83.

(2002). 'Natural Law, Sovereignty and International Law: A Comparative Perspective', in Ian Hunter and David Saunders (eds.), *Natural Law and Civil Sovereignty: Moral Right and State Authority in Early Modern Political Thought*, Basingstoke, pp. 204–18.

Schroeder, Paul W. (1994). *The Transformation of European Politics, 1763–1848*, Oxford.

Schwarzenberger, Georg (1948). 'Bentham's Contribution to International Law and Organisation', in George W. Keeton and Georg Schwarzenberger (eds.), *Jeremy Bentham and the Law: A Symposium*, London, pp. 152–84.

Scott, James Brown (1928). *The Spanish Origin of International Law*, Washington, DC.

Scott, Jonathan (2010). 'Maritime Orientalism, or the Political Theory of Water', Inaugural Lecture, University of Auckland, www.artsfaculty.auckland.ac.nz/ special/lectures/?view=1#JohnathanScott, accessed 31 January 2012.

(2011). *When the Waves Ruled Britannia: Geography and Political Identities, 1500–1800*, Cambridge.

Shapin, Steven (1998). 'Placing the View from Nowhere: Historical and Sociological Problems in the Location of Science', Transactions *of the Institute of British Geographers* n. s. 23: 5–12.

Shields, David (2007). '"We declare you independent whether you wish it or not": The Print Culture of Early Filibusterism', in Caroline Fuller Sloat (ed.), *Liberty! Égalité! ¡Independencia!: Print Culture, Enlightenment, and Revolution in the Americas, 1776–1838*, Worcester, Mass., pp. 13–39.

Simms, Brendan (2007). *Three Victories and a Defeat: The Rise and Fall of the First British Empire, 1714–1783*, London.

(2011). '"A False Principle in the Law of Nations": Burke, State Sovereignty, [German] Liberty, and Intervention in the Age of Westphalia', in Brendan Simms and D. J. B. Trim (eds.), *Humanitarian Intervention: A History*, Cambridge, pp. 89–110.

Simons, Penelope (2003). 'The Emergence of the Idea of the Individualized State in the International Legal System', *Journal of the History of International Law* 5: 293–335.

Sirmans, Eugene M. (1966). *Colonial South Carolina: A Political History, 1663–1763*, Chapel Hill, NC.

Skinner, Quentin (1969). 'Meaning and Understanding in the History of Ideas', *History and Theory* 8: 3–53.

(1978). *The Foundations of Modern Political Thought*, 2 vols., Cambridge〔クエンティン・スキナー著, 門間都喜郎訳『近代政治思想の基礎――ルネッサンス, 宗教改革の時代』春風社, 2009 年〕.

(1998). *Liberty before Liberalism*, Cambridge〔クェンティン・スキナー著, 梅津順一訳『自由主義に先立つ自由』聖学院大学出版会, 2001 年〕.

(2002a). 'Classical Liberty and the Coming of the English Civil War', in Martin van Gelderen and Quentin Skinner (eds.), *Republicanism: A Shared European Heritage, ii: The Values of Republicanism in Early Modern Europe*, Cambridge, pp. 9–28.

(2002b). *Visions of Politics*, 3 vols., Cambridge.

(2005). 'On Intellectual History and the History of Books', *Contributions to the History of Concepts* 1: 29–36.

(2007). 'Hobbes on Persons, Authors and Representatives', in Patricia Springborg (ed.), *The Cambridge Companion toHobbes's 'Leviathan'*, Cambridge,pp. 157–80.

Slate, Nico (2011). *Colored Cosmopolitanism: The Shared Struggle for Freedom in the United States and India*, Cambridge, Mass.

Slauter, Eric (2009). 'The Declaration of Independence and the New Nation', in Frank Shuffelton (ed.), *The Cambridge Companion to Thomas Jefferson*, Cambridge, pp. 12–34.

Sluga, Glenda and Amrith, Sunil (2008). 'New Histories of the United Nations', *Journal of World History* 19: 251–74.

Smith, Steve, Booth, Ken and Zalewski, Marysia (eds.) (1996). *International Theory: Positivism and Beyond*, Cambridge.

Smith, T. B. (1962). 'The Union of 1707 as Fundamental Law', in T. B. Smith, *Studies Critical and Comparative*, Edinburgh, pp. 1–27.

Sobrevilla Perea, Natalia (2012). 'Entre proclamas, actas y una capitulación: la independencia peruana vista en sus actos de fundación', in Ávila, Dym, Gómez Galvarriato and Pani (2012), pp. 243–76.

Sokol, Irene M. (1967). 'The American Revolution and Poland: A Bibliographical Essay', *Polish Review* 12: 3–17.

Sorell, Tom (2006). 'Hobbes on Trade, Consumption and International Order', *Monist* 89: 245–58.

de Sousa, Norberto (1992). 'Societas civilis: Classical Roman Republican Theory on the Theme of Justice', PhD thesis, Cambridge University.

Stagg, J. C. A. (2009). *Borderlines in Borderlands: James Madison and the Spanish-American Frontier, 1776–1821*, New Haven.

Stanlis, Peter J. (1953). 'Edmund Burke and the Law of Nations', *American Journal of International Law* 67: 397–413.

Stanton, Tim (2003). 'John Locke, Edward Stillingfleet, and Toleration', PhD thesis, University of Leicester.

(2011). 'Hobbes and Schmitt', *History of European Ideas* 37: 160–67.

Starobinski, Jean (1993). 'The Word *Civilization*', in Starobinski, *Blessings in Disguise: On the Morality of Evil*, Cambridge, Mass., pp. 1–35.

Starr, Chester G. (1978). 'Thucydides on Sea Power', *Mnemosyne* 31: 343–50.

Starr, Thomas (1998). 'American Relations: Fabricating the Image of the Declaration of Independence', *AIGA Journal of Graphic Design* 16, no. 3 (December): 18–23.

Steinberg, Philip E. (2001). *The Social Construction of the Ocean*, Cambridge.

Stern, Philip J. (2011). *The Company-State: Corporate Sovereignty and the Early Modern Foundations of the British Empire in India*, Oxford.

Stinchcombe, William C. (1969). *The American Revolution and the French Alliance*, Syracuse, NY.

Strang, David (1991). 'Global Patterns of Decolonization, 1500–1987', *International Studies Quarterly* 35: 429–54.

Straumann, Benjamin (2007). *Hugo Grotius und die Antike: römisches Recht und römische Ethik im frühneuzeitlichen Naturrecht*, Baden-Baden.

(2008). 'The Peace of Westphalia as a Secular Constitution', *Constellations* 15: 173–88.

Strauss, Barry S. (1996). 'The Athenian Trireme, School of Democracy', in Josiah Ober and Charles Hedrick (eds.), *Demokratia: A Conversation on Democracies, Ancient and Modern*, Princeton, pp. 313–25.

Subrahmanyam, Sanjay (2005). 'On World Historians in the Sixteenth Century', *Representations* 91: 26–57.

Suganami, Hidemi (1978). 'A Note on the Origin of the Word "International"', *British Journal of International Studies* 4: 226–32.

(2002). 'On Wendt's Philosophy: A Critique', *Review of International Studies* 28: 23–37.

Surkis, Judith, Wilder, Gary, Cook, James W., Ghosh, Durba, Thomas, Julia Adeney and Perl-Rosenthal, Nathan (2012). '*AHR* Forum: Historiographic "Turns" in Critical Perspective', *American Historical Review* 117: 698–813.

Sutherland, Lucy S. (1968). 'Edmund Burke and the Relations Between Members of Parliament and Their Constituents', *Studies in Burke and His Time* 10: 1005–21.

Swinfen, D. B. (1976). 'The American Revolution in the Scottish Press', in Owen Dudley Edwards and George Shepperson (eds.), *Scotland, Europe and the American Revolution*, Edinburgh, pp. 66–74.

Sylvest, Casper (2008). '"Our Passion for Legality": International Law and Imperialism in Late Nineteenth-Century Britain', *Review of International Studies* 34: 403–23.

(2009). *British Liberal Internationalism, 1880–1930: Making Progress?*, Manchester.

Talbot, Ann (2010). *'The Great Ocean of Knowledge': The Influence of Travel Literature on the Work of John Locke*, Leiden.

Tanck de Estrada, Dorothy (1992). 'Los catecismos políticos: de la revolución francesa al México independiente', in Solange Alberro, Alicia Hernández Chévez and Elías Trabulse (eds.), *La revolución francesa en México*, Mexico, DF, pp. 65–80.

Tang, Chenxi (2008). *The Geographic Imagination of Modernity: Geography, Literature, and Philosophy in German Romanticism*, Stanford.

(2010). 'Re-imagining World Order: From International Law to Romantic Poetics', *Deutsche Vierteljahrsschrift für Literaturwissenschaft und Geistesgeschichte* 84: 526–79.

Taylor, Charles (1989). *Sources of the Self: The Making of the Modern Identity*, Cambridge, Mass〔チャールズ・テイラー著，下川潔・桜井徹・田中智彦訳『自我の源泉——近代的アイデンティティの形成』名古屋大学出版会，2010 年〕.

Taylor, Miles (2003a). 'Colonial Representation at Westminster, 1800–60', in Julian Hoppit (ed.), *Parliaments, Nations and Identities in Britain and Ireland, 1660–1850*, Manchester, pp. 206–19.

(2003b). 'Empire and Parliamentary Reform: The 1832 Reform Act Reconsidered', in Arthur Burns and Joanna Innes (eds.), *Rethinking the Age of Reform: Britain and Ireland c. 1780–1850*, Cambridge, pp. 295–311.

Ternavasio, Marcela (2012). 'Los laberintos de la libertad. Revolución e independencias en el Río de la Plata', in Ávila, Dym, Gómez Galvarriato and Pani (2012), pp. 215–42.

Teschke, Benno (2003). *The Myth of 1648: Class, Geopolitics and the Making of Modern International Relations*, London〔ベンノ・テシィケ著，君塚直隆訳『近代国家体系の形成——ウェストファリアの神話』桜井書店，2008 年〕.

Thompson, Kenneth W. (1994). *Fathers of International Thought: The Legacy of Political Theory*, Baton Rouge.

Thompson, Martyn P. (1977). 'The Idea of Conquest in the Controversies over the 1688 Revolution', *Journal of the History of Ideas* 38: 33–46.

Tierney, Brian (1997). *The Idea of Natural Rights: Studies on Natural Rights, Natural Law, and Church Law, 1150–1625*, Atlanta.

Todd, David (2008). 'John Bowring and the Global Dissemination of Free Trade', *Historical Journal* 51: 373–97.

Tombs, Robert and Tombs, Isabelle (2006). *That Sweet Enemy: The French and the British from the Sun King to the Present*, London.

Toscano, Mario (1966). *The History of Treaties and International Politics*, 2 vols., Baltimore.
Travers, Len (1997). *Celebrating the Fourth: Independence Day and the Rites of Nationalism in the Early Republic*, Amherst.
Travers, Robert (2007). *Ideology and Empire in Eighteenth Century India: The British in Bengal*, Cambridge.
Tresch, John (2013). 'Bringing Back the Lovejoy: History of Science and Intellectual History', in McMahon and Moyn (2013).
Trevor-Roper, H. R. (1957). *Historical Essays*, London.
Tricaud, François (1969). '"Homo homini Deus", "Homo homini Lupus": Recherche des Sources des deux Formules de Hobbes', in Reinhart Koselleck and Roman Schnur (eds.), *Hobbes-Forschungen*, Berlin, pp. 61–70.
Tsesis, Alexander (2012). *For Liberty and Equality: The Life and Times of the Declaration of Independence*, New York.
Tsing, Anna (2000). 'The Global Situation', *Cultural Anthropology* 15: 327–60.
Tuck, Richard (1979). *Natural Rights Theories: Their Origin and Development*, Cambridge.
(1987). 'The "Modern" Theory of Natural Law', in Anthony Pagden (ed.), *The Languages of Political Theory in Early-Modern Europe*, Cambridge, pp. 99–119.
(1989). *Hobbes*, Oxford〔リチャード・タック著，田中浩・重森臣広訳『トマス・ホッブズ』未來社，1995 年〕.
(1993). *Philosophy and Government, 1572–1651*, Cambridge.
(1994). 'Rights and Pluralism', in James Tully (ed.), *Philosophy in an Age of Pluralism: The Philosophy of Charles Taylor in Question*, Cambridge, pp. 159–70.
(1999). *The Rights of War and Peace: Political Thought and the International Order from Grotius to Kant*, Oxford.
Tuckness, Alex (2008). 'Punishment, Property, and the Limits of Altruism: Locke's International Asymmetry', *American Political Science Review* 102: 467–79.
Tully, James (1993). 'Rediscovering America: The Two Treatises and Aboriginal Rights', in James Tully, *An Approach to Political Philosophy: Locke in Contexts*, Cambridge, pp. 137–76.
(1995). *Strange Multiplicity: Constitutionalism in an Age of Diversity*, Cambridge.
(2008). *Public Philosophy in a New Key, ii: Imperialism and Civic Freedom*, Cambridge.
(2009). 'Lineages of Contemporary Imperialism', in Duncan Kelly (ed.), *Lineages of Empire: The Historical Roots of British Imperial Thought*, Oxford, pp. 3–29.
Turner, Frederick Jackson (1938). 'The Significance of History', in *The Early Writings of Frederick Jackson Turner*, ed. Everett E. Edwards, Madison, Wis., pp. 41–68〔フレデリック・J. ターナー著，西崎京子訳「歴史の意義」渡辺真治・西崎京子訳『フレデリック・J・ターナー』アメリカ古典文庫 9，研究社，1975 年〕.
Turner, Jack (2011). 'John Locke, Christian Mission, and Colonial America', *Modern Intellectual History* 8: 267–97.
Twining, William (2000). *Globalisation and Legal Theory*, London.
Unwin, Tim (1998). 'Locke's Interest in Wine', *Locke Newsletter* 29: 119–51.
(2000). 'The Viticultural Geography of France in the 17th Century according to John Locke', *Annales de Géographie* 614–15: 395–414.
(2001). 'FromMontpellier to New England: John Locke on Wine', in Iain Black and Robin A. Butlin (eds.), *Place, Culture and Identity: Essays in Historical Geography in Honour of Alan R. H. Baker*, Saint-Nicholas, pp.

69–90.

Uribe-Uran, Victor M. (2000). 'The Birth of a Public Sphere in Latin America during the Age of Revolution', *Comparative Studies in Society and History* 42: 425–57.

Uzgalis, William (1998). '"... the Same Tyrannical Principle": Locke's Legacy on Slavery', in Tommy Lee Lott (ed.), *Subjugation and Bondage: Critical Essays on Slavery and Social Philosophy*, Lanham, Md., pp. 49–77.

Vagts, Alfred and Vagts, Detlev F. (1979). 'The Balance of Power in International Law: A History of an Idea', *American Journal of International Law* 73: 555–80.

Valentini, Monica (1993). 'Bentham sull'independenza delle colonie americane', *Il Pensiero Politico* 26: 356–81.

Van Alstyne, Richard W. (1965). *Empire and Independence: The International History of the American Revolution*, New York.

van Ittersum, Martine Julia (2006). *Profit and Principle: Hugo Grotius, Natural Rights Theories and the Rise of Dutch Power in the East Indies, 1595–1615*, Leiden.

(2010). 'The Long Goodbye: Hugo Grotius and the Justification of Dutch Expansion Overseas (1604–1645)', *History of European Ideas* 36: 386–411.

Varouxakis, Georgios (2009). 'The International Political Thought of John Stuart Mill', in Hall and Hill (2009), pp. 117–36.

Vaughan, Alden T. (2006). *Transatlantic Encounters: American Indians in Britain, 1500-1776*, Cambridge.

Venturi, Franco (1972). *Italy and the Enlightenment: Studies in a Cosmopolitan Century*, trans. Susan Corsi, ed. S. J. Woolf, London.

(1991). *The End of the Old Regime in Europe, 1776–1789*, i: *The Great States of the West*, trans. R. Burr Litchfield, Princeton.

Vigezzi, Brunello (2005). *The British Committee on the Theory of International Politics (1954–1985): The Rediscovery of History*, Milan.

Vincent, R. J. (1984). 'Edmund Burke and the Theory of International Relations', *Review of International Studies* 10: 205–18.

Vincitorio, Gaetano L. (1969). 'Edmund Burke and the First Partition of Poland: Britain and the Crisis of 1772 in the "Great Republic"', in Gaetano L. Vincitorio (ed.), *Crisis in the 'Great Republic': Essays Presented to Ross J. Hoffman*, New York, pp. 14–46.

Viroli, Maurizio (1992). *From Politics to Reason of State: The Acquisition and Transformation of the Language of Politics 1250–1600*, Cambridge.

Wahrman, Dron (2004). *The Making of the Modern Self: Identity and Culture in Eighteenth-Century England*, New Haven.

Waldron, Jeremy (2002). *God, Locke, and Equality: Christian Foundations in Locke's Political Thought*, Cambridge.

Waldstreicher, David (1997). *In the Midst of Perpetual Fetes: The Making of American Nationalism, 1776–1820*, Chapel Hill.

Walker, R. B. J. (1993). *Inside/Outside: International Relations as Political Theory*, Cambridge.

(2010). *After the Globe, Before the World*, London.

Wallace, John M. (1968). *Destiny His Choice: The Loyalism of Andrew Marvell*, Cambridge.

Walsh, M. J. (1949). 'Contemporary Broadside Editions of the Declaration of Independence', *Harvard Library*

Bulletin 3: 31–43.

Walzer, Michael (2006). *Just and Unjust Wars: A Moral Argument with Historical Illustrations*, 4th edn, New York〔マイケル・ウォルツァー，萩原能久監訳『正しい戦争と不正な戦争』風行社，2008 年〕.

Wandycz, Piotr S. (1980). 'The American Revolution and the Partitions of Poland', in Jaroslaw Pelenski (ed.), *The American and European Revolutions, 1776-1848: Sociopolitical and Ideological Aspects*, Iowa City, pp. 95–110.

Ward, Lee (2006). 'Locke on the Moral Basis of International Relations', *American Journal of Political Science* 50: 691–705.

(2009). 'A Note on a Note on Locke's "Great Art of Government"', *Canadian Journal of Political Science/Revue canadienne de science politique* 42: 521–3.

(2010). *John Locke and Modern Life*, Cambridge.

Warren, Christopher N. (2009). 'Hobbes's Thucydides and the Colonial Law of Nations', *The Seventeenth Century* 24: 260–86.

Welchman, Jennifer (1995). 'Locke on Slavery and Inalienable Rights', *Canadian Journal of Philosophy* 25: 67–81.

Wellek, René (1955). *A History of Modern Criticism, 1750–1950*, iv: *The Later Nineteenth Century*, New Haven.

Welsh, Jennifer M. (1995). *Edmund Burke and International Relations*, London.

(1996). 'Edmund Burke and the Commonwealth of Europe: The Cultural Bases of International Order', in Ian Clark and Iver B. Neumann (eds.), *Classical Theories of International Relations, Basingstoke*, pp. 173–92〔イアン・クラーク，アイヴァー・B. ノイマン編，押村高・飯島昇藏訳者代表『国際関係思想史——論争の座標軸』新評論，2003 年〕.

Wendt, Alexander (1999). *Social Theory of International Politics*, Cambridge.

Weston, J. C., Jr (1958). 'The Ironic Purpose of Burke's Vindication Vindicated', *Journal of the History of Ideas* 19: 435–41.

Whatmore, Richard (2007). 'Étienne Dumont, the British Constitution and the French Revolution', *Historical Journal* 50: 23–47.

Whelan, Frederick G. (1995). 'Robertson, Hume, and the Balance of Power', *Hume Studies* 21: 315–32.

(1996). *Edmund Burke and India: Political Morality and Empire*, Pittsburgh.

White, Morton (1978). *The Philosophy of the American Revolution*, New York.

Whitehead, Judith (2012). 'John Locke, Accumulation by Dispossession and the Government of Colonial India', *Journal of Contemporary Asia* 42: 1–21.

Wight, Martin (1966). 'Why Is There No International Theory?', in Herbert Butterfield and Martin Wight (eds.), *Diplomatic Investigations: Essays in the Theory of International Politics*, London, pp. 17–34〔マーティン・ワイト著「国際理論はなぜ存在しないのか」バターフィールド，ワイト編，前掲訳書『国際関係理論の探究』〕.

(1987). 'An Anatomy of International Thought', *Review of International Studies* 13: 221–7.

(1991). *International Theory: The Three Traditions*, ed. Gabriele Wight and Brian Porter, Leicester〔マーティン・ワイト著，佐藤誠・安藤次男・龍澤邦彦・大中真・佐藤千鶴子訳『国際理論——三つの伝統』日本経済評論社，2007 年〕.

Williams, Howard (1990). *International Relations in Political Theory*, Basingstoke.

(1996). *International Relations and the Limits of Political Theory*, New York.

(2003). *Kant's Critique of Hobbes: Sovereignty and Cosmopolitanism*, Cardiff.

Williams, Michael C. (2006). 'The Hobbesian Theory of International Relations: Three Traditions', in Beate Jahn (ed.), *Classical Theory in International Relations*, Cambridge, pp. 253–76.

Williams, Samuel Cole (1933). *History of the Lost State of Franklin*, New York.

Wills, Garry (1978). *Inventing America: Jefferson's Declaration of Independence*, New York.

Wilson, Jon (2008). *The Domination of Strangers: Modern Governance in Eastern India, 1780–1835*, Basingstoke.

Wimmer, Andreas and Schiller, Nina Glick (2003). 'Methodological Nationalism, the Social Sciences, and the Study of Migration: An Essay in Historical Epistemology', *International Migration Review* 37: 576–610.

Wimmer, Andreas and Min, Brian (2006). 'From Empire to Nation-State: Explaining Wars in the Modern World, 1816–2001', *American Sociological Review* 71: 867–97.

Winch, Donald (1996). *Riches and Poverty: An Intellectual History of Political Economy in Britain, 1750–1834*, Cambridge.

Winterbottom, Anna (2009). 'Producing and Using the *Historical Relation of Ceylon*: Robert Knox, the East India Company and the Royal Society', *British Journal for the History of Science* 42: 515–38.

Winterer, Caroline (2010). 'Model Empire, Lost City: Ancient Carthage and the Science of Politics in Revolutionary America', *William and Mary Quarterly*, 3rd ser., 67: 3–30.

Withers, Charles W. J. (2007). *Placing the Enlightenment: Thinking Geographically about the Age of Reason*, Chicago.

(2009). 'Place and the "Spatial Turn" in Geography and in History', *Journal of the History of Ideas* 70: 637–58.

Wood, Neal (1984). *John Locke and Agrarian Capitalism*, Berkeley.

Woolhouse, Roger (2007). *Locke: A Biography*, Cambridge.

Wootton, David (1992). 'John Locke and Richard Ashcraft's *Revolutionary Politics*', *Political Studies* 40: 79–98.

(2000). 'Unhappy Voltaire, or "I Shall Never Get Over It as Long as I Live"', *History Workshop Journal* 50: 137–55.

Wyllys, Rufus Kay (1928). 'Filibusters of Amelia Island', *Georgia Historical Quarterly* 12: 297–325.

Yirush, Craig (2011). 'Claiming the New World: Empire, Law, and Indigenous Right in the Mohegan Case, 1704–1743', *Law and History Review* 29: 333–73.

Yoo, John C. (1999a). 'Globalism and the Constitution: Treaties, Non-Self-Execution, and the Original Understanding', *Columbia Law Review* 99: 1955–2094.

(1999b). 'Treaties and Public Lawmaking: A Textual and Structural Defense of Non-Self-Execution', *Columbia Law Review* 99: 2218–58.

York, Neil Longley (1994). *Neither Kingdom nor Nation: The Irish Quest for Constitutional Rights, 1698–1800*, Washington, DC.

Zehfuss, Maja (2002). *Constructivism in International Relations: The Politics of Reality*, Cambridge.

Zeiler, Thomas W. (2009). 'The Diplomatic History Bandwagon: A State of the Field', *Journal of American History* 95: 1053–73.

Zuckert, Michael P. (1996). *The Natural Rights Republic: Studies in the Foundation of the American Political Tradition*, Notre Dame.

Zurbuchen, Simone (2010). 'Vattel's "Law of Nations" and the Principle of Non-Intervention', *Grotiana* 31: 69–84.